Das Buch „Wirtschaftskunde" ist ein handlungsorientiertes Lehr– und Lernbuch.

Neben der Einführung in wirtschaftliche und rechtliche Lernfelder will dieses Buch vor allem zur Diskussion anregen. Dadurch können wirtschaftliche Vorgänge besser durchschaut, strukturiert und beurteilt werden.

Der Aufbau dieses Buches sieht folgendermaßen aus: während die linken Seiten fortlaufend jeweils den Informationstext enthalten, finden Sie auf den rechten Seiten unmittelbar die dem Informationstext zugeordneten Arbeitstexte. Auf diese Weise haben Sie zugleich mit den Informationen immer auch die entsprechenden Materialien zur Hand. Die Arbeitstexte sind durch Zahlen gekennzeichnet und den einzelnen Kapiteln zugeordnet:

Beispiel:  **3.1/2** = zweiter Arbeitstext zum Kapitel 3.1

Darüber hinaus ermöglichen Ihnen die jedem Arbeitstext zugeordneten Fragen die Auseinandersetzung mit den Themen und die Vertiefung des Lernstoffes.

Die grauen Doppelseiten am Ende eines jeden Kapitels enthalten nochmals wichtiges Wissen, das heißt eine Zusammenfassung der wesentlichen Lerninhalte und Daten, sowie einen separaten Teil Fragen Aufgaben, der nach reinen Wissensfragen (Wissen) und problemorientierten Fragestellungen (Erkennen und Werten) unterteilt ist. Dadurch können Sie Ihren Wissensstand selbst überprüfen und sich gezielt auf Prüfungen vorbereiten.

Die Verfasser sind für Anregungen und Verbesserungsvorschläge dankbar!

I. Die Bedeutung der menschlichen Arbeitsleistung

II. Vertragsrecht und Verbraucherschutz

III. Markt und Preisbildung

IV. Betrieblicher Leistungsprozeß

V.   Unternehmensformen und -zusammenschlüsse

VI.   Geld und Währung, Zahlungsverkehr

X. Arbeitsrecht

XI. Entlohnung der Arbeit

XII. Öffentliche Abgaben

XIII. Sparen und Kredit

I. Die Bedeutung der menschlichen Arbeitsleistung

1 Berufsausbildung, Fort- und Weiterbildung

1.1 Berufsausbildung in den 2 Lernorten Betrieb und Berufsschule

Schon vor Ende der Schulzeit macht man sich Gedanken über die berufliche Zukunft. Man will eine gute finanzielle Basis für die Zukunft haben: für Nahrung, Kleidung und Wohnung, für eine Familie, für den Urlaub, für ein schickes Auto, für ein eigenes Haus oder Luxuswünsche. Diese **Zukunftsperspektive** sehen viele zurecht in einer qualifizierten Berufsausbildung.

> Kein Berufsbildungssystem eines anderen Landes hat sich als so erfolgreich erwiesen wie „die duale Ausbildung" in Betrieb und Schule in der Bundesrepublik Deutschland. Das duale System ist eine der Ursachen unseres wirtschaftlichen Aufstiegs; seine Leistungsfähigkeit ist eine wichtige Grundlage bei der Bewältigung der großen Zukunftsaufgaben und der Sicherung des Wirtschaftsstandorts Deutschland.

Quelle: Erziehung und Ausbildung in unserem freiheitlichen und demokratischen Bildungssystem, Beschluß des 4. Parteitags der CDU Deutschlands, S. 26.

Der Eintritt in das Berufsleben beginnt daher für viele Jugendliche mit einem **Berufsausbildungsvertrag in einem anerkannten Ausbildungsberuf**. Die Berufsausbildung selbst findet an zwei Lernorten statt, am Lernort Betrieb und am Lernort Berufsschule (= Duales Berufsausbildungssystem).

Die **betriebliche Berufsausbildung** soll geeigneten Nachwuchs für betriebliche Anforderungen heranbilden und gleichzeitig dem Nachwuchs Arbeits- und Entwicklungsmöglichkeiten sichern. **Die Berufsschule** soll dem Schüler allgemeine und fachliche Lerninhalte unter Beachtung der Berufsanforderungen vermitteln.

Es gibt rund **380 anerkannte Ausbildungsberufe in 13 Berufsfeldern**, die besonders in der Grundstufe (= 1. Ausbildungsjahr) entsprechend zusammengefaßt werden:

1 Wirtschaft und Verwaltung	6 Textil und Bekleidung	10 Gesundheit
2 Metalltechnik	7 Chemie, Physik, Biologie	11 Körperpflege
3 Elektrotechnik	8 Drucktechnik	12 Ernährung und
4 Bautechnik	9 Farbtechnik und	Hauswirtschaft
5 Holztechnik	Raumgestaltung	13 Agrarwirtschaft

Für die neuen industriellen Metallberufe wurden 17 Fachrichtungen entwickelt, die in den Fachstufen (= 2.–4. Ausbildungsjahr) in nur 6 Ausbildungsberufen gebündelt sind. Ähnlich wurden die industriellen Elektroberufe in 8 Fachrichtungen neu geordnet und nur noch in 4 Ausbildungsberufe zusammengefaßt. Aber auch das Berufsfeld Ernährung und Hauswirtschaft hat bestimmte Schwerpunkte: Gastgewerbe und Hauswirtschaft; Back- und

1.1/1

Quelle: Siemens AG

Katrin mit dem „Kindertick" hat sich für die Berufsfach-schule entschieden, um „Staatlich geprüfte Kinderpflege-rin" zu werden.

Sven, der lieber zupackt und Anla-gen-Mechaniker werden möchte, wird in der dualen Ausbildung die Berufsschule besuchen.

?

1. *Warum könnten sich Katrin und Sven für diesen Beruf entscheiden?*
2. *Welche Ausbildungsinhalte könnten sie reizen?*
3. *Welche wesentlichen Ausbildungsinhalte hat Ihr Berufsbild?*

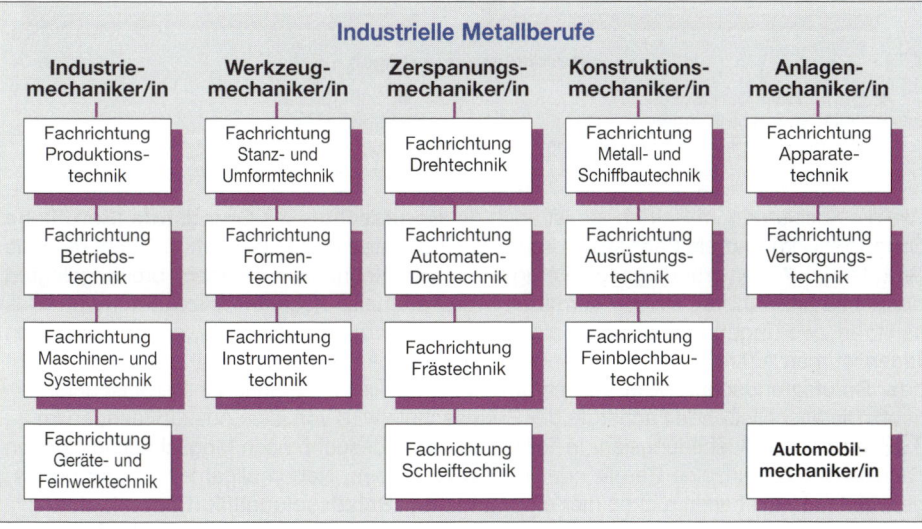

1.1/2

Industrielle Metallberufe

Industrie-mechaniker/in	Werkzeug-mechaniker/in	Zerspanungs-mechaniker/in	Konstruktions-mechaniker/in	Anlagen-mechaniker/in
Fachrichtung Produktions-technik	Fachrichtung Stanz- und Umformtechnik	Fachrichtung Drehtechnik	Fachrichtung Metall- und Schiffbautechnik	Fachrichtung Apparate-technik
Fachrichtung Betriebs-technik	Fachrichtung Formen-technik	Fachrichtung Automaten-Drehtechnik	Fachrichtung Ausrüstungs-technik	Fachrichtung Versorgungs-technik
Fachrichtung Maschinen- und Systemtechnik	Fachrichtung Instrumenten-technik	Fachrichtung Frästechnik	Fachrichtung Feinblechbau-technik	
Fachrichtung Geräte- und Feinwerktechnik		Fachrichtung Schleiftechnik		**Automobil-mechaniker/in**

?

1. *Warum werden Berufe derart zusammengefaßt?*
2. *Welche Teilbezeichnung ist allen Metallberufen gemeinsam?*
3. *Welchen Vorteil haben die neuen Berufsbezeichnungen bei Bewerbungen? Gibt es auch Nachteile?*

Süßwarenherstellung und die Fleischverarbeitung. Darüber hinaus gibt es Monoberufe, die keinem Berufsfeld zugeordnet sind, z.B. Drogist, Baugeräteführer u.a.

Die Ausbildung erfolgt in teilzeitschulischer Form (= dual) oder vollzeitschulisch (z.B. Berufsfachschule).

Zu allen Berufen gibt es **Ausbildungsordnungen**. Neben der Berufsbezeichnung sind in ihnen Ausbildungsdauer, erforderliche Kenntnisse und Fertigkeiten, ein Rahmenplan für die betriebliche Ausbildung sowie die Prüfungsanforderungen enthalten.

Aus dem **Rahmenplan** kann man im jeweiligen **Berufsbild** die Ausbildungsinhalte mit Zeitrichtwerten entnehmen. Sie sind für den Ausbildungsbetrieb Anleitungen zur sachlichen und zeitlichen Gliederung der Ausbildungsinhalte, damit in der Lehre auch „Qualifikationen" erreicht werden. Das sind notwendige Fertigkeiten und Kenntnisse, aber auch personale Fähigkeiten und Kompetenzen wie selbständiges Handeln, Verantwortungsbereitschaft und Kooperationsfähigkeit.

Die Prüfungsaufgaben der Abschlußprüfungen zum Facharbeiter orientieren sich an den in der Ausbildungszeit gelernten, erarbeiteten und geübten Fertigkeiten und Kenntnissen.

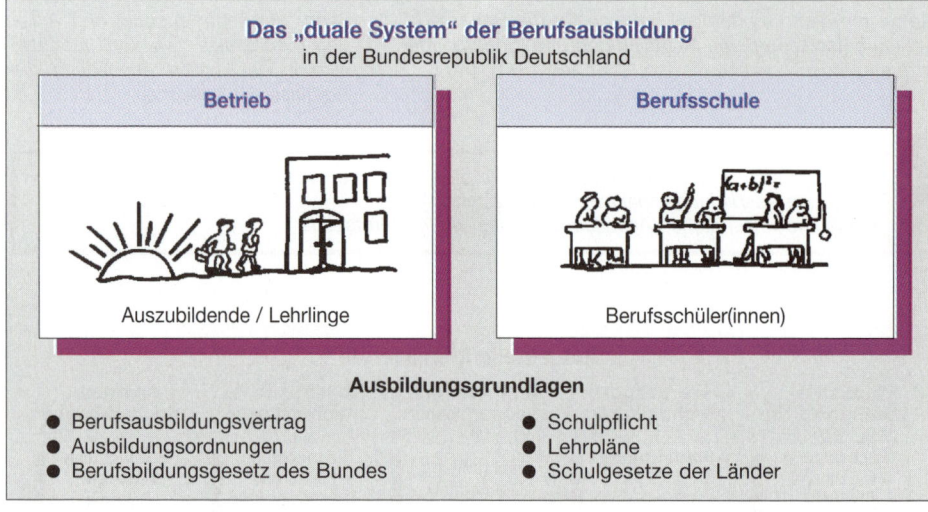

Das „duale System" der Berufsausbildung
in der Bundesrepublik Deutschland

Betrieb	**Berufsschule**
Auszubildende / Lehrlinge	Berufsschüler(innen)

Ausbildungsgrundlagen

- Berufsausbildungsvertrag
- Ausbildungsordnungen
- Berufsbildungsgesetz des Bundes

- Schulpflicht
- Lehrpläne
- Schulgesetze der Länder

Wie die Ausbildung im Betrieb, so ist auch die **Berufsschule als Grundstufe (Berufliche Grundbildung) und als Fachstufe** organisiert. Im ersten Berufsschuljahr besucht man die Grundstufe, in der grundlegende Fertigkeiten und Kenntnisse in einem breitangelegten Berufsbild verwandter Berufe vermittelt werden, meist noch in Teilzeitunterricht. Das heißt: an zwei Tagen besucht man als Berufsschüler die Berufsschule, an den restlichen Tagen ist man AZUBI (= Auszubildender) im Betrieb. Andere Formen sind Blockunterricht oder Berufsgrundschuljahr in Vollzeitform (= 5 Tage in der Woche ist Berufsschulunterricht). Die anschließende Fachstufe der Berufsschule wird von allen Auszubildenden im 2., 3. und ggf. im 4. Ausbildungsjahr in Teilzeitunterricht besucht, nach Möglichkeit in eigenen Fachklassen für einzelne Berufe oder in Berufsgruppen. Neben allgemeinen und berufsbezogenen Lerninhalten rücken hier mehr und mehr **Schlüsselqualifikationen** in den Vordergrund. Das sind Kenntnisse, Fertigkeiten oder Verhaltensweisen, mit denen später fremde Fachgebiete erschlossen werden können, etwa Problemlösungsfähigkeit, Konzentration oder Kontaktbereitschaft. Nach Bestehen der Gesellen- oder Facharbeiterprüfung der Kammer erhält der Schüler ein Abschlußzeugnis der Berufsschule.

Betriebe und Berufsschulen müssen zusammenarbeiten, um eine zeitgemäße Ausbildung auch in der Zukunft bei geänderten Bedingungen zu garantieren.

Energieelektroniker/Energieelektronikerin
Fachrichtung Betriebstechnik
Ausbildungsdauer: 3 1/2 Jahre

Arbeitsgebiet

Energieelektroniker/Energieelektronikerinnen der Fachrichtung Betriebstechnik sind aufgrund ihrer Ausbildung für Tätigkeiten im Bereich der elektrischen Energietechnik qualifiziert.

Ihre Aufgaben können das Herstellen, Erweitern und Ändern, Warten und Instandhalten von Anlagen der Energieversorgungstechnik, von Einrichtungen der Steuerungs-, Regelungs- und Antriebstechnik, der Meldetechnik sowie der Beleuchtungstechnik umfassen.

Diese Tätigkeiten werden vornehmlich in Betriebsanlagen und in der Betriebserhaltung, unter Beachtung der einschlägigen Vorschriften und Sicherheitsbestimmungen, nach Unterlagen und Anweisungen selbständig ausgeübt.

Berufsbild – mit Zeitrichtwerten aus dem Ausbildungsrahmenplan –

Ausbildungsinhalte	Richtwerte in Wochen im Ausbildungsjahr		
	1	2	3/4
Berufsbildung, Aufbau und Organisation des Ausbildungsbetriebes, Arbeits- und Tarifrecht, Arbeitsschutz, Arbeitssicherheit, Umweltschutz, Datenschutz und rationelle Energieverwendung	●	●	●
Anfertigen von mechanischen Teilen	8		
Herstellen von mechanischen Verbindungen	2		
Zusammenbauen und Verdrahten von mechanischen, elektromechanischen und elektrischen Bauteilen zu Baugruppen	10		
Zurichten, Verlegen und Anschließen von Leitungen	10		
Messen von Gleich– und Wechselgrößen sowie Prüfen von Bauteilen und Baugruppen	10		
Vertiefungszeit für die berufliche Grundbildung	12		
Zusammenbauen und Verdrahten von mechanischen, elektromechanischen und elektrischen Baugruppen und Geräten		9	
Montieren und Installieren funktional abgegrenzter Anlagenteile		9	
Prüfen, Messen und Einstellen von Baugruppen und Geräten		13	
Inbetriebnehmen von Baugruppen, Geräten und funktional abgegrenzten Anlagenteilen		5	
Zusammenbauen und Verdrahten sowie Montieren und Installieren von Baugruppen und Anlagenteilen der Energietechnik		16	
Zusammenbauen und Verdrahten von Betriebsmitteln und Schaltgeräten für Anlagen der Energietechnik			12
Montieren und Installieren von Anlagen der Energietechnik			14
Messen nichtelektrischer Größen und Prüfen der Funktionen von Einrichtungen der Meß-, Steuerungs- und Regelungstechnik			18
Inbetriebnahme von Anlagen der Energietechnik			8
Instandhalten von Anlagen der Energieverteilung und der Beleuchtungs–, Melde-, Steuerungs-, Regelungs- und Antriebstechnik			26
	52	52	78

● *Während der gesamten Ausbildung zu vermitteln*

1. *Warum sind die Ausbildungsinhalte so genau gekennzeichnet?*
2. *Warum sind auch die Zeitrichtwerte so genau aufgelistet?*
3. *Worin unterscheiden sich die Lerninhalte grundsätzlich in den verschiedenen Ausbildungsjahren?*

1.2 Berufsausbildungsvertrag

Nach dem Berufsbildungsgesetz (BBiG) muß vor Beginn der Berufsausbildung zwischen dem Ausbildenden und dem Auszubildenden ein **Berufsausbildungsvertrag** geschlossen werden. Die Vertragsniederschrift ist von beiden Vertragsparteien zu unterschreiben. Ist der Auszubildende bei Vertragsschluß noch minderjährig, muß außerdem die Zustimmung des gesetzlichen Vertreters vorliegen (Eltern oder Vormund).

Der Berufsausbildungsvertrag muß neben dem **Ausbildungsberuf** und der **Fachrichtung** nach Maßgabe der Ausbildungsordnung mindestens folgende Angaben enthalten:

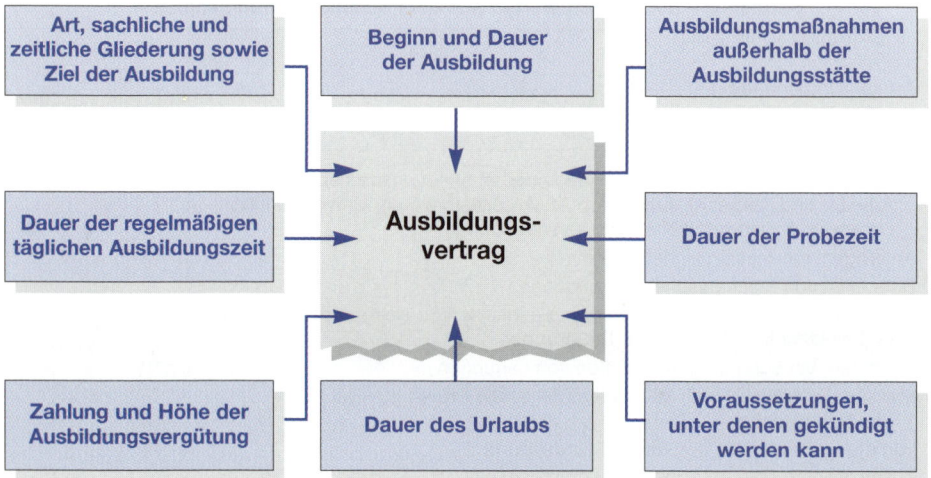

Ungültig sind Vereinbarungen im Vertrag, die den Auszubildenden nach seiner Ausbildung in der Ausübung seiner beruflichen Tätigkeit beschränken oder die eine Verpflichtung des Auszubildenden zur Zahlung einer Entschädigung für die Berufsausbildung vorsehen.

Die Ausbildung beginnt mit einer Probezeit, während der das Ausbildungsverhältnis ohne Einhaltung von Kündigungsfristen, das heißt von heute auf morgen, von beiden Seiten gelöst werden kann.

In der Regel dauert die Berufsausbildung drei bis dreieinhalb Jahre und endet mit dem Ablauf der Ausbildungszeit oder vor Ablauf dieser Zeit mit dem Bestehen der Abschlußprüfung. Träger dieser Prüfung sind die zuständigen Kammern (Handwerkskammer, Industrie- und Handelskammer, Landwirtschaftskammer u.a.). Sie sind zuständig für die Überwachung der Ausbildung. Gibt es für den Auszubildenden während seiner Ausbildungszeit Probleme mit dem Ausbildungsbetrieb, so kann er sich an die zuständige Kammer wenden. Vorher sollte er versuchen, diese Probleme mit einem Ausbilder zu klären.

Weiteres steht in der Broschüre „Ausbildung und Beruf" des Bundesministeriums für Bildung, Wissenschaft, Forschung und Technologie

Berufsausbildungsvertrag

(§§ 3, 4 Berufsbildungsgesetz – BBiG)
Diese Durchschrift gilt als Original.

Eingetragen unter Nr. _____
am _____ in das Verzeichnis
der Innung _____

Bitte freilassen für Eintragungsvermerk der Handwerkskammer

Zwischen dem Ausbildenden (Unternehmen)

Schlosserei
A. Müller
Falkenstraße
01067 Dresden

und der/dem Auszubildenden [x] [1] [2]
männl. / weibl.

Vor- und Familienname Gerhard Baumann
Straße Wilsdruffer Straße 13
PLZ/Ort 01067 Dresden
geb. am 08. März 1978
gesetzl. Vertreter (Vater oder Vormund) Klaus Baumann
Mutter Heidi Baumann
Straße Wilsdruffer Straße 13
PLZ/Ort 01067 Dresden

wird nachstehender Vertrag
zur Ausbildung im Ausbildungsberuf ___ Industriemechaniker
(ggf. mit Fachrichtung) ___ Betriebstechnik
nach Maßgabe der Ausbildungsordnung geschlossen:

A Die **Ausbildungszeit** beträgt nach der Ausbildungsordnung 42 Monate. Hierauf wird die Ausbildung/Vorbildung entfällt

mit _____ Monaten angerechnet.
Das Berufsausbildungsverhältnis beginnt am 01 . 09 . 95
(Tag / Mon / Jahr)
und endet am 28 . 02 . 99 [1] [2]
(Tag / Mon / Jahr)
Bei Fortführung einer abgebrochenen Ausbildung in einem anderen Beruf – 1
anderen Betrieb – 2 ankreuzen

B Die **Probezeit** beträgt 3 Monate. (siehe § 1 Nr. 2) [1]

C Die **Ausbildung** findet in Dresden
und den mit dem Betriebssitz für die Ausbildung üblicherweise zusammenhängenden Bau-, Montage- und sonstigen Arbeitsstellen statt.

D Ausbildungsmaßnahmen **außerhalb** der Ausbildungsstätte
Hydraulik-Lehrgang
im 3. Jahr

E Die **Vergütung** richtet sich nach der tarifvertraglichen Regelung bzw. den jeweils empfohlenen Sätzen der Fachverbände (siehe § 4 Nr. 1). Sie beträgt z. Z. monatlich:

DM 598,00 brutto im ersten Ausbildungsjahr
DM 644,00 brutto im zweiten Ausbildungsjahr
DM 708,00 brutto im dritten Ausbildungsjahr
DM 774,00 brutto im vierten Ausbildungsjahr.

F Die regelmäßige **tägliche Ausbildungszeit** beträgt
8 Stunden. [2]

G Der Ausbildende gewährt dem Auszubildenden **Urlaub** nach den geltenden Bestimmungen (siehe § 5 Nr. 2). Es besteht Anspruch auf:

10 Werk- Arbeitstage im Jahre 1995
30 Werk- Arbeitstage im Jahre 1996
27 Werk- Arbeitstage im Jahre 1997
25 Werk- Arbeitstage im Jahre 1998
4 Werk- Arbeitstage im Jahre 1999

H Sonstige Vereinbarungen

I Die umstehenden **Vereinbarungen** sind Gegenstand dieses Vertrages und werden anerkannt.
Dresden den 04.07.95
Der Ausbildende: *A. Müller*
(Stempel/Unterschrift)
Der Auszubildende: *Gerhard Baumann*
(Vor- und Familienname)
Die gesetzlichen Vertreter des Auszubildenden
(falls ein Elternteil verstorben, bitte vermerken)
Hans Baumann *Heidi Baumann*
(Vater und Mutter)
Vormund: _____
(Vor- und Familienname)
[ ] 1 [ ] 2 [ ] 3 [ ] 4
Eltern / nur Vater / nur Mutter / Vormund

Dieser Vertrag ist unverzüglich zur Eintragung in das Verzeichnis der Berufsausbildungsverhältnisse über die zuständige Kreishandwerkerschaft/Innung der Handwerkskammer zuzuleiten; das gilt auch für die Änderungen seines wesentlichen Inhalts und Auflösungen.

1) Die Probezeit muß mindestens einen Monat und darf höchstens drei Monate betragen.
2) Nach dem Jugendarbeitsschutzgesetz beträgt die höchstzulässige tägliche Arbeitszeit (Ausbildungszeit) bei noch nicht 18 Jahre alten Personen 8 Stunden. Im übrigen sind die Vorschriften des Jugendarbeitsschutzgesetzes über die höchstzulässigen Wochenarbeitszeiten zu beachten. Soweit tarifliche Regelungen bestehen, gelten diese.

Quelle: Bundesministerium für Arbeit und Sozialordnung: Wie geht's. Bonn, Seite 102

1. *Überprüfen Sie, ob alle wichtigen Bestandteile eines Ausbildungsvertrags im oben abgebildeten Formular vorhanden sind.*
2. *Besprechen Sie mit Ihren Mitschülern, wie die einzelnen Punkte in Ihrem Berufsausbildungsvertrag ausgestaltet sind.*

Aus dem Berufsbildungsgesetz ergeben sich für Ausbildenden und Auszubildenden folgende Pflichten:

Der Ausbildende muß	Der Auszubildende muß
● dem Auszubildenden die Fertigkeiten und Kenntnisse vermitteln, die zum Erreichen des Ausbildungsziels erforderlich sind. ● dem Auszubildenden die Ausbildungsmittel, insbesondere Werkzeuge und Werkstoffe, kostenlos zur Verfügung stellen. ● den Auszubildenden zum Besuch der Berufsschule und zum Führen von Berichtsheften anhalten. ● dafür sorgen, daß der Auszubildende charakterlich gefördert sowie sittlich und körperlich nicht gefährdet wird. ● darauf achten, dem Auszubildenden nur die Aufgaben, die dem Ausbildungszweck dienen und den körperlichen Kräften des Auszubildenden angemessen sind, zu übertragen. ● den Auszubildenden für die Teilnahme am Berufsschulunterricht und an Prüfungen freistellen. ● dem Auszubildenden am Ende der Ausbildungszeit ein Zeugnis ausstellen.	● sich bemühen, die Fertigkeiten und Kenntnisse zu erwerben, die erforderlich sind, um das Ausbildungsziel zu erreichen. ● die ihm im Rahmen seiner Berufsausbildung aufgetragenen Verrichtungen sorgfältig ausführen. ● den Weisungen folgen, die ihm im Rahmen seiner Berufsausbildung erteilt werden. ● die für die Ausbildungsstätte geltende Ordnung beachten. ● Werkzeug, Maschinen und sonstige Einrichtungen pfleglich behandeln. ● über Betriebs- und Geschäftsgeheimnisse Stillschweigen bewahren. ● am Berufsschulunterricht regelmäßig teilnehmen.

Außerdem wird im § 10 BBiG der Anspruch des Auszubildenden auf eine Vergütung geregelt.

Die **Rechte** ergeben sich aus den Pflichten des jeweils anderen Ausbildungspartners.

Der Auszubildende muß alles in seinen Kräften stehende tun, um das Ausbildungsziel zu erreichen. Der Ausbildende muß ihn zum Ablegen der Abschlußprüfung vor der zuständigen Kammer anhalten, ihm die für Prüfungszwecke notwendige Zeit gewähren und ihm die zur Prüfung notwendigen Hilfsmittel zur Verfügung stellen.

Die gesetzlichen Vertreter des minderjährigen Auszubildenden haben durch ihre Unterschrift unter den Berufsausbildungsvertrag ebenfalls Pflichten übernommen:

● Sie müssen den Auszubildenden anhalten, die im Ausbildungsvertrag übernommenen Verpflichtungen zu erfüllen.

● Sie haben die mit der Ausbildung beauftragten Personen nach Kräften zu unterstützen.

● Sie haben den Berufsschulbesuch des Auszubildenden zu überwachen.

Fälle zu Rechten und Pflichten von Auszubildenden und Ausbildenden:

Franz K. (17 Jahre), Auszubildender in einer Fleischerei, berichtet: „Die Ausbildung macht mir viel Spaß. Das einzige was mir nicht gefällt ist, daß mich mein Meister vor Feiertagen nicht in die Berufsschule gehen lassen will, weil wir da eine Menge Arbeit haben."

Johannes K. (52 Jahre), Berufsschullehrer: „Ich habe Probleme mit einigen Auszubildenden. Sie weigern sich teilweise, einmal in der Woche nach dem Unterricht zur speziellen Unterweisung in die überbetriebliche Ausbildung zu gehen. Dabei dauert die dortige Ausbildung nur 2 Stunden."

Udo H. (49 Jahre), Vater des Auszubildenden Peter H., berichtet: „Mein Peter macht mir viel Freude. Er geht gerne in seinen Elektrobetrieb. Besonders freut mich, daß er mir immer erzählt hat, daß unser Nachbar seine Rechnungen noch nicht bezahlt hat. Aber das habe ich bei dem ja immer vermutet."

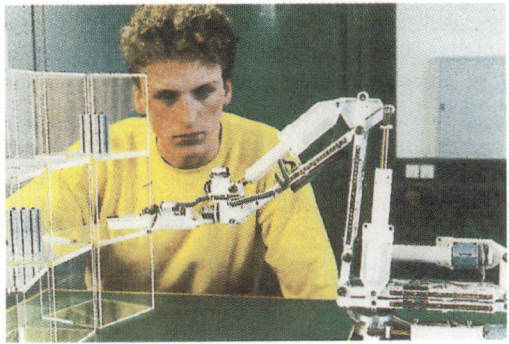

Quelle: Siemens AG

Marcel I. (16 Jahre), Auszubildender bei einem Fliesenleger, berichtet: „Ich komme mit der Ausbildungsvergütung kaum hin. Vor allem das teure Werkzeug, das ich kaufen muß, weil unser Meister uns nichts zur Verfügung stellt, reißt immer ein riesiges Loch in meine Kasse."

Hermann T. (18 Jahre), Auszubildender bei einem Elektromeister, berichtet: „Alles, was mit Elektroinstallationen zu tun hat, macht mir Spaß. Aber was mich nervt, ist die Putzerei. Abends muß ich die Werkstatt fegen und freitags sogar noch den Privatwagen vom Chef polieren."

1. *Beurteilen Sie die oben dargestellten Fälle.*
2. *Was sollten die Personen in den Fällen machen, damit die Mißstände abgebaut werden?*

1.3 Berufliche Fortbildung und Umschulung

Berufliches Wissen reicht heute oft nur wenige Jahre. Der technische Fortschritt stellt uns vor immer neue Anforderungen. Daher müssen Qualifikationen oft angepaßt, erweitert oder neu erworben werden, um den Arbeitsplatz zu sichern. Wenn man beruflich aufsteigen, mehr verdienen, eine Prüfung nachholen oder Meister werden will, muß man dazulernen. Viele müssen sich auf Berufstätigkeiten vorbereiten, die es bislang nicht oder so nicht gab, besonders in den neuen Bundesländern; sie schulen um. Es ist daher nicht verwunderlich, daß das Netz der Weiterbildung ständig zunimmt. Zur **beruflichen Fort- und Weiterbildung** zählt damit alles, was beiträgt

- zur Erhaltung und Erweiterung beruflicher Kenntnisse,
- zum Nachholen einer beruflichen Abschlußprüfung,
- zur Vorbereitung auf einen anderen Beruf (= Umschulung),
- zum beruflichen Aufstieg.

Wer sich in seinem Beruf fortbilden will, kann unter einer Vielzahl von Angeboten wählen. So eröffnen zum Beispiel staatlich anerkannte Fortbildungsabschlüsse als Wirtschaftsinformatiker, Industriemeister oder Handwerksmeister interessante Berufsperspektiven. Für entsprechende **Fortbildungsprüfungen** sind alle **Industrie- und Handelskammern oder die Handwerkskammern** zuständig.

Ein Großteil aller Fort- und Weiterbildungsangebote geht von den **Volkshochschulen** aus, die Kurse in verschiedenen Formen anbieten,

zum Beispiel:
- Kurse ein- oder zweimal die Woche
- Intensivkurse mehrstündig
- Kompaktkurse, Intervallkurse

- EDV, Elektronik
- Mathematik, Sprachen
- Konstruktion

Gewerkschaften, Verbände, Kirchen und private Institutionen nehmen berufliche Fort- und Weiterbildung zunehmend in ihre Programme auf. Nicht zuletzt wird auch in (größeren) Unternehmen selbst Fort- und Weiterbildung betrieben. Die Teilnehmer werden zu neuen Tätigkeiten und Arbeitssituationen realitätsbezogen und bedarfsorientiert hingeführt. Oft kann die theoretische Vertiefung mit neuen praktischen Fertigkeiten und Erfahrungen verknüpft werden. Wo immer eine solche Fort- und Weiterbildung angeboten wird, sollte man überlegen, ob sie berufliche Vorteile bringt und ob sie in die eigene Berufsperspektive paßt.

Für viele Fort- und Weiterbildungen gibt es Unterstützungen und finanzielle **Fördermaßnahmen**. Grundsätzlich kann im Rahmen des Arbeitsförderungsgesetzes (**AFG**) vom **Arbeitsamt** berufliche Fortbildung und Umschulung gefördert werden. Zuschüsse für Lernmittel, Fahrtkosten und Gebühren sind möglich. Informationen beim Arbeitsamt und Anträge sind daher im eigenen Interesse sinnvoll. Nach dem Bundesausbildungsförderungsgesetz (**BAföG**) gibt es für schulische Weiterbildungsmaßnahmen finanzielle Förderung, die bei Stadtämtern oder Kreisverwaltungen zu beantragen sind.

Quelle: Hoechst AG

Von der Friseurin zur Energieelektronikerin

Helga F. ist gelernte Friseurin, hat aber aus finanziellen Gründen schon seit einigen Jahren Hilfstätigkeiten in verschiedenen Industriebetrieben ausgeübt. Anläßlich ihrer Arbeitslosmeldung wurde sie von der Arbeitsberaterin auf die Möglichkeit einer Umschulung hingewiesen. Die von ihr gewünschte psychologische Eignungsuntersuchung im Arbeitsamt bestätigte ihre Eignung für technisch-handwerkliche Tätigkeiten. Der Wille, wieder eine Facharbeitertätigkeit auszuüben, führte schließlich zu einer Umschulung zur Energieelektronikerin. Die Maßnahme wurde finanziell durch das Arbeitsamt gefördert.

Vom Landwirt zum Maurer

Karl S. hatte eine kleine Landwirtschaft geerbt und sie auch bis zu seiner Heirat bewirtschaftet. Die Einkünfte gingen laufend zurück, und die Landwirtschaft bot für ihn auf Dauer keine Existenzgrundlage mehr.

In der Bausaison ging er daher als Hilfsarbeiter „zum Bau", und seine Frau führte die Landwirtschaft weiter.

Zufrieden mit dieser Lösung war er nicht, zumal er als Ungelernter um seinen Arbeitsplatz bangen mußte. Er sprach mit dem Polier über seine Sorgen. Der meinte, daß er doch Maurer werden solle und schlug ihm den Weg zum Arbeitsamt vor. Hier fand er Hilfe. Karl S. wird demnächst zum Maurer umgeschult.

1. *Was waren in beiden Fällen die Gründe für die Umschulung?*
2. *Welche anderen Gründe gibt es für Umschulungen?*
3. *Worauf ist bei einer Umschulung zu einem neuen Beruf zu achten?*

2 Bedingungen der menschlichen Arbeitsleistung

2.1 Innere Arbeitsbedingungen

Gespräche über die Einstellung zur Arbeit, den Krankenstand, sinkende Arbeitsmoral, „Krankfeiern als Volkssport" usw. gibt es immer wieder. Welche Faktoren bestimmen aber die menschliche Arbeitsleistung?

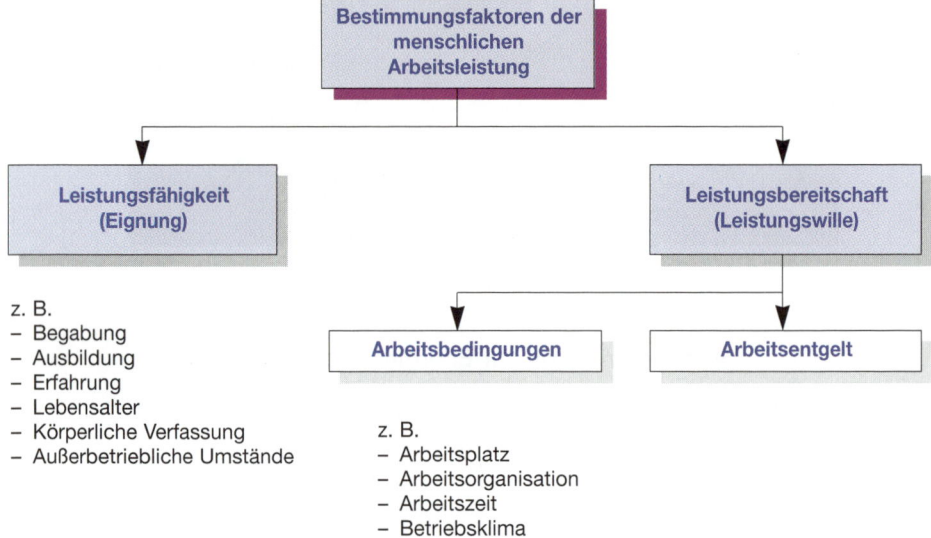

Die Faktoren, die die Leistungsfähigkeit bestimmen, sind sogenannte innere Arbeitsbedingungen, da diese von dem einzelnen beeinflußbar sind bzw. in ihm angelegt sind. Junge Menschen müssen sich also durch eine gute Ausbildung, Fort- und Weiterbildung und durch eine gesundheitsbewußte Lebensgestaltung bemühen, ihre Leistungsfähigkeit zu steigern. Die Leistungsbereitschaft wird nur zum Teil von innen bestimmt (z.B. Nullbock-Generation), überwiegend wird sie von äußeren Arbeitsbedingungen beeinflußt.

2.2 Äußere Arbeitsbedingungen

Die meisten Unternehmen arbeiten heute mehr denn je an dem Problem, die Leistungsbereitschaft zu fördern, um die Produktivität zu steigern. Humanität am Arbeitsplatz und Produktivität sind offenkundig nicht unbedingt zwei „feindliche Brüder".

Gewerbeordnung § 120a Betriebssicherheit

(1) Die Gewerbeunternehmer sind verpflichtet, die Arbeitsräume, Betriebsvorrichtungen, Maschinen und Gerätschaften so einzurichten und zu unterhalten und den Betrieb so zu regeln, daß die Arbeitnehmer wegen Gefahren für das Leben und Gesundheit soweit geschützt sind, wie es die Natur des Betriebes gestattet.

(2) Insbesondere ist für genügend Licht, ausreichenden Luftraum und Luftwechsel, Beseitigung des bei dem Betrieb entstehenden Staubes, der dabei entwickelten Dünste und Gase sowie der dabei entstehenden Abfälle Sorge zu tragen.

(3) Ebenso sind diejenigen Vorrichtungen herzustellen, welche zum Schutz der Arbeitnehmer gegen gefährliche Berührungen mit Maschinen oder Maschinenteilen oder gegen andere in der Natur der Betriebsstätte oder des Betriebs liegenden Gefahren, namentlich auch gegen die Gefahren, welche aus Fabrikbränden erwachsen können, erforderlich sind.

1. Welche Forderungen stellt der Gesetzgeber an die Gewerbeunternehmer?
2. Welche Einschränkungen werden gemacht?
3. Sind diese Forderungen in Ihrem Ausbildungsbetrieb erfüllt?
4. Müßten noch weitergehende gesetzliche Vorschriften erlassen werden?

Der Gesamtmetall-Gesprächskreis kommt zum Thema „Gruppenarbeit" zu der Empfehlung:

2.2/2

„Handlungs- und Gestaltungsspielräume möglichst auch bei einfachen Arbeiten schaffen, z. B. bei der zeitlichen Disposition und der Reihenfolge der Arbeiten sowie beim Beschaffen von Material und Werkzeug. Mehr Verantwortung für die eigene Arbeit übertragen, z. B. für Qualitätsprüfung und Mängelbeseitigung. Arbeiten im Team in überschaubaren Einheiten anstreben."

Außerdem hebt er hervor, warum in der deutschen Wirtschaft die Weichen in Richtung Gruppenarbeit gestellt werden sollten: „Die Unternehmen brauchen mehr denn je den kreativen, über den eigenen Arbeitsbereich hinausdenkenden, planenden und handelnden Mitarbeiter, den Mann und die Frau, die Eigeninitiative entwickeln und in Kenntnis der Zusammenhänge zielstrebig und selbständig handeln. Erfolgreiche Unternehmen stützen sich auf allen Ebenen auf diesen Mitarbeitertyp. Ihn braucht das Unternehmen, um im internationalen Wettbewerb bestehen und die vielfältigen Möglichkeiten moderner Technik nutzen zu können."

1. Welche Forderungen stellt der Arbeitskreis von Gesamtmetall bezüglich der Gruppenarbeit?
2. Sind Sie der gleichen Meinung?
3. Inwieweit sind diese Forderungen in Ihrem Ausbildungsbetrieb gegeben?

● **Arbeitsplatz**

Quelle: Audi AG

Die räumliche Gestaltung (z. B. Licht, Luft, Farbe, Akustik), die technische Ausstattung des Arbeitsplatzes (moderne Transportsysteme) und die Gestaltung der Arbeitsmittel (ergonomische[1] Arbeitsmittel und Arbeitsbedingungen) beeinflussen die Leistungsbereitschaft der Mitarbeiter. Bei dem Automobilhersteller Audi werden z. B. die Fahrzeuge während der Montage am Band so gedreht, daß die Arbeiter die Teile einbauen können, ohne sich bücken zu müssen. Dies beugt Rückenerkrankungen vor.

● **Arbeitszeit**

Die Arbeitszeitgestaltung wird durch verschiedene gesetzliche Regelungen eingeschränkt. Die gesetzlichen Regelungen werden noch ergänzt durch tarifvertragliche Regelungen und Betriebsvereinbarungen.

Interessen der Arbeitnehmer		**Interessen der Arbeitgeber**
– Kürzere Arbeitszeiten – Teilzeitarbeit – Gleitzeit		– Längere Laufzeiten der Betriebsmittel – Anwesenheit der Arbeitnehmer – Anpassung an Auftragslage

Es müssen also Arbeitszeitregelungen gefunden werden, die den unterschiedlichen Interessen gerecht werden.

● **Arbeitsorganisation**

Bereits seit längerer Zeit häufen sich die Meldungen, daß Automobilhersteller, aber auch Unternehmen anderer Branchen, zum Teil Abschied nehmen von ihren traditionellen Formen der Arbeitsorganisation. Neugründungen wie die von Mercedes in Rastatt, Opel in Eisenach werden von vornherein auf Teamarbeit hin geplant und entsprechend gestaltet. Gruppenarbeit ist der neue „one best way" der Arbeitsorganisation. Denn Pilotprojekte haben ergeben, daß die Produktivität und die Zahl der Verbesserungsvorschläge steigt, während der Krankenstand sinkt.

● **Betriebsklima**

Unter Betriebsklima versteht man die Atmosphäre oder Stimmung, die in einem Betrieb oder seinen Teilbereichen herrschen. Diese werden geprägt von dem
– Verhältnis der Arbeitskraft zur Arbeit und zum Arbeitsplatz
– Verhältnis der Arbeitskraft zu Vorgesetzten und zu Mitarbeitern.
Arbeitsfreude und Arbeitszufriedenheit werden maßgeblich vom Betriebsklima bestimmt. Gefragt ist deshalb künftig in stärkerem Umfang „Management by Betriebsklima".

---

[1] Ergonomie: Wissenschaft, die darauf abzielt, die Arbeitsmittel und Arbeitsbedingungen den arbeitenden Menschan anzupassen.

Perspektive Gruppenarbeit – zu den möglichen Auswirkungen auf das Betriebsklima

Quelle: Die Mitbestimmung, Monatszeitschrift der Hans-Böckler-Stiftung, 1/93

1. Welche Auswirkungen auf das Betriebsklima durch die Einführung der Gruppenarbeit werden hier dargestellt?
2. Sind diese realistisch?
3. Welche negativen Auswirkungen sind möglich?

3 Die menschliche Arbeit als wichtiger Produktionsfaktor

Zur Herstellung von Gütern und zur Erbringung von Dienstleistungen benötigt unsere Wirtschaft die Produktionsfaktoren

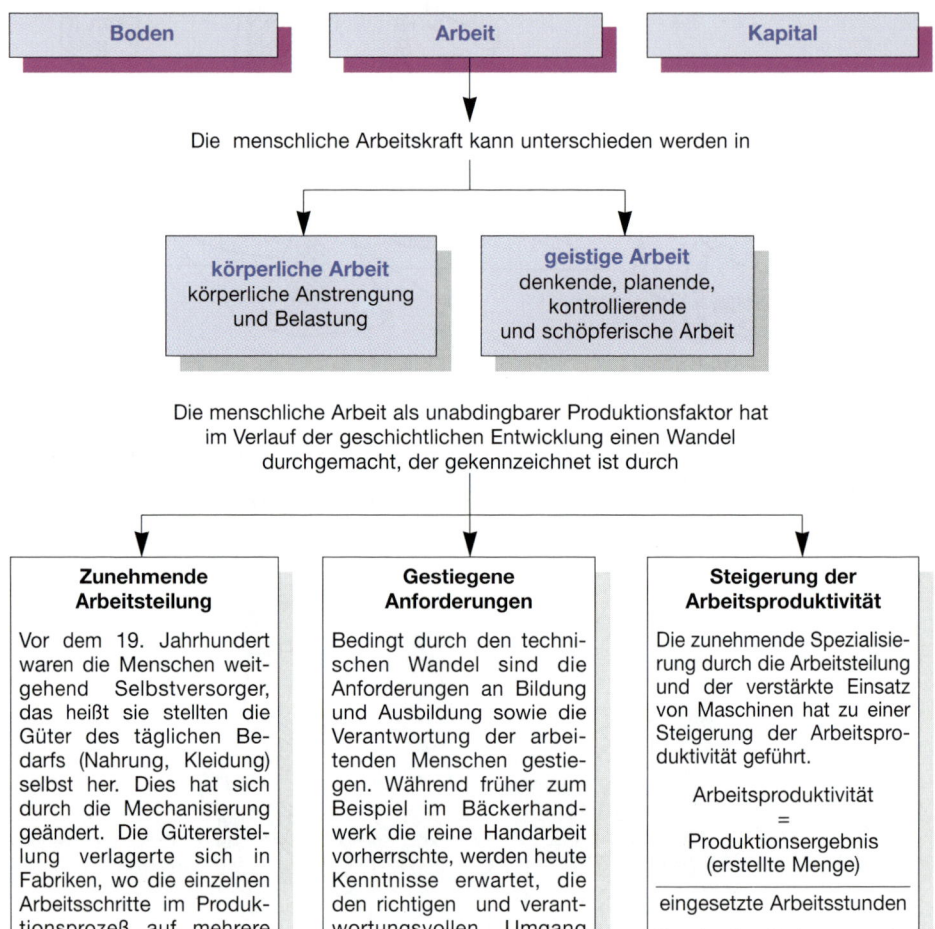

| Boden | Arbeit | Kapital |

Die menschliche Arbeitskraft kann unterschieden werden in

körperliche Arbeit
körperliche Anstrengung
und Belastung

geistige Arbeit
denkende, planende,
kontrollierende
und schöpferische Arbeit

Die menschliche Arbeit als unabdingbarer Produktionsfaktor hat im Verlauf der geschichtlichen Entwicklung einen Wandel durchgemacht, der gekennzeichnet ist durch

Zunehmende Arbeitsteilung

Vor dem 19. Jahrhundert waren die Menschen weitgehend Selbstversorger, das heißt sie stellten die Güter des täglichen Bedarfs (Nahrung, Kleidung) selbst her. Dies hat sich durch die Mechanisierung geändert. Die Gütererstellung verlagerte sich in Fabriken, wo die einzelnen Arbeitsschritte im Produktionsprozeß auf mehrere Personen aufgeteilt wurden. Am Ende dieser Entwicklung steht das Fließband, wo jeder Arbeiter nur noch einen kleinen Arbeitsschritt ausführen muß.

Gestiegene Anforderungen

Bedingt durch den technischen Wandel sind die Anforderungen an Bildung und Ausbildung sowie die Verantwortung der arbeitenden Menschen gestiegen. Während früher zum Beispiel im Bäckerhandwerk die reine Handarbeit vorherrschte, werden heute Kenntnisse erwartet, die den richtigen und verantwortungsvollen Umgang mit den eingesetzten Spezialmaschinen ermöglichen. Außerdem erfordern die gesetzlichen Bestimmungen weitreichende Kenntnisse in der Lebensmittelchemie.

Steigerung der Arbeitsproduktivität

Die zunehmende Spezialisierung durch die Arbeitsteilung und der verstärkte Einsatz von Maschinen hat zu einer Steigerung der Arbeitsproduktivität geführt.

$$\text{Arbeitsproduktivität} = \frac{\text{Produktionsergebnis (erstellte Menge)}}{\text{eingesetzte Arbeitsstunden}}$$

Durch die Steigerung der Arbeitsproduktivität konnten die Löhne ständig angehoben werden.

Der Wandel im Bereich des Produktionsfaktors Arbeit unterstreicht die Bedeutung einer qualifizierten Berufsausbildung, denn nur wer gut ausgebildet ist, kann den gestiegenen Anforderungen im Arbeitsleben gerecht werden.

Ein Plus an Produktivität

Zuwachs des Produktionsergebnisses je Beschäftigtenstunde

Branchen-Beispiele:

Branche	Zuwachs
Büromaschinen/EDV	+96%
Papiererzeugung	+63%
Eisenschaffende Industrie	+59%
Ledererzeugung	+56%
Elektrotechnik	+41%
Nahrungsmittelgewerbe	+36%
Straßenfahrzeugbau	+30%
Steine und Erden	+23%
Maschinenbau	+21%
Bekleidungsgewerbe	+11%
Bergbau	5%

Gesamte Industrie*
+29%
* Bergbau und Verarbeitendes Gewerbe

Quelle: Statistisches Bundesamt

1. Wodurch ist die Arbeitsproduktivität in den letzten Jahren in der dargestellten Form gestiegen?
2. Wie erklären Sie sich die unterschiedlichen Steigerungen in den einzelnen Branchen?

Baumwollmanufaktur um 1840

Arbeit an der Drehmaschine (BSZ Freital)

1. Beschreiben Sie die dargestellten Arbeitsplätze.
2. Welche unterschiedlichen Anforderungen stellen die abgebildeten Berufe?

4 Schutz des arbeitenden Menschen

Manche Auszubildende und Arbeitnehmer sind in ihrem beruflichen Bereich besonderen Gefahren ausgesetzt. Um diese Gefahren einzudämmen und ihre Folgen zu mindern, hat der Gesetzgeber **Arbeitsschutzbestimmungen** erlassen.

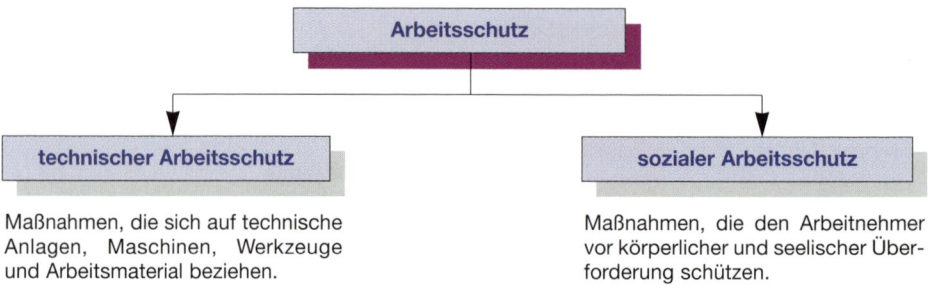

Maßnahmen, die sich auf technische Anlagen, Maschinen, Werkzeuge und Arbeitsmaterial beziehen.

Maßnahmen, die den Arbeitnehmer vor körperlicher und seelischer Überforderung schützen.

4.1 Technischer Arbeitsschutz

Die grundlegenden Regeln zur Vermeidung von Arbeitsunfällen und Berufskrankheiten sind in der Gewerbeordnung festgehalten, die durch zahlreiche Vorschriften ergänzt wurde.

Gewerbeordnung	Grundlegende Regelungen zur Unfallverhütung im Betrieb (z. B. ausreichende Beleuchtung und Belüftung)
Arbeitsstätten-verordnung	Mindestanforderungen für Arbeitsplätze, Lagerräume und Verkehrsräume auf dem Betriebsgelände (z. B. Ausstattung der Wasch- und Umkleideräume)
Unfallverhütungs-vorschriften	Allgemeine Regelungen zur Einhaltung und Beachtung von Sicherheitsvorschriften (z. B. Gerätesicherheitsgesetz)
Besondere Vorschriften	Allgemeine Regelungen zum Umgang mit bestimmten Stoffen (z. B. radioaktives Material)

4.1/1

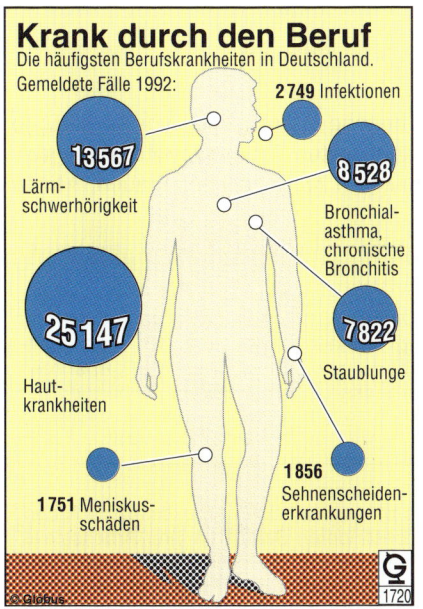

Krank durch den Beruf
Die häufigsten Berufskrankheiten in Deutschland.
Gemeldete Fälle 1992:

2 749 Infektionen

13 567

Lärm-
schwerhörigkeit

8 528

Bronchial-
asthma,
chronische
Bronchitis

25 147

Haut-
krankheiten

7 822

Staublunge

1 856
Sehnenscheiden-
erkrankungen

1 751 Meniskus-
schäden

© Globus
1720

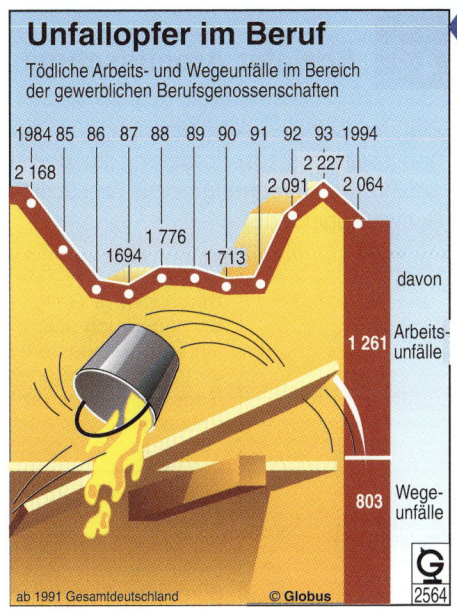

Unfallopfer im Beruf
Tödliche Arbeits- und Wegeunfälle im Bereich
der gewerblichen Berufsgenossenschaften

1984 85   86   87   88   89   90   91   92   93   1994

2 168

2 227
2 091   2 064

1 776
1694   1 713

davon

1 261   Arbeits-
        unfälle

803   Wege-
      unfälle

ab 1991 Gesamtdeutschland   © Globus
2564

1. Nennen Sie Berufe, in denen die einzelnen Berufskrankheiten vorkommen können.
2. Nennen Sie Berufskrankheiten, die in Ihrem Beruf häufig vorkommen.
3. Beschreiben und erklären Sie den oben abgebildeten Verlauf der Unfallopferkurve.
4. Beschreiben Sie konkrete Unfallgefahren an Ihrem Arbeitsplatz.

Grundregeln zur Arbeitssicherheit für Berufsanfänger:

4.1/2

- Verkehrswege im Betrieb freihalten.
- Mängel an Maschinen, Werkzeugen, Leitern und allen anderen Arbeitsgeräten sofort dem Vorgesetzten melden.
- Niemals Schutzvorrichtungen und Sicherheiteinrichtungen entfernen.
- Bei allen Arbeiten, bei denen dies vorgeschrieben oder erforderlich ist, stets die vom Betrieb zur Verfügung gestellte persönliche Schutzausrüstung benutzen.

- Niemals an fremden, unbekannten Maschinen hantieren.
- Der Arbeitsplatz ist kein Spielplatz.
- Beim Arbeiten an Maschinen und Triebwerken stets anliegende Arbeitskleidung tragen.
- Unfallverhütungsvorschriften und Regeln für die Arbeitssicherheit stets genau beachten und befolgen.

Quelle: Blickpunkt Arbeitssicherheit, Nr. 10/1982

1. Erläutern Sie, welche Folgen es hat, wenn die oben dargestellten Grundregeln nicht eingehalten werden.
2. Erstellen Sie für Ihren Betrieb einen Katalog mit Grundregeln zur Arbeitssicherheit.

4.2 Sozialer Arbeitsschutz

Ziel des sozialen Arbeitsschutzes ist es, den arbeitenden Menschen vor körperlicher und seelischer Überforderung zu bewahren. Dabei gelten für bestimmte, besonders gefährdete Personengruppen zusätzliche Regelungen (Jugendliche, Frauen, Mütter, Schwerbehinderte).

Bundesurlaubs- gesetz	Durch dieses Gesetz wird jedem Arbeitnehmer in jedem Kalenderjahr der Anspruch auf einen bezahlten Erholungsurlaub garantiert. Der jährliche Mindesturlaub beträgt danach mindestens 18 Tage. Tarifvertragliche Regelungen haben inzwischen über die genannten Gesetze hinausgehende Verbesserungen für den Arbeitnehmer gebracht.
Schwerbehinder- tengesetz	Behinderte Menschen haben es oft schwer, einen Arbeitsplatz zu finden. Außerdem benötigen sie einen besonderen Schutz an ihrer Arbeitsstelle, da sie meistens nicht so leistungsfähig wie ihre gesunden Kollegen sind. Durch das Schwerbehindertengesetz wird diesen Problemen Rechnung getragen. So haben Schwerbehinderte einen besonderen Kündigungsschutz. Außerdem hat der Gesetzgeber eine Beschäftigungspflicht der Arbeitgeber eingeführt.
Arbeitszeit- gesetz	Seit 1994 ersetzt dieses Gesetz die bisherige Arbeitszeitordnung. Die Verwirklichung der Gleichbehandlung von Mann und Frau im Arbeitsleben und die flexible Gestaltung der Arbeitszeiten sind wesentliches Anliegen des Gesetzes.
Kündigungs- schutzgesetz	Der gesetzliche Kündigungsschutz gibt den Arbeitnehmern Sicherheit in ihrem beruflichen Leben. Eine Absicherung des Arbeitnehmers vor plötzlichem Arbeitsverlust ist durch die im BGB geregelten Kündigungsfristen und den gesetzlichen Kündigungsschutz gegeben. Dieser ist im Kündigungsschutzgesetz und im Kündigungsfristengesetz geregelt. Wichtige Bestimmungen daraus sind: Kündigungsfristen: Angestellte und Arbeiter 4 Wochen zum 15. oder zum Monatsende
Frauen- und Mutterschutz	Frauen stehen im Arbeitsleben unter besonderem Schutz. Dies gilt besonders dann, wenn sie ein Kind erwarten oder schon Kleinkinder haben und somit auf die Hilfe der Gesellschaft angewiesen sind. So haben weibliche Arbeitnehmer einen Anspruch auf längere Pausen, und ihre tägliche Arbeitszeit ist auf 8,5 Stunden begrenzt. Nach dem Mutterschutzgesetz müssen Frauen bis zum Ablauf von 8 Wochen nach der Geburt von der Arbeit befreit werden. Auf Antrag sind sie auch 6 Wochen vor der Niederkunft von der Arbeit freizustellen. Außerdem können sie während der Schwangerschaft nicht gekündigt werden, und ihr Arbeitsplatz muß besonderen Bestimmungen gerecht werden.

Besonderer Kündigungsschutz bei langjähriger Betriebszugehörigkeit

4.2/1

	Beschäftigungszeit	Kündigungsfrist
Angestellte und Arbeiter	ab 2 Jahre	1 Monat zum Monatsende
	ab 5 Jahre	2 Monate zum Monatsende
	ab 8 Jahre	3 Monate zum Monatsende
	ab 10 Jahre	4 Monate zum Monatsende
	ab 12 Jahre	5 Monate zum Monatsende
	ab 15 Jahre	6 Monate zum Monatsende
	ab 20 Jahre	7 Monate zum Monatsende

Bei Pflichtverletzungen des Arbeitnehmers kann immer fristlos gekündigt werden.

1. Warum ist die Kündigungsfrist von der Beschäftigungszeit abhängig?
2. Nennen Sie Pflichtverletzungen, die eine fristlose Kündigung zur Folge haben können.

Fälle

4.2/2

1.
Der Kfz-Mechaniker Peter W. (53 Jahre) aus Radebeul ist seit 16 Jahren in einer Autoreparaturwerkstatt als Arbeiter beschäftigt. Er wird mit einer Frist von 4 Wochen gekündigt.

2.
Die Friseurin Petra S. (35 Jahre) aus Pirna soll in diesem Jahr wegen Erkrankung einer Kollegin nur 12 Tage Urlaub erhalten.

3.
Die Fleischereifachverkäuferin Inge H. (27 Jahre) aus Bautzen erwartet ein Kind. Daraufhin wird ihr gekündigt.

4.
Der aufgrund eines Unfalls körperbehinderte Erich H. (36 Jahre) bewirbt sich bei einer Maschinenfabrik in Dresden. Diese lehnt seine Bewerbung mit der Begründung ab, daß sie keine Behinderten beschäftigen wolle.

1. Welche Gesetze regeln oben aufgeführte Fälle?
2. Untersuchen Sie die einzelnen Fälle auf ihre Rechtmäßigkeit.

Jugendarbeits-schutzgesetz	Jugendliche Erwerbstätige und Auszubildende befinden sich noch in der Wachstumsphase. Sie sind körperlich weniger widerstands- und leistungsfähig als ein erwachsener Mensch. Sie müssen deshalb vor bestimmten Arbeitsbedingungen geschützt werden. Die Arbeitsbedingungen müssen daher dem Entwicklungsstand, den Fähigkeiten und Möglichkeiten jugendlicher Erwerbstätiger entsprechen. Aus diesem Grund gelten für Erwerbstätige und Auszubildende, die das 18. Lebensjahr noch nicht vollendet haben, besondere Bestimmungen bezüglich Arbeitszeit, Freizeit und Urlaub, Art der Arbeit und gesundheitlicher Betreuung. Diese sind im Jugendarbeitsschutzgesetz geregelt.

4.3 Arbeitsschutzbestimmungen

Der Staat und von ihm beauftragte Institutionen überwachen und kontrollieren die Einhaltung der Arbeitsschutzbestimmungen.

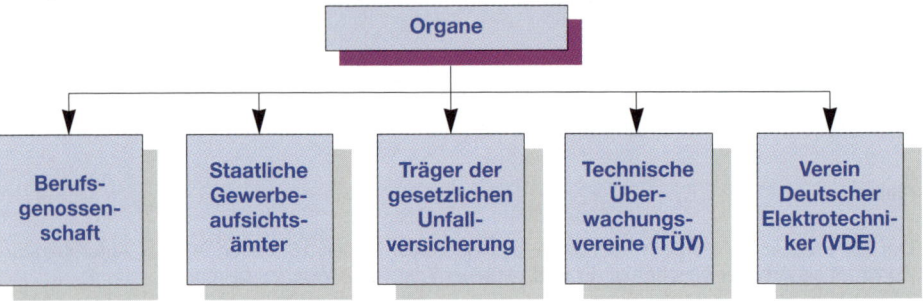

Die Gewerbeaufsicht dient der Überwachung der Einhaltung von arbeitsrechtlichen und Arbeitsschutzbestimmungen. Sie wird von den Gewerbeaufsichtsämtern in Zusammenarbeit mit den Berufsgenossenschaften ausgeübt. Nach dem Betriebsverfassungsgesetz hat sich der Betriebsrat ebenfalls für die Durchführung der Arbeitsschutzvorschriften einzusetzen und die Beamten des Gewerbeaufsichtsamtes zu unterstützen. In die Überwachung des technischen Arbeitsschutzes sind ebenfalls die Überwachungsvereine einbezogen. In der Gewerbeordnung wird festgelegt, daß sie für die Überwachung von bestimmten Anlagen (zum Beispiel Dampfkessel, Aufzugsanlagen und Druckgasanlagen) zuständig sind. In freier Vereinbarung mit einzelnen Unternehmen führen sie auch Werkstoffprüfungen oder Strahlenschutzmessungen durch.

Die wichtigsten Bestimmungen aus dem Jugendarbeitsschutzgesetz

Anwendung	Bestimmungen
Arbeitszeit	Höchstens täglich 8, in Ausnahmefällen 8$\frac{1}{2}$ Stunden, wöchentlich 40 Stunden. Die Fünftagewoche ist verbindlich.
Ruhepausen	Bei 4$\frac{1}{2}$ bis 6 Stunden mindestens 30 Minuten, bei mehr als 6 Arbeitsstunden mind. 60 Minuten. Erste Pause spätestens nach 4$\frac{1}{2}$ Stunden. Mindestdauer einer Pause 15 Minuten.
Freizeit	Täglich mindestens 12 Stunden. Keine Beschäftigung zwischen 20 und 6 Uhr. Ausnahmen für Jugendliche über 16 im Hotel- und Gaststättengewerbe und in Bäckereien.
Sonn- und Feiertage	Am Samstag keine Beschäftigung. Ausnahmen in Betrieben mit Samstagsarbeit, dafür Ausgleich an einem Wochentag, Beschäftigungsverbot an Sonn- und Feiertagen mit begrenzten Ausnahmen.
Urlaub	Jugendliche, deren Alter zu Beginn des Kalenderjahres unter 16 liegt: 30 Werktage unter 17 liegt: 27 Werktage unter 18 liegt: 25 Werktage
Beschäftigungsverbot	Arbeiten, die die Leistungsfähigkeit übersteigen (z. B. Akkord- und Fließbandarbeit mit vorgeschriebenem Arbeitstempo). Gefährliche Arbeiten (Ausnahmen bei Jugendlichen über 16 zu Ausbildungszwecken).
Berufsschulbesuch	Ein Schultag je Woche wird auf die Ausbildungs- bzw. Arbeitszeit angerechnet und vergütet. Eine Beschäftigung am Schultag ist unzulässig, wenn der Unterricht vor 9 Uhr beginnt und/oder mehr als 5 Unterrichtsstunden dauert.
Ärztliche Untersuchung	1. Untersuchung: innerhalb der letzten 14 Monate vor Antritt der Berufsausbildung. Nachuntersuchung: innerhalb der letzten drei Monate des ersten Beschäftigungsjahres.
Prüfungen	Der Arbeitgeber hat den Jugendlichen für die Teilnahme an Prüfungen und Ausbildungsmaßnahmen, die aufgrund vertraglicher Bestimmungen außerhalb der Ausbildungsstätte durchzuführen sind, und an dem Arbeitstag, der der schriftlichen Prüfung unmittelbar vorangeht, freizustellen. Ein Entgeltausfall darf nicht eintreten.

1. *Warum hat der Gesetzgeber oben angeführte Bestimmungen für Jugendliche erlassen?*
2. *Bilden Sie zu jeder oben angeführten Bestimmung einen Fall, in dem gegen das Jugendarbeitsschutzgesetz verstoßen wird.*

Wichtiges Wissen · Wichtiges W ~~es Wissen~~ · Wichtiges Wissen

Berufsausbildung

Duales System	Ausbildung an den zwei Lernorten Schule und Betrieb
Ausbildungsberuf	~ 380 anerkannte Ausbildungsberufe in 13 Berufsfeldern
Ausbildungsordnung	Grundlage der beruflichen Ausbildung
Schullehrplan	Grundlage der schulischen Ausbildung

Ausbildungsvertrag

Mindestangaben	Art, sachliche und zeitliche Gliederung und Ziel der Ausbildung, Beginn und Dauer der Ausbildung, Ausbildungsort, Ausbildungszeit, Urlaub, Vergütung, Probezeit, Kündigung
Pflichten	→ Ausbildenden: z.B.: notwendige Kenntnisse und Fertigkeiten vermitteln, Werkzeuge zur Verfügung stellen
	→ Auszubildenden: z.B.: Lernpflicht, Sorgfaltspflicht, Befolgungspflicht, Schweigepflicht

Berufliche Fortbildung/Umschulung

Ziele	Erhaltung und Erweiterung beruflicher Kenntnisse; Nachholen beruflicher Abschlußprüfungen; Vorbereitung auf einen anderen Beruf; beruflicher Aufstieg
Möglichkeiten	Kammern, VHS, Verbände, Gewerkschaften, Kirchen

Bedingungen der menschlichen Arbeitsleistung

innere Arbeitsbedingungen	Begabung, Ausbildung, Erfahrung, Alter, körperliche Konstitution außerbetriebliche Umstände, Leistungsbereitschaft und -wille
äußere Arbeitsbedingungen	Arbeitsplatz, Arbeitszeit, Arbeitsentgelt, Arbeitsorganisation, Betriebsklima

Die menschliche Arbeitsleistung als Produktionsfaktor

Arten	Körperliche Arbeit, geistige Arbeit
Veränderungen	Zunehmende Arbeitsteilung, Steigerung der Arbeitsproduktivität, gestiegene Anforderungen

Schutz des arbeitenden Menschen

	Erklärung	Gesetze
technischer Arbeitsschutz	Maßnahmen, die sich auf technische Anlagen, Werkzeuge, Maschinen und Arbeitsmaterial beziehen	Gewerbeordnung, Arbeitsstättenverordnung, Unfallverhütungsvorschriften, Besondere Vorschriften
sozialer Arbeitsschutz	Maßnahmen, die den Arbeitnehmer vor körperlicher und seelischer Überforderung schützen	Bundesurlaubsgesetz, Schwerbehindertengesetz, Arbeitszeitgesetz, Kündigungsschutzgesetz, Frauen- und Mutterschutz, Jugendarbeitsschutzgesetz

Fragen · Aufgaben · Fragen   **?**   ·Fragen · Aufgaben · Fragen

Wissen

1   Was versteht man in der Berufsausbildung unter „Duales System"?
2   Was wird durch die Ausbildungsordnung geregelt?
3   Nennen Sie 5 Berufsfelder, und ordnen Sie ihren Ausbildungsberuf entsprechend zu.
4   Welche Mindestangaben muß der Berufsausbildungsvertrag enthalten?
5   Wer ist zuständig für die Überwachung Ihrer Ausbildung?
6   Nennen Sie je drei Pflichten von Auszubildenden und Ausbildenden.
7   Woraus ergeben sich die Rechte von Auszubildenden und Ausbildenden?
8   Nennen Sie Gründe für Fort- und Weiterbildung.
9   Welche Institutionen führen eine berufliche Fort- und Weiterbildung durch?
10 Wie kann die berufliche Fort- und Weiterbildung gefördert werden?
11 Welche Faktoren bestimmen die menschliche Leistungsfähigkeit?
12 Wodurch wird die menschliche Leistungsbereitschaft beeinflußt?
13 Was versteht man unter technischem, was unter sozialem Arbeitsschutz?
14 Nennen Sie je drei gesetzliche Bestimmungen aus technischem und sozialem Arbeitsschutz, und erläutern Sie die wesentlichen Bestimmungen.
15 Nennen Sie fünf wichtige Bestimmungen aus dem Jugendarbeitsschutzgesetz.
16 Welche Organe überwachen die Einhaltung der Arbeitsschutzbestimmungen?

Erkennen und Werten

1   Warum spielen Schlüsselqualifikationen eine zunehmend größere Rolle?
2   Inwiefern bietet berufliche Ausbildung eine Zukunftsperspektive?
3   Welche Möglichkeiten haben Sie, sich in Ihrem Beruf fortzubilden?
4   Informieren Sie sich bei den zuständigen Stellen über Weiterbildungsmöglichkeiten in Ihrem Beruf.
5   Warum kann in der Probezeit das Ausbildungsverhältnis von beiden Seiten ohne Angabe von Gründen beendet werden?
6   Überprüfen Sie in Ihrem Ausbildungsvertrag, ob die Mindestangaben vorhanden sind. Welche Vereinbarungen wurden getroffen?
7   Arbeiten Sie lieber in einer Gruppe oder allein? Begründen Sie Ihre Antwort.
8   Schildern Sie zwei außerbetriebliche Umstände, die die menschliche Leistungsfähigkeit steigern oder vermindern.
9   Erkunden Sie den Wandel hinsichtlich der Anforderungen in Ihrem Ausbildungsberuf.
10 Überprüfen Sie, welche besonderen Arbeitsschutzmaßnahmen in Ihrem Ausbildungsbetrieb vorhanden sind. Begründen Sie ihre Notwendigkeit.
11 Warum wurden für Jugendliche besondere Schutzmaßnahmen getroffen?
12 Erkundigen Sie sich, wer in Ihrem Ausbildungsbetrieb für die Einhaltung der Schutzbestimmungen zuständig ist.
13 Erstellen Sie einen Katalog von Schutzmaßnahmen, die Ihrer Meinung nach in Ihrem Betrieb besonders wichtig sind.

II. Vertragsrecht und Verbraucherschutz

1 Rechtliche Grundlagen

Die rechtlichen Grundlagen, um Verträge abschließen zu können, stützen sich auf:

● das **Grundgesetz** Artikel 2, Absatz 1 (Vertragsfreiheit)

> „Jeder hat das Recht auf die freie Entfaltung seiner Persönlichkeit, soweit er nicht die Rechte anderer verletzt und nicht gegen die verfassungsmäßige Ordnung oder das Sittengesetz verstößt."

● das **Bürgerliche Gesetzbuch** (BGB)

Es ist das wichtigste Gesetz des privaten Rechts. In ihm werden die rechtlichen Verhältnisse der Bürger untereinander geregelt sowie die Zuordnung von Eigentum und Besitz. Das Bürgerliche Gesetzbuch enthält auch Familien- und erbrechtliche Vorschriften, Gesetze über Eheschließung, über Abzahlungs- und Haustürgeschäfte und über Allgemeine Geschäftsbedingungen.

● das **Handelsgesetzbuch** (HGB)

Es regelt das Sonderrecht der Kaufleute, ihrer Arbeitnehmer (der Handlungsgehilfen), ihrer Geschäfte und der unterschiedlichen Formen der Handelsgesellschaften (Personengesellschaft oder Kapitalgesellschaft).

2 Voraussetzungen für den Abschluß von Rechtsgeschäften

Wer ein Moped kauft, eine Wohnung mietet oder zum Beispiel eine Berufsausbildung beginnt, schließt einen Vertrag ab. Er tätigt damit ein Rechtsgeschäft, aus dem sich gegenseitige Rechte und Pflichten der jeweiligen Vertragspartner ergeben. Im Bürgerlichen Gesetzbuch (BGB) ist genau geregelt, welche Rechte und Pflichten das sind. Um Rechtsgeschäfte überhaupt abschließen zu können, müssen bestimmte Voraussetzungen erfüllt sein. Dazu gehören:

Das Grundgesetz garantiert die Vertragsfreiheit. Darunter ist die Freiheit des einzelnen zu verstehen, seine Rechtsstellung und die Rechtslage, der von ihm beherrschten Rechtsgüter (z. B. Sachen) nach Belieben durch Verträge mit anderen zu ändern: Grundsätzlich kann jedermann Verträge mit einem beliebigen Partner abschließen (Abschlußfreiheit) und mit diesem den Inhalt der vertraglichen Regelung frei bestimmen (Freiheit der inhaltlich Gestaltung). Nur auf Gebieten, auf denen eine umfassende Vertragsfreiheit die Gefahr einer großen Rechtsunsicherheit nach sich zöge, darf sie eingeschränkt werden, wobei sich diese Einschränkung meist auf die Freiheit der inhaltlichen Gestaltung bezieht.

1.1

Quelle: Hesselberger, Dieter: Das Grundgesetz, Kommentar für die politische Bildung Bonn [7] 1990, S. 69

?

1. *Wie definiert das Grundgesetz „Vertragsfreiheit"?*
2. *Erklären Sie die Begriffe „Abschlußfreiheit" und „Freiheit der inhaltlichen Gestaltung".*

Bürgerliches Gesetzbuch (BGB)

1.2

Gesetzbuch aus dem Jahre 1896, das die wesentlichen Regelungen auf dem Gebiet des Zivilrechts enthält. Es besteht aus 2385 Paragraphen und ist in fünf Bücher eingeteilt:

1. Einen allgemeinen Teil, der Grundsätze des Zivilrechts, zum Beispiel die Regelungen über die Rechtsfähigkeit, die Volljährigkeit, die Entmündigung, den Wohnsitz, die Vereine, die Stiftungen, die Sachen, die Geschäftsfähigkeit, die Willenserklärungen, die Verträge, die Vertretung, die Fristen, die Verjährung, die Notwehr, den Notstand, die Selbsthilfe und die Sicherheitsleistungen enthält (§§ 1–240).

2. Das Schuldrecht (§§ 241–853)

3. Das Sachenrecht (§§ 845–1296)

4. Das Familiengesetz (§§ 1297–1921)

5. Das Erbrecht (§§ 1922–2385)

Handelsgesetzbuch (HGB)

Ein Gesetzbuch, das früher einmal (seine jetzige Fassung stammt aus dem Jahre 1897, es ist in Wahrheit aber noch älter) das gesamte Handelsrecht enthielt. Heute gibt es neben dem HGB eine ganze Reihe weiterer wichtiger handelsrechtlicher Gesetze:
a) die Definition des Begriffs Kaufmann,
b) die Vorschriften über das Handelsregister,
c) die Vorschriften über die Firma,
d) Vorschriften über die Bücher, die ein Kaufmann führen muß (Handelsbücher),
e) die besonderen Vollmachten, die ein Kaufmann erteilen kann (Prokura und Handlungsvollmacht),
f) arbeitsrechtliche Sonderregelungen für Arbeitnehmer des Kaufmanns (Handlungsgehilfen),
g) die Regelungen über die sogenannten Hilfspersonen des Kaufmanns (Handelsvertreter und Handelsmakler),
h) die Vorschriften über die Personengesellschaften des Handelsrechts (offene Handelsgesellschaft und Kommanditgesellschaft),
i) Sonderregelungen für Rechtsgeschäfte von Kaufleuten (z. B. für den Handelskauf),
j) Regelungen über Geschäfte, die überhaupt nur von Kaufleuten betrieben werden können (Kommission, Spedition, Lagerhaltung, Frachtgeschäft, Seehandel).

Quelle: Tosberg, Hans Joachim/Tosberg, Susanne: Jugendlexikon Recht, Reinbek 1990, S. 50 f. und 92 f.

---

1. *Wie ist das Bürgerliche Gesetzbuch (BGB) aufgebaut?*
2. *Warum ist das BGB eine wichtige Grundlage für das Vertragsrecht?*
3. *Wessen Rechte regelt das Handelsgesetzbuch (HGB)?*
4. *Nennen Sie rechtliche Schwerpunkte des HGB, die nur Kaufleute oder Handlungsgehilfen oder Handelsgesellschaften betreffen.*

2.1 Rechtsfähigkeit

Rechtsfähigkeit ist die Fähigkeit, Träger von Rechten und Pflichten zu sein.

Alle Personen des Rechtslebens (= Rechtssubjekte) sind von ihrer Geburt bis zu ihrem Tod rechtsfähig. Man unterscheidet jedoch zwischen natürlichen Personen und juristischen Personen.

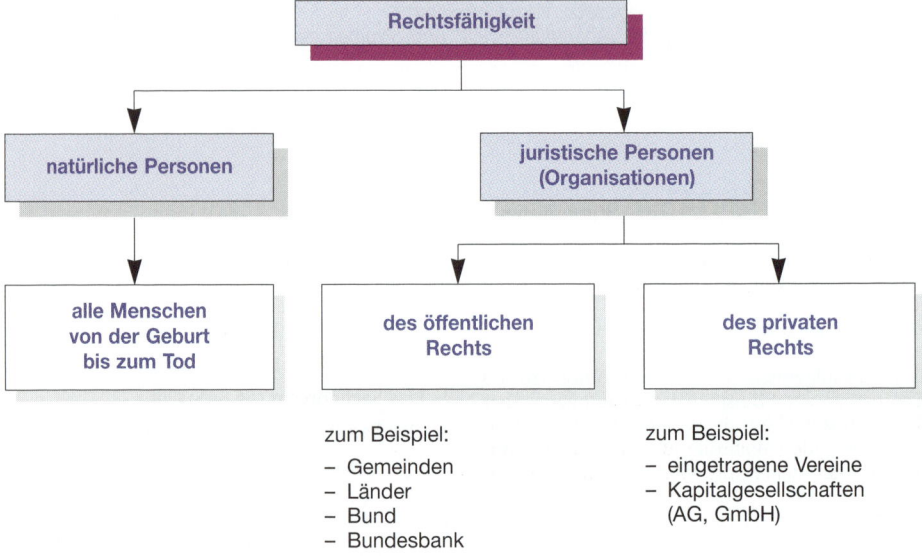

zum Beispiel:
– Gemeinden
– Länder
– Bund
– Bundesbank

zum Beispiel:
– eingetragene Vereine
– Kapitalgesellschaften
  (AG, GmbH)

2.2 Geschäftsfähigkeit

Geschäftsfähigkeit ist die Fähigkeit, selbständig Rechtsgeschäfte abzuschließen und Verbindlichkeiten einzugehen.

Bei natürlichen Personen unterscheidet man drei Stufen der Geschäftsfähigkeit:

- Geschäftsunfähigkeit:
  gilt für Kinder unter 7 Jahre und dauernd Geisteskranke;

- beschränkte Geschäftsfähigkeit:
  gilt für Minderjährige zwischen 7 und 18 Jahre;

- volle Geschäftsfähigkeit:
  gilt ab 18 Jahre.

Juristische Personen haben immer die volle Geschäftsfähigkeit.

Juristische Personen

2.1/1

Juristische Personen sind auch zum größten Teil Personenvereinigungen, doch hat ihnen das Gesetz rechtliche Selbständigkeit zuerkannt. Diese künstlichen Rechtsgebilde sind rechtlich gesehen Personen, juristische Personen, im Gegensatz zu den natürlichen Personen, den Menschen. Die juristischen Personen haben Rechte und Pflichten und haften selbst für ihre Schulden. Juristische Personen sind neben den eingetragenen Vereinen zum Beispiel die Aktiengesellschaften (AG), die Gesellschaften mit beschränkter Haftung (GmbH), aber auch die Bundesrepublik Deutschland und die Gemeinden.

Quelle: Feldmann, Joachim: Alles was Recht ist, München 1991, S. 100

1. Erklären Sie mit Hilfe der Karikatur und des Textes den Begriff „Juristische Person".
2. Worin unterscheiden sich juristische Personen von natürlichen Personen?
3. Welche der aufgeführten Beispiele sind juristische Personen des öffentlichen Rechts, welche des privaten Rechts?

Fall

2.2/1

Die 14jährige Manuela ist eine begeisterte Anhängerin der Popmusik. Das Taschengeld investiert sie weitgehend in CDs.
Als ihre Großmutter ihr 20,00 DM zum Namenstag schenkt, hat sie endlich zusammen mit ihrem Taschengeld den Betrag von 50,00 DM zur Verfügung, den sie für die schon lang ersehnten CDs benötigt.

Als sie die CDs ihrer Mutter zeigt, ist diese nicht einverstanden. Manuela habe schon genug CDs, zudem seien 50,00 DM entschieden zuviel für solche „Krachmusik".
Sie verlangt, Manuela solle die CDs zurückbringen und ihr Geld künftig zu „besseren" Zwecken ausgeben.

§ Die gesetzlichen Bestimmungen (BGB)

§ 108 (Vertragsabschluß ohne Einwilligung) (1) Schließt der Minderjährige einen Vertrag ohne die erforderliche Einwilligung des gesetzlichen Vertreters ab, so hängt die Wirksamkeit des Vertrages von der Genehmigung des Vertreters ab.

§ 110 („Taschengeldparagraph") Ein von dem Minderjährigen ohne Zustimmung des gesetzlichen Vertreters geschlossener Vertrag gilt als von Anfang an wirksam, wenn der Minderjährige die vertragsgemäße Leistung mit Mitteln bewirkt, die ihm zu diesem Zweck oder zur freien Verfügung von dem Vertreter oder mit dessen Zustimmung von einem Dritten überlassen worden sind.

Quelle: Wochenschau: Recht im Alltag, Nr. 2 Sek. I, Frankfurt 1989, S. 48 f.

1. Geben die gesetzlichen Bestimmungen Manuela oder der Mutter recht?
2. Muß der Verkäufer die (noch verpackten) CDs zurücknehmen?

2.3 Das Zustandekommen von Rechtsgeschäften

2.3.1 Willenserklärung

Damit ein gültiges Rechtsgeschäft zustandekommt, muß mindestens eine Person zunächst ihren Willen äußern. Dieses Sich-Äußern nennt man Willenserklärung.

> **Eine Willenserklärung ist die gewollte und zwangsfreie Erklärung einer Person, um einen rechtlichen Erfolg zu erreichen.**

2.3.2 Arten von Rechtsgeschäften

Beispiel:

Die 18jährige Fleischerfachverkäuferin Eva hat einmal in der Woche Berufsschulunterricht. Auf dem Weg zur Bushaltestelle kommt sie bei einer Bäckerei vorbei, wo sie sich zwei Brötchen kauft. An der Bushaltestelle zieht sie sich am Fahrkartenautomaten eine Einzelkarte, die sie im Bus entwertet. An der Schule wirft sie in den Briefkasten eine Postkarte ein, mit der sie sich bei einem Versandhaus einen Pullover bestellt. Nach dem Unterricht ruft sie von einer Telefonzelle bei dem Gebrauchtwagenhändler Lutz an und teilt ihm mit, daß sie den gestern besichtigten weinroten Mazda 323 kaufen möchte. Herr Lutz bittet sie, zur Vertragsunterzeichnung persönlich vorbeizukommen. Zu Hause angekommen, findet Eva im Briefkasten ein Mahnschreiben der Telekom, weil sie die letzte Telefonrechnung noch nicht überwiesen hat.

An diesem Beispiel kann aufgezeigt werden, daß es unterschiedliche Arten von Rechtsgeschäften gibt:

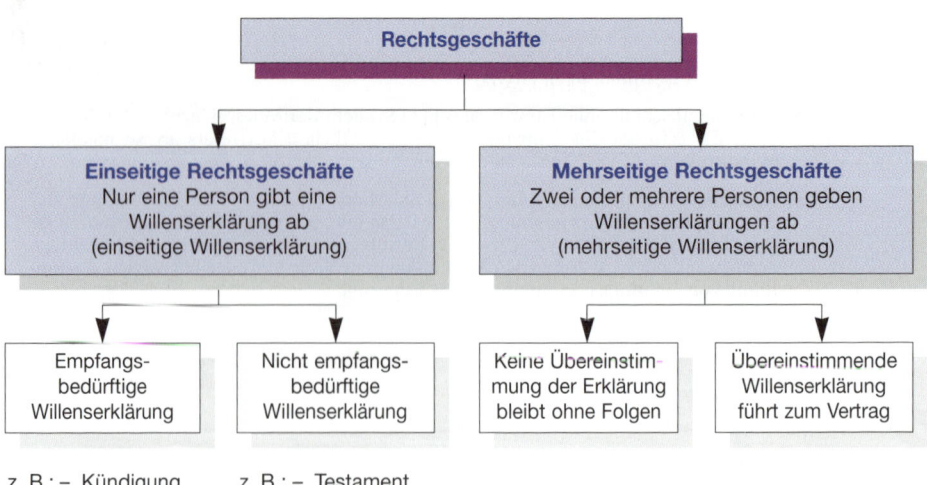

Die Willenserklärung

Das innere Kennzeichen einer Willenserklärung ist der Wille, das Wollen; das äußere Kennzeichen ist das Erklären, das Kundtun des Willens. Derjenige, der eine Willenserklärung abgeben will, muß sich so verhalten, daß der andere, an den die Erklärung gerichtet ist, diese versteht. So fehlt z. B. der Handlungswille bei dem, der unter Hypnose etwas tut. Andererseits ist zwar bei dem Besucher einer Weinversteigerung, der den Bleistift aufrecht hält und nicht weiß, daß

dies ein Höherbieten bedeutet, der Handlungswille vorhanden, es fehlt aber das Bewußtsein, eine rechtserhebliche Erklärung abzugeben.

Bei der Auslegung einer Willenserklärung ist der wirkliche Wille zu erforschen und nicht an dem buchstäblichen Sinne des Ausdrucks zu haften (§ 133). Der erklärte Wille, nicht aber ein nicht geäußerter Wille – eine innere Absicht – ist Gegenstand der Auslegung.

Quelle: Berens, Peter/Müller, Winfried: Rechtsgeschäfte, Köln ⁶ 1978, S. 31

1. *Erklären Sie anhand eines Beispiels die beiden Begriffe „inneres" und „äußeres Kennzeichen" einer Willenserklärung.*
2. *Was ist für die Auslegung einer Willenserklärung maßgebend?*

Einseitige Rechtsgeschäfte

2.3.2/1

Willenserklärungen sind entweder:

1. nicht empfangsbedürftig,

d. h., zu ihrer Wirksamkeit ist es nicht erforderlich, daß andere Personen hiervon Kenntnis erhalten. Der Wille wird schon wirksam mit seiner Erklärung.

Fall A

Herr Reich schreibt dem Sportbund, er würde dem ersten Läufer, der die 100-m-Strecke unter 9,0 Sek. läuft, eine Belohnung von 10.000,00 DM geben.

2. empfangsbedürftig §§ 130–132 BGB,

d.h. sie müssen, um wirksam zu werden, in den Machtbereich dessen gekommen sein, an den sie gerichtet sind. Es ist nicht erforderlich, daß der Adressat von ihrem Inhalt Kenntnis nimmt. Erfolgt die Willenserklärung einem Anwesenden gegenüber mündlich, so muß dieser die Möglichkeit haben, sie zu verstehen. Erfolgt sie in schriftlicher Form, so tritt ihre Wirksamkeit schon im Augenblick der Übergabe des Schriftstückes ein. Der Inhalt braucht dem Adressat noch nicht bekannt zu sein. Bei Abgabe einer brieflichen oder telegrafischen Willenserklärung ist diese mit Abgabe in der Wohnung – Einwurf in den Briefkasten – zugegangen. Erfolgt der

Einwurf aber zu einer nicht üblichen Zeit, so gilt die Willenserklärung als mit dem Zeitpunkt zugegangenen, in dem normalerweise die Postzustellung durchgeführt wird. Selbst dann, wenn der Adressat auf Reisen ist und vom Zugang der Willenserklärung nichts weiß, gilt sie als bereits zugegangen. Den Beweis des rechtzeitigen Zugangs hat der Absender zu führen.

Fall B

Mieter Zugfroh kündigt am 15. Juni zum 1. Juli seine Wohnung

a) mündlich gegenüber dem Vermieter.
b) schriftlich durch Einwurf eines Briefes am 15. Juni in den Briefkasten des Vermieters. Dieser liest den Brief erst einige Tage später, da er verreist war.
c) schriftlich durch Übersendung eines Briefes durch einen Boten. Der Vermieter verweigert die Annahme.
d) schriftlich durch eingeschriebenen Brief, den er am 15. Juni zur Post gibt. Der Brief wird noch am gleichen Tage ausgetragen. Die Zustellung kann aber nicht erfolgen, da der Vermieter nicht zu Hause ist. Am 16. Juni wird die Zustellung, diesmal mit Erfolg, wiederholt.

Quelle: Berens/Müller, a. a. O., S. 32 f.

1. *Liegt im Fall A eine wirksame Willenserklärung vor, so daß der erste 100 Meter Läufer unter 9,0 Sek. einen Anspruch hat auf die Belohnung?*
2. *Zu Fall B:*
   Klären Sie in den Beispielen a – d mit Hilfe der Erläuterungen zu empfangsbedürftigen Willenserklärungen, ob die Kündigung wirksam ist oder nicht.

2.3.3 Formen von Rechtsgeschäften

Für die meisten Rechtgeschäfte gibt es keine Formvorschrift. Sie können **mündlich** (z. B. das Bestellen eines Getränks in einem Lokal) oder **schriftlich** (Anforderung von Waren mit einem Brief oder einer Postkarte) geäußert werden. Für den Abschluß einiger Rechtsgeschäfte genügt sogar nur eine **schlüssige Handlung** (z.B. das Winken mit dem Arm, um ein Taxi zu rufen).

In bestimmten Ausnahmefällen besteht jedoch ein **Formzwang**:

Ein Berufsausbildungsvertrag ist nur gültig, wenn er in **Schriftform** vorliegt. Die Eintragung eines Unternehmens in das Handelsregister erfordert die **öffentliche Beglaubigung** der Unterschrift durch einen Notar, und bei einem Grundstücksverkauf ist eine **notarielle Beglaubigung** des Vertragsinhaltes erforderlich.

2.3.4 Wirksamkeit von Rechtsgeschäften

Rechtsgeschäfte entstehen durch Willenserklärungen, die eine Rechtsfolge herbeiführen. Man unterscheidet zwischen wirksamen Rechtsgeschäften, nichtigen Rechtsgeschäften und anfechtbaren Rechtsgeschäften.

Wirksame Rechtsgeschäfte sind Vereinbarungen in mündlicher oder schriftlicher Form, die Ausdruck einer oder mehrerer Willenserklärungen sind.

Beispiel:
- Die Fleischfachverkäuferin Eva verlangt in einer Bäckerei zwei Sesam-Brötchen und bezahlt sie.
- Sie bestellt sich bei einem Versandhaus per Postkarte einen Pullover, den sie zwei Wochen später mit der Rechnung erhält.
- Sie nimmt das Angebot des Auto-Händlers über einen gebrauchten PKW an und unterzeichnet den Kaufvertrag.

Nichtige Rechtsgeschäfte liegen vor,

- wenn gegen ein bestehendes Gesetz verstoßen wird (z.B. Rauschgifthandel).

- wenn ein Formmangel vorliegt (z.B.: Ein Berufsausbildungsvertrag wird nicht schriftlich festgehalten).

- wenn gegen die guten Sitten verstoßen wird, wie die Ausnutzung einer Notlage (z.B.: Ein Kreditvertrag mit einem jährlichen Zinssatz von 45 %).

- wenn ein Scherzgeschäft oder ein Scheingeschäft abgeschlossen wird (z.B.: „All mein Hab und Gut für ein Glas Wasser!" = Scherzgeschäft. Ein Verkäufer verkauft sein Grundstück für DM 150.000,00. Mit Billigung des Käufers wird der Preis im Vertrag mit DM 100.000,00 angegeben, um Steuern zu sparen = Scheingeschäft).

- wenn ein Geschäft mit einem Geschäftsunfähigen oder beschränkt Geschäftsfähigen ohne Zustimmung des Erziehungsberechtigten abgeschlossen wird (z.B.: Ein 6jähriger verkauft das Fahrrad seines Vaters auf einem Flohmarkt).

Formvorschriften

„Das gute Recht darf noch nicht am bloßen Formfehler scheitern, am schlichten Ablauf einer Frist." So wird sich empören, wer auf eine Formalie nicht geachtet und deshalb einen Rechtsnachteil erlitten hat. Und tatsächlich läßt sich nur schwer einsehen, daß zum Beispiel wegen eines Fristversäumnisses heute verloren sein soll, was tags zuvor noch ein sicheres Recht war.

Dennoch, die strikte Einhaltung gewisser Formalien ist notwendig. Sie sind eine wichtige Voraussetzung für die Inhaltsbestimmtheit des Rechts, zum Beispiel:

– Die Regelungen der Altersgrenzen knüpfen an das sicher feststellbare Lebensalter der Menschen an und nicht an geistige Fähigkeit und Entwicklung der einzelnen Person.

– Die Verjährungsfristen geben dem Schuldner die Gewißheit, daß er ab einem bestimmten Zeitpunkt der Forderung eine Einrede entgegensetzen kann.

– Schriftform, notarielle Beurkundung, Eintragung in amtliche Register und weitere Formerfordernisse bringen gleichfalls Sicherheit in das Rechtsleben.

Diese und andere förmliche Grenzen haben sich aufgrund langer Erfahrung herausgebildet. Sie sind kein Zeichen von Willkür, sondern Ergebnis des Bemühens um Rechtssicherheit und damit um Gerechtigkeit.

Quelle: Feldmann, Joachim: a.a.O., S. 45

1. Wie begründet der Autor, daß die Einhaltung gewisser Formvorschriften bei Rechtsgeschäften notwendig ist?
2. Nennen Sie weitere Beispiele von Rechtsgeschäften, bei denen Formzwang besteht.
3. Gibt es Rechtsgeschäfte, für die
   a) eine Formvorschrift sinnvoll wäre?
   b) ein Formzwang besteht, der aber Ihrer Meinung nach abgeschafft werden sollte?

Nichtige Rechtsgeschäfte

2.3.4/1

Nichtigkeit bedeutet, daß die gewollte oder anscheinend gewollte Rechtswirkung nicht eintritt. Auch gegen den Willen der Parteien ist das Rechtsgeschäft als ungültig zu behandeln.

Ist nur ein Teil des Rechtsgeschäftes nichtig, so zieht dies im Zweifel die Nichtigkeit des ganzen Rechtsgeschäftes nach sich (§ 139). Die Ausdrucksweise des Gesetzgebers „im Zweifel"

bedeutet, daß die Nichtigkeit dann nicht anzunehmen ist, wenn das Rechtsgeschäft auch ohne den nichtigen Teil vorgenommen worden wäre. Es muß also nach Wegfall des nichtigen Teiles noch ein selbständiges Rechtsgeschäft bestehenbleiben. Ist der nichtige Teil aber ein wesentlicher Bestandteil des gesamten Rechtsgeschäftes, so erfaßt die Nichtigkeit auch den Rest.

Quelle: Berens/Müller: a.a.O., S. 36

1. Wann spricht man von „nichtigen Rechtsgeschäften"?
2. Konstruieren Sie einen Fall, bei dem nur ein Teil eines Rechtsgeschäftes nichtig ist.

Anfechtbare Rechtsgeschäfte liegen vor, wenn sie zustande gekommen sind durch

- Irrtum in der Erklärung (z.B.: Eine vergoldete Armbanduhr wird mit DM 1,20 statt DM 120,00 ausgezeichnet)

- Irrtum in der Übermittlung (z.B.: Bei einer telefonischen Bestellung wird eine falsche Mengenangabe notiert)

- Irrtum in wesentlichen Eigenschaften einer Sache (z.B.: Statt eines Markenpullovers wird ein Billigprodukt geliefert, in dem nur das Markenetikett eingenäht ist)

- arglistige Täuschung (z.B.: Die Einstellung eines Kfz–Meisters aufgrund gefälschter Zeugnisse)

- widerrechtliche Drohung
  (z.B.: Ein Gast droht einem Wirt mit einer Anzeige wegen mangelnder Hygiene in der Küche, wenn er nicht künftig sein Mittagessen zum halben Preis erhält).

 3 # Vertragsrecht am Beispiel des Kaufvertrags (§§ 433–514, BGB)

3.1 Abschluß eines Kaufvertrags

Beispiele:

Der Zweiradhändler Knoll bietet in einem Zeitungsinserat ein gebrauchtes Moped für DM 550,00 an. Der 19jährige Kfz–Mechaniker Michael liest diese Anzeige und bietet Knoll nach Besichtigung des Mopeds DM 400,00. Nach einigem Hin und Her einigt man sich auf DM 450,00.

In einem Selbstbedienungsgeschäft holt sich Lisa eine Rolle Kekse aus dem Regal und legt sie an der Kasse auf das Band. Den Betrag, den die Verkäuferin in die Kasse eintippt, legt Lisa abgezählt auf den Tisch. Dann nimmt sie die Kekse und geht glücklich aus dem Laden.

Durch das Verhalten der Beteiligten ist in beiden Fällen ein rechtmäßiger Kaufvertrag abgeschlossen worden, denn ein Vertrag ist ein Rechtsgeschäft, das durch zwei übereinstimmende Willenserklärungen entsteht.

Anfechtbare Rechtsgeschäfte

2.3.4/2

Während die „Nichtigkeit" der Willenserklärung bewirkt, daß das Rechtsgeschäft von vornherein gar nicht wirksam zustande kommt, wird das Rechtsgeschäft bei der sogenannten Anfechtung mit rückwirkender Kraft nachträglich nichtig.

Die Anfechtung selbst ist eine formfreie Willenserklärung, für die die allgemeinen Vorschriften gelten. Bei einem Vertrag muß sie dem anderen Partner zugehen (§ 143). Da das Rechtsgeschäft durch die Anfechtung nichtig wird, ist eine Rücknahme der Anfechtung nicht möglich.

Fall A

K kauft von V ein Auto. Dabei versichert V, das Fahrzeug sei bisher nur 29.000 km gefahren.
Dies stimmt zwar mit dem Kilometerstand des Fahrzeugs überein, jedoch hatte V diesen zuvor manipuliert. Das Fahrzeug hatte in Wahrheit eine Fahrstrecke von 90.000 km hinter sich.

Quelle: Stillner, Walter: Der Kaufvertrag, München ^{3} 1993, S. 15 f.

Fall B

Im Katalog von V wird ein paar Stoßdämpfer zum Preis von DM 450,00 angeboten. K bestellt diese Stoßdämpfer für einen Kunden. Als K die Ware erhält, sieht er, daß die Rechnung über DM 900,00 lautet. K ruft bei V an und sagt, hier müsse ein Irrtum vorliegen; im Katalog sei das Paar mit DM 450,00 angeboten und nicht das Stück. Die Sachbearbeiterin von V erklärt, ohne sich mit der Sache näher zu befassen, der Katalogpreis sei richtig.

Daraufhin verkauft K die Ware an seinen Kunden, natürlich zum Preis von DM 450,00.

Nunmehr erklärt V, der Katalog habe doch einen Druckfehler enthalten, der angegebene Preis beziehe sich auf das Stück, nicht auf das Paar. V bestreitet auch nicht die (falsche) Auskunft seiner Sachbearbeiterin, er weist aber darauf hin, daß Angaben im Katalog unverbindlich seien. K müsse daher den vollen Kaufpreis von DM 900,00 bezahlen.

1. *Worin unterscheiden sich „nichtige" von „anfechtbaren" Rechtsgeschäften?*
2. *Prüfen Sie bei Fall A, ob das Rechtsgeschäft anfechtbar ist und begründen Sie Ihre Entscheidung. Prüfen Sie bei Fall B, ob*
   a) *ein wirksamer Kaufvertrag zwischen K (Käufer) und V (Verkäufer) zustande gekommen ist,*
   b) *der Verkäufer einen Anspruch auf Zahlung des „richtigen" Kaufpreises von DM 900,00 hat.*

Der Kaufvertrag

3.1/1

Leitsatz:
Der Kauf ist die Veräußerung (Umsatz von Waren, Sachen oder Rechten) gegen Entgelt. Er ist demnach ein gegenseitiger schuldrechtlicher Vertrag (§§ 433 ff. BGB, 343 ff. HGB).

Beispiel:

Der Gemüsehändler Walter kauft in Radeberg im Modehaus Steiger einen Wintermantel für 1.200,00 DM.

Ganz allgemein haben wir es mit drei Grundformen zu tun:

1. Bürgerlicher Kauf:
Beide Parteien sind Privatpersonen (Nichtkaufleute). Der Kauf bildet also für keine Vertragspartei ein Handelsgeschäft (§§ 433–514 BGB).

2. Einseitiger Handelskauf:
Eine Vertragspartei ist Kaufmann. Nur für den Kaufmann bildet der Kauf ein Handelsgeschäft (§§ 373 ff. HGB).

3. Zweiseitiger Handelskauf:
Beide Vertragsparteien (Partner) sind Kaufleute. Alle besonderen Bestimmungen finden Anwendung (z. B. §§ 377–381 HGB).

1. *Nennen Sie die drei Grundformen des Kaufs.*
2. *Bilden Sie zu jeder Grundform ein Beispiel, bei dem Sie die unterschiedlichen Arten der Vertragspartner berücksichtigen.*

Abschluß des Kaufvertrags

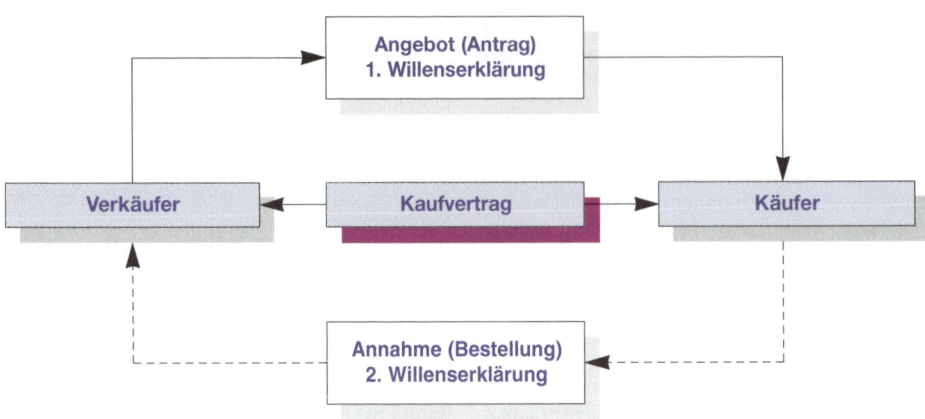

Die Initiative zum Abschluß eines Kaufvertrages kann sowohl vom Käufer als auch vom Verkäufer ausgehen.

- Macht der Verkäufer ein Angebot – man spricht auch von Antrag –, erklärt der Käufer durch die Annahme des Antrags seinen Willen zum Vertragsabschluß. Voraussetzung ist natürlich, daß die Bestellung des Käufers mit dem Angebot übereinstimmt.

- Gibt der Käufer eine Bestellung auf (= Antrag), wird der Kaufvertrag durch die Bestellungsannahme des Verkäufers geschlossen (= Annahme).

Da für Angebote kein Formzwang besteht, können sie in mündlicher (fernmündlicher) oder schriftlicher Form unterbreitet werden.

3.2   Rechte und Pflichten der Vertragspartner

§ 433 Bürgerliches Gesetzbuch (BGB)

Durch den Kaufvertrag wird der Verkäufer einer Sache verpflichtet, dem Käufer die Sache zu übergeben und das Eigentum an der Sache zu verschaffen ...
Der Käufer ist verpflichtet, dem Verkäufer den vereinbarten Kaufpreis zu zahlen und die gekaufte Sache abzunehmen.

Nach diesem Gesetz übernehmen Käufer und Verkäufer durch einen Kaufvertrag über den Erwerb eines Pkw's folgende Pflichten, die sie einander erfüllen müssen:

Die „Aufforderung zum Angebot"

3.1/2

Ist zum Beispiel in einem Schaufenster eine reinseidene Bluse für 25,00 DM ausgestellt, ist dies für den Juristen (...) lediglich eine sogenannte „Aufforderung zum Angebot". (Aufforderungen zum Angebot enthalten beispielsweise auch Zeitungsanzeigen, Kataloge oder verschickte Preislisten.) Deshalb muß der Verkäufer Ihnen diese Bluse für diesen Preis noch lange nicht verkaufen, auch wenn sie jetzt im Laden auf diese „Aufforderung" eingehen und ihm deshalb anbieten: „Die Bluse für 25,00 DM aus dem Schaufenster will ich kaufen."

Quelle: Fickert, Gisela: Meine Rechte als Konsument, München 1988, S. 15

1. *Warum ist der Verkäufer nicht verpflichtet auf das Angebot des Käufers einzugehen?*
2. *Angenommen die Bluse war falsch ausgezeichnet und kostet tatsächlich DM 225,00. Muß der Verkäufer dann die Bluse zum Preis von DM 25,00 verkaufen?*

Die beiderseitigen Pflichten

3.2/1

Der Kaufvertrag begründet für beide Parteien Rechte und Pflichten. Der Verkäufer muß dem Käufer die Sache übergeben und ihm das Eigentum daran verschaffen. Dies bezeichnet man als die Haupt(leistungs)pflicht des Verkäufers. Die Haupt(leistungs)pflicht des Käufers besteht demgegenüber in der Zahlung des vertraglich vereinbarten Kaufpreises. Daneben haben beide Partner noch zahlreiche vertragliche Nebenpflichten zu erfüllen. So muß der Käufer beispielsweise beim Kauf von Getränken in „Pfandflaschen" die Flaschen wieder zurückgeben.

Da der Verkäufer dazu verpflichtet ist, alles zu tun, um den Käufer in den vollen und uneingeschränkten Genuß der gekauften Sache kommen zu lassen, hat er eine ganze Reihe von Nebenpflichten zu erfüllen. Dies können Aufklärungs-, Auskunfts-, Beratungs- oder Mitwirkungspflichten sein. Einige Beispiele:

- Ist die Sache an den Käufer zu versenden, muß der Verkäufer dafür sorgen, daß die Ware sachgemäß verpackt, sicher verladen und ordnungsgemäß abgeladen wird;
- die Verkaufsräume müssen so beschaffen sein, daß der Käufer nicht gefährdet wird;
- bei Erzeugnissen, von denen spezifische Gefahren ausgehen können, muß der Verkäufer den Kunden über die sachgerechte Verwendung aufklären und vor Gefahren warnen;
- auch über schädliche Nebenwirkungen des Produkts muß der Verbraucher aufgeklärt werden;
- beim Kauf von Geräten muß der Verkäufer den Käufer anleiten und einweisen.

Verletzt der Verkäufer eine dieser Nebenpflichten schuldhaft, macht er sich schadenersatzpflichtig.

Quelle: Stiftung Warentest (Hrsg.): Verbraucher Recht, Berlin 1993, S. 10

1. *Listen Sie auf, welche Hauptleistungspflichten und welche Nebenleistungspflichten Käufer und Verkäufer haben.*
2. *Berichten Sie von Erfahrungen, wo Verkäufer gegen ihre Nebenleistungspflichten verstoßen haben.*

Kauf und Übereignung

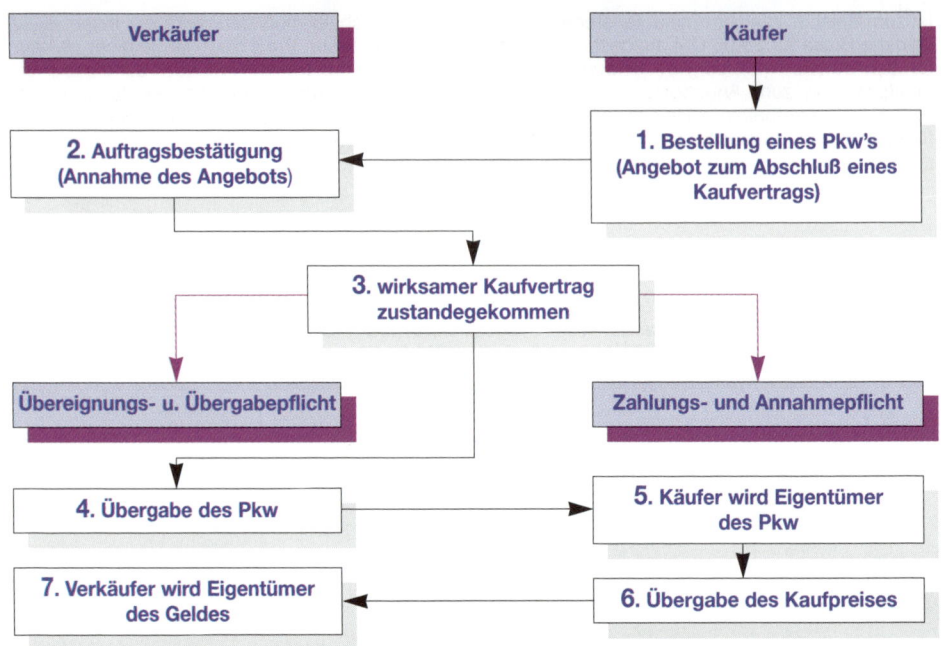

3.3 Inhalt des Kaufvertrags

Unter Kaufleuten ist es üblich, daß Angebote schriftlich unterbreitet werden. In einem ausführlichen Angebot sollten folgende Punkte enthalten sein:

- Datum des Angebots (z.B. Angebot vom 24. Juni 19..),
- Art, Güte und Beschaffenheit der Ware (z.B. Bodenfliesen für Innen- und Außenbereich, 1. Wahl, frostbeständig, Abriebgruppe 4, Format: 31 x 31 cm),
- Menge (z.B.: 130 qm),
- Preis (z.B.: pro qm: DM 23,95 plus 15 % MwSt),
- Zahlungsbedingungen: Zahlungsbedingungen können sein: bar; innerhalb von 30 Tagen; Skonto = Preisnachlaß bei sofortiger Zahlung (z.B.: zahlbar bis 4. Juli 19.. mit 2 % Skonto oder bis 24. Juli 19.. ohne Abzug),
- Lieferbedingungen: Hier kann vereinbart werden, wer die Beförderungskosten ab Versandort trägt (z.B.: unfrei; der Käufer trägt die Kosten der Abnahme und Versendung; frei: der Verkäufer zahlt den Transport bis zum Bahnhof am Bestimmungsort; ab Werk: der Verkäufer trägt alle Beförderungskosten ab Werk; frei Haus: der Verkäufer trägt alle Beförderungskosten bis zum Käufer),
- Lieferzeit (z.B. sofort, binnen 30 Tagen; am ...; bis spätestens ...),
- Erfüllungsort/Gerichtsstand: Erfüllungsort ist nach dem Gesetz dort, wo die beiden Parteien, Verkäufer und Käufer, ihren Geschäfts- oder Wohnsitz haben. Der gesetzliche Gerichtsstand liegt am Ort des Beklagten.

Wann ein schriftlicher Vertrag abgeschlossen werden sollte

3.3/1

Fall

Herr Klein will aus Anlaß eines bevorstehenden Besuches sein Wohnzimmer neu möblieren. Der Verkäufer des Möbelgeschäftes versichert ihm, daß die Auslieferung der bestellten Möbel auf jeden Fall innerhalb der nächsten vier Wochen erfolgen könne, also rechtzeitig vor dem Besuchs-termin. Als Herr Klein nach fünf Wochen immer noch keine Möbel hat, ruft er in dem Möbelgeschäft an und beschwert sich. Der Verkäufer bedauert, daß sein Lieferant noch nicht geliefert habe, will aber von der mündlich gegebenen Zusage nichts mehr wissen.

Quelle: Walter Stillner, Der Kaufvertrag, a.a.O., S. 15

1. *Kann Herr Klein von dem Verkäufer Schadenersatz fordern?*
2. *In welchen Fällen ist es sinnvoll, auf einen schriftlichen Vertrag zu bestehen?*
3. *Entwerfen Sie einen Kaufvertrag zum „Fall Klein", aus dem die Rechtslage eindeutig hervorgeht.*

Allgemeine Geschäftsbedingungen (AGB)

3.3/2

Die Allgemeinen Geschäftsbedingungen sind bei Verträgen und Vereinbarungen die Texte, die man gewöhnlich „das Kleingedruckte" nennt. Sie werden AGB abgekürzt und haben es meist in sich. In allen Bereichen von Produktion, Handel und Dienstleistungen haben sich inzwischen standardisierte Verträge mit vorformulierten AGB durchgesetzt. Sie begegnen uns beim Kauf eines Autos ebenso wie beim Erwerb eines Hauses.

Das Gesetz über die Allgemeinen Geschäftsbedingungen will den Verbraucher, der auf die Formulierung von AGB ja keinen Einfluß hat, vor unbilligen Bestimmungen im Kleingedruckten schützen. Das Gesetz legt fest, wann die AGB Bestandteil eines Vertrages werden: Derjenige, der AGB anwenden will, muß bei Vertragsabschluß ausdrücklich darauf hinweisen, der andere Vertragspartner muß die Möglichkeit haben, vom Inhalt der AGB Kenntnis zu nehmen, wobei Art und Weise der Kenntnisnahme keine größeren Schwierigkeiten aufwerfen dürfen.

Weiterhin muß der Vertragspartner mit ihrer Geltung einverstanden sein.

Außerdem unterwirft das Gesetz AGB-Klauseln einer Inhaltskontrolle. Zweifel bei der Auslegung der AGB gehen zu Lasten desjenigen, der sie anwendet. Das Gesetz gilt nicht für Verträge in den Bereichen Arbeits-, Erb-, Familien- und Gesellschaftsrecht, wohl aber z. B. für Mietverträge, wenn es sich um vorgedruckte Formulare handelt.

Quelle: Ratgeber von A–Z für die Bürgerinnen und Bürger der neuen Bundesländer, Bonn 1992, S. 122

1. *Welche Aufgabe hat das „Gesetz zur Regelung des Rechts der Allgemeinen Geschäftsbedingungen"?*
2. *Nennen Sie Regelungen, die in dem Gesetzeswerk festgelegt sind.*

● Allgemeine Geschäftsbedingungen (AGB): Die meisten Unternehmen legen den Verträgen ihre Allgemeinen Geschäftsbedingungen (das sogenannte „Kleingedruckte") zugrunde. Um den Kunden vor bestimmten Geschäftspraktiken zu schützen, die vielleicht nur einseitig den Interessen des Herstellers dienen würden, hat der Staat das „Gesetz zur Regelung des Rechts der Allgemeinen Geschäftsbedingungen" geschaffen. In ihm ist zum Beispiel festgelegt, daß dem Kunden vor Vertragsabschluß die Allgemeinen Geschäftsbedingungen des Unternehmens einsehbar sein müssen.

Sonderformen des Kaufvertrags

● Abzahlungsgeschäfte

Zu den Sonderformen des Kaufvertrags zählen die Ratenkäufe, bei denen der Käufer den Kaufpreis nicht sofort voll bezahlen muß, wenn er die Ware erhält. Er leistet zunächst nur eine Anzahlung und zahlt den Rest in Raten. Diese Abzahlungsgeschäfte erscheinen gerade für finanziell schwächer gestellte Personen verlockend, weil es durch die niedrigen Raten möglich erscheint, sich den Wunsch nach einem eigenen Auto, nach einer Stereoanlage oder einem Computer zu erfüllen. Zu spät wird dann erkannt, daß nach Abzug der monatlichen Raten das verfügbare

Einkommen zu gering ist, um zum Beispiel die Miete zu bezahlen. Deshalb wurde zum Schutz der Abzahlungskäufer das Verbraucherkreditgesetz (VerbrKrG) verabschiedet.

Dieses Gesetz gibt dem Käufer bei Ratenkäufen oder Versandhandelskäufen auf Raten die Möglichkeit, seine Kauferklärung innerhalb einer Woche schriftlich ohne Angaben von Gründen zu widerrufen. Der Verkäufer bzw. der Kreditgeber muß den Käufer sogar schriftlich über dessen Widerrufsrecht belehren. Im Fall des Widerrufs muß jede Seite der anderen Seite eventuell schon empfangene Leistungen zurückgeben – der Käufer dem Verkäufer also die Ware, der Verkäufer dem Käufer eine etwaige Anzahlung.

● Haustürgeschäfte

Unter Haustürgeschäften versteht man Vertragsabschlüsse in der Privatwohnung, auf der Straße, am Arbeitsplatz oder beispielsweise auf sogenannten Kaffeefahrten. Nach dem „Gesetz über den Widerruf von Haustürgeschäften und ähnlichen Geschäften" (Haustürwiderruf-Gesetz) kann der Kunde solche Vertragsabschlüsse innerhalb einer Woche (Datum des Poststempels) widerrufen. Diese Frist beginnt erst nach ordnungsgemäßer ausdrücklicher Belehrung über das Widerrufsrecht. Bei einem Widerruf müssen bereits erbrachte Leistungen zurückerstattet werden. Das Gesetz gilt allerdings nicht für Geschäfte, die auf Initiative des Kunden zustandegekommen sind, oder deren Wert 80,00 DM nicht übersteigt.

Abzahlungsgeschäfte

Besonderheiten beim Vertragsabschluß

3.3/3

Im Gesetz ist ausführlich geregelt, welche formellen Voraussetzungen erfüllt sein müssen, damit ein Abzahlungsgeschäft wirksam zustandekommt. Dort ist beispielsweise festgelegt, daß der Vertrag selbst schriftlich abgeschlossen werden muß. Anders als unter der Geltung des Abzahlungsgesetzes reicht es jetzt nicht mehr aus, wenn allein der Kunde den Vertrag unterschreibt. Vielmehr bedarf es nunmehr auch der Unterschrift des Vertragspartners des Verbrauchers, damit der Vertrag wirksam ist. Ferner ist vorgeschrieben, daß der Kunde eine Abschrift – eine Kopie reicht ebenfalls – des Vertrags erhalten muß. Darin müssen die folgenden Teilzahlungsbedingungen enthalten sein:

- der Barzahlungspreis.
- der Teilzahlungspreis/Gesamtbetrag von Anzahlung und aller zu entrichtenden Teilzahlungen einschließlich Zinsen und sonstiger Kosten.
- den Betrag, die Zahl und die Fälligkeit der einzelnen Raten.
- der effektive Jahreszins.
- die Kosten einer Versicherung, die im Zusammenhang mit dem Vertrag abgeschlossen wird.
- die Vereinbarung eines Eigentumsvorbehalts oder einer anderen zu bestellenden Sicherheit (so die Sicherungsübereignung an die finanzielle Bank).

Der Barzahlungspreis und der effektive Jahreszins müssen allerdings dann nicht angegeben werden, wenn jemand ausschließlich gegen Ratenzahlung Waren liefert oder Leistungen erbringt.

Quelle: Stiftung Warentest (Hrsg.): Verbraucherrecht, a.a.O., S. 20

1. *Nennen Sie formelle Voraussetzungen, die gesetzlich vorgeschrieben sind, damit ein Abzahlungsgeschäft wirksam zustande kommt.*
2. *Welche Teilzahlungsbedingungen muß ein Kaufvertrag bei einem Ratenkauf enthalten?*

3.3/4

Fall

Hans Sorglos will sich am 4. Dezember zu Weihnachten einen Computer für DM 4.000,00 kaufen. Da er das Geld nicht bar hat, vereinbart er mit dem Verkäufer, Herrn Eifrig, schriftlich, daß er den Kaufpreis in 4 Raten bezahlt. Am 13. Dezember sieht Herr Sorglos in einem Elektromarkt den gleichen Computer für DM 3.500,00, den er bar bezahlt. Herrn Eifrig teilt er am gleichen Tag telefonisch mit, daß er nun doch nicht bei ihm den Ratenkauf tätigen wird.

Ist Herr Sorglos damit aus den vertraglichen Verpflichtungen entlassen?

Haustürgeschäfte

3.3/5

Fall

Auch Frau Simon hat sich überrumpeln lassen. Sie ist an der Haustür auf einen Staubsaugervertreter hereingefallen. „Es war ein netter junger Mann, der meinen alten Staubsauger kostenlos überprüfen wollte." Das hat er auch getan und dabei prompt einen Motorschaden festgestellt. Zum Trost hat er Frau Simon einen neuen zum Sonderpreis angeboten. Nur 400,00 Mark soll er kosten und schon in vierzehn Tagen geliefert werden. Frau Simon hat nur eine kleine Rente und unterschreibt sonst nie etwas an der Haustür. Nun hat sie es doch getan.

Nach: Edda Castelló/Nicolaus Jürgens, Das lasse ich mir nicht gefallen!, Reinbek 1990, S. 71 f.

1. *Ist hier ein Vertrag zustandegekommen?*
2. *Was muß Frau Simon tun, wenn sie nun doch den neuen Staubsauger nicht möchte, weil sie den alten reparieren lassen will?*

3.4 Leistungsstörungen

Nach Abschluß eines Kaufvertrages können verschiedene Störungen auftreten: Ein Vertrag kann zu spät, gar nicht oder schlecht erfüllt werden. Man spricht in diesen Fällen von Leistungsstörungen oder Kaufvertragsstörungen. Dabei können sowohl der Verkäufer als auch der Käufer an der gestörten Erfüllung eines Kaufvertrages beteiligt sein. Eine Übersicht macht dies deutlich:

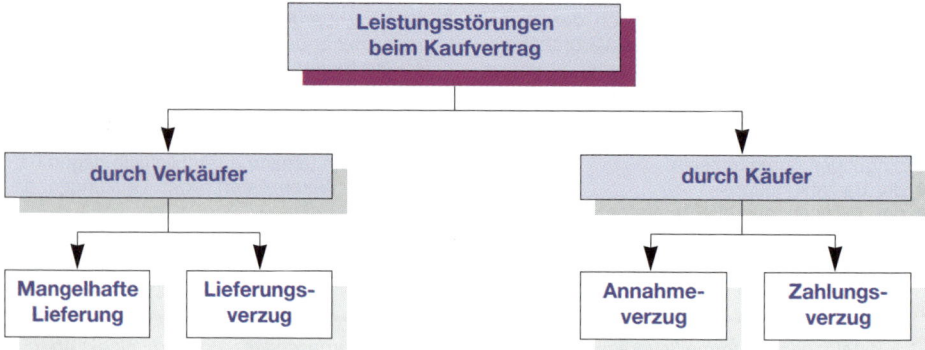

3.4.1 Rechte des Käufers bei mangelhafter Lieferung (§§ 459 ff., BGB)

Beispiel:

Familie Spar ist treuer Kunde beim Versandhaus „Billig". Die letzte Lieferung fiel jedoch nicht zu ihrer Zufriedenheit aus: Das Paket, das der Spediteur brachte, war an einer Seite feucht und aufgerissen. Offensichtlich war auch die Feuchtigkeit in Klausis Taucheruhr eingedrungen, obwohl sie, laut Katalog, 100 % wasserdicht sei. Bei Omas teueren Lebkuchen fehlte der Schokoladenguß. Statt dessen hatte man die billigste Sorte geliefert, die zudem zerbröselt in der Packung lag. Vater Heinz staunte auch nicht schlecht: Anstelle seiner bestellten Unterhemden lagen in dem Paket 50 Büstenhalter. Dafür suchte Mutter Spar in dem Karton ihr blaues Wollkleid vergebens. Es war nicht mitgeliefert worden. Tochter Moni war die einzig Zufriedene, denn ihre roten Leggings paßten ausgezeichnet – bis zur ersten Wäsche. Danach waren sie zwei Nummern zu klein und rosa.

Folgende Arten von Mängeln lassen sich zusammenstellen:

	Mängel in der Qualität	Mängel in der Quantität	Mängel in der Beschaffenheit	Mängel in der Art
offene Mängel	Die Ware hat nicht die vereinbarte Qualität oder Güte.	Mehr- oder Minderlieferung einer Ware.	Die Ware hat Fehler, ist verdorben oder beschädigt.	Es wird eine andere Ware als die bestellte geliefert.
verdeckte Mängel	Die Mängel sind erst nach Benutzung der Ware erkennbar.			
arglistig verschwiegene Mängel	Obwohl die Mängel dem Verkäufer bekannt waren, hat er sie dem Käufer verschwiegen.			

Der 10. Hochzeitstag

3.4.1/1

Fall

Das Ehepaar Spar aus Grimma hat sich zu seinem 10. Hochzeitstag einen langgehegten Wunsch erfüllt. Schon Ende Juli hat es sich schriftlich in dem Meister Werk „Teller und Tasse" das 24teilige Eßservice „Bon Appetit" aus original Meister Porzellan zum Preis von DM 1548,00 bestellt. Da der Hochzeitstag am 4. September gefeiert wird, hat sich Frau Spar nochmals telefonisch rückversichert, daß die Sendung spätestens eine Woche vorher durch ein von der Porzellanfirma beauftragtes Paket Service Unternehmen angeliegert wird. Ab 28. August wird Frau Spar unruhig. Als am 2. September immer noch nichts eingetroffen ist, wird ihr, nach Anfrage, mitgeteilt, daß das Geschirr morgen geliefert werde.

Tatsächlich trifft aber erst am Morgen des 4. September die Lieferung ein. Mittlerweile hatten die Spars bei dem Hotel-Service Unternehmen „Nürck" Geschirr zum Tagesmietpreis von DM 200,00 bestellt. Als Frau Spar ihr lang erträumtes Meister Porzellan auspackt trifft sie der Schlag. Das Service ist nicht 24, sondern nur 12teilig. Zudem ist es nicht alles aus der Exklusiv-Serie „Bon Appetit", sondern 6 Gedecke stammen aus der Standard-Serie „Mahlzeit", die viel billiger ist. Kreidebleich liest Frau Spar auf der Rückseite eines Teller von „Bon Appetit" den Stempel „Made in Taiwan". Bei einer Suppenschale stellt sie fest, daß der Goldrand schon abblättert. Die Rechnung der Firma „Teller und Tasse" über DM 1548,00 ist ausgestellt am 20. August mit dem Zahlungsvermerk „zahlbar innerhalb von 14 Tagen ab Rechnungsdatum".

Not macht jedoch erfinderisch. Die sechsköpfige Familie Spar beschließt die 6 Gedecke von „Bon Appetit" für das Festmenü aufzulegen, anschließend zu spülen, dann an „Teller und Tasse" zurückzusenden und somit vom Kaufvertrag zurückzutreten.

Als um 11 Uhr ein Angestellter des Hotel-Service „Nürck" das bestellte Leihgeschirr bringt, wird der Bote mit seiner Ware zurückgeschickt mit der Begründung, „es habe sich erledigt". Die Rechnung von „Nürck" über DM 330,00 (DM 200,00 Leihgebühr plus DM 130,00 für die Leerfahrt des Angestellten) bezahlen die Spars nicht, sondern schicken sie an „Teller und Tasse", weil sie der eigentliche Verursacher sei.

1. *Benennen Sie anhand des Textes die verschiedenen Formen der Leistungsstörungen.*
2. *Welche Störungen sind dem Verkäufer, welche dem Käufer zuzuordnen?*
3. *Stellen Sie aus dem Text die unterschiedlichen Arten von Mängeln in einer Tabelle zusammen (siehe Muster im Informationstext).*

Stellt der Käufer schon bei der Übergabe der Ware Mängel fest, kann er die Ware sofort ablehnen. Ansonsten gelten sogenannte Gewährleistungsfristen, innerhalb derer der Käufer dem Verkäufer den Mangel genau beschreiben und mitteilen muß.

Gewährleistungsfristen			
	bei offenen Mängeln (bei Prüfung erkennbar, z.B. Bruch)	bei versteckten Mängeln (nicht ohne weiteres erkennbar, z.B. Materialfehler)	bei arglistig verschwiegenen Mängeln (versteckte Mängel, die der Lieferer kannte und absichtlich verheimlichte)
nach BGB § 477 (bürgerlicher Kauf: Kauf zwischen Nichtkaufleuten einseitiger Handelskauf: Kauf zwischen Kaufmann und Nichtkaufmann)	Die Mängel sind binnen 6 Monaten nach Ablieferung der Ware zu rügen.		Die Mängel sind binnen 30 Jahren nach Ablieferung zu rügen.
nach HGB § 377 (zweiseitiger Handelskauf: Kauf zwischen Kaufleuten)	Die Mängel sind unverzüglich nach Prüfung der Ware zu rügen.	Die Mängel sind unverzüglich nach Entdeckung des Mangels, jedoch binnen 6 Monaten nach Ablieferung zu rügen.	Die Mängel sind binnen 30 Jahren nach Ablieferung zu rügen.

Erhält der Käufer eine mangelhafte Lieferung und rügt diese – am besten schriftlich – in einer sogenannten Mängelrüge, kann er wahlweise folgende Rechte geltend machen:

Rechte des Käufers bei mangelhafter Lieferung

- **Wandlung** (§ 462, BGB)   Er kann den Kaufvertrag rückgängig machen.

- **Minderung** (§ 462, BGB)   Er kann eine Herabsetzung des Kaufpreises (Preisnachlaß) entsprechend dem Umfang der Wertminderung verlangen.

- **Umtausch** (§ 480, BGB)   Er kann eine Ersatzlieferung oder Neulieferung fordern.

- **Nachbesserung** (§ 467a, BGB)   Er kann sich damit einverstanden erklären, daß ein geringer Schaden kostenlos repariert wird, wenn dadurch die Ware in ihren neuwertigen Zustand kommt.

- **Schadenersatz** (§ 463, BGB)   Er kann wegen Nichterfüllung des Kaufvertrags Schadenersatz verlangen, wenn Schaden entstanden ist und eine arglistige Täuschung vorliegt, oder eine versprochene Eigenschaft fehlt.

Wichtige Fristen

Der Käufer kann seine Ansprüche gegen den Verkäufer zeitlich nicht unbegrenzt geltend machen. Das Gesetz schreibt bestimmte Fristen vor, nach deren Ablauf der Verkäufer berechtigt ist, die Erfüllung dieser Ansprüche zu verweigern. Man spricht dann von Verjährung.

Die wichtigsten gesetzlichen Fristen sind:

- Innerhalb von sechs Monaten nach Ablieferung der Waren verjähren die Ansprüche des Käufers auf Wandlung, Minderung, Nachlieferung sowie auf Schadensersatz wegen des Fehlens einer zugesicherten Eigenschaft: etwas anderes gilt nur, wenn der Verkäufer den Mangel arglistig verschwiegen hat.

- Innerhalb von 30 Jahren verjährt der Schadensersatzanspruch des Käufers, wenn der Verkäufer einen Mangel des Kaufgegenstandes arglistig verschwiegen hat; ebenfalls innerhalb dieser Frist verjähren die Ansprüche des Käufers, wenn der Verkäufer statt des bestellten ein völlig anderes Produkt geliefert hat

Quelle: Stiftung Warentest (Hrsg.): Verbraucherrecht 1993, a.a.O., S. 12 f.

(vgl. BGH; NJW 1989, 218 = Verbraucher R 90, 17). Macht sich ein Fehler der gekauften Sache beispielsweise erst nach fünf Monaten bemerkbar, kann die Zeit, die dem Kunden zur Geltendmachung seiner Ansprüche zur Verfügung steht, äußerst knapp werden.

Dieses Zeitproblem verschärft sich noch, wenn der Verkäufer nicht bereit ist, auf die Forderung des Kunden einzugehen. In einem solchen Fall muß der Käufer weitere Schritte unternehmen, um seine Ansprüche zu sichern. Dazu reicht aber ein Schreiben an den Verkäufer nicht aus.

Nun bedarf der Kunde der Hilfe des Gerichts, will er seine Rechte mit Ablauf der Frist nicht verlieren. Denn nur die Erhebung einer Klage gegen den Verkäufer oder die Einleitung eines gerichtlichen Verfahrens zur Sicherung des Beweises – ist die Ware wirklich fehlerhaft – unterbrechen die Frist.

Einen derartigen – mit Kosten verbundenen – Schritt sollte der Verbraucher jedoch nicht ohne vorherige fachkundige Beratung tun.

1. *Innerhalb welcher Fristen kann ein Käufer bei mangelhafter Ware Ansprüche gegen den Verkäufer geltend machen,*
   a) wenn bei der Ware eine zugesicherte Eigenschaft fehlt?
   b) wenn statt einer bestellten Ware ein anderes Produkt geliefert wird?
   c) wenn der Verkäufer einen Mangel an der Ware arglistig verschwiegen hat?
2. *Was kann ein Käufer unternehmen, wenn ein Verkäufer nicht auf berechtigte Forderungen eingehen will?*

Gewährleistung

3.4.1/3

Fall

Walter geht in ein Sportgeschäft und kauft ein Paar Jogging-Schuhe. Bereits nach dem ersten Tragen blättert an den Zierstreifen die Farbe ab. Walter bringt die Schuhe zurück und verlangt sein Geld. Der Verkäufer lehnt ab. Er ist nur bereit die Zierstreifen zu erneuern. Allenfalls will er die Schuhe umtauschen oder gegen einen Einkaufsgutschein zurücknehmen. Was kann Walter tun?

Nach der gesetzlichen Regelung (§ 459 ff. BGB) hat der Kunde das Recht auf die Lieferung einer einwandfreien Sache. Der Kaufgegenstand darf nicht, wie es in § 459 BGB heißt, mit Fehlern behaftet sein, „die den Wert oder die Tauglichkeit zu dem gewöhnlichen oder dem nach dem Vertrag vorausgesetzten Gebrauch aufheben oder

Quelle: Stittner, Walter: Der Kaufvertrag, a.a.O., S. 92

mindern", und all diejenigen Eigenschaften, die ausdrücklich zugesichert wurden, müssen natürlich vorhanden sein. Stellt sich heraus, daß das nicht der Fall ist, so hat der Kunde die Wahl entweder die gekaufte Sache zurückzugeben und sein Geld zurückzuverlangen (Wandlung), oder aber er kann, da die Sache ja infolge des Mangels weniger wert ist als der im Kaufvertrag vereinbarte Preis für eine mangelfreie Sache, Herabsetzung des Kaufpreises verlangen (Minderung), bei Gattungskäufen auch Austausch, d. h. Lieferung einer mangelfreien Sache.

Bei alldem liegt das Wahlrecht beim Käufer. Dieser kann nach Belieben seine Entscheidung treffen. Er muß nicht etwa die für den Verkäufer am wenigsten belastende Alternative wählen.

1. *Stellen Sie fest, um welche Art Mangel es sich bei den Jogging-Schuhen handelt.*
2. *Ist Walters Forderung nach Rückerstattung des Kaufpreises berechtigt oder muß er sich mit dem Angebot des Verkäufers (Erneuerung der Zierstreifen, Umtausch oder Einzelkaufpreis) zufriedengeben?*

3.4.2 Rechte des Käufers bei Lieferungsverzug (§§ 284 ff., BGB)

Beispiel:

Familie Spar will am 1. Juni eine neue Wohnung beziehen. Im März hat sie bei der Möbelfirma Elch eine neue Küche bestellt, die am 15. Mai geliefert und eingebaut werden soll. Als die Küche am 15. Mai immer noch nicht eingetroffen ist, mahnt Herr Spar schriftlich die Lieferung an. Die Firma Elch teilt ihm daraufhin mit, daß sie „wegen momentaner Produktionsschwierigkeiten" die Küche „voraussichtlich erst in der zweiten Juniwoche" liefern könne.

Kommt der Verkäufer nicht seiner Pflicht zur rechtzeitigen Lieferung einer Ware nach, so gerät er in Lieferverzug, wenn folgende Voraussetzungen vorliegen:

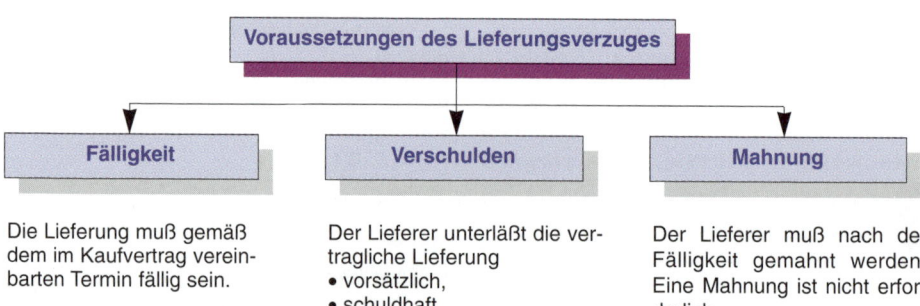

Voraussetzungen des Lieferungsverzuges

Fälligkeit	Verschulden	Mahnung
Die Lieferung muß gemäß dem im Kaufvertrag vereinbarten Termin fällig sein.	Der Lieferer unterläßt die vertragliche Lieferung • vorsätzlich, • schuldhaft, • fahrlässig, • durch Zufall.	Der Lieferer muß nach der Fälligkeit gemahnt werden. Eine Mahnung ist nicht erforderlich • bei Fixgeschäften[1] • wenn der Lieferer erklärt, er könne oder wolle nicht liefern.

Sind diese Voraussetzungen des Lieferungsverzuges erfüllt, so kann der Käufer folgende Rechte geltend machen:

Rechte des Käufers bei Lieferungsverzug

Wenn der Käufer dem Lieferer **keine Nachfrist** einräumt:

● **auf die Lieferung bestehen,** wenn er die Ware anderswo nicht erhält.

● **Lieferung und Schadenersatz verlangen.**

Wenn der Käufer dem Lieferer **eine Nachfrist** eingeräumt hatte:

● die **Lieferung ablehnen** und **vom Vertrag zurücktreten.**

● die **Lieferung ablehnen** und **Schadenersatz** wegen Nichterfüllung verlangen.

---

[1] Fixgeschäft: Ein Rechtsgeschäft, das zu einem fest bestimmten Zeitpunkt zu erfüllen ist.

Lieferungsverzug

Die verspätete Waschmaschine

Fall

Sie haben eine Waschmaschine bestellt. Es wurde vereinbart „Lieferung schnellstens". Nach fünf Wochen ist immer noch keine Lieferung erfolgt. Ein Telefonanruf beim Verkäufer bringt Sie auch nicht weiter. Er berichtet etwas von Lieferproblemen im Werk und vertröstet Sie. Was können Sie tun? Der Schuldnervertrag in Form des Lieferungsver-

zuges durch den Verkäufer tritt ein, wenn der Verkäufer trotz Mahnung von seiten des Käufers nicht oder nicht rechtzeitig liefert. Die Mahnung darf erst nach Fälligkeit erfolgen und muß eindeutig sein (Rechnung genügt nicht, wohl aber Vorlage einer quittierten Rechnung oder Postauftrag).

Welche Möglichkeiten haben Sie:
a) Sie kaufen einfach woanders eine Waschmaschine.
b) Sie verlangen von dem Verkäufer Schadenersatz, weil Sie die Wäsche in einen Waschsalon bringen mußten.
c) Sie setzen dem Verkäufer schriftlich eine letzte Frist, innerhalb der er die Waschmaschine liefern muß.

Fall A:

Durstig bestellt bei Weinhändler Schulz 20 Flaschen Wein zur sofortigen Lieferung. Weinhändler Schulz liefert nicht.

Quelle: Berens/Müller: Rechtsgeschäfte, a.a.O., S. 87 f.

3.4.2/2

Fall B:

Durstig bestellt bei Weinhändler Schulz 20 Flaschen Wein zur Feier seines Namenstages „Peter" am 29.6. Der Wein sollte bis spätestens 28.6. geliefert sein.

Bei fest vereinbartem Liefertermin

Ist ein fester Liefertermin vereinbart und hält der Verkäufer diesen Termin nicht ein, braucht der Käufer nicht zu mahnen; der Verkäufer gerät dann automatisch in Verzug. Eine Nachfristsetzung mit Ablehnungsandrohung ist aber auch in diesem Fall erforderlich, wenn der Kunde vom Vertrag zurücktreten will. Allerdings ist Vorsicht geboten: Ein fester Liefertermin liegt nur vor, wenn er kalendermäßig bestimmt ist (Liefertermin am 20.10.1993). Heißt es dagegen „Lieferung in vier Wochen", hat man es nicht mit einem festen Liefertermin zu tun; d. h. in einem solchen Fall muß der Käufer mahnen, um den Verkäufer in Verzug zu setzen. Die Nachfristsetzung mit Ablehnungsandrohung ist für die Rechtsstellung

des Verbrauchers besonders wichtig, wenn der Händler die bestellte Ware nicht pünktlich liefert.

Denn nur derjenige, der sich so verhält, kann vom Vertrag zurücktreten und vom Verkäufer den Ersatz der Mehrkosten verlangen, die bei Beschaffung einer gleichwertigen Ersatzware anfallen. Es liegt auf der Hand, daß viele Händler versuchen, dieses Vorgehen des Kunden durch Klauseln in ihren AGB zu erschweren. Aber auch hier schützt das AGB-Gesetz den Verbraucher, und zwar durch mehrere Bestimmungen. Allerdings ist dieser Schutz nicht lückenlos gewährleistet, so daß der Verbraucher häufig auf fachkundige Beratung angewiesen ist.

Quelle: Stiftung Warentest (Hrsg.): Verbraucher Recht 1993, a.a.O., S. 10

Klären Sie mit Hilfe des Erläuterungstextes:
1. Ist Weinhändler Schulz in Fall A schon in Lieferungsverzug? Begründen Sie Ihre Meinung.
2. Ab wann ist Weinhändler Schulz im Fall B in Lieferungsverzug, wenn er den Liefertermin nicht einhält? Muß Durstig ihm eine Mahnung schicken? Begründen Sie Ihre Meinung.

3.4.3   Rechte des Verkäufers bei Annahmeverzug (§§ 193 ff., BGB)

Beispiel:

Heinz Spar will seinen 50. Geburtstag feiern. Mit dem Getränkehändler „Durstig" vereinbart er, daß an seinem Ehrentag 10 Kasten Bier gekühlt angeliefert werden sollen. Einen Tag vor seinem Fest erkrankt Heinz Spar an einer schweren Grippe. Es gelingt ihm zwar noch rechtzeitig, seinen Freunden abzusagen, aber an den Getränkehändler denkt er nicht mehr. Als zum vereinbarten Termin die 10 Kasten geliefert werden, verweigert der kranke Herr Spar die Annahme.

Ein Käufer gerät in Annahmeverzug, wenn er eine ordnungsgemäß gelieferte Ware nicht annimmt.

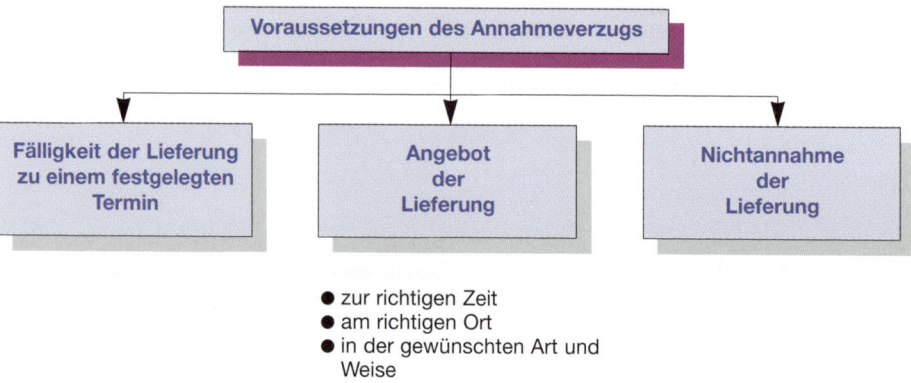

Der Verkäufer (Lieferant) kann bei Annahmeverzug folgende Rechte gegenüber dem Käufer geltend machen:

Rechte des Verkäufers bei Annahmeverzug

● Rücktritt vom Vertrag
  (Rücknahme der Lieferung, weil anderweitiger Verkauf möglich ist).

● Hinterlegung der Lieferung (Ware)
  (Lagerung der Ware auf Kosten des Käufers. Auch für eventuelle Schädigung der Ware durch höhere Gewalt wird der Käufer haftbar gemacht).

● Klage bei einem Gericht auf Abnahme der Lieferung.

● Selbsthilfeverkauf
  (Verkauf der Ware zum üblichen Markt- oder Börsenpreis oder durch eine öffentliche Versteigerung).

● Notverkauf bei verderblicher Ware.

Fall

Das neue Eßzimmer

Susi Ratlos sieht in den Ausstellungsräumen eines Leipziger Möbelhauses ein Eßzimmer (Preis: 3850,00 DM), das gut in ihre Wohnung passen würde. Nach eingehender Beratung durch den Verkäufer Eifrig kauft sie das Eßzimmer. Es soll ihr am kommenden Dienstag geliefert werden. Am vereinbarten Liefertag kann es Frau Ratlos kaum erwarten, bis das Eßzimmer kommt. Sie ruft deshalb Herrn Eifrig nochmals an, der ihr versichert, daß die Möbelstücke vor einer Stunde aus dem Ausstellungsraum abgebaut und auf dem Weg zu ihr seien. Susi Ratlos ist empört, daß ihr Ausstellungsstücke geliefert werden sollen und läßt sich auch nicht auf Herrn Eifrigs Versicherung ein, daß es sich bei der ausgestellten Ware um fabrikneue Möbelstücke handele, die keinerlei Schäden aufweisen. Als kurze Zeit später die Möbelspedition das Eßzimmer abliefern will, verweigert Frau Ratlos die Annahme.

HGB
§ 373 Annahmeverzug des Käufers

I   Ist der Käufer mit der Annahme der Ware im Verzug, so kann der Verkäufer die Ware auf Gefahr und Kosten des Käufers in einem öffentlichen Lagerhaus ... hinterlegen.

II   Er ist ferner befugt, nach vorhergehender Androhung die Ware öffentlich versteigern zu lassen; er kann, wenn die Ware einen Börsen- oder Marktpreis hat, nach vorhergehender Androhung den Verkauf auch aus freier Hand durch einen ... Handelsmakler oder durch eine zur öffentlichen Versteigerung befugte Person ... bewirken. Ist die Ware dem Verderb ausgesetzt ..., so bedarf es der vorangehenden Androhung nicht.

III   Der Selbsthilfeverkauf erfolgt für Rechnung des säumigen Käufers.

IV   Der Verkäufer und der Käufer können bei der öffentlichen Versteigerung mitbieten.

V   Im Falle der öffentlichen Versteigerung hat der Verkäufer den Käufer von der Zeit und dem Ort der Versteigerung vorher zu benachrichtigen; von dem vollzogenen Verkauf hat er bei jeder Art des Verkaufs dem Käufer unverzüglich Nachricht zu geben.

1. Zeigen Sie, ob in dem oben geschilderten Fall die Voraussetzungen des Annahmeverzuges erfüllt sind.
2. Hätte Susi Ratlos das Eßzimmer nehmen müssen, oder ist ihre Annahmeverweigerung berechtigt? Begründen Sie Ihre Meinung.
3. Die Leipziger Möbelfirma geht von einem Annahmeverzug des Käufers aus. Welche Maßnahmen kann sie nach dem Handelsgesetzbuch (HGB) gegenüber Frau Ratlos unternehmen?
4. Was kann ein Käufer tun, um sicherzugehen, daß ihm keine Ware aus Ausstellungsräumen geliefert wird?

3.4.4 Rechte des Verkäufers bei Zahlungsverzug (§§ 279 u. 288, BGB)

Beispiel:

Als Hobbyköchin hat Frau Elli Spar ab Januar die Zeitschrift „Schöner Essen" abonniert. Die Zahlung erfolgt laut Vertrag „halbjährlich sofort nach Erhalt der Rechnung".
Ihr Mann, Heinz Spar, ist leidenschaftlicher Angler und bezieht das Monatsheft „Der Blinker". Auch er hat eine halbjährliche Zahlungsart vereinbart: nämlich „am 30. Juni und 30. Dezember". Mitte Juli erhalten beide einen Brief, in dem die Verlage Verzugszinsen fordern.

Ein Käufer kommt in Zahlungsverzug, wenn die Zahlung des Kaufpreises fällig ist und er nicht oder nicht termingerecht bezahlt.

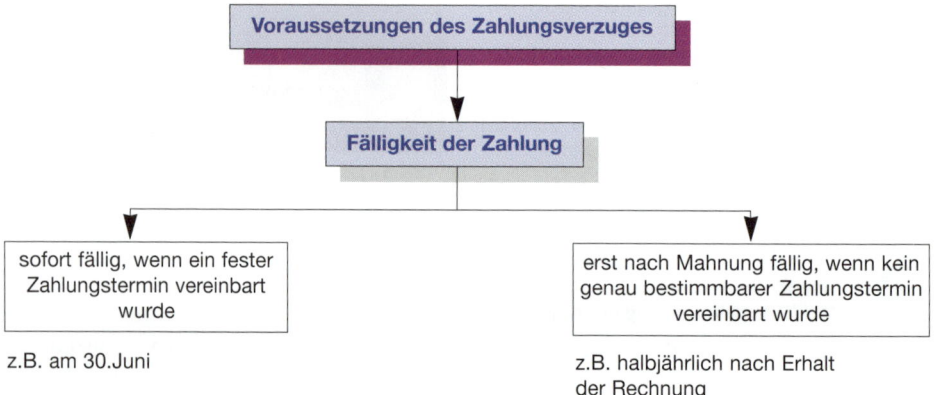

Daraus ergeben sich für den Verkäufer die folgenden Rechte:

Rechte des Verkäufers bei Zahlungsverzug

- Klage auf Zahlung.
  Wenn der Verkäufer dem Käufer keine Nachfrist gesetzt hat:

- Schadenersatz verlangen (z.B. Mahnkosten, eigene Kreditzinsen, Verzugszinsen).
  Wenn der Verkäufer eine Nachfrist gesetzt hat:

- vom Vertrag zurücktreten.

- Schadenersatz wegen Nichterfüllung des Vertrages verlangen.

3.5 Mahn- und Klageverfahren

Beispiel:

Familie Spar verkauft ihre gebrauchte Küche für DM 2000,00 an Frau Listig. Frau Listig verpflichtet sich in einem schriftlichen Kaufvertrag, den Betrag innerhalb von 14 Tagen zu überweisen. Einen Monat später hat Familie Spar das Geld immer noch nicht.

3.4.4/1

K hat eine Nähmaschine bestellt. Über die Be-zahlung ist vereinbart:

„Bar bei Lieferung".

Bei Lieferung hat K nicht genügend Geld im Haus, sie verspricht, den Kaufpreis gleich anschließend zu überweisen. Als sie abends die Nähmaschine ausprobieren will, stellt sie fest, daß sie nicht funktioniert. K zahlt deshalb nicht.

V verklagt sie auf Zahlung des Kaufpreises, K wendet ein, sie zahle erst, wenn der Mangel beseitigt ist.

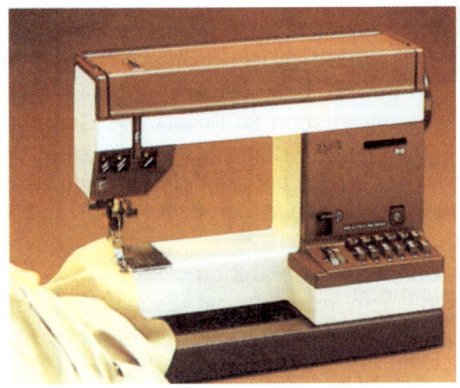

1. *Ist K in Zahlungsverzug?*
2. *Ist V's Klage auf den vereinbarten Kaufpreis berechtigt?*
3. *Wenn K eine funktionstüchtige Nähmaschine erhalten und dennoch nicht gezahlt hätte, welche Rechte könnte der Verkäufer dann gegen sie geltend machen?*

Voraussetzungen des Zahlungsverzuges

3.4.4/2

a) Fälligkeit der Kaufpreissumme,

b) Aufforderung zur Zahlung des Kaufpreises, und

c) schuldhaftes Unterlassen der erforderlichen Zahlung.

Zu a) Grundsätzlich hat die Zahlung des Kaufpreises wegen einer Warenlieferung „Zug um Zug" zu erfolgen. Dies bedeutet, daß bei Lieferung auch die Zahlung vorzunehmen ist. Im Wirtschaftsleben geschieht dies meist nach Eintreffen der Waren am Bestimmungsort. Der Käufer kann durch eine unbegründete Annahmeverweigerung der Ware seine Zahlungspflicht nicht hinausschieben.

Quelle: Berens/Müller: Rechtsgeschäfte, a.a.O., S. 88

Zu b) Es besteht nur dann ein Verzug des Käufers für die Zahlung des Kaufpreises, wenn vorher eine Aufforderung zur Zahlung an ihn ergangen ist. Eine Aufforderung zur Kaufpreiszahlung ist nicht erforderlich:
a) wenn ein Zahlungstag vertraglich vereinbart war,
b) wenn der Käufer unberechtigt dem Verkäufer erklärt, daß er nur unter gewissen Bedingungen oder überhaupt nicht zahle.
In allen anderen Fällen kommt der Käufer erst nach ausdrücklicher Mahnung und Fristsetzung durch den Verkäufer in Verzug (§ 284).

Zu c) Es muß ein schuldhaftes Unterlassen der Zahlung durch den Käufer vorliegen (§§ 279 ff.). Zahlungsunfähigkeit und Irrtum in der Vertragsregelung sind im allgemeinen keine Entschuldigungsgründe.

1. *Stellen Sie die wichtigsten Voraussetzungen des Zahlungsverzuges zusammen.*
2. *Wann ist eine Aufforderung zur Kaufpreiszahlung nicht erforderlich, um den Käufer dennoch in Zahlungsverzug zu setzen?*

3.5.1 Außergerichtliches Mahnverfahren

Bei Kaufverträgen im Privat- und Geschäftsbereich kommt es vor, daß der Schuldner (Käufer) nicht fristgerecht zahlt (siehe S. 58/Zahlungsverzug). Der Gläubiger (Verkäufer) wird nicht sofort auf gerichtlichem Weg versuchen, sein Geld zu bekommen, sondern sich zunächst bemühen, den Zahlungsverzug außergerichtlich zu regeln. Dazu kann er folgende Schritte gehen:

● **Erinnerungsschreiben**
  In einem freundlich gehaltenen Schreiben wird der Schuldner daran erinnert, daß der Kaufpreis fällig war. Dieses Schreiben bewirkt, daß der Schuldner rechtlich in Zahlungsverzug kommt.

● **1. Mahnung**
  Der Schuldner wird schriftlich auf die Fälligkeit seiner Schuld (Datum) hingewiesen und aufgefordert, innerhalb einer gesetzten Frist zu zahlen.

● **2. und 3. Mahnung**
  In einer 2. Mahnung kann dem Schuldner eine Postnachnahme über den geforderten Betrag zugestellt werden. In der 3. Mahnung wird erneut eine letzte Zahlungsfrist gesetzt und das gerichtliche Mahnverfahren angedroht, falls diese letzte Frist verstrichen ist.

3.5.2 Gerichtliches Mahnverfahren

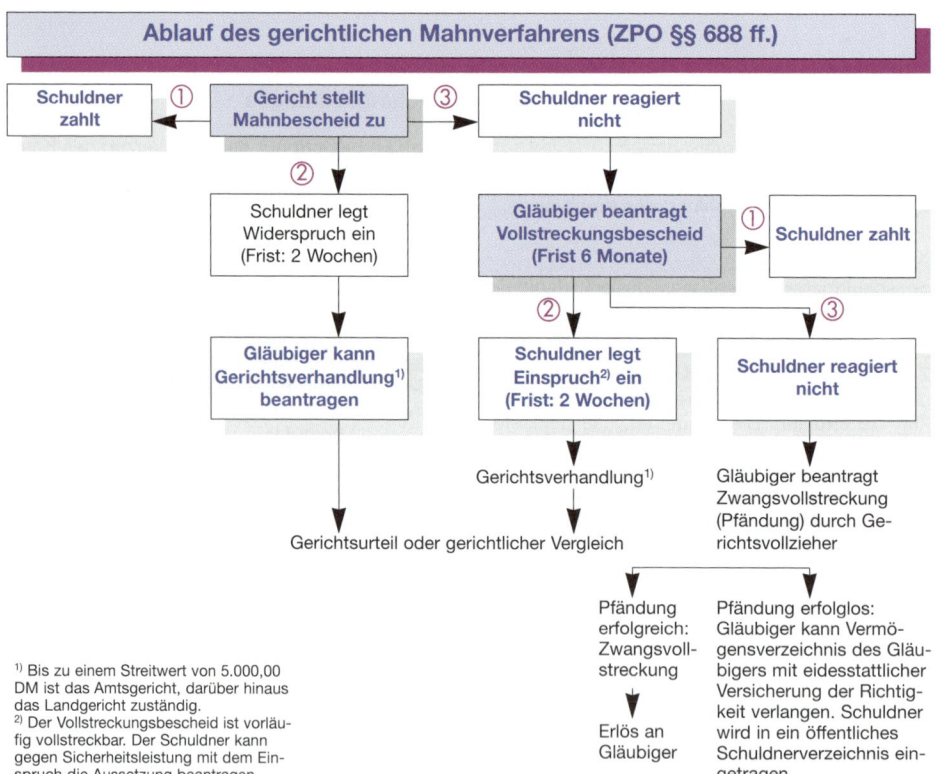

Ablauf des gerichtlichen Mahnverfahrens (ZPO §§ 688 ff.)

[1] Bis zu einem Streitwert von 5.000,00 DM ist das Amtsgericht, darüber hinaus das Landgericht zuständig.
[2] Der Vollstreckungsbescheid ist vorläufig vollstreckbar. Der Schuldner kann gegen Sicherheitsleistung mit dem Einspruch die Aussetzung beantragen.

Ein Prozeß kostet häufig viel Geld, Zeit und Nervenkraft. Deshalb sollte die Klage stets das letzte Mittel bei einer privatrechtlichen Streitigkeit sein. Vorher sollte man stets versuchen, sich durch persönliche Bemühungen zu einigen. Auch die Beratung durch einen Rechtsanwalt kann dazu beitragen, einen Prozeß zu vermeiden. So kann sein Hinweis auf die bestehende Rechtslage vor einer unbegründeten Klage bewahren oder den Schuldner zu der Einsicht bringen, daß ein Prozeß für ihn aussichtslos ist. Darüber hinaus gibt es zwei weitere Wege, auf denen man vergleichsweise einfach und billig zu seinem Recht kommen kann, und zwar
– das Schlichtungsverfahren und
– das Mahnverfahren.
Verschiedene Verbände und Organisationen haben außergerichtliche Schieds- und Schlichtungsstellen eingerichtet. Für Rechtsstreitigkeiten etwa mit Ärzten, Apothekern und Architekten, Kfz-Werkstätten, Bauhandwerkern und anderen Gewerbetreibenden bieten diese Stellen die Möglichkeit, Streitigkeiten einfach, schnell und kostengünstig, in vielen Fällen sogar kostenfrei, aus der Welt zu schaffen. Auskunft geben die einzelnen Kammern, zum Beispiel die Ärzte, die Handwerks- oder die Industrie- und Handelskammern, sowie die Verbraucherzentralen.

Außerdem gibt es bei den Amtsgerichten z. B. in Dresden, Lothringer Str. 1, Schlichtungsstellen, bei denen man privatrechtliche Streitigkeiten außerhalb eines gerichtlichen Verfahrens ebenfalls schnell und billig (bei einem Streitwert von 500,00 DM zum Beispiel wird ein Unkostenbeitrag von 50,00 DM erhoben) beilegen kann. Wenn beide Parteien zustimmen, erörtert ein rechtskundiger Schlichter mit ihnen den Streitfall und macht einen Einigungsvorschlag. Sind die Beteiligten damit einverstanden, können sie einen Vergleich abschließen, aus dem auch die Zwangsvollstreckung möglich ist. Kommt es zu keiner Einigung, steht immer noch der Klageweg offen.

3.5.1/1

Quelle: Feldmann, Joachim: Alles was Recht ist, a.a.O., S. 191

1. *Welche Möglichkeiten gibt es – außer einem gerichtlichen Verfahren –, privatrechtliche Streitigkeiten auszutragen?*
2. *Wie kann das Einigungsverfahren bei einer Schlichtungsstelle aussehen?*

Das Mahnverfahren

3.5.2/1

Das Mahnverfahren ist ein einfaches und billiges gerichtliches Verfahren. Es ist allerdings nur zulässig, falls es um die Zahlung einer bestimmten Geldsumme in inländischer Währung geht. Wenn bei einer Geldforderung das gewöhnliche Mahnen nicht hilft, kann man beim Amtsgericht, bei dem man seinen Wohnsitz hat, den **Erlaß eines Mahnbescheids** (früher sprach man von Zahlungsbefehl) beantragen. Dies geschieht auf dem „Vordruck für den Mahn- und den Vollstreckungsbescheid", den es in Schreibwarengeschäften zu kaufen gibt.
Wurde der Antrag ordnungsgemäß ausgefüllt und die Gerichtskosten bezahlt, stellt das Amtsgericht dem Antragsgegner den Mahnbescheid zu. Ob dem Antragsteller der geltend gemachte Anspruch tatsächlich zusteht, prüft das Gericht nicht. Wer einen Mahnbescheid erhält, sollte deshalb zunächst überlegen, ob die genannte Forderung berechtigt ist.
Innerhalb von zwei Wochen ab Zustellung des Mahnbescheids kann der Antragsgegner Widerspruch einlegen. Geschieht dies, wird das Verfahren auf Antrag an das zuständige Prozeßgericht abgegeben und in einen normalen Zivilprozeß übergeleitet.
Erfolgt der Widerspruch nicht oder nicht rechtzeitig, und wird auch nicht bezahlt, erläßt das Amtsgericht auf Antrag einen **Vollstreckungsbescheid**.
Damit hat der Antragsteller einen Titel in der Hand, der ihn zur Zwangsvollstreckung berechtigt.
Der Antragsgegner kann nun allerdings noch innerhalb von zwei Wochen ab Zustellung des Vollstreckungsbescheids Einspruch einlegen. Der Rechtsstreit wird dann an das zuständige Prozeßgericht abgegeben und dort als normaler Zivilprozeß durchgeführt.
Erfolgt auch der Einspruch gegen den Vollstreckungsbescheid nicht oder nicht rechtzeitig, ist das Verfahren abgeschlossen. Man hat dann auf vergleichsweise einfache Art und Weise einen Titel erlangt, der zur Zwangsvollstreckung berechtigt und den kein Gericht mehr in Zweifel ziehen kann.

Quelle: Feldmann, Joachim: Alles was Recht ist, a.a.O., S. 191

Beschreiben und erläutern Sie die einzelnen Stationen eines gerichtlichen Mahnverfahrens.

3.6 Verjährung

Will sich ein Käufer über einen Mangel bei einer Sache beschweren, muß er die Gewährleistungsansprüche (siehe S. 52) beachten, die innerhalb einer bestimmten Frist geltend
gemacht werden müssen. Das BGB bestimmt, daß Gewährleistungsansprüche nach einer
bestimmten Zeit verjähren. Der Schuldner muß dann nicht mehr leisten. Die Verjährung
beginnt grundsätzlich mit der Entstehung bzw. mit Ablauf des Jahres, in dem der Anspruch entstanden ist. Im bürgerlichen Recht gibt es folgende Verjährungsfristen:

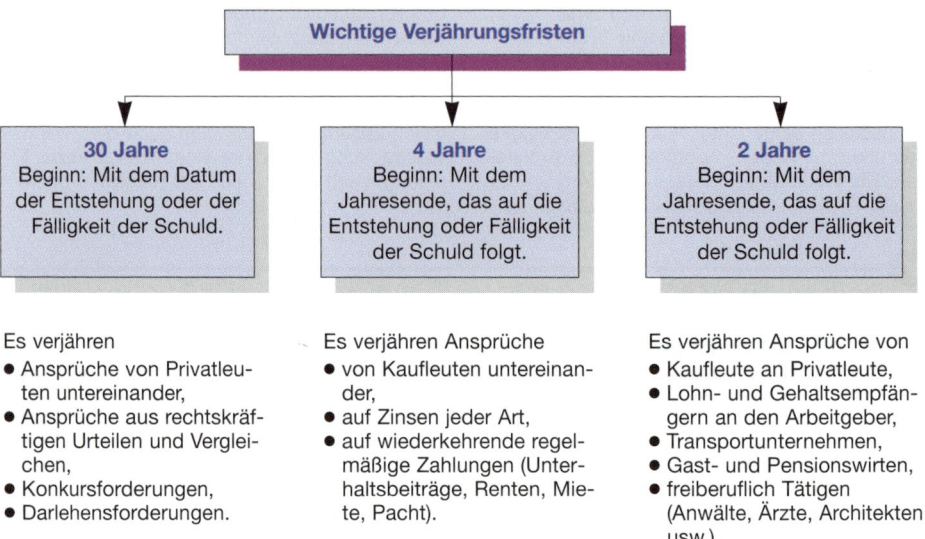

Wichtige Verjährungsfristen

30 Jahre	**4 Jahre**	**2 Jahre**
Beginn: Mit dem Datum der Entstehung oder der Fälligkeit der Schuld.	Beginn: Mit dem Jahresende, das auf die Entstehung oder Fälligkeit der Schuld folgt.	Beginn: Mit dem Jahresende, das auf die Entstehung oder Fälligkeit der Schuld folgt.

Es verjähren
- Ansprüche von Privatleu-
  ten untereinander,
- Ansprüche aus rechtskräf-
  tigen Urteilen und Verglei-
  chen,
- Konkursforderungen,
- Darlehensforderungen.

Es verjähren Ansprüche
- von Kaufleuten untereinander,
- auf Zinsen jeder Art,
- auf wiederkehrende regelmäßige Zahlungen (Unter-
  haltsbeiträge, Renten, Miete, Pacht).

Es verjähren Ansprüche von
- Kaufleute an Privatleute,
- Lohn- und Gehaltsempfän-
  gern an den Arbeitgeber,
- Transportunternehmen,
- Gast- und Pensionswirten,
- freiberuflich Tätigen
  (Anwälte, Ärzte, Architekten
  usw.).

Der Ablauf der Verjährungsfrist kann auch unterbrochen werden (das heißt, sie beginnt
neu zu laufen) oder gehemmt sein (das heißt, sie läuft anschließend weiter).

Unterbrechung und Hemmung der Verjährung	
Unterbrechung (BGB § 208 ff.)	**Hemmung** (BGB § 202 ff.)

Die Verjährung kann unterbrochen werden durch
– Zustellung eines Mahnbescheides,
– Klage und Vollstreckungsbescheid,
– Teilzahlung, Zinszahlung, Schuldanerkennt-
  nis oder Gesuch auf Stundung des Schuld-
  ners,
– Anmeldung im Konkurs.
	Die Verjährung wird gehemmt, solange
	– der Gläubiger die Forderung stundet,
	– der Schuldner berechtigt ist, die Leistung zu
	  verweigern (z.B. Durchführung eines Kon-
	  kurs- oder gerichtlichen Vergleichsverfah-
	  rens, Gegenanspruch, Mängelrüge),
	– die Rechtspflege stillsteht (z.B. Krieg, Ka-
	  tastrophen).

Wird die Verjährung unterbrochen, so beginnt die Frist vom Tag der Unterbrechung an er- neut zu laufen. Die Zeit vor der Unterbrechung wird nicht mitgezählt.	Wird die Verjährung gehemmt, so läuft die Frist nachher weiter. Die Zeit vor der Hem- mung wird also mitgerechnet.

Verjährung

Fast alle privatrechtlichen Ansprüche unterliegen der Verjährung. Den Eintritt der Verjährung knüpft das Gesetz an den Ablauf einer bestimmten Zeit, die für einzelne Arten von Ansprüchen verschieden geregelt ist ...

Die Verjährung beginnt normalerweise, wenn der Anspruch entsteht, bei der zwei- bzw. vierjährigen Verjährung jedoch erst mit dem Schluß des Jahres. Und bei einer unerlaubten Handlung setzt die Verjährung erst ein, wenn der Betroffene den Ersatzpflichtigen kennt.

Verschiedene Ereignisse können den Lauf der Verjährung beeinflussen. So wird die Verjährung unterbrochen, wenn man Klage erhebt oder einen Mahnbescheid zustellt.

Ist die Verjährungsfrist abgelaufen, so steht dem Verpflichteten das Recht zu, die geschuldete Leistung zu verweigern.

Quelle: Feldmann, Joachim: Alles was Recht ist, a.a.O., S. 122

1. *Nennen Sie die Verjährungsfristen, die für die einzelnen Arten von Ansprüchen gelten.*
2. *Konstruieren Sie mit Hilfe der Übersicht „Wichtige Verjährungsfristen" im Informationstext konkrete Beispiele, die die unterschiedlichen Verjährungsfristen näher erläutern.*
3. *Wodurch kann eine Verjährungsfrist unterbrochen werden?*

Unterbrechung und Hemmung der Verjährung

3.6/2

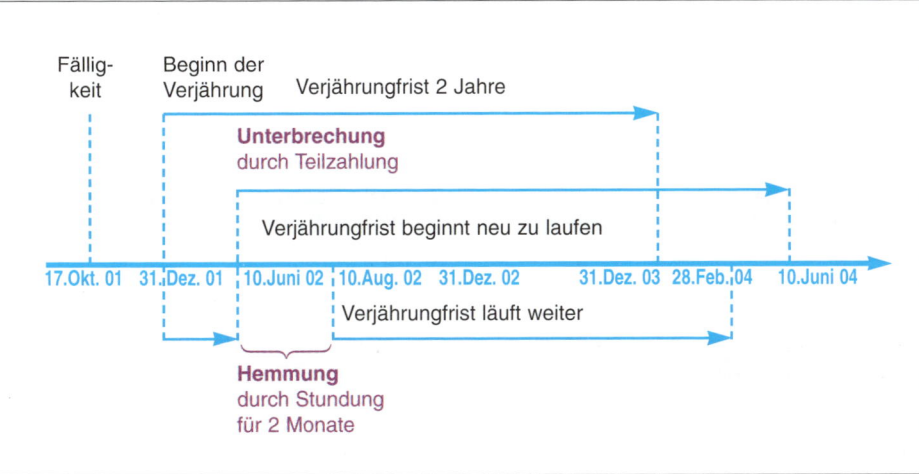

Schreiben Sie zu dieser Grafik einen Text, der die „Unterbrechung und Hemmung der Verjährung" durch ein praxisbezogenes Beispiel erläutert.

4 Andere wichtige Verträge

4.1 Überlassungsverträge

Überlassungsverträge sind solche, bei denen eine Sache zeitweise oder für immer von einer Person auf eine andere übertragen wird. Zu dieser Vertragsart gehören:

4.1.1 Mietvertrag

Beim Mietvertrag überläßt der Vermieter dem Mieter gegen Entgelt eine Sache zum vertraglich vereinbarten Gebrauch und zur anschließenden Rückgabe. Der Mieter darf die Sache ohne Erlaubnis keinem Dritten überlassen. Mietverträge können abgeschlossen werden, z.B. über: Wohnraum, Autos, Maschinen, Werkzeuge. Die Pflichten des Vermieters und Mieters sind:

Pflichten des Vermieters	Pflichten des Mieters
• Überlassung der Sache in vertragsgemäßem Zustand • Erhaltung der Sache in vertragsgemäßen Zustand	• vertragsgemäße Zahlung der Miete • sorgfältige Behandlung der Sache • Benachrichtigung des Vermieters bei Schäden • Duldung von Maßnahmen zur Erhaltung der Sache

4.1.2 Leasing-Vertrag

Der Leasing-Vertrag ist eine Sonderform des Mietvertrags. Dabei erhält ein Leasing-Nehmer Betriebsmittel (z.B. Maschinen, Firmenautos, Computeranlagen) gegen Zahlung einer monatlichen Leasing-Rate. Der Leasing-Nehmer erwirbt also nur ein zeitlich begrenztes Nutzungsrecht an einer Sache. Nach Abschluß eines Leasing-Vertrages muß meist eine einmalige Sonderzahlung geleistet werden. Nach Ablauf eines Leasing-Vertrages kann der Leasing-Nehmer dann entscheiden, ob er die geleaste Sache kauft oder zurückgibt.
Der Leasing-Geber übernimmt die Wartung und evtl. den Austausch bei Fehlern oder Veralterung. Obwohl in letzter Zeit gerade beim Neuwagen-Kauf auch Privatpersonen in einem Leasing-Vertrag eine interessante Möglichkeit sehen, ein neues Auto zu finanzieren, gilt zu bedenken:

LEASING

Ein Angebot der
OPEL LEASING

Einmalige Leasing-Sonderzahlung
12.480,– DM*

Laufzeit 30.000 km	Laufzeit 24 Monate

23 monatliche Leasingraten
à 198,– DM
*) zzgl. Überführung und Zulassung

• Die monatliche Leasing-Rate ist eine zusätzliche finanzielle Belastung. Kann sie nicht mehr bezahlt werden, wird der Vertrag gekündigt und der Leasing-Nehmer muß zusätzlich eine Vertragsstrafe zahlen.
• Außer der Verpflichtung, eine Vollkaskoversicherung abzuschließen, müssen auch – laut Vertrag – die kostspieligen, regelmäßig anfallenden Inspektionen durchgeführt werden.
• Fährt ein Leasing-Nehmer mehr Kilometer in einer vertraglich festgelegten Laufzeit, werden bei Rückgabe die mehr gefahrenen Kilometer in Rechnung gestellt, da der Restwert des Autos gesunken ist.

Mietverträge

4.1.1/1

Seit dem 3. Oktober 1990 gelten für alle Mietverträge, egal, wann sie abgeschlossen wurden, die Vorschriften des Bürgerlichen Gesetzbuches (§§ 535 ff.), z. T. mit Übergangsvorschriften. Es besteht aber weder für Mieter noch für Vermieter eine Veranlassung, nur wegen dieser Rechtsänderung einen neuen Mietvertrag abzuschließen. Die Mietverhältnisse aus der Zeit vor der Vereinigung gelten uneingeschränkt weiter. Mit der Forderung nach einem neuen Vertrag wird nicht selten versucht, der anderen Seite schlechtere Bedingungen aufzuzwingen.

Im Prinzip können beide Parteien ihren Mietvertrag frei gestalten. Die wichtigsten Rechte und Schutzbestimmungen des Mietrechts können jedoch nicht zu ungunsten des Mieters abgeändert werden, auch nicht durch einen Vertrag. Theoretisch können zwar Verträge sowohl mündlich wie auch schriftlich abgeschlossen werden. Sie sollten jedoch unbedingt einen schriftlichen Mietvertrag abschließen. Dazu können Sie die im Handel erhältlichen Vertragsformulare benutzen, die sorgfältig gelesen und von beiden Parteien unterschrieben werden müssen. Ergänzungen und Streichungen sollten besonders aufmerksam geprüft werden. Bestandteile des Mietvertrags sind meist ein Übergabeprotokoll, in dem Ausstattung und Beschaffenheit der Wohnung bei einer gemeinsamen Besichtigung festgehalten werden, sowie die Hausordnung, die beispielsweise Reinigungspflichten, Ruhezeiten, Halten von Haustieren und dergleichen regelt. Fragen wie die Höhe der Miete und der Nebenkosten, die Dauer der Heizungsperiode, Raumtemperatur und die Regelung von Schönheitsreparaturen gehören in den Vertrag. Eine etwaige Kaution an den Vermieter darf drei Monatsmieten nicht übersteigen und muß von diesem zinsbringend angelegt werden. Untervermietung ist nur mit Zustimmung des Vermieters zulässig. Als Mieter haben Sie aber Anspruch auf diese Zustimmung, wenn nach Abschluß des Vertrages ein berechtigtes Interesse an der Untervermietung entsteht, beispielsweise dann, wenn Sie einen pflegebedürftigen Verwandten aufnehmen wollen. Familienangehörige dürfen Sie als Mieter ohne Erlaubnis aufnehmen. Allerdings darf dadurch keine übermäßige Belegung der Wohnung entstehen.

Quelle: Presse- und Informationsamt der Bundesregierung (Hrsg.): Ratgeber von A-Z für die neuen Bundesländer, a. a. O., S. 151 f.

1. *Welche rechtlichen Vorschriften gelten für alle Mietgerträge seit dem 3. Oktober 1990?*
2. *Welche Punkte sollten in einem Mietvertrag aufgenommen werden?*
3. *Wie sieht die rechtliche Regelung bei Untervermietung aus?*

4.1.2/1

Quelle: Verbraucherrecht 1993, a.a.O., S. 63

1. *Geben Sie dieser Karikatur einen aussagekräftigen Titel.*
2. *Erklären Sie anhand der Zeichnung die Problematik des Auto-Leasings.*

4.1.3 Leihvertrag

In einem Leihvertrag wird die Überlassung einer Sache (z.B. Bücher von Freunden) zwischen einem Leiher und einem Verleiher geregelt. Aus einem Leihvertrag ergibt sich, daß der Leiher zu einem sorgfältigen Umgang mit der geliehenen Sache verpflichtet ist und diese zurückgeben muß. Der Leiher verpflichtet sich, dem Entleiher die Benutzung der Sache unentgeltlich zu gestatten.

4.1.4 Darlehensvertrag

Bei einem Darlehensvertrag (Kreditvertrag) gibt der Darlehensgeber (z.B. eine Bank) dem Darlehensnehmer Geld, das dieser nach einer vereinbarten Zeit oder nach einer Kündigung zurückzahlen muß. In der Regel ist es so, daß der Darlehensnehmer während der Laufzeit Zinsen auf den geliehenen Betrag zahlen muß. Darlehen werden in Anspruch genommen, wenn sich jemand teure Anschaffungen (z.B. Kauf einer Wohnungseinrichtung oder eines Autos) leisten will, die er von sich aus nicht auf einmal bezahlen kann. Kredite, die von Banken für Konsumzwecke angeboten werden, bezeichnet man als Verbraucherkredite. Die am meisten in Anspruch genommene Form des Verbraucherkredits ist der Ratenkredit. Bei dieser Darlehensform muß der Kreditnehmer sein Darlehen in gleichbleibenden Monatsraten, in die der Zins und sonstige Gebühren eingerechnet sind, tilgen. Die Kreditkosten bestehen also nicht nur aus Zinsen, sondern hinzu kommen noch Bearbeitungsgebühren, Prämien für eine Restschuldversicherung und bei Kreditvermittlern noch Provisionskosten.

4.1.5 Pachtvertrag

Im Pachtvertrag wird die Überlassung einer Sache zum Gebrauch und zur Nutzung gegen Geld geregelt. Vertragspartner sind der Verpächter und der Pächter. Eine Pacht liegt vor, wenn der Pächter die ihm überlassene Sache nicht nur gemietet hat, sondern auch den Nutzen aus der gemieteten Sache ziehen kann.

Pachtverträge werden häufig abgeschlossen über:
● Pacht von Grundstücken (Erbpacht),
● Pacht von Jagd- und Fischereigelände,
● Pacht von Geschäften (Gaststätten, Hotels),
● Pacht von landwirtschaftlichem Grund.

Verbraucherkredite

Immer häufiger werden größere private Anschaffungen, sei es ein Auto oder eine Wohnungseinrichtung, über einen Kredit finanziert. Dafür bieten die Geldinstitute ihren Kunden eine breite Palette von Möglichkeiten an, allerdings zu sehr unterschiedlichen Preisen und Bedingungen. Besonders teuer wird ein Darlehen, wenn Sie sich an einen Kreditvermittler wenden.

Hier sind zehn Tips, wie Sie sich vor Schaden bewahren können:

1. Ihren Geldbeutel schonen Sie am besten, wenn Sie die Angebote der Kreditinstitute für Zinsen und Gebühren gründlich vergleichen. Das können Sie auch noch während der einwöchigen Widerrufsfrist tun, die für Verbraucherkreditverträge gilt (> 3).

2. Die Kreditkosten bestehen nicht nur aus den Zinsen. Hinzu kommen Bearbeitungsgebühren, Prämien für eine Restschuldversicherung, bei Kreditvermittlern noch Provisionskosten. Alle Kosten müssen in der Vertragsurkunde angegeben werden, möglichst auch noch der Gesamtbetrag aller von Ihnen zu leistenden Zahlungen.

3. Damit Sie die Kreditkosten leichter vergleichen können, sind die Kreditinstitute und Darlehensvermittler verpflichtet, den sogenannten „effektiven Jahreszins" anzugeben. Er drückt die Gesamtkosten des Kredits pro Jahr (ohne die Jahresprämie für eine eventuelle Restschuldversicherung, > Tip 7) in Prozent der Darlehenssumme aus.

4. Prüfen Sie genau, ob die Belastungen aus dem Kredit für Sie tragbar sind. Passen Sie auf, daß die monatliche Rate Ihnen noch genügend finanziellen Spielraum läßt, um mit unvorhergesehenen Schwierigkeiten fertig werden zu können.

5. Vorsicht vor Zinsgleitklauseln. Achten Sie darauf, daß der Zins über die volle Vertragszeit fest ist.

6. Mündliche Nebenabreden sind unter Umständen unwirksam und in der Regel nicht beweisbar. Achten Sie darauf, daß sämtliche Vereinbarungen im Vertragstext festgehalten werden. Unterschreiben Sie nur vollständig ausgefüllte Verträge, auf gar keinen Fall ein Blanko-Formular.

7. Die Restschuldversicherung ist eine Absicherung für den Fall, daß Sie während der Laufzeit des Kredites sterben, arbeitsunfähig oder krank werden. Die Schuld, die sich bei planmäßiger Rückzahlung dann noch ergibt, bezahlt der Versicherer an Ihren Kreditgeber. Im Todesfall kommt das auch Ihren Erben zugute. Bei Abschluß einer solchen Versicherung haben Sie Anspruch auf ein Merkblatt mit Informationen darüber. Die Kosten müssen im Kreditvertrag angegeben werden.

8. Vorsicht vor Kreditwucher! Übersteigen die vereinbarten Kosten in eklatanter Weise die marktüblichen Kreditkosten zum Zeitpunkt des Vertragsabschlusses, kann das Kreditgeschäft wegen Sittenwidrigkeit nichtig sein. Eine feste Wuchergrenze gibt es nicht. Aber: Ist der effektive Jahreszins für Ihr Darlehen doppelt so hoch wie der marktübliche Satz, holen Sie Rechtsrat ein. Bei Sittenwidrigkeit des Kreditgeschäfts müssen weder Kosten noch Zinsen gezahlt werden, und das reine Darlehen kann innerhalb der vorgesehenen Zeit ratenweise getilgt werden.

9. Umschuldung und Kreditaufstockung bedeuten in der Regel zusätzliche Kosten, auch wenn durch Streckung der Rückzahlungsraten zunächst eine finanzielle Entlastung des Monatsbudgets eintritt. Unter Umschuldung versteht man die vorzeitige Ablösung eines oder mehrerer laufender Kredite mit Hilfe eines Zweitkredits. Sie ist meist dann notwendig, wenn der Kreditnehmer die Raten in der vereinbarten Höhe nicht mehr zahlen kann. Bei der reinen Umschuldung bleibt die Kreditsumme gleich, die Raten werden aber über einen längeren Zeitraum gestreckt. Häufig wird aber die Umschuldung mit einem zusätzlichen Kredit, einer sogenannten Kreditaufstockung, verbunden.

Lassen sich Umschuldung und Aufstockung nicht vermeiden, wenden Sie sich wegen des zweiten Kredits zuerst an dieselbe Bank, die den Erstkredit gewährt hat. Nur bei unverhältnismäßig hohen Kosten des Erstkredits sollten sie die Bank wechseln. Die Kosten für den Zweitkredit sollten nicht höher sein als der Erstkredit. Bearbeitungsgebühren sollten Sie nur hinsichtlich einer Kreditaufstockung akzeptieren, nicht für die Ablösung eines früheren Kredits bei derselben Bank.

10. Bei Ratenkäufen schaltet der Verkäufer häufig eine Bank ein. Derartig finanzierte Geschäfte sind nicht ohne Risiko für den Käufer. Ist die gelieferte Sache mangelhaft und schlägt eine Nachbesserung fehl und können Sie deshalb den Kaufvertrag rückgängig machen, dann können Sie auch die Ratenzahlung gegenüber der Bank verweigern. In Konfliktfällen lassen Sie sich am besten rechtlich beraten.

Quelle: Ratgeber von A–Z für die neuen Bundesländer, a. a. O., S. 117 ff.

1. Fassen Sie die 10 Tips in einer Kurzübersicht zusammen.
2. Nennen Sie alle Kosten eines Kreditvertrags.
3. Erklären Sie die Begriffe „effektiver Jahreszins", „Restschuldversicherung", „Umschuldung" und „Kreditaufstockung".

4.2 Betätigungsverträge

Bei Betätigungsverträgen vereinbaren die Vertragspartner, eine bestimmte Tätigkeit oder Leistung zu erbringen.

4.2.1 Dienstvertrag

Im Dienstvertrag verpflichtet sich ein Partner, dem anderen bestimmte Dienste zu leisten, wofür er eine Vergütung erhält. Ein Dienstvertrag ist nicht erfolgsabhängig, das heißt: wird die Leistung erbracht, ist der Vertrag erfüllt. So kann ein Nachhilfeschüler nicht von seinem Nachhilfelehrer das Geld zurückverlangen, wenn er in der nächsten Klassenarbeit keine gute Note schreibt, denn der zur Nachhilfe verpflichtete Lehrer hat sich ja bemüht.

Ein klassisches Beispiel für einen Dienstvertrag ist der Arbeitsvertrag, denn hier verpflichtet sich der Arbeitgeber dem Arbeitnehmer für eine erbrachte Dienstleistung Lohn zu zahlen (BGB § 611).

4.2.2 Werkvertrag

Mit einem Werkvertrag verspricht eine Partei (z.B. ein Unternehmer) gegen Bezahlung einer anderen Partei (z.B. einem Besteller) mit der Erstellung oder der Bearbeitung eines Werkes einen festgelegten Erfolg. So verpflichtet sich eine Kfz-Werkstatt mit der Reparatur der Bremsen, daß diese einwandfrei funktionieren.

Einem Werkvertrag geht oft vor Auftragserteilung das Einholen eines Kostenvoranschlags voraus. Hier gilt es zu unterscheiden: Ein verbindlicher Voranschlag darf von einem Unternehmer zu Lasten des Bestellers nicht überschritten werden. Bei einem unverbindlichen Kostenvoranschlag muß der Unternehmer den Kunden informieren, wenn die veranschlagte Summe wesentlich überschritten wird. Hat eine Kfz-Werkstatt in einem Kostenvoranschlag nicht berücksichtigt, daß nicht nur die Bremsbacken, sondern auch die Bremsscheiben an beiden Vorderrädern zu erneuern sind, muß sie vor Ausführung der Reparatur den Kunden informieren und seine Einwilligung einholen.

Wichtig für den Käufer ist auch zu wissen, daß nicht nur beim Kaufvertrag Gewährleistungspflichten bestehen, sondern auch beim Werkvertrag. Der Unterschied liegt jedoch darin, daß der Käufer beim Kaufvertrag sofort zwischen den Gewährleistungsrechten (siehe S. 52) wählen kann, während er beim Werkvertrag immer zunächst die Beseitigung des Mangels verlangen muß.

4.2.3 Werklieferungsvertrag

Im Unterschied zum Werkvertrag, bei dem der Besteller (Käufer) das Material liefert, daß der Unternehmer be- oder verarbeitet, beschafft bei einem Werklieferungsvertrag der Unternehmer auch das Material. Ein Fliesenfachgeschäft verlegt bei einem Werklieferungsvertrag also nicht nur die Fliesen, sondern es liefert auch die Fliesen und alles andere anfallende Material.

Fall

Rudi Ratlos ist stark erkältet und geht zu seinem Hausarzt, Dr. Schneub, einem Allgemeinmediziner. Dieser erklärt ihm, Herr Ratlos habe eine leichte Grippe und verschreibt ihm Tabletten gegen Erkältungskrankheiten. Nachdem sich bei Herrn Ratlos nach vier Tagen keine Besserung einstellt, sucht er einen Internisten auf, der nach einer eingehenden Untersuchung eine ver-

schleppte Lungenentzündung diagnostiziert und Herrn Ratlos ins Krankenhaus überweist.

Als Ratlos nach zweiwöchigem Krankenhausaufenthalt in seinem Briefkasten die Rechnung von Dr. Schneub über DM 152,00 vorfindet, zerreißt er diese wütend und beschließt, keinen Pfennig an Dr. Schneub zu zahlen.

1. *Welche Art von Vertrag hat Ratlos mit Dr. Schneub geschlossen?*
2. *Welches sind die allgemeinen Merkmale dieser Vertragsart?*
3. *Ist Ratlos berechtigt, den Rechnungsbetrag an Dr. Schneub nicht zu bezahlen? Begründen Sie Ihre Meinung.*

Gewährleistungspflicht beim Werkvertrag

4.2.2/1

Nicht nur beim Kaufvertrag, auch beim Werkvertrag sieht das Bürgerliche Gesetzbuch eine Gewährleistungspflicht vor, und zwar:

● **Nachbesserung:**
Ist eine Handwerkerleistung mangelhaft, muß der Kunde immer zuerst die Beseitigung des Mangels verlangen. Dazu kann er dem Handwerker eine angemessene Frist setzen und ihm mitteilen, daß er nach Ablauf der Frist die Nachbesserung ablehnt.

Hält der Handwerker die Frist nicht ein, hat der Kunde mehrere Möglichkeiten:

– **Minderung der Vergütung:**
Der Kunde kann einen angemessenen Preisnachlaß fordern.

Quelle: Feldmann, Joachim: Alles was Recht ist, a. a. O., S. 119

– **Rückgängigmachung des Vertrags:**
Dieses Recht besteht nur, wenn der Mangel erheblich war. Der Kunde muß dann nicht bezahlen, hat aber die fehlerhafte Sache zurückzugeben oder, wenn das (etwa bei schlecht ausgeführten Malerarbeiten) nicht möglich ist, den eventuell vorhandenen Wert der Arbeit zu ersetzen.

– **Schadensersatz:**
Das Recht zum Schadensersatz steht dem Kunden nur zu, wenn den Handwerker ein Verschulden trifft.

– **Selbstbeseitigung:**
Schließlich kann der Kunde den Mangel selbst beseitigen oder durch einen Fachmann beseitigen lassen und Ersatz der dadurch entstandenen Aufwendungen verlangen.

1. *Erläutern Sie die verschiedenen Formen der Gewährleistung bei einem Werkvertrag anhand konkreter Beispiele aus dem Geschäftsalltag.*
2. *Vergleichen Sie die Rechte mit denen des Kaufvertrages. Gibt es Unterschiede?*

5 Verbraucherschutz

In einer sozialen Marktwirtschaft kommt dem Verbraucher eine wichtige Rolle zu, denn Ziel dieser Wirtschaftsordnung ist, den Konsumenten mit Waren und Dienstleistungen zu versorgen. Voraussetzung dafür ist die Konsumfreiheit.

Die Anbieter stehen mit ihren Waren untereinander in einem Wettbewerb um den Kunden. In diesem Wettbewerb muß der Staat den Verbraucher aus mehreren Gründen schützen vor:

- der Vielfalt des Angebots, die die Marktübersicht, den genauen Warenvergleich und die richtige Auswahl erschwert,
- den fehlenden Möglichkeiten der Produktkontrolle (der Käufer kann das Produkt nicht auf seine Inhaltsstoffe überprüfen),
- fehlenden juristischen Kenntnissen (die Allgemeinen Geschäftsbedingungen sind oft zum Nachteil des Kunden verfaßt).

5.1 Verbraucherberatung

Nur wer als Verbraucher gut informiert ist, kann eine richtige Kaufentscheidung treffen. Die Medien leisten auf diesem Gebiet in Zusammenarbeit mit den Verbraucher-Organisationen wertvolle Informationsarbeit. Das Fernsehen sendet regelmäßig Ratgeber-Sendungen, in denen Experten den Verbrauchern wichtige Tips z.B. für Geldanlagen oder zu Rechtsproblemen geben. Auch im Hörfunk gibt es zahlreiche Sendungen mit Markt- und Produktinformationen. Zu diesen Sendungen können bei den Fernseh- und Rundfunkanstalten oft schriftliche Zusammenfassungen angefordert werden. Viele Tageszeitungen und spezielle Testhefte veröffentlichen Kurzfassungen von Testergebnissen zu bestimmten Produkten.

Darüber hinaus gibt es staatliche Institutionen und vom Staat geförderte Einrichtungen, die von den Verbrauchern genutzt werden sollten.

Staatliche Institutionen sind z.B.:

- Presse- und Informationsamt der Bundesregierung, Bonn,
- Bundeszentrale für gesundheitliche Aufklärung, Köln,
- Umweltbundesamt, Berlin,
- Bundesinstitut für Berufsbildung, Bonn.

Staatlich geförderte Einrichtungen sind z.B.:

- Deutscher Mieterbund e.V., Köln,
- Arbeitsgemeinschaft der Verbraucherverbände, Bonn.

Verbraucherzentralen haben ihren Sitz in den Hauptstädten der Bundesländer. Zusätzlich gibt es Verbraucherberatungsstellen in Städten und Gemeinden, die dem Verbraucher durch Beratung und Information direkt helfen (Auskunft erteilt die Verbraucherzentrale Sachsen, Leipzig). Zu ihrem Service gehören unter anderem Preisvergleiche, Ernährungs-, Energie-, Schuldner-, Reklamations-, Umwelt- und Wohnungsberatung. Die Verbraucherzentralen können auch vor Gericht klagen, wenn die Anbieter gegen Wettbewerbsvorschriften verstoßen.

VERBRAUCHER BERATUNG
Erdgeschoss

MO • DI	10 – 13 Uhr	14 – 17 Uhr
MI • FR	10 – 13 Uhr	
DO		14 – 19 Uhr

Werbung

5/1

Hersteller und Händler informieren die Verbraucher durch die Werbung und durch tägliche Beratung im Verkaufsgespräch. Ziel ist, die Aufmerksamkeit des Kunden zu wecken und ihn zum Kauf zu bewegen. Werbung ist in erster Linie ein Werkzeug der Anbieter, um dem Kunden die Vorzüge einer Ware anzupreisen. Viele Milliarden werden jährlich für die Werbung ausgegeben. Sinn und Zweck der Werbung sind ebenso umstritten wie die Mittel, derer sie sich bedient.

Fürsprecher der Werbung betonen:
– Werbung bietet dem Verbraucher unentbehrliche Informationen über das Angebot von Waren.
– Werbung zeigt dem Verbraucher, wie er seine Bedürfnisse mit einer bestimmten Ware befriedigen kann.
– Werbung ist der Motor des Wettbewerbs.

Gegner der Werbung halten dagegen:
– Werbung informiert die Verbraucher nicht wahrheitsgemäß, da sie die negativen Eigenschaften der Ware verschweigt.
– Werbung manipuliert. Das heißt, sie weckt verborgene Wünsche, verkauft unerfüllbare Träume, lähmt das kritische Abwägen der Verbraucher.
– Werbung verführt den Verbraucher. Das heißt, er kauft, was er eigentlich nicht braucht.
– Werbung kostet viel Geld, sie verteuert die Waren.

Quelle: Zeitlupe Nr. 26, Bonn, 1990, S. 11

1. *Welche Funktion hat Werbung*
   a) für den Händler?
   b) für den Verbraucher?
2. *Ergänzen Sie die Argumente der Fürsprecher und Gegner der Werbung durch eigene Argumente.*
3. *Gibt es Ihrer Meinung nach Produkte, bei denen auf Werbung verzichtet werden konnte?*

Beispiel

5.1/1

Herr Fuchs kauft Liegestühle
Scharf gerechnet hat Herr Fuchs höchstens 100 Mark für den Kauf von drei Liegestühlen aus Holz übrig. Als cleverer Verbraucher rennt Herr Fuchs natürlich nicht einfach los. Nein. Er überlegt: Wenn der Sommer vorbei ist, müßten Liegestühle billiger werden. Zu lange darf man auch nicht warten, sonst gibt es gar keine mehr. Mitte September, so beschließt er, ist die beste Zeit. Nach Feierabend sucht er aus dem Branchenbuch die Adressen aller Haushaltswaren- und Möbelgeschäfte der nahen Großstadt heraus.

Die Liste ist lang, die Wege sind weit. Er nimmt sich zwei Tage unbezahlten Urlaub und klappert mit dem Auto die Geschäfte ab. Am Mittag des zweiten Tages findet er endlich im Möbelhof die gesuchten Liegestühle im Sonderangebot für 16,50 DM das Stück. Hocherfreut kauft er sechs Stühle. Drei Liegestühle stellt er im Garten auf, drei verschwinden originalverpackt im Keller. Man weiß ja nie, wieviele Leute mal zu Besuch kommen. Einer bricht sofort unter ihm zusammen. Macht nichts. Der Ersatz kommt aus dem Keller, der kaputte Stuhl in den Sperrmüll.

Quelle: Zeitlupe, a. a. O., S. 11

1. *Schreiben Sie das Beispiel neu, so daß nur noch Vernunft den Kauf bestimmt.*
2. *Aus welchen Quellen kann sich Herr Fuchs über Preise und Qualität der Waren informieren? Was ist dabei zu beachten?*
3. *Beschreiben Sie Situationen, in denen Sie als Verbraucher Hilfe hätten gebrauchen können.*

Stiftung Warentest, Berlin

Die Stiftung Warentest wurde von der Bundesregierung gegründet als eine Einrichtung, die Güter und Dienstleistungen prüft, vergleicht und bewertet. Sie ist unabhängig von Industrie und Handel. Die Ergebnisse der wissenschaftlichen Untersuchungen werden in der Monatszeitschrift „test" veröffentlicht. Die Notenskala reicht von „sehr gut" bis „mangelhaft". Firmen, deren Produkte mit einer guten Note getestet wurden, können mit einer Plakette darauf hinweisen. Darüber hinaus bringt die Stiftung Sonderhefte zu bestimmten Themenbereichen heraus, wie Verbraucherrecht, Mietrecht, Altersvorsorge u.a.

Warenkennzeichnung

Nicht zu allen Produkten liegen aktuelle Tests vor. Der Verbraucher muß dann auf andere Informationen zurückgreifen. Hier können die gesetzlichen Kennzeichnungsvorschriften für Waren und die freiwilligen Vereinbarungen zwischen Industrie, Handel und Verbraucherverbänden weiterhelfen.

Gesetzlich vorgeschriebene Warenkennzeichnungen

● **Die Lebensmittel-Kennzeichnungsverordnung**
Auf den Fertigpackungen von Lebensmitteln müssen folgende Angaben aufgedruckt sein: Inhaltsbezeichnung, Anschrift des Herstellers, Verpackers oder eines in der EU niedergelassenen Verkäufers, Verzeichnis der Zutaten, Mindesthaltbarkeitsdatum bei ordnungsgemäßer Lagerung.

● **Das Handelsklassengesetz**
Landwirtschaftliche Erzeugnisse (Obst, Gemüse, Eier, Geflügel und Milcherzeugnisse) werden nach Handelsklassen eingeteilt. Für Obst und Gemüse lauten z.B. die Handelsbezeichnungen: „Extra" = Hervorragende Qualität; „I" = Gute Qualität; „II" = Marktfähige Qualität; „III" = Stärkere Mängel. Hühnereier werden eingeteilt in die Handelsbezeichnungen: „A", „B", „C".

● **Das Eichgesetz**
Es schreibt vor, daß bei Fertigpackungen, die nach Gewicht, Volumen oder Stückzahl abgegeben werden, die Füllmenge angegeben sein muß. Damit soll verhindert werden, daß sogenannte „Mogelpackungen" den Käufer über die wirkliche Inhaltsmenge täuschen.

● **Die Preisangabenverordnung**
Nach dieser Verordnung sind vor allem der Einzelhandel und das Dienstleistungsgewerbe (z.B. Friseur, Schuhmacher, Kfz-Werkstatt) zur Preisangabe an der ausgestellten Ware verpflichtet.

● **Das Textilkennzeichnungsgesetz**
Nach diesem Gesetz muß die Zusammensetzung des angebotenen Textilstoffs entweder durch ein angenähtes Etikett oder durch Aufdruck auf der Verpackung angegeben werden (z.B. 100 % Baumwolle). Mit Hilfe dieser Kennzeichnungen sollen dem Verbraucher Qualitäts- und Preisvergleiche erleichtert werden.

STIFTUNG WARENTEST
test KOMPASS

CD-PLAYER

Heft 8/1992

Bewertung	Mittlerer Preis in DM	Preis nach Markterhebung in DM	Technische Prüfung 40 %	Fehlerkorrektur 35 %	Bedienung 25 %	test-Qualitätsurteil
Aiwa XC-900	598,–		+	+	+	**gut**
Denon DCD-680	598,–	448,– bis 599,–	++	O	+	**gut**
Kenwood DP-5040	598,–		+	+	+	**gut**
Luxman DZ-120	598,–		O	+	O	**zufriedenstellend**
Onkyo DX-6830	598,–		++	+	+	**gut**
Marantz CD 52	599,–	569,– bis 599,–	++	+	+	**gut**
Yamaha CDX-750 E	599,–	548,– bis 618,–	+	O	O	**zufriedenstellend**
Sony CDP-991	648,–	435,– bis 649,–	+	O	++	**gut**
Pioneer PD-8700	698,–	678,– bis 699,–	+	+	O	**gut**
Philips CD 834	699,–	598,– bis 699,–	+	+	+	**gut**
Technics SL-PS 700	699,–	659,– bis 799,–	++	+	++	**sehr gut**
Denon DCD-980	798,–	695,– bis 799,–	++	O	+	**gut**
Harman Kardon HD 7450	798,–		++	O	+	**gut**
Sony CDP-X 222 ES	798,–	545,– bis 799,–	+	+	++	**gut**

1. *Verfassen Sie auf der Basis dieser Testergebnisse einen „Ratschlag für Käufer", indem Sie Preis, Testkriterien (Technische Prüfung, Fehlerkorrektur, Bedienung) und Qualitätsurteil in Beziehung setzen.*
2. *Für welchen CD–Player würden Sie sich entscheiden? Begründen Sie Ihre Meinung.*

5.1/3

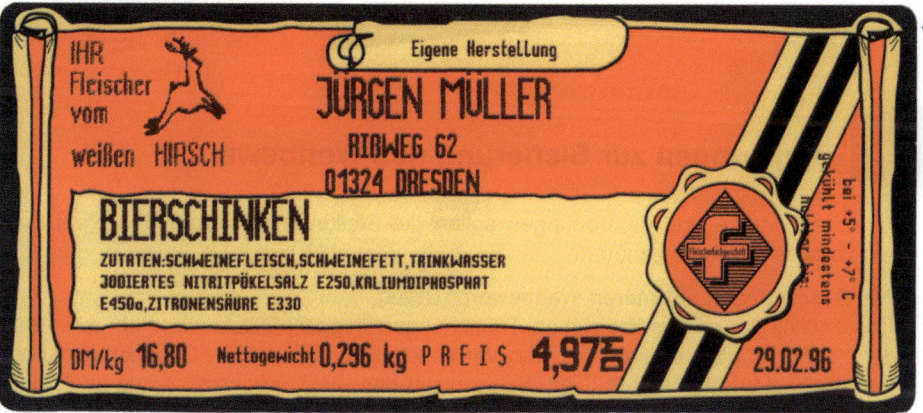

1. *Prüfen Sie, ob diese Fertigpackung der Lebensmittel-Kennzeichenverordnung entspricht.*
2. *Gibt es Angaben nach der Lebensmittel-Kennzeichenverordnung, die Sie überflüssig finden oder Angaben, die Sie sich als Verbraucher auf Fertigpackungen wünschen würden?*

Freiwillige Warenkennzeichnungen

Es gibt eine Vielzahl von Zeichen und Symbolen, mit denen die Einhaltung bestimmter Merkmale hinsichtlich Qualität und Sicherheit, am Produkt dargestellt wird. Dazu gehören:

● **Das Prüfzeichen GS** (geprüfte Sicherheit)
Das GS-Zeichen darf nur auf technische Arbeitsmittel (z.B. Werkzeuge, Arbeitsgeräte, Haushalts-, Sport- und Bastelgeräte, auch Spielzeug) gebracht werden, wenn eine Bauartprüfung ergeben hat, daß das Erzeugnis den Anforderungen des Gerätesicherheitsgesetzes genügt. Bekannte Prüf- und Sicherheitszeichen sind das VDE-Zeichen (Verband Deutscher Elektroniker) und die Plakette „TÜV-geprüft".

● **Gütezeichen und Umweltzeichen „Blauer Engel"**
Gütezeichen garantieren einen genau festgelegten Qualitätsstandard. Träger eines Gütezeichens ist jeweils eine Gütergemeinschaft, in der sich Hersteller gleichartiger Produkte zusammenschließen. Sie legen die Qualitätsanforderungen für die Vergabe des Zeichens fest, beschließen über sein Aussehen und unterwerfen sich einer Güteüberwachung. Die Gütesicherung wird durch das Deutsche Institut für Gütesicherung und Kennzeichnung (RAL) wahrgenommen.

Mit dem Umweltzeichen „Blauer Engel" dürfen Hersteller werben, deren Produkte im Vergleich zu Konkurrenz-Produkten weniger umweltbelastend sind. Dazu gehören z.B. Sprays ohne Treibgas, Recyclingpapier, Mehrwegflaschen oder Farben ohne Lösungsmittel.

5.2 Regelungen zur Sicherung des Wettbewerbs

Zahlreiche Gesetze und Verordnungen sollen die Stellung des Verbrauchers auf dem Markt verbessern. Dazu gehören:

● Das Gesetz gegen unlauteren Wettbewerb (UWG)
Hauptzweck dieses Gesetzes ist es, Täuschungen im geschäftlichen Verkehr zu verhindern. Es dient gleichzeitig dazu, den Verbraucher vor unseriösen Geschäftspraktiken und Werbemethoden zu schützen. So verbietet das UWG u.a. irreführende und sittenwidrige Werbung.

● Das Gesetz gegen Wettbewerbsbeschränkungen (GWB bzw. Kartellgesetz)
Unter anderem untersagt das GWB den Unternehmern Absprachen untereinander zu treffen, die zu Lasten des Verbrauchers gehen. Umstritten sind z.B. die Benzinpreiserhöhungen, die alle Mineralölgesellschaften nacheinander vornehmen. Solche möglichen Absprachen prüft das Bundeskartellamt und greift gegebenenfalls ein.

Freiwillige Kennzeichnung

5.1/4

Zweifellos haben Zeichen, Symbole oder Plaketten eine starke Werbewirkung. Hersteller versprechen sich davon nicht zuletzt auch bessere Verkaufschancen. Als Verbraucher sollte man sich jedoch nicht verwirren lassen. Zeichen versprechen keine Wunder. Als Einkaufshilfen sind sie nur dann sinnvoll, wenn man ihre Bedeutung kennt und sie zu unterscheiden weiß.

Allein in der Bundesrepublik kommen Jahr für Jahr mehr als hunderttausend neue Erzeugnisse auf den Markt – und alle suchen ihre Käufer. Wie aber erkennt man als Laie, ob ein technisches Gerät perfekt konstruiert, ein Teppich ausreichend strapazierfähig, eine Leiter stabil genug ist? Wer gibt Auskunft über die Qualität des Materials, die Funktionsfähigkeit und die Sicherheit eines Gerätes?

Sicherlich wäre es optimal, wenn für alle auf dem Markt befindlichen Produkte neutrale und aktuelle Warentestergebnisse vorliegen würden. Das ist aber bei der Fülle des Angebotes nicht möglich.

Quelle: Wegweiser für Verbraucher, a.a.O., S. 34 f.

? *Welche Funktion haben freiwillige Kennzeichnungen für*
a) den Händler?
b) den Verbraucher?

Das Gesetz gegen unlauteren Wettbewerb (UWG)

5.2/1

Hauptzweck dieses Gesetzes ist es Täuschungen im geschäftlichen Verkehr zu verhindern. Es dient gleichzeitig dazu, den Verbraucher vor unseriösen Geschäftspraktiken und Werbemethoden zu schützen. So verbietet das UWG u.a. irreführende und sittenwidrige Werbung.

Irreführend sind beispielsweise Lockvogelangebote, mit denen durch Herausstellen einzelner Niedrigpreisartikel ein preisgünstiges Gesamtangebot vorgetäuscht wird.

Irreführend ist z.B. auch die Bezeichnung „Luxusausführung" bei einem Kühlschrank, wenn dieses Gerät keine technische Spitzenausstattung aufweist.

Sittenwidrig ist z.B. das „Anreißen" also die Belästigung durch aufdringliche Werbung, die dem Verbraucher eine ruhige und sachliche Prüfung des Angebotes unmöglich macht. Hierunter fallen z.B.

● das Ansprechen von Kunden auf der Straße,
● unerbetene Telefonanrufe, um Geschäftsabschlüsse anzubahnen,
● grundsätzlich das Zusenden nicht bestellter Waren.

Quelle: Wegweiser für Verbraucher, a.a.O., S. 23 f.

? *1. Was ist nach dem UWG irreführende und sittenwidrige Werbung?*
2. Nennen Sie Beispiele aus Ihrem Erfahrungsbereich für irreführende und sittenwidrige Werbung.

Wichtiges Wissen · Wichtiges es Wissen · Wichtiges Wissen

Rechtsfähigkeit	Fähigkeit, Träger von Rechten und Pflichten zu sein
Geschäftsfähigkeit	Fähigkeit, selbständig Rechtsgeschäfte abschließen zu können
Unterscheidung in	Geschäftsunfähigkeit: Kinder unter 7 Jahren; beschränkte Geschäftsfähigkeit: Minderjährige zwischen 7 und 18 Jahre; volle Geschäftsfähigkeit: ab 18 Jahre
Rechtsgeschäfte	Zustandekommen durch Willenserklärung, die **einseitig** oder **mehrseitig** sein kann. Einseitige Willenserklärungen sind zu unterscheiden in empfangsbedürftig (z.B. Kündigung) oder nicht empfangsbedürftig (z.B. Testament). Es gibt wirksame, nichtige und anfechtbare Rechtsgeschäfte.
Zustandekommen eines Kaufvertrags	Vertrag mit zwei Übereinstimmungen Willenserklärungen 1. Verkäufer: Angebot → Käufer: Bestellung; 2. Käufer: Bestellung → Verkäufer: Bestellungsannahme
Pflichten der Vertragspartner	Verkäufer: Übereignungs- und Übergabepflicht Käufer: Zahlungs- und Annahmepflicht
Kaufvertragsstörungen	**durch Verkäufer:** mangelhafte Lieferung, Lieferungsverzug **durch Käufer:** Annahmeverzug, Zahlungsverzug
– mangelhafte Lieferung	Mängel in der Qualität, Quantität, Beschaffenheit, Art Rechte des Käufers: Wandlung, Minderung, Umtausch, Nachbesserung, evtl. Schadenersatz
– Lieferungsverzug	**Voraus setzungen:** Fälligkeit der Lieferung, Verschulden des Lieferers, Mahnung **Rechte des Käufers** (ohne Nachfrist): Lieferung verlangen, Lieferung und Schadenersatz; (mit Nachfrist): Lieferung ablehnen und Schadenersatz
– Annahmeverzug	**Voraussetzung:** Nichtannahme der Lieferung Rechte des Verkäufers: Rücktritt, Klage auf Abnahme, Selbsthilfe-(Not-)verkauf
– Zahlungsverzug	**Voraussetzung:** Fälligkeit der Zahlung Rechte des Verkäufers: Klage auf Zahlung (gerichtliches Mahnverfahren), ohne gesetzte Nachfrist: Schadenersatz und Zahlung, bei gesetzter Nachfrist: Rücktritt vom Vertrag und Schadenersatz
Mahnverfahren – außergerichtliches – gerichtliches	Erinnerungsschreiben → 1. bis 2. Mahnung → Postnachnahme → Androhung eines Mahnbescheides 3 Möglichkeiten des Schuldners; 1. er zahlt nicht: → Vollstreckungsbescheid Zwangsvollstreckung → Pfändung; 2. er zahlt; 3. er erhebt Widerspruch: → Gerichtsverfahren → Urteil
Verjährungsfristen	2 Jahre: Kaufleute – Privatleute; 4 Jahre: Kaufleute – Kaufleute; 30 Jahre: Privatleute – Privatleute
Verträge	Unterscheidung in Überlassungs- und Betätigungsverträge
Verbraucherschutz	Informationen bei Verbraucherberatungsstellen, Stiftung Warentest; gesetzliche und freiwillige Warenkennzeichnungen können genauere Aussage über die Produkte geben.

Wissen

1 Erklären Sie die Begriffe Rechtsfähigkeit und Geschäftsfähigkeit.
2 Was versteht man unter „natürlichen Personen" und „juristischen Personen"?
3 Erläutern Sie anhand von Beispielen die Begriffe „geschäftsunfähig", „beschränkt geschäftsfähig" und „geschäftsfähig".
4 Was versteht man unter einer „empfangsbedürftigen" und einer „nicht empfangsbedürftigen Willenserklärung"?
5 Wie können Rechtsgeschäfte abgeschlossen werden?
6 Nennen Sie je 3 Beispiele für „nichtige" und „anfechtbare Rechtsgeschäfte".
7 Wie wird ein Kaufvertrag abgeschlossen?
8 Erläutern Sie die Begriffe „Kauf" und „Übereignung" am Beispiel des Erwerbs eines CD–Players.
9 Welche Punkte sollten in einem Kaufvertragsangebot enthalten sein?
10 Was regeln die Allgemeinen Geschäftsbedingungen?
11 Welche Kaufvertragsstörungen gibt es?
12 Was versteht man unter offenen, verdeckten und arglistig verschwiegenen Mängeln?
13 Welche Gewährleistungsfristen gibt es bei den einzelnen Mängelarten?
14 Welche Rechte hat der Käufer bei a) mangelhafter Lieferung b) Lieferungsverzug? Welche Rechte hat der Verkäufer bei a) Annahmeverzug b) Zahlungsverzug?
15 Zeigen Sie den Ablauf eines außergerichtlichen Mahnverfahrens.
16 Zeigen Sie den Ablauf eines gerichtlichen Mahnverfahrens von der Zustellung des Mahnbescheids bis zur Pfändung.
17 Erklären Sie, was man unter Verjährung versteht. Welche Bedeutung haben Unterbrechung und Hemmung der Verjährung?
18 Worin unterscheiden sich Dienstvertrag, Werkvertrag und Werklieferungsvertrag?
19 Nennen Sie staatliche und staatlich geförderte Institutionen der Verbraucherberatung.
20 Welches sind gesetzlich vorgeschriebene und welches freiwillige Warenkennzeichnungen?
21 Was versteht man unter dem „Gesetz gegen Wettbewerbsbeschränkungen"?

Erkennen und Werten

1 Halten Sie die Altersbegrenzungen bei den 3 Stufen der Geschäftsfähigkeit für noch zeitgemäß?
2 Warum ist das Telefonieren von einer Telefonzelle ein Rechtsgeschäft?
3 Kennen Sie Rechtsgeschäfte, bei denen Sie der Form des mündlichen Kaufvertragsabschlusses zustimmen?
4 Vergleichen Sie die Allgemeinen Geschäftsbedingungen verschiedener Unternehmen.
5 Halten Sie die einwöchige Kündigungsfrist bei Haustürgeschäften für ausreichend?
6 Stellen Sie die Vor- und Nachteile eines Autoleasingkaufs zusammen.
7 Ermitteln Sie aus dem Telefonbuch die für Sie zuständige Verbraucherberatungsstelle.

III. Markt und Preisbildung

1 Der Markt als Treffpunkt von Angebot und Nachfrage

Am Marktplatz, am Telefon, auf dem Jahrmarkt oder in einem Büro treffen sich Leute, die gern etwas erwerben möchten, und Leute, die etwas verkaufen wollen. Die ersten bezeichnet man als **Nachfrager**, die zweiten als **Anbieter**. Überall dort, wo Angebot und Nachfrage zusammentreffen, spielt sich Marktgeschehen ab, entsteht ein **Markt**.

Die Nachfrager wollen ein bestimmtes Gut möglichst billig erwerben; demgegenüber wollen die Anbieter das Gut so teuer wie möglich verkaufen. Beide haben also gegensätzliche Interessen. Manchmal kann es zu langen Verhandlungen kommen, bis man sich auf einen **Preis** geeinigt hat. Aber auch da, wo der Preis vorher festliegt, zum Beispiel durch ein Preisschild, kann es erst zu einem Marktgeschehen kommen, wenn ein anderer – ein Nachfrager – bereit ist, die Ware zu kaufen. Vielleicht kann der Käufer auch noch den Preis etwas herunterhandeln, oder einen Rabatt erreichen, indem er eine große Menge kaufen will. Bei all diesen Geschäften entsteht schließlich ein Preis, mit dem Anbieter und Nachfrager einverstanden sind (etwa in einem Kaufvertrag). Damit ist der **Markt als Treffpunkt von Angebot und Nachfrage der Ort der Preisbildung**. Man kann auch sagen: Elemente eines jeden Marktes sind Angebot, Nachfrage und der Preis, der für ein Gut bezahlt wird.

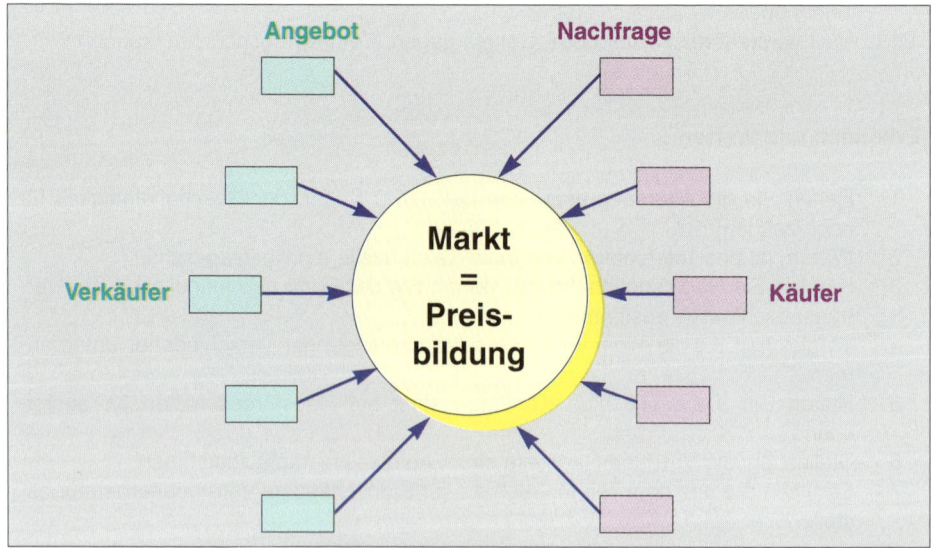

Der Markt als Treffpunkt von Angebot und Nachfrage

Jeden Sonntagmorgen um 5 Uhr erwartet die Frühaufsteher der Freien Hansestadt Hamburg ein eigenartiges Schauspiel ... Attraktion für Einheimische und Besucher, für übriggebliebene Nachtschwärmer und biedere Hausfrauen: der Fischmarkt! Für wenige Stunden erwachen die Straßen und Gassen nahe des Fischereihafens zu geschäftiger Betriebsamkeit: Buden und Stände schießen wie Pilze nach einem warmen Sommerregen aus dem Boden; Fischfrauen schleppen in mächtigen Kübeln frisch angelandete Ewerschollen herbei; Bauern aus den benachbarten Vierlanden türmen Äpfel und Kohlköpfe zu appetitlichen Pyramiden, öffnen Butterfässer und Körbe mit nestwarmen Hühnereiern; Aalhändler in silbergeschmückten Joppen, einen schwarzen Zylinderhut auf dem Kopfe, richten die fettglänzenden Delikatessen ordentlich auf ihren Tischen aus; Blumenfrauen arrangieren Nelken, Astern und Rosen zu bunten Sträußen. Stände, die spitzenbesetzte Damenwäsche und fein bestickte Taschentücher anbieten, wechseln mit einfachen Holzverschlägen, in denen rosige Ferkelchen grunzen. Mit rasantem Tempo wechseln Waren verschiedenster Art und Herkunft den Besitzer, untermalt durch die phantasievollen Anpreisungen der Marktschreier.

„Zwei Apfelsinen für eine Mark – nein, drei, weil Sie's sind, Herr Direktor, ach, hier haben sie vier, und wenn ich Pleite mache!" Alte Mütterchen drehen das Portemonnaie in den Händen, wählen sorgsam zwischen Bananen und Orangen, zwischen Eiern der Klasse A und B, zwischen Kabeljau und Butt ...

Quelle: Im Kreislauf der Wirtschaft, Bank-Verlag Köln, S. 66

?
1. Beschreiben Sie die Situation mit den Begriffen: Angebot, Nachfrage, Markt.
2. Zählen Sie auf, was alles angeboten und nachgefragt wird.

1/2

Versetzen Sie sich in die Lage der Käuferin und der Verkäuferin und führen Sie ein entsprechendes Gespräch.

1. Was könnte die Verkäuferin gerade sagen?
2. Was antwortet die Kundin?
3. Warum braucht die Verkäuferin eine Waage?

2 Marktarten und Marktformen

2.1 Gliederung nach verschiedenen Marktarten

Da sich das Wirtschaftsleben auf vielen unterschiedlichen Märkten abspielt, gibt es eine Fülle von Märkten, die man unter verschiedenen Gesichtspunkten einteilen und oft auch noch untergliedern kann.

Bei der **sachlichen** Gliederung der Märkte will man die einzelnen Güter und Dienste besonders hervorheben. Die **funktionale** Gliederung zielt auf die betrieblichen Aufgaben und Hauptfunktionen wie Beschaffung und Absatz von Waren und Produkten. Stehen **räumliche** Gesichtspunkte im Vordergrund, so kann man vom Markt einer Gemeinde, eines Gebietes, eines Landes, eines Erdteils oder sogar vom Weltmarkt sprechen. Hier wird zum Beispiel der Markt der EU ein immer wichtigerer Markt. Unter **zeitlichem** Aspekt gliedert man in Tages-, Wochen- oder Jahrmärkte oder man vergleicht die Märkte in verschiedenen Jahren oder Jahrzehnten. Weitere Einteilungen sind üblich, wenn man einen anderen Aspekt besonders betonen und beobachten will, zum Beispiel Geld und Kapitalmärkte.

sachlich	räumlich	zeitlich	funktional

• Waren/Gütermärkte
• Dienstleistungs-
  märkte
• Arbeitsmärkte
• Kreditmärkte
	• in Dresden
	• in Sachsen
	• in Deutschland
	• in der EU
	• Weltmarkt
		• Tagesmärkte
		• Wochenmärkte
		• Jahrmärkte
		• Markt 1996
		• Markt 1896
			• Beschaffungsmarkt
			• Absatzmarkt
			• Arbeitskräfte-
			  markt
			• Rohstoffmarkt

2.2 Die wichtigsten Marktformen

Alle Märkte werden auch nach der Anzahl der Marktteilnehmer unterschieden, weil die Preisbildung unterschiedlich verläuft: man spricht hier von Marktformen.

Auf einem Wochenmarkt treffen sich **viele Nachfrager und Anbieter**. Die Konkurrenz unter den Marktteilnehmern führt dazu, daß der einzelne Käufer oder Verkäufer kaum Einfluß auf den Marktpreis hat. Sie müssen ihn nehmen, wie er ist (= Preisnehmer). Ist der Verkäufer zu teuer, kann er nichts verkaufen, da alle Käufer zu den Nachbarständen laufen. Ist er zu billig, ist er in Minuten ausverkauft. Daher orientiert er sich an dem üblichen Preis.

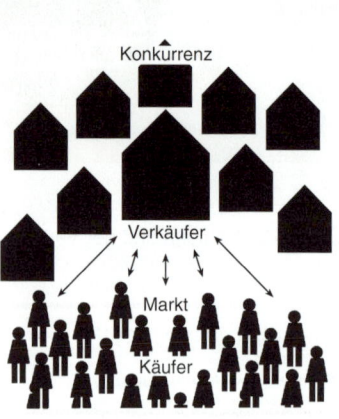

1. Ordnen Sie die verschiedenen Märkte nach sachlichen, zeitlichen, räumlichen und funktionalen Gesichtspunkten.
2. Ergänzen Sie andere Märkte, daß zu jeder Gruppe mindestens zwei Beispiele vorhanden sind.

2.1/2

In der Zeit des schwarzen Marktes in Deutschland kurz nach dem Kriege, in der noch alles rationiert war und das Geld nur geringe Kaufkraft besaß, spielte der Naturaltausch eine größere Rolle. Ein Angebot aus der damaligen Zeit hätte etwa lauten können: Tausche gut erhaltene Herrenschuhe gegen ebenso erhaltene Kinderstiefel. Die Chancen für einen Herrenschuh-Besitzer einen entsprechenden Kinderstiefel-Besitzer zu finden, waren sicherlich nicht gut und die zu überwindenden Schwierigkeiten groß.

All diese Komplikationen beseitigt das Geld in seiner Funktion als Tauschmittel. A kann in der Geldwirtschaft seine Waren gegen Geld an B verkaufen. Mit seinem Geld kann er in Ruhe bei einer dritten Person C die von ihm gewünschte Ware erwerben. Die Tauschhandlung wird in zwei voneinander getrennte Verkauf- und Kaufakte zerlegt. Die besonderen Vorbedingungen des Naturaltausches können entfallen. In unserem speziellen Fall würde A seine Herrenschuhe – vielleicht auf einem Flohmarkt – gegen Geld verkaufen. Mit dem Geld kauft er in einem Schuhgeschäft die Kinderstiefel, wahrscheinlich unter Zuzahlung und hat auch keine Probleme mit der gewünschten Größe. Entsprechend verfährt B. Der Unterschied zwischen Geld und Naturaltausch und die Funktion des Geldes als Tauschmittel ist in der Abbildung dargestellt.

Ohne Geld gibt es keine funktionsfähige Marktwirtschaft. Nahezu alle Wirtschaftsvorgänge spiegeln sich in Geldvorgängen.

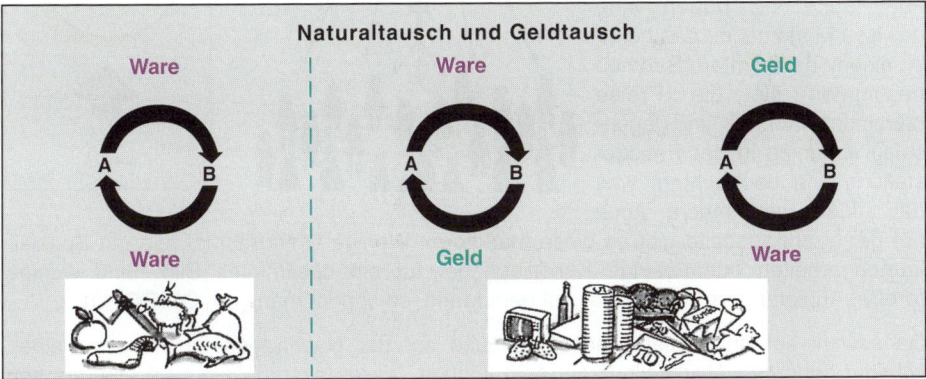

Naturaltausch und Geldtausch

Ware — Ware — Geld

A — B   A — B   A — B

Ware — Geld — Ware

1. Was ist das Kennzeichen des Naturaltausches? Warum ist das so kompliziert?
2. Warum ist der Geldtausch demgegenüber so einfach?
3. Interpretieren Sie die Abbildung unter dem Gesichtspunkt Markt.

Ähnlich geht es dem Käufer; ist ihm der Preis zu hoch, kann er nichts kaufen. Daß er einen höheren Preis als verlangt zahlen will, kommt nicht vor, sonst würde er sich völlig unökonomisch verhalten, denn er will möglichst günstig einkaufen. Er paßt also seine Menge, die er zu verschiedenen Preisen kaufen will, jeweils dem Preis an (= Mengenanpasser). Diese Marktform mit vielen Anbietern und Nachfragern wird **POLYPOL**[1] genannt. Beispiele sind viele Autokäufer als Nachfrager oder viele Landwirte als Anbieter. Man nennt diese Marktform auch vollkommene/vollständige Konkurrenz, wenn auf beiden Seiten viele Marktteilnehmer vorhanden sind.

Wenn jemand etwas erfunden und zum Patent angemeldet hat, darf niemand außer ihm dieses Gut verkaufen. Er ist Alleinverkäufer des Produktes und kann den Preis dafür festsetzen. An den Käufern liegt es nun, das Gut zu diesem Preis zu kaufen oder nicht, auf den Preis haben sie aber keinen Einfluß. Natürlich kann der Verkäufer den Preis heruntersetzen, um mehr zu verkaufen. Aber er allein entscheidet das. Diese Marktform heißt **MONOPOL**[2]. Wenn nur die Telekom Telefongespräche vermitteln kann, so ist sie Monopolist auf der Anbieterseite.

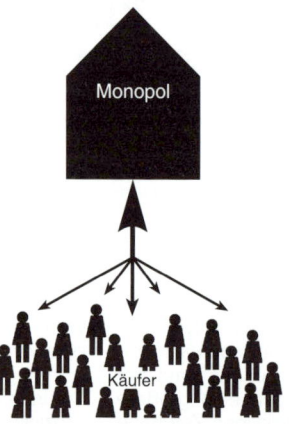

In der Automobil- oder der Mineralölindustrie gibt es wenige große Anbieter. Sie können den Preis einzeln zwar nicht beliebig festsetzen wie der Monopolist, aber auch sie haben eine gewisse Marktmacht, das heißt, in einem bestimmten Rahmen bestimmen sie die Preise (zumindest mit). Sie sind gegenseitig abhängig in der Preisgestaltung und beobachten, was der andere wohl macht. Auch

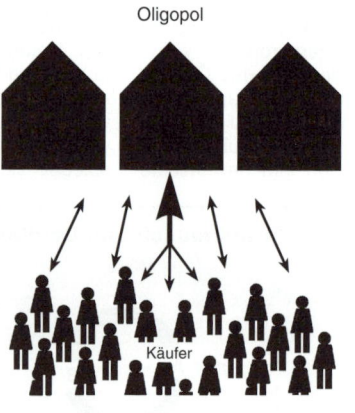

auf der Nachfrageseite gibt es diese Marktform: Wenige Unternehmer, die mit Spezialkränen arbeiten oder wenige Kunstliebhaber für ein bestimmtes Bild. Sind wenige (große) Anbieter oder Nachfrager auf dem Markt, so spricht man vom **OLIGOPOL**[3].

Da sowohl auf der Angebotsseite als auch auf der Nachfrageseite entweder einer, weniger oder viele Marktteilnehmer sein können, lassen sich insgesamt 9 Marktformen unterscheiden (vgl. Arbeitstext). Von ihnen sind besonders drei Marktformen in der Praxis wichtig: Das Polypol, das Angebotsmonopol und das Angebotsoligopol.

---

[1] griechisch: polys = viel/viele; polein = verkaufen/kaufen
[2] griechisch: monos = einer allein
[3] griechisch: oligoi = wenige

Marktformenschema

Nachfrage / Angebot	viele	wenige	einer
viele	vollständige Konkurrenz (Polypol)	Nachfrageoligopol	Nachfragemonopol
wenige	Angebotsoligopol	zweiseitiges Oligopol	beschränktes Nachfragemonopol
einer	Angebotsmonopol	beschränktes Angebotsmonopol	zweiseitiges Monopol

1. *Das Marktformenschema zeigt 9 Marktformen: Welche Marktformen sind in der Praxis besonders wichtig? Nennen Sie die Merkmale.*
2. *Finden Sie je zwei Beispiele zu diesen drei Marktformen.*
3. *Beschreiben Sie drei der restlichen Marktformen mit je einem Beispiel.*

Es gibt **neun** Kombinationen in den Marktformen. Die jeweiligen Paare (durch – gekennzeichnet) bilden jeweils einen Markt:
Landwirte – Molkereien; Mineralölgesellschaften – Autofahrer; Hersteller eines medizinischen Spezialgerätes – Krankenhäuser; Aktienmarkt (Käufer – Verkäufer); Hersteller von Panzern – Staat; Einziger Hersteller eines PKW-Teils – einziger Automobilunternehmer; Telekom – Telefonbenutzer; Gemüsehändler am Wochenmarkt – Verbraucher; Straßenbauunternehmen – Staat; Hersteller von Kränen – Unternehmen, die mit Kränen arbeiten.

Nachfrage / Angebot	viele	wenige	einer
viele	?	?	?
wenige	?	?	?
einer	?	?	?

1. *Erstellen Sie eine Liste mit 9 Spalten (für 9 Marktformen).*
2. *Tragen Sie obige Beispiele auf einem separaten Blatt, nach vorherstehendem Muster ein.*
3. *Finden Sie zum Polypol, zum Angebotsoligopol und zum Angebotsmonopol noch je 1 Beispiel.*

3 Vollkommene und unvollkommene Märkte

In der Praxis sind die Zusammenhänge der Preisbildung sehr kompliziert. Daher haben Fachleute der Volkswirtschaftslehre (Ad. Smith, David Ricardo und andere) schon vor etwa 200 Jahren ein einfacheres Modell entwickelt, das man den vollkommenen Markt nennt, um überhaupt zu entsprechenden Marktgesetzen zu gelangen. In einem zweiten Schritt konnten sie dann zu Ergebnissen kommen, wie sich die Preisbildung in der Wirklichkeit vollzieht.

Der Markt für Wertpapiere, die Börse, kommt dem Modell des vollkommenen Marktes sehr nahe. Alle Aktien von Volkswagen haben am gleichen Tag den gleichen Wert, unabhängig davon, wann man sie gekauft hat. Es ist egal, ob man heute oder in 8 Tagen 10 Aktien gekauft hat oder ob man an zwei verschiedenen Tagen jeweils 5 Aktien gekauft hat. Die zehn Aktien haben später den gleichen Wert. Die Güter sind gleichartig. Man sagt auch, sie sind **homogen**.

Ferner herrscht an der Börse trotz des anscheinenden Durcheinanders eine ziemlich **hohe Marktübersicht**. Sobald ein Verkäufer in Frankfurt 100 BASF-Aktien zum Preis von je 250,00 DM anbietet, ruft er sie laut aus, und alle möglichen Käufer im Saal hören dies. Über den Bildschirm oder das Telefon können sogar Interessenten von Hamburg oder Leipzig dieses Angebot verfolgen und telefonisch kaufen. Man bezeichnet diesen Zustand auch als **Markttransparenz**.

Schließlich bestehen zwischen den Anbietern und Nachfragern **keine Vorteile**, z.B. räumlicher Art: Alle sind im gleichen Raum oder verfolgen das Geschehen auf dem Bildschirm. Es gibt keine zeitlichen Vorteile, weil alle das Angebot hören oder in Sekundenschnelle auf ihrem Bildschirm haben. Persönliche Vorteile fehlen, weil es den Marktteilnehmern egal ist, von wem sie kaufen oder wem sie verkaufen. Dieses Fehlen von Vorteilen wird auch als **Fehlen von Präferenzen** bezeichnet.

Ein Markt ist also dann ein **vollkommener Markt,** wenn alle drei Bedingungen erfüllt sind:

- sachlich gleichartige Güter ➡ homogene Güter,
- vollständige Marktübersicht ➡ Markttransparenz,
- Fehlen von Vorteilen ➡ Fehlen von Präferenzen.

In der Praxis sind diese drei Bedingungen weder einzeln noch insgesamt kaum zu finden. Auch wenn nur eine Bedingung nicht erfüllt ist, handelt es sich um einen unvollkommenen Markt, bei dem andere Gesetzmäßigkeiten gelten als beim vollkommenen Markt.

So sind etwa auf den Konsumgütermärkten die Anbieter bemüht, selbst gleichartige Waren z.B. Kaffee, Waschmittel durch Verpackung, Aufschrift und Werbung den Käufern besser als andere darzustellen. Für den Käufer, auf den es dann ankommt, sind die Waren damit unterschiedlich und nicht mehr gleichartig, nicht homogen.

Auch die Käufer haben keine gute, zumindest keine völlige Marktübersicht über den Markt. Weder kennen sie die Preise in allen Geschäften einer Stadt, noch die unterschiedlichen Rabatte oder Qualitäten, noch die unterschiedlichen Währungs- und Zahlungsbedingungen aller erreichbaren Anbieter, um das günstigste Angebot auch erkennen zu können. Es fehlt die Markttransparenz.

3/1

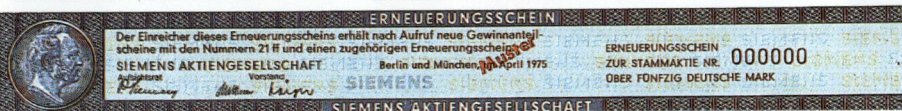

3/2

?

1. Was sind die Bedingungen des vollkommenen Marktes?
2. Warum ist die Börse (fast) ein vollkommener Markt? Erläutern Sie dies an je einem Beispiel.
3. Erklären Sie die einzelnen Teile einer Aktie.

Ein bekannter Schlagersänger hatte viel Erfolg mit seinem Lied von „Tante Emmas Laden". Analysieren Sie folgenden Text, der im Jahre 1977 entstand, und diskutieren Sie ihn im Hinblick auf die Erkenntnisse, die aus der Einheit „Strukturwandel im Handel" gewonnen wurden.

Tante Emma

Im Einkaufscenter und Discount,
da bin ich immer schlecht gelaunt,
im endlos großen Supermarkt,
da droht mir gleich ein Herzinfarkt.
Da liegen die Regale voll,
ich weiß nicht, was ich nehmen soll,
da wird das Kaufen zur Tortur –,
ich geh' zur Tante Emma nur!

Im Tante-Emma-Laden
an der Ecke vis-à-vis,
wenn an der Tür die Glocke bimmelt,
ist das beinah schon Nostalgie!

Im Supermarkt bin ich allein,
beim Suchen hilft mir da kein Schwein,
ich schieb' die Karre hin und her
und schau bei andern, was kauft der?
Dann steh' ich Schlange beim Bezahl'n,
Na, das ist gar nicht auszumal'n.
Ich weiß, wo ich noch Kunde bin:
Ich geh' zu Tante Emma hin.

Im Tante-Emma-Laden
an der Ecke vis-à-vis,
wenn an der Tür die Glocke bimmelt,
ist das beinah schon Melodie!

Bei Tante Emma ist's privat,
sie ist kein Warenautomat,
sie sagt, wenn ich nicht zahlen kann:
Was macht das schon, dann schreib ich an.
Wenn Tante Emma nicht mehr ist
und ein Discount den Laden frißt,
setz' ich mich auf den Bürgersteig
und trete in den Hungerstreik.

Im Tante-Emma-Laden
an der Ecke vis-à-vis,
wenn an der Tür die Glocke bimmelt,
ist das beinah schon Poesie!

Text: Eckart Hachfeld/Wolfgang Spahr
Musik: Udo Jürgens

?

1. Stellen Sie die angesprochenen Vorteile (= Präferenzen) des Tante-Emma-Ladens zusammen.
2. Ist der Tante-Emma-Laden mehr ein vollkommener oder unvollkommener Markt? Begründen Sie Ihre Meinung.
3. Kann Tante Emma die Preise etwas höher ansetzen als der Supermarkt? Erklären Sie Ihre Antwort.

Durch besonders höfliche Bedienung im Tante-Emma-Laden gegenüber dem Warenhaus, durch unterschiedliche Öffnungszeiten oder Lieferfristen oder durch die Entfernung der Geschäfte, zu denen man hinfahren muß, entstehen fortwährend Vorteile von einzelnen Anbietern gegenüber anderen, das heißt, es bestehen persönliche, räumliche oder zeitliche Präferenzen.

In der Praxis bestehen als überwiegend **unvollkommene Märkte,** mit:

- ungleichartigen Gütern ➡ heterogenen Gütern,
- fehlener Marktübersicht ➡ fehlender Markttransparenz,
- Vorteilen (persönlich, räumlich, zeitlich ...) ➡ Präferenzen.

4 Preisbildung bei vollständiger Konkurrenz

4.1 Das Verhalten der Nachfrager – „Gesetz" der Nachfrage

Auf dem vollkommenen und unvollkommenen Markt kann das **Polypol** auftreten. Fehlt auch nur eine Voraussetzung des Marktes, ist das Polypol unvollkommen.

Beim Polypol gibt es viele Nachfrager und viele Anbieter. Der **Nachfrager = Käufer** verhält sich normalerweise so, daß er bei einem hohen Preis weniger kaufen will als bei einem niedrigen Preis und daß seine Bereitschaft zu kaufen bei steigendem Preis eines Gutes sinkt, während sie mit sinkendem Preis zunimmt. Für die Gesamtnachfrage auf dem Markt müssen die Mengen der einzelnen Käufer addiert werden. An einem bestimmten Tag könnte auf dem großen Wochenmarkt für Lebensmittel folgende Situation vorhanden sein:

Preis für 1 kg Äpfel in DM:	Nachfragemenge in kg:
8,00	100
6,00	200
4,00	300
2,00	500

Daraus läßt sich folgende Zeichnung ermitteln
= Nachfragekurve

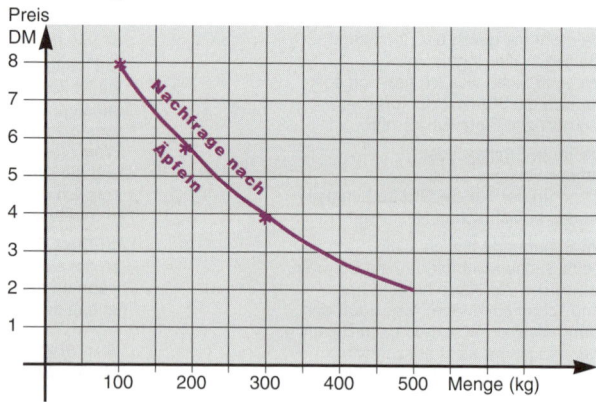

Bei einem hohen Preis von 8,00 DM wird nur wenig nachgefragt (100 kg),während bei einem geringen Preis von 2,00 DM die Nachfrage sehr groß ist (500 kg).
Man sieht, daß die **Nachfragekurve** abhängig ist vom jeweiligen Preis und daß sie **von links oben nach recht unten** verläuft. Bei steigendem Preis der Äpfel wird der Haushalt weniger Äpfel kaufen und auf anderes günstigeres Obst, etwa Birnen oder Bananen, ausweichen, die preisgünstiger sind. Neben dem Preis der Äpfel sind auch für die Höhe

Peter F.: Ich kenne alle Preise.

Yvonne S.: Am liebsten habe ich das Parfüm von Lucci.

Andrea T.: Mir ist es egal, wann ich meine Winterkleider kaufe.

Frank P.: Wo ich einkaufe, ist mir egal.

Karin J.: Ich kaufe am liebsten im Schummelmarkt, weil ich dort so freundlich bedient werde.

Dieter B.: Mir ist es egal, welche Salzstangen ich kaufe.

1. *Welche der Aussagen beziehen sich auf einen vollkommenen Markt? Begründen Sie Ihre Entscheidung.*
2. *Welche der Aussagen beziehen sich auf einen unvollkommenen Markt? Begründen Sie Ihre Entscheidung.*

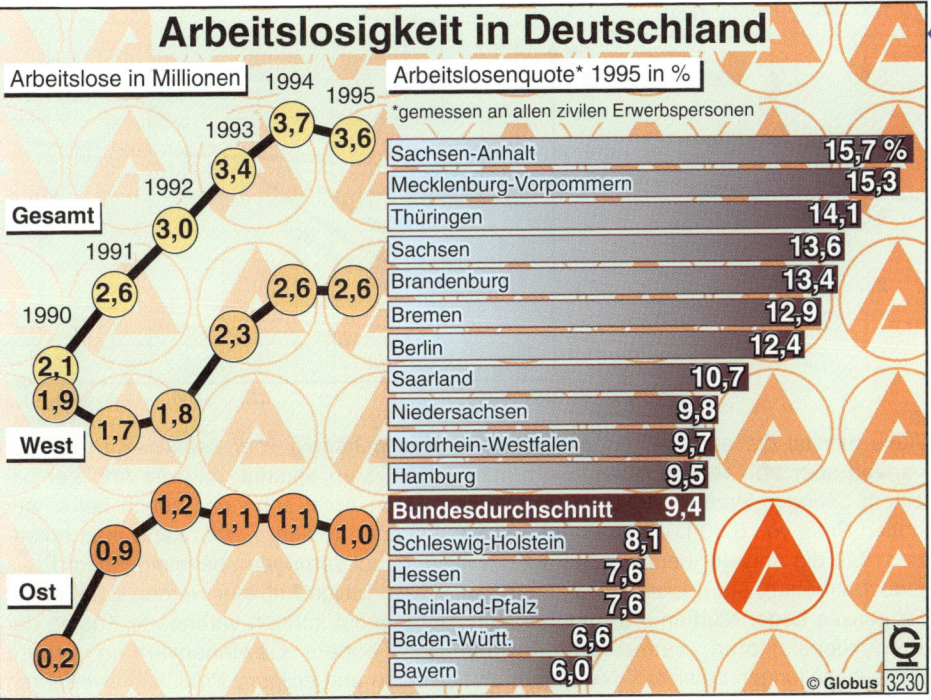

4.1/1

1. *Suchen Sie Ihr Bundesland und vergleichen Sie die Situation mit allen angrenzenden Nachbarbundesländern.*
2. *Warum hat diese Tatsache etwas mit der Nachfrage nach Gütern zu tun? Beschreiben Sie mögliche „Kettenreaktionen" (Ursache-Wirkung-Folgen).*

der Nachfrage die Preise anderer Güter (Birnen, Bananen), die Höhe des Einkommens (Lohn, Rente), das Sparverhalten und auch möglicherweise veränderte Bedürfnisse („man ißt wieder Obst") wichtig. Die Nachfrage kann sich also ändern und damit auch die Preise der Äpfel. Selbst bei 8,00 DM sind daher noch einige Leute bereit zu kaufen.

„Gesetz" der Nachfrage	Mit **steigendem Preis** eines Gutes **sinkt die Nachfrage** nach dem Gut.	Mit **sinkendem Preis** eines Gutes **steigt die Nachfrage** nach dem Gut.

4.2 Das Verhalten der Anbieter – „Gesetz" des Angebotes

Der **Anbieter = Verkäufer** verhält sich genau umgekehrt wie der Käufer, da er gegensätzliche Interessen hat. Er wird eine größere Menge Äpfel bei steigenden Preisen anbieten, um seinen Gewinn zu steigern. Bei niedrigeren oder sinkenden Preisen wird er jedoch weniger verkaufen wollen. Manche Verkäufer sind schließlich überhaupt nicht mehr bereit, zu einem sehr niedrigen Preis zu verkaufen und verlassen den Wochenmarkt. Sie schmälern zusätzlich das Gesamtangebot des Apfelmarktes an diesem Tag. Folgende Situation könnte gegeben sein:

Preis für 1 kg Äpfel in DM:	Angebotsmenge in kg:
8,00	600
6,00	450
4,00	300
2,00	100

Daraus läßt sich folgende Gesamt-**Angebotskurve** ermitteln

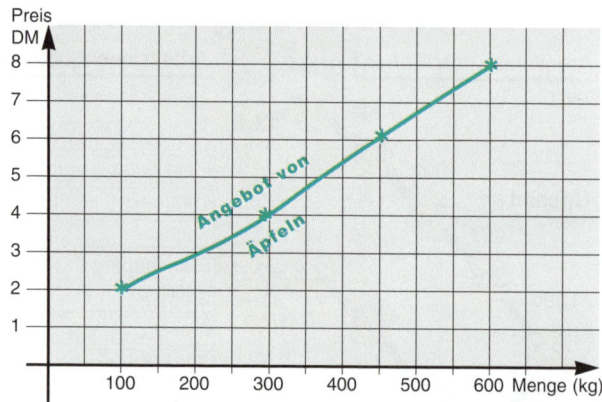

Auch hier ist die entsprechende **Angebotskurve** abhängig vom jeweiligen Preis. Sie verläuft aber **von rechts oben nach links unten.** Man erkennt, daß die Anbieter bei einem geringen Preis von z.B. 2,00 DM nur 100 kg Äpfel anbieten, jedoch bei einem hohen Preis von 8,00 DM insgesamt 600 kg verkaufen wollen. Ferner kann man erkennen, daß die Anbieter bei sinkendem Preis ihr Angebot verringern, bei steigendem Preis jedoch erhöhen, um noch mehr Gewinn zu machen. Einige Anbieter würden dann sogar ihr ganzes Lager räumen. Für das Unternehmerangebot können veränderte Kosten der Produktionsfaktoren, verbesserte Technik oder höhere Gewinnerwartung andere Preisvorstellungen bewirken. Niedrigere Stromkosten und billigere Produktionsverfahren können die Anbieter dazu veranlassen, ihr Angebot zu niedrigeren Preisen anzubieten. Dagegen bewirken erhöhte Lohnkosten auch erhöhte Preise, wenn sie nicht durch andere Kostenminderungen ausgleichbar sind.

„Gesetz" des Angebotes	Mit **steigendem Preis** eines Gutes **nimmt das Angebot von dem Gut zu.**	Mit **sinkendem Preis** eines Gutes **nimmt das Angebot von dem Gut ab.**

4.2/1

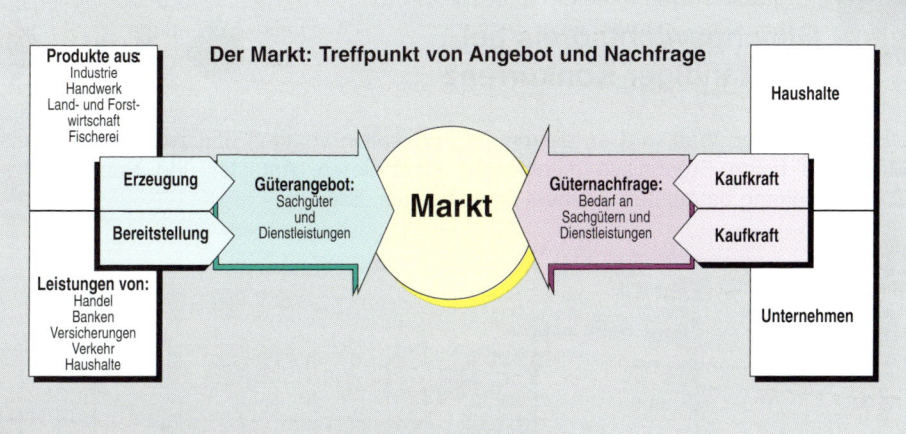

Der Markt: Treffpunkt von Angebot und Nachfrage

Produkte aus:
Industrie
Handwerk
Land- und Forst-
wirtschaft
Fischerei

Erzeugung

Bereitstellung

Leistungen von:
Handel
Banken
Versicherungen
Verkehr
Haushalte

Güterangebot:
Sachgüter
und
Dienstleistungen

Markt

Güternachfrage:
Bedarf an
Sachgütern und
Dienstleistungen

Kaufkraft

Kaufkraft

Haushalte

Unternehmen

?

1. Was sind die Besonderheiten des Angebots in obiger Zeichnung?
2. Welche Bereiche spielen in Deutschland eine größere, welche eine geringere Rolle?
3. Nennen Sie je 3 Sachgüter und Dienste, die für Sie als Angebot wichtig sind.

4.2/2

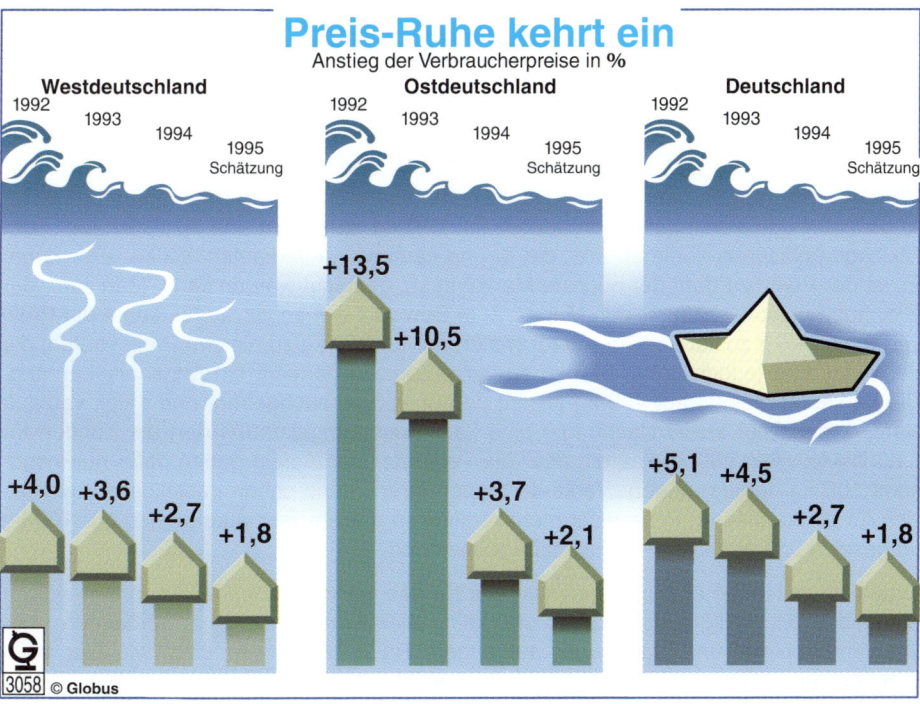

Preis-Ruhe kehrt ein
Anstieg der Verbraucherpreise in %

Westdeutschland

1992
1993
1994
1995
Schätzung

Ostdeutschland

1992
1993
1994
1995
Schätzung

Deutschland

1992
1993
1994
1995
Schätzung

+13,5

+10,5

+4,0 +3,6 +2,7 +1,8

+3,7 +2,1

+5,1 +4,5 +2,7 +1,8

3058 © Globus

?

1. Interpretieren Sie das Schaubild.
2. Erklären Sie die unterschiedliche Entwicklung in Ost- und Westdeutschland mit Hilfe des „Gesetzes" des Angebotes.

4.3 Gleichgewichtspreis bei vollständiger Konkurrenz

Die Frage lautet: Was wird an diesem Tag an Äpfeln verkauft und zu welchem Preis? Man muß beide Ergebnisse miteinander kombinieren, Anbieter und Nachfrager im Zusammenhang betrachten in einem gemeinsamen Bild:

Preis für 1 kg Äpfel in DM:	Nachfragemenge in kg:	Angebotsmenge in kg:
8,00	100	600
6,00	200	450
4,00	300	300
2,00	500	100

Nachfragekurve + Angebotskurve

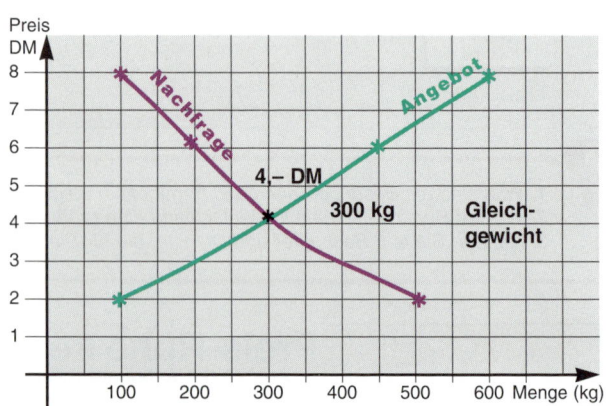

Es ist zu erkennen, daß sich nur in einem Punkt, den man Gleichgewichtspunkt oder **Gleichgewichtspreis** nennt, beide Kurven schneiden. Zu diesem Preis von 4,00 DM/kg sind Käufer und Verkäufer bereit, insgesamt 300 kg zu kaufen und zu verkaufen. Zum Gleichgewichtspreis kommen alle, die für ihn kaufen und verkaufen wollen, zum Zuge. Es ist der Preis, zu dem der höchste Marktumsatz gemacht werden kann. Man sagt, der Gleichgewichtspreis „räumt den Markt". Zum Beweis nehmen wir an, es käme ein Preis von 6,00 DM/kg zustande. Die Käufer wollen nur für 200 kg zu diesem Preis kaufen; die Verkäufer sind jedoch bereit 600 kg zu verkaufen. Es herrscht ein Angebotsüberhang. Die Verkäufer bleiben auf 400 kg sitzen, da nur 200 kg nachgefragt und damit verkauft werden, denn nur soviel Nachfrager sind kaufbereit. Umgekehrt wollen die Kunden für 2,00 DM/kg zwar 500 kg kaufen, aber die Verkäufer von Äpfeln geben dafür nur insgesamt 100 kg heraus, andere Verkäufer haben ihren Stand schon geschlossen, weil es sich für sie zu diesem Preis nicht mehr rentiert. In diesem Fall wurden also nur 100 kg umgesetzt, und es herrscht ein Nachfrageüberhang.

Eigentlich gelten die obigen Ergebnisse nur für den vollkommenen Markt, in dem völlige Marktübersicht, völlig gleiche Güter und keine Marktvorteile einzelner vorhanden sind. Je mehr Anbieter und Nachfrager auf engem Raum vorhanden sind, wie hier beim Wochenmarkt, um so eher gilt die Marktübersicht. Man kann sich an verschiedenen Ständen informieren, bevor man kauft. Das machen auch die Anbieter, sie gehen zu anderen Ständen und sehen sich dort die Preise an. Bei den Äpfeln gibt es zwar verschiedene Sorten und Qualitäten, aber oft bieten mehrere zumindest ähnliche Sorten und Qualitäten an, so daß man fast von gleichen Gütern ausgehen kann. Schließlich haben die Verkäufer beim Wochenmarkt wenig Vorteile gegenüber anderen Konkurrenten.

Beispiel für Angebot und Nachfrage			
Preis je Einheit	Nachgefragte Menge	Angebotene Menge	Differenz
10	15	107	92 ⎫
9	19	100	81 ⎪
8	25	92	67 ⎬ Angebots-
7	31	85	54 ⎪ überhang
6	38	77	39 ⎪
5	47	68	21 ⎭
4	57	57	– Gleichgewichtspreis
3	75	43	32 ⎫
2	100	25	75 ⎬ Nachfrage-
1	120	10	110 ⎭ überhang

1. Zeichnen Sie den Zusammenhang (wie im Informationstext gezeigt) als Angebots- und Nachfragekurve.
2. Zeichnen Sie in Farbe den Angebots- und Nachfrageüberhang ein. Was bedeutet ein solcher Überhang für die verkauften Mengen?

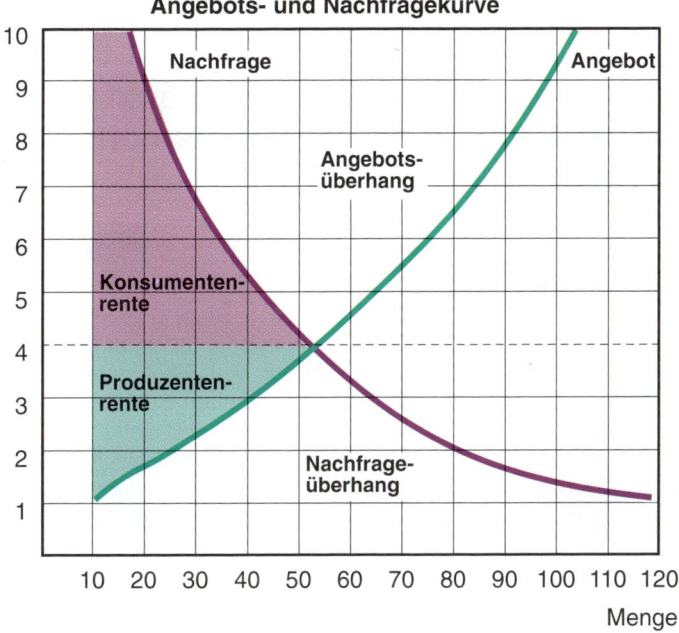

4.3/2

1. Erstellen Sie eine Tabelle zu dem Schaubild mit Preisen, Angebots- und Nachfragemengen als den Merkmalen.
2. Warum wird ein Teil Konsumentenrente und der andere Produzentenrente genannt?

Auf vielen anderen Märkten muß man eher von unvollkommenen Märkten sprechen, die für den Verbraucher nicht so günstig sind und wo die Verkäufer eine kleinere oder größere Marktmacht haben, indem sie höhere Preise fordern und auch erhalten. Je mehr also diese drei Bedingungen erfüllt sind, um so eher gelten obige besonders für die Käufer günstigen Marktgesetze.

Volkswirtschaftlich hat der **Gleichgewichtspreis** mehrere **gute Eigenschaften**. Daher wird in der Marktwirtschaft vom Staat und anderen Institutionen, z.B. Warentest, Verbraucherberatungen, versucht, die Marktübersicht der Verbraucher zu erhöhen oder die Marktmacht zu bekämpfen, z.B. durch die Kartellbehörde.

Da Angebot und Nachfrage hier zum Ausgleich gebracht werden, wird dadurch ein Ausgleich der entgegengesetzten Interessen beider Marktteilnehmer gefunden zum Wohle der Allgemeinheit **(= Ausgleichsfunktion)**. Ein hoher Preis zeigt den Unternehmern an, daß eine große Nachfrage besteht mit hohen Gewinnchancen **(= Signalfunktion)**. Sie werden ihre Produktion dort steigern und bei anderen Gütern, die nicht so begehrt sind, verringern. Neue Unternehmer wittern eine Chance und beginnen die Produktion und erhöhen damit das Angebot. So werden die Produktionsfaktoren an Orte wichtigerer und besserer Verwendung geleitet **(= Lenkungsfunktion)**. Ungünstige Anbieter, die bei sinkenden Preisen wegen ihrer hohen Kosten nicht mithalten können, scheiden wegen mangelnder Konkurrenzfähigkeit und Leistung aus dem Markt aus **(= Ausschaltungsfunktion)**. Andererseits lockt ein niedrigerer Preis zusätzliche Nachfrager an, denen bisher die Waren zu teuer waren. Ihre Versorgung wird dadurch besser.

> Der Gleichgewichtspreis ist der Preis, bei dem Nachfrage und Angebot zum Ausgleich kommen, der größtmögliche Umsatz erzielt und der Markt geräumt wird. Er hat eine Ausgleichs-, Signal- und eine Lenkungsfunktion (→ Wirkung) in der Marktwirtschaft.

5 Die Preisbildung bei eingeschränkter Konkurrenz am Beispiel des Angebotsmonopols und des Angebotsoligopols

5.1 Preisbildung und Gefahren beim Angebotsmonopol

Beim Angebotsmonopol stehen einem Anbieter eine Vielzahl von Nachfragern gegenüber. Der Erfinder eines neuen EDV–Systems hat nach der Patentierung zunächst keine lästige Konkurrenz. Wäre z.B. die gesamte Nachfrage nach Rosenöl bei einem einzigen Parfümfabrikanten konzentriert, so könnte dieser den Kaufpreis für Rosenöl festsetzen und müßte ihn nicht unter Konkurrenzdruck kalkulieren. Die Rosenzüchter müßten entweder dessen Preis akzeptieren oder die Produktion von Rosenöl einstellen. Hier ist er und nicht der Kunde „König". Aber auch für ihn gibt es eine vorgegebene Größe, die Nachfragekurve. Sie bestimmt darüber, welche Menge er bei verschiedenen Preisen absetzen kann.

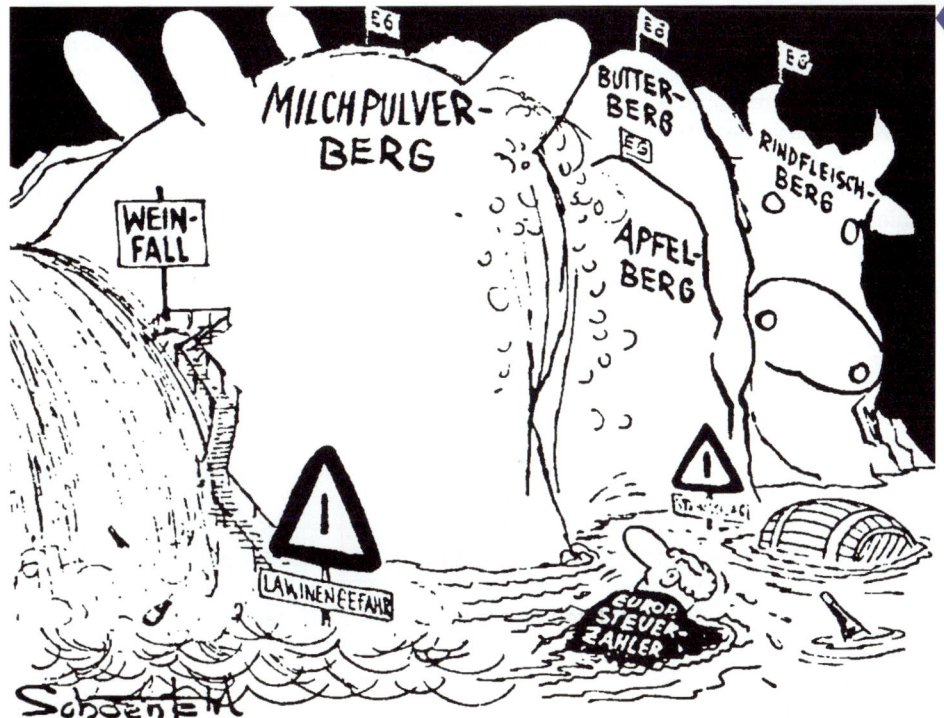

1. Was ist in der Karikatur dargestellt? Was soll ausgesagt werden?
2. Warum gab und gibt es Butter- und Milchseen in Europa?
3. Welche Folgen hätte es, wenn die EU Gleichgewichtspreise erlauben würde
   a) für die Bauern, b) für die Verbraucher, c) für die EU?

Monopolistische Preisdifferenzierung

5.1/1

Angenommen, ein Fotoamateur und Altersforscher habe bei Ausgrabungen in Dresden enorme Funde gemacht. Er schreibt dazu ein Buch, das viele erwarten. Er möchte den maximalen Gewinn machen. Dazu will er zuerst das Buch in Leder, mit Farbfotos veröffentlichen. Er rechnet bei einem Preis von 200,00 DM je Stück mit 300 verkauften Exemplaren und mit Kosten von 20.000,00 DM für Satz, Druck und Einband. Danach läßt er das Buch mit Leineneinband 1000mal drucken, um das Buch für 50,00 DM je Stück zu verkaufen; dies gelingt

ihm. Es entstehen dabei Kosten von wiederum 20.000,00 (der Satz mußte nicht neu angefertigt werden).

Als alle Bücher verkauft sind, aber immer noch Anfragen kommen und die Zeitung die Fotos und das Buch sehr positiv gewürdigt hat, läßt er das Buch in einer Billigausgabe drucken, um es für 15,00 DM zu verkaufen. Es mußte nachgedruckt werden, und er konnte in dieser 3. Auflage insgesamt 10.000 Stück verkaufen mit Kosten von 100.000,00 DM.

1. Hat er richtig gehandelt, wenn er nur an Gewinn denkt?
2. Was hat er verdient?
3. Was hätte er verdient, wenn er nur den letzten Druck gemacht hätte und insgesamt genau soviel Exemplare = 11.300 Stück verkauft hätte bei Kosten von 120.000,00 DM (incl. Satzkosten von 10.000,00, die ja oben auch nur einmal entstanden sind)?

Ein Monopolist will den höchsten Gewinn erzielen, das heißt die größte Differenz zwischen Verkaufserlösen und Kosten. Das wird erreicht durch (künstliche) Verknappung seines Angebotes gegenüber der Konkurrenzsituation. Er bietet weniger Güter an als bei Konkurrenz, jedoch zu höheren Preisen. Der Verbraucher steht sich damit schlechter als im Falle der Konkurrenz.

Obwohl das Äpfelbeispiel des Wochenmarktes nicht für Monopole typisch ist, läßt sich die Situation aber auch dort verdeutlichen. Nehmen wir an, ein Anbieter als Apfelverkäufer wäre Monopolist. Er könnte vorher von allen Produzenten die Ernte gekauft haben zum Durchschnittspreis von 2 DM/kg und könnte nun allein auf dem Wochenmarkt erscheinen. Er errechnet seinen maximalen Gewinn:

Preis	Umsatz U = P x M	Kosten (K) d. verk. Stück	Gewinn G = U - K
8,00	100 x 8 = 800	200	800 - 200 = 600
6,00	200 x 6 = 1200	400	1200 - 400 = 800
4,00	300 x 4 = 1200	600	1200 - 600 = 600
2,00	500 x 2 = 1000	1000	0

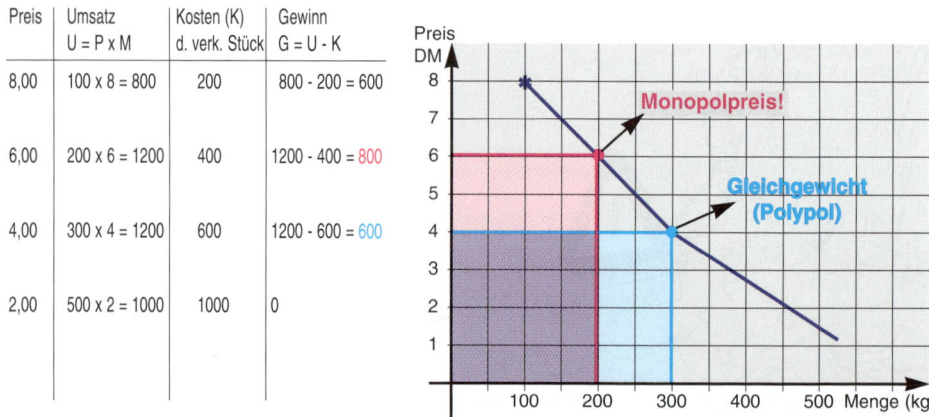

Beim Gleichgewichtspreis von 4,00 DM/kg sind die Nachfrager bereit, 300 kg zu kaufen. Er würde 600,00 DM verdienen: (Erlöse = 1200 – Kosten = 600). Verkauft er die Äpfel jedoch für 6,00 DM/kg, so wird sein Verdienst höher, nämlich 800,00 DM (Erlöse: 200 x 6 = 1200; Kosten 200 × 2 = 400); wobei er die ihm verbleibenden Äpfel zusätzlich noch zu Apfelschnaps machen und verkaufen könnte. Diese Menge wird er folglich nur anbieten. Sogar für 8,00 DM/kg wäre sein Gewinn zunächst ebenso hoch wie bei der Konkurrenzsituation (Erlöse: 100 × 8 = 800 – Kosten 100 × 200 = 200, ergibt 600,00 DM), sofern er die restlichen Äpfel sonst ebenfalls gut verwerten kann. In der Praxis würde also ein Monopolist weniger produzieren mit entsprechend geringeren Kosten, so daß er möglichst sein Gewinnmaximum erreicht. Die Preise sind fast immer höher als bei der Konkurrenzsituation (Polypol).

Allgemein werden **Monopole** daher als **schädlich für Verbraucher und die Wirtschaft** angesehen, weil sie künstlich das Angebot verknappen und überhöhte Preise erzielen, die sogenannte Monopolrente als Mehrgewinn. Praktisch wie ein Monopolist kann sich ein Anbieter verhalten, der durch Ankäufe alle wichtigen Konkurrenten beseitigt hat und nun den Markt beherrscht. Dies ist in Deutschland ab einem bestimmten Marktanteil nicht erlaubt nach Prüfung der Monopolkontrollbehörde (Kartellamt).

Aus Versorgungsgründen gibt es jedoch sogar beim Staat Monopole. So ist die Deutsche Post AG Alleinanbieter für die Briefbeförderung; andere Beispiele sind derzeit die Telekom oder die Deutsche Bahn AG. Oft haben auch Elektrizitätswerke in einem bestimmten Gebiet das Angebotsmonopol für die Stromerzeugung. Dennoch gelten auch hier gewisse Marktgesetze. Setzt etwa die Telekom die Telefongebühren hoch, wird weniger telefoniert. Steigen die Stromgebühren, läßt man das Licht nicht unnötig brennen. Dennoch ist die Marktmacht aller Monopole nicht zu unterschätzen.

Nachfragemonopole sind seltener, z.B. der Staat als einziger Autobahnbauer gegenüber den Straßenbauunternehmen.

Arten der Monopole

nach der Anzahl der dem Monopol angehörigen Unternehmen	nach der Marktseite	nach der Marktform	nach der Zielsetzung	nach der Entstehung

- Einzelmonopole
- Teilmonopole (ein starker Anbieter und einige schwache)
- Kollektivmonopole (Kartelle, Syndikate, Konzerne)

- Angebotsmonopole
- Nachfragemonopole
- bilaterale Monopole

- vollkommenes Monopol (ein nicht ersetzbares Gut wird angeboten)
- unvollkommenes Monopol (Monopolist kann Käuferschichten trennen und Preisdifferenzierung betreiben)

- Gewinnmaximierungsmonopole
- Bedarfsdeckungsmonopole

- natürliche Monopole
- Patentmonopole
- Staatsmonopole
- Meinungsmonopole

?
1. Es gibt viele Arten von Monopolen. Finden Sie für jede Art ein Beispiel.
2. Was ist der Unterschied zwischen Angebots–, Nachfrage– und bilateralem (zweiseitigem) Monopol? Stellen Sie dabei auch die andere Marktseite fest.

Die Preisbildung

Der Preis beeinflußt Angebot und Nachfrage

Angebot und Nachfrage

beeinflussen den Preis

Der Preis fällt bei hohem Umsatz, starker Konkurrenz, Verderblichkeit von Waren, großem Angebot u. geringer Nachfrage

DER PREIS

Der Preis steigt bei Güterknappheit, hoher Kaufkraft, Modeeinflüssen, geringem Angebot u. großer Nachfrage

Preisbildende Faktoren

Marktwirtschaftliche Preisbildung

Verkäufer — Konkurrenz — MARKT — Käufer

Marktbeherrschendes Unternehmen — MARKT

Gelenkte Preisbildung Kartell — MARKT

Monopol — MARKT

?
1. Interpretieren Sie den obigen Teil des Bildes.
2. Begründen Sie, warum der Preis fällt bzw. steigt.
3. Welche der unteren Zeichnungen sind Ihnen bekannt? Interpretieren Sie diese.
4. Versuchen Sie die bisher nicht bekannten Zeichnungen zu beschreiben. Mit welchen der bekannten Marktformen sind sie verwandt?

5.2 Preisbildung und Gefahren beim Angebotsoligopol

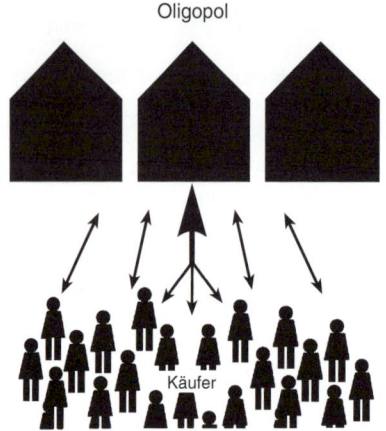

Oligopol

Käufer

Beim Angebotsoligopol beherrschen einige große Anbieter den Markt, etwa beim Benzinmarkt. Wenige große Firmen können den Preis nach oben drücken, sind aber nicht stark genug, um ihn allein bestimmen zu können. Damit müssen die Oligopolisten nicht nur die Reaktion der Nachfrager auf ihre Preise, sondern auch die ihrer Konkurrenten in Rechnung stellen. Der Preiskampf der Konkurrenten kann in „ruinöse Konkurrenz" ausarten, indem sie sich vorübergehend gegenseitig unterbieten, um den anderen ohne Rücksicht auf Verluste aus dem Markt zu drängen. Sie hoffen dabei, eine noch bessere Stellung oder gar eine Monopolstellung zu bekommen **(= Verdrängungspolitik),** in der sie die Preise dann selbst entsprechend hoch festsetzen können. Vielfach einigt man sich auch über Preise und Marktanteile und erreicht so eine schlechtere Wettbewerbssituation für den Verbraucher. Bisweilen findet durch **Absprachen** unter ihnen überhaupt kein Preiswettbewerb mehr statt. Dies ist jedoch für den Verbraucher sehr nachteilig, zumal die Preise oft überhöht sind. Der Wettbewerb vollzieht sich dann oft nur noch in Werbekonkurrenz, in der man sich gegenseitig überbieten will. In der Bundesrepublik wird versucht, durch das Gesetz gegen Wettbewerbsbeschränkungen den negativen Tendenzen von Angebotsoligopolen entgegenzuwirken und sie über die Kartellbehörde zu kontrollieren. Es gibt auch in der Bundesrepublik Branchen, wo wenige große Unternehmen oder Konzerne den Markt beherrschen. Die Tendenz dazu ist steigend, das heißt die Gefahren von Marktmacht werden größer.

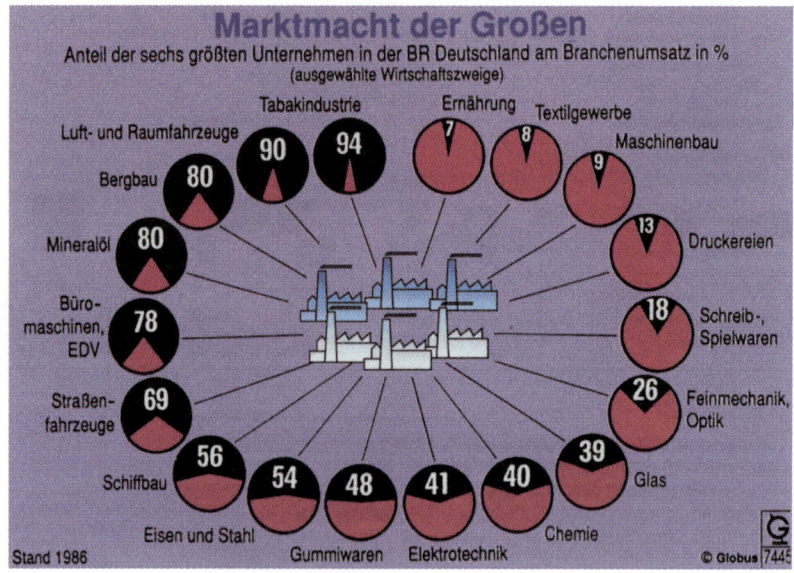

Marktmacht der Großen

Anteil der sechs größten Unternehmen in der BR Deutschland am Branchenumsatz in %
(ausgewählte Wirtschaftszweige)

- Luft- und Raumfahrzeuge
- Tabakindustrie 90, 94
- Ernährung 7
- Textilgewerbe 8
- Maschinenbau 9
- Bergbau 80
- Mineralöl 80
- Büromaschinen, EDV 78
- Straßenfahrzeuge 69
- Schiffbau 56
- Eisen und Stahl 54
- Gummiwaren 48
- Elektrotechnik 41
- Chemie 40
- Glas 39
- Feinmechanik, Optik 26
- Schreib-, Spielwaren 18
- Druckereien 13

Stand 1986

© Globus 7445

5.2/1

Interpretieren Sie das Schaubildung im Informationstext S. 96 „Marktmacht der Großen"

1. *In wieviel Bereichen ist die Marktmacht über 80 % sowie über 50 %?*
2. *Warum sind gerade die Unternehmen dieser Branchen so mächtig?*
3. *Um welche Marktformen handelt es sich*
   a) *beim Mineralöl,*
   b) *bei der Ernährung?*
4. *Welche Firmen in Ihrem Umkreis haben ähnlich große Marktmacht?*
5. *Warum ist dies so gefährlich? Wer überprüft die Firmen?*

5.2/2

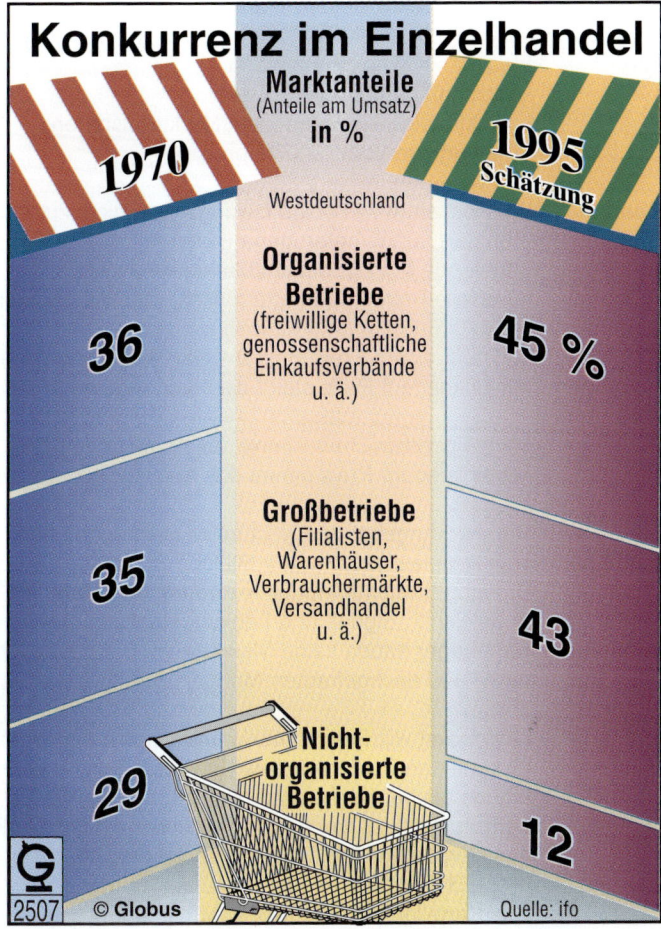

1. *Nennen Sie organisierte Betriebe, Großbetriebe und Kleinbetriebe des Einzelhandels in Ihrer Stadt, in Ihrem Land.*
2. *Nennen Sie Gründe für diese Entwicklung im Konsumgüterbereich.*
3. *Schildern Sie die dargestellte Entwicklung. Welche Gruppe wird größer, welche kleiner?*
4. *Wann dürfte das Kartellamt einschreiten?*

Markt:	Treffpunkt von Angebot und Nachfrage (Kauf – Verkauf) Treffpunkt von Anbietern und Nachfragern (Käufer – Verkäufer)
Marktarten:	Gliederung nach sachlichen, räumlichen, zeitlichen und nach funktionalen (=betrieblichen) Gesichtspunkten
Marktformen:	Polypol = vollständige Konkurrenz: Viele Nachfrager – viele Anbieter; Angebotsmonopol = ein Anbieter – viele Nachfrager Angebotsoligopol = wenige Anbieter – viele Nachfrager (es gibt noch 6 weitere Marktformen)
Vollkommener Markt: (Modell)	Idealmarkt: Voraussetzungen – gleichartige/homogene Güter – vollständige Marktübersicht/Markttransparenz – Fehlen von Vorteilen/Präferenzen
Unvollkommener Markt:	Wirklichkeit (wenn obige Bedingungen nicht zutreffen) – ungleichartige/heterogene Güter – fehlende Marktübersicht/Markttransparenz – Vorteile/Präferenzen (persönlich, räumlich, zeitlich ...)
„Gesetz" der Nachfrage	Mit steigendem Preis sinkt die Nachfrage nach dem Gut. Mit sinkendem Preis steigt die Nachfrage nach dem Gut.
„Gesetz" des Angebots	Mit steigendem Preis nimmt das Angebot von dem Gut zu. Mit sinkendem Preis nimmt das Angebot von dem Gut ab.
Preisbildung beim Polypol (viele – viele)	Dort, wo Angebot und Nachfrage gleich groß sind, zum Ausgleich kommen = Gleichgewichtspreis (größter Umsatz). Gleichgewichtspreis räumt den Markt. Er hat eine Ausgleichs-, Signal- und Lenkungsfunktion. Anbieter und Nachfrager haben keine Marktmacht. Sie passen ihre angebotenen und nachgefragten Mengen den gegebenen Preisen an.
Preisbildung beim Angebots- monopol (einer – viele)	Monopolist will Gewinnmaximum erzielen (G = Erlös - Kosten). Er kann den Preis festsetzen; höherer Preis + geringere Menge als bei Konkurrenz (Polypol); schädlich für Verbraucher und Versorgung; Ausnutzung der Marktmacht. Aus Versorgungsgründen hat selbst der Staat Monopole (Post, Bahn) oder erlaubt sie (Elektrizität). Das Kartellamt als Monopolkontrolle überwacht sie.
Preisbildung beim Angebots- oligopol (wenige – viele)	Auch der Oligopolist hat Marktmacht, nur nicht allein. Muß mit Reaktion der anderen auf seine Preise rechnen. „Preiskämpfe" möglich mit dem Ziel von mehr Macht. Oft Absprachen und kaum noch Konkurrenz (außer Werbung). Auch Oligopol für den Verbraucher schädlich. Kartellamt kontrolliert Oligopole. Tendenz zum Oligopol ist steigend.

Fragen · Aufgaben · Fragen ·　**?**　Fragen · Aufgaben · Fragen

Wissen

1　Inwiefern ist der Markt der Treffpunkt von Angebot und Nachfrage?
2　Warum kann man den Markt auch das Nervenzentrum der Wirtschaft nennen?
3　Wie lassen sich Märkte räumlich und sachlich gliedern? – Nennen Sie je 3 Beispiele.
4　Welche Staaten gehören zum „Europäischen Markt"?
5　Nennen Sie 3 Beispiele für funktionale Gliederung der Märkte.
6　Erläutern Sie am Beispiel Äpfel die Beziehung zwischen Angebot und Preis (wenn der Preis steigt, dann ...).
7　Wie wirken sich Preisänderungen auf die nachgefragte Menge aus?
8　Wie unterscheiden sich vollkommene und unvollkommene Märkte? Erläutern Sie Ihre Antwort mit je 1 Beispiel.
9　Wann liegt ein unvollkommener Markt vor?
10　Was versteht man unter dem Gleichgewichtspreis?
11　Warum kommt zum Gleichgewichtspreis der größtmögliche Umsatz zustande?
12　Erklären Sie weitere Eigenschaften des Gleichgewichtspreises.
13　Durch welche Marktform sind gekennzeichnet: der Erdölmarkt, der Automobilmarkt?
14　Nennen Sie 2 Staatsmonopole und die Begründung dafür, daß der Staat das so geregelt hat.
15　Warum sind Monopole schädlich oder sogar gefährlich?
16　Wer kontrolliert Monopole und Oligopole?
17　Warum sind Oligopole schädlich, obwohl doch mehrere am Markt sind?
18　Was bedeuten „Preiskämpfe" beim Oligopol?
19　Warum wird durch Absprachen die Konkurrenz ausgeschaltet?

Erkennen und Werten

1　Wie war die Preisbildung in der früheren DDR?
2　Warum hat man das Modell des vollkommenen Marktes entwickelt?
3　Welche Marktform ist aus der Sicht des Verbrauchers am günstigsten? Begründen Sie Ihre Antwort.
4　Erklären Sie, wie ein Angebots- oder Nachfrageüberhang zustandekommt.
5　Warum ist das „Gesetz" der Nachfrage anders als das „Gesetz" des Angebots?
6　Warum wurde das Wort „Gesetz" in Anführungszeichen („–") gesetzt?
7　Warum bemüht sich die Regierung darum, daß möglichst viele Anbieter am Markt sind, und warum überwacht sie Monopole und Oligopole?
8　Warum kann ein Monopolist seine Preise nicht beliebig wählen?
9　Verfolgen Sie das Preisverhalten auf den oligopolistischen Benzinmärkten. Erkennen Sie Gesetzmäßigkeiten?
10　Warum ist die Tendenz Oligopole (marktbeherrschende Unternehmen) steigend? Kann man etwas dagegen tun?

IV. Betrieblicher Leistungsprozeß

1 Gründung und Stellung des Betriebes in der Wirtschaft

1.1 Betriebswirtschaftliche Produktionsfaktoren

In der Volkswirtschaftslehre unterscheidet man drei Produktionsfaktoren, nämlich:

- Boden
- Arbeit
- Kapital

Die volkswirtschaftlichen Produktionsfaktoren beziehen sich auf die Gesamtwirtschaft eines Landes. Die betriebswirtschaftlichen Produktionsfaktoren hingegen beziehen sich auf den Leistungsprozeß eines Betriebes. In der Betriebswirtschaftslehre werden die Produktionsfaktoren wie folgt unterschieden:

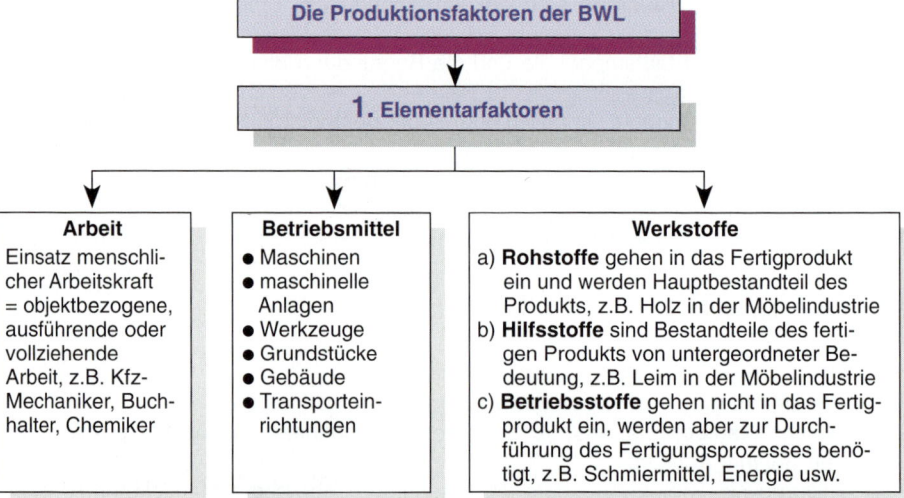

Die Produktionsfaktoren der BWL

1. Elementarfaktoren

Arbeit

Einsatz menschlicher Arbeitskraft = objektbezogene, ausführende oder vollziehende Arbeit, z.B. Kfz-Mechaniker, Buchhalter, Chemiker

Betriebsmittel

- Maschinen
- maschinelle Anlagen
- Werkzeuge
- Grundstücke
- Gebäude
- Transporteinrichtungen

Werkstoffe

a) **Rohstoffe** gehen in das Fertigprodukt ein und werden Hauptbestandteil des Produkts, z.B. Holz in der Möbelindustrie
b) **Hilfsstoffe** sind Bestandteile des fertigen Produkts von untergeordneter Bedeutung, z.B. Leim in der Möbelindustrie
c) **Betriebsstoffe** gehen nicht in das Fertigprodukt ein, werden aber zur Durchführung des Fertigungsprozesses benötigt, z.B. Schmiermittel, Energie usw.

Da die Tätigkeiten der leitenden Arbeitskräfte wesentlich zum Erfolg einer Unternehmung beitragen, bilden sie einen eigenen Produktionsfaktor.

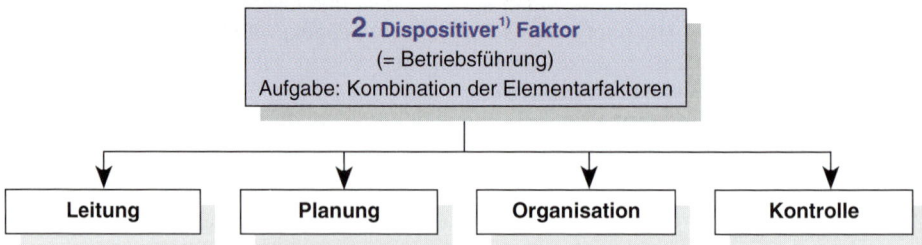

2. Dispositiver[1] Faktor
(= Betriebsführung)
Aufgabe: Kombination der Elementarfaktoren

| Leitung | Planung | Organisation | Kontrolle |

[1] dispositiv = anordnend, verfügend

Was ein Tischler alles bedenken muß

Ein Tischler braucht zur Herstellung eines Holzstuhls Werkzeuge und/oder Maschinen, wie z.B. Säge, Hobel (Hobelmaschinen), Schraubzwingen, Bohrer (Bohrmaschinen), Materialien, wie z.B. Holz, Leim, Farbe oder Lack. Die Herstellung (Ausführung) erfordert aber auch Arbeitsleistung. Vorausgehen muß freilich die Entscheidung, ob er die Stühle oder andere Produkte herstellt und in welcher Art und Menge (...).

Wenn sich der Tischler entschieden hat, einen Stuhl herzustellen, der in einer größeren Menge produziert werden soll, muß er erst einen Plan für die Art des Stuhls entwickeln, dafür sorgen, daß die Betriebsmittel in der richtigen Art, Qualität und Menge vorhanden sind, den Fertigungsablauf festlegen und die Arbeitskräfte richtig einsetzen. Bei der zu erbringenden Arbeitsleistung handelt es sich einmal um auszuführende Tätigkeiten (Fertigung des Stuhls bzw. der Stühle durch ihn oder die beschäftigten Arbeitskräfte) und um geistige Leistung in Form von Planung, Organisation, Entscheidung sowie Führung und Leitung (dispositive Tätigkeit).

Quelle: Rolf Dohring u.a., Der Betrieb 2, Wirkungsstruktur und Entscheidungsbereich, Köln 1978, S. 32 f.

? *Welche Überlegungen muß jemand anstellen, der sich als Unternehmer selbständig machen will?*

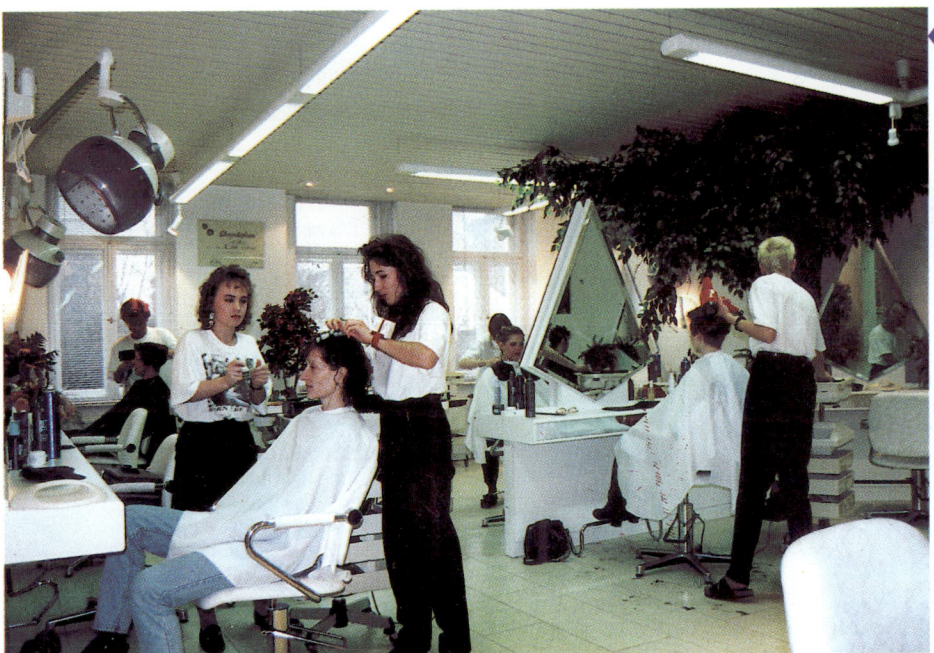

1.1/2

Blick in einen modernen Friseursalon

? *1. Welche betrieblichen Ziele könnte man sich in diesem modernen Salon stellen?*
2. Was gehört zu einer niveauvollen Bedienung?
3. Welche Probleme können möglicherweise auftreten?

1.2 Begriffe: Betrieb und Unternehmung

Eine **Unternehmung** ist die rechtliche Wirtschaftseinheit, in der die Gewinnung von Rohstoffen, die Herstellung oder Weiterverarbeitung von Gütern erfolgt oder Dienstleistungen erbracht werden.

Im Gegensatz dazu ist der **Betrieb** eine Produktionsstätte, d.h. die technisch organisatorische Wirtschaftseinheit, Betriebe sind also planvoll organisierte Wirtschaftseinheiten, in denen eine Kombination von Produktionsverfahren mit dem Ziel erfolgt, Sachgüter zu produzieren bzw. Dienstleistungen bereitzustellen. **Eine Unternehmung kann mehrere Betriebe umfassen**, z.B. hat die Adam Opel AG Produktionsstätten in Rüsselsheim, Bochum, Kaiserslautern und Eisenach.

1.3 Betriebsarten

Die Unterteilung der Betriebe kann nach verschiedenen Gesichtspunkten erfolgen. Die Zahl der Gliederungsmöglichkeiten ist groß. Eine Möglichkeit, Betriebe zu gliedern, ist nach der Art der erstellten Leistung.

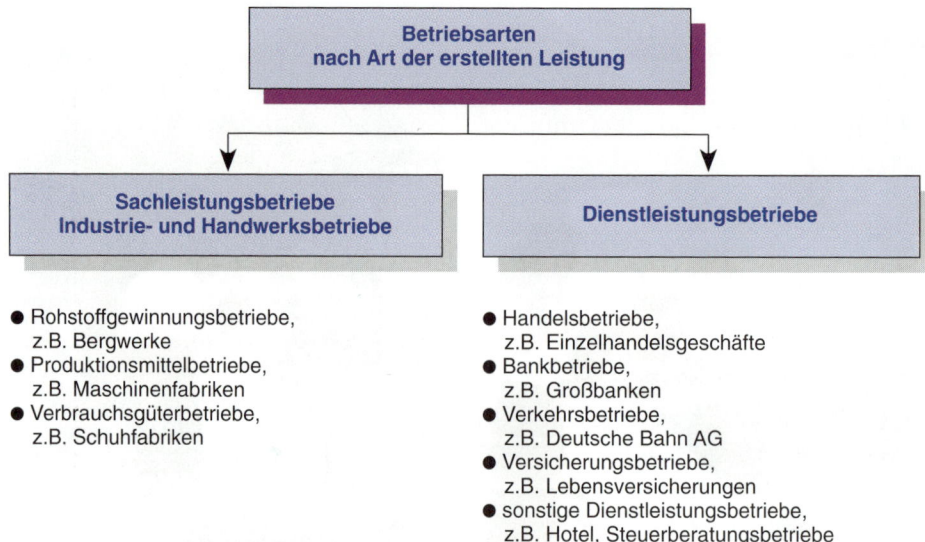

- Rohstoffgewinnungsbetriebe,
  z.B. Bergwerke
- Produktionsmittelbetriebe,
  z.B. Maschinenfabriken
- Verbrauchsgüterbetriebe,
  z.B. Schuhfabriken

- Handelsbetriebe,
  z.B. Einzelhandelsgeschäfte
- Bankbetriebe,
  z.B. Großbanken
- Verkehrsbetriebe,
  z.B. Deutsche Bahn AG
- Versicherungsbetriebe,
  z.B. Lebensversicherungen
- sonstige Dienstleistungsbetriebe,
  z.B. Hotel, Steuerberatungsbetriebe

Weiterhin besteht die Möglichkeit, Betriebe nach der Zahl der Beschäftigten (Betriebsgröße) zu unterteilen. Man unterscheidet:

- Kleinbetriebe (bis 50 Beschäftigte),
- Mittelbetriebe (bis 500 Beschäftigte),
- Großbetriebe (über 500 Beschäftigte).

Mittel- und Großbetriebe stellen in der Bundesrepublik über 50 % der vorhandenen Arbeitsplätze zur Verfügung, obwohl sie nur rund 3 % der Betriebe ausmachen. Fast jeder 7. Arbeitnehmer verdient in einem der rund 1500 Großbetriebe mit über 1000 Beschäftigten seinen Unterhalt.

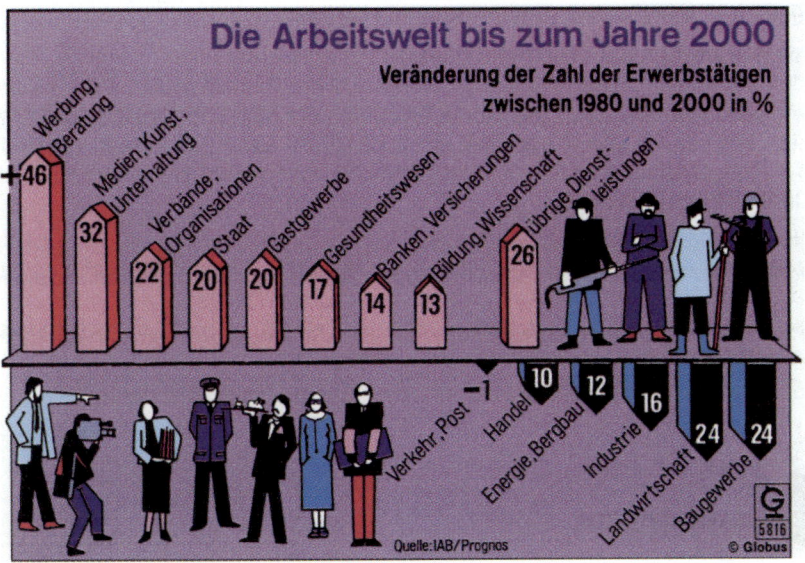

Die Arbeitswelt bis zum Jahre 2000

Veränderung der Zahl der Erwerbstätigen zwischen 1980 und 2000 in %

Werbung, Beratung +46
Medien, Kunst, Unterhaltung 32
Verbände, Organisationen 22
Staat 20
Gastgewerbe 20
Gesundheitswesen 17
Banken, Versicherungen 14
Bildung, Wissenschaft 13
übrige Dienstleistungen 26

Verkehr, Post –1
Handel 10
Energie, Bergbau 12
Industrie 16
Landwirtschaft 24
Baugewerbe 24

Quelle: IAB/Prognos

© Globus

1. Beschreiben Sie den Wandel der Arbeitswelt.
2. Worin liegen Ihrer Meinung nach die Ursachen für diesen Wandel?

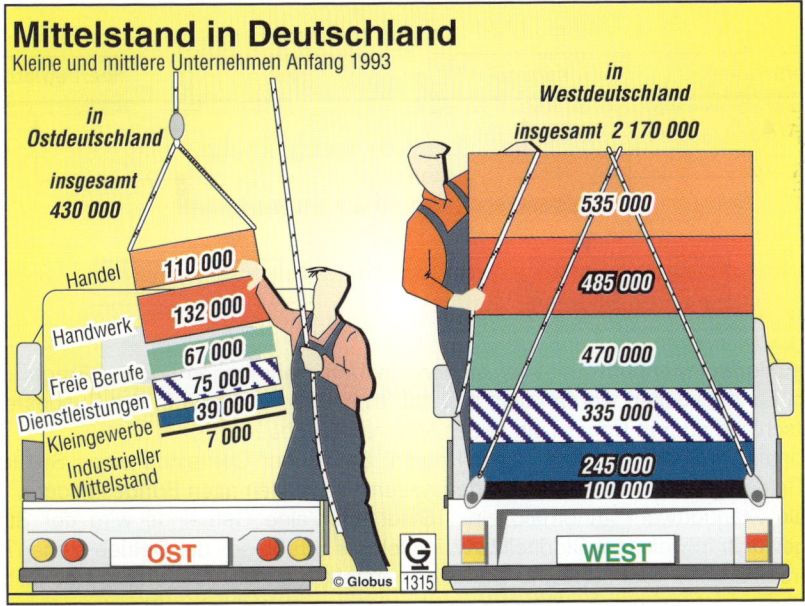

Mittelstand in Deutschland
Kleine und mittlere Unternehmen Anfang 1993

in Ostdeutschland
insgesamt 430 000

in Westdeutschland
insgesamt 2 170 000

	Ost	West
Handel	110 000	535 000
Handwerk	132 000	485 000
Freie Berufe	67 000	470 000
Dienstleistungen	75 000	335 000
Kleingewerbe	39 000	245 000
Industrieller Mittelstand	7 000	100 000

OST

WEST

© Globus 1315

1. Ermitteln Sie den jeweiligen prozentualen Anteil und vergleichen Sie Ost- und West-
deutschland.
2. In welchem Bereich hat Ostdeutschland noch einen großen Nachholbedarf?
3. Warum besteht der Nachholbedarf gerade in diesem Bereich?
4. Wo ist der Nachholbedarf geringer?

Merkmale von Handwerks- und Industriebetrieben

Handwerks- und Industriebetriebe gehören zum produzierenden Gewerbe. Sie unterscheiden sich jedoch in der Produktionsweise und der Betriebsgröße. Zwar wurde auch im Handwerk nach und nach die Handarbeit durch die Maschine ergänzt, auf einzelnen Gebieten auch ganz von ihr ersetzt, doch spielt die geschickte Hand im Handwerk immer noch eine Hauptrolle. Der Industriebetrieb unterscheidet sich vom Handwerksbetrieb durch folgende Faktoren:

- die Produktion für den unbekannten Markt ist vorherrschend,
- weitgehende Arbeitsteilung, fachliche Spezialisierung auf wenige Ausführungen und Handgriffe,
- Maschinenarbeit, Einsatz technischer Hilfsmittel stehen gegenüber der Handarbeit im Vordergrund,
- Produkte werden in hohen Stückzahlen mit geringen Stückkosten gefertigt.

1.4 Standortwahl

Die Wahl des geeigneten Standortes ist für die Erfolgsaussichten einer Unternehmung von entscheidender Bedeutung. Der Standort Bundesrepublik Deutschland für Produktionsbetriebe wird vielfach in Frage gestellt. Die Standortfrage stellt sich für eine Unternehmung bei der Gründung. Bei der Wahl des Standortes sind verschiedene Standortfaktoren von Bedeutung:

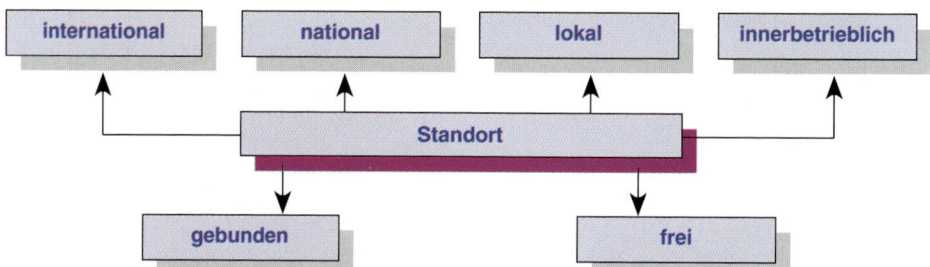

- Internationale Standortwahl: Hier stehen die Unternehmungen vor der Frage, in welchem Land investiert werden soll; z.B. soll eine Automobilfirma in der Bundesrepublik Deutschland oder in Ungarn ein neues Motorenwerk bauen.
- Nationale Standortwahl: In welcher Region, Stadt oder Gemeinde eines Staates soll der Betrieb gebaut werden, z.B. in den neuen oder in den alten Bundesländern.
- Lokale Standortwahl: Innerhalb einer Stadt oder eine Gemeinde wird der Standort ausgewählt. In welchem Stadtteil bzw. in welcher Straße soll der Betrieb stehen?
- Innerbetriebliche Standortwahl: Darunter versteht man die Anordnung der Gebäude, Abteilungen, Maschinen, Anlagen usw., die innerbetriebliche Standortwahl ist vor allem ein Organisationsproblem.
- Gebunden ist der Standort eines Betriebes dann, wenn durch bestimmte Standortfaktoren eine freie Wahl des Standortes nicht möglich ist, z.B. Bodenschätze, Energiequellen, klimatische Gegebenheiten u.a.
- Freie Standorte sind dann gegeben, wenn für einen Betrieb keine zwingende Bindung an einen bestimmten Standort besteht.

1. *Welche Berufe werden auf den Bildern dargestellt?*
2. *Welche Bedeutung kommt dem Handwerk in unserer Wirtschaft zu?*
3. *Wo liegt der Schwerpunkt der handwerklichen Leistungen?*

Die *Wahl des Standortes* wird außerdem durch *weitere Faktoren* bestimmt:

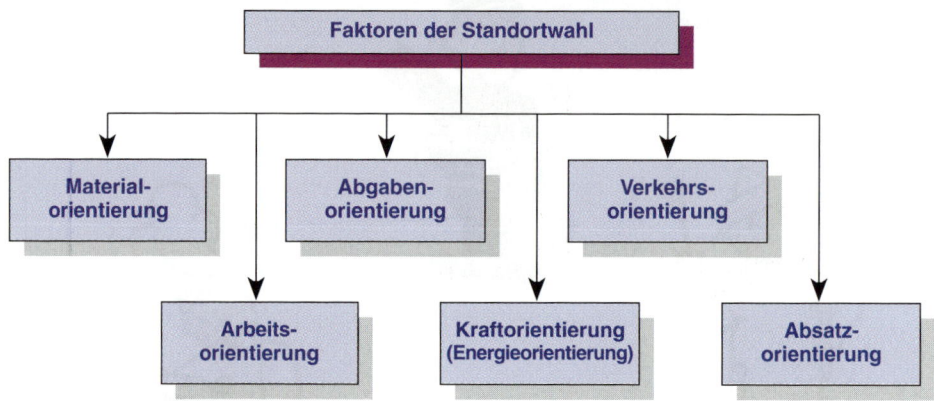

- Von Materialorientierung spricht man, wenn sich der Standort eines Betriebes nach den billigsten Transportkosten für die Beschaffung der erforderlichen Roh-, Hilfs- und Betriebsstoffe richtet. Untersucht wird also die Frage, an welchem Produktionsstandort die Materialkosten am niedrigsten sind. Den Transportkosten kommt vor allem dann eine besondere Bedeutung zu, wenn zur Produktion mehr Rohstoffe erforderlich sind, als im Endprodukt enthalten sind. In diesem Fall spricht man von Gewichtsverlusten.

- Die Arbeitsorientierung ist dann gegeben, wenn sich der Standort des Betriebes nach den niedrigsten Kosten für den Faktor menschliche Arbeit oder nach dem quantitativ oder qualitativ günstigsten Arbeitskräftepotential richtet. Die Arbeitsorientierung spielt eine bedeutsame Rolle, weil z.B. bestimmte Gegenden auf die Herstellung ganz bestimmter Erzeugnisse eingestellt sind, z.B. im Thüringer Wald die Glasbläserei.

- Von einer Abgabenorientierung spricht man, wenn für die Wahl des Standortes die niedrigste Steuerbelastung der ausschlaggebende Faktor ist. Steuerliche Standortgefälle bestehen im internationalen und im nationalen Bereich. Im internationalen Bereich sind z.B. Liechtenstein und Panama für niedrige Steuern bekannt, und nicht wenige Betriebe legen ihren Standort (Sitz) in diese Länder.

- Eine nur noch verhältnismäßig geringe Bedeutung hat die Energieorientierung, nachdem an die Stelle von Kohle und Wasserkraft die Elektroenergie als Antriebskraft getreten ist. Die regionalen Tarifunterschiede sind so gering, daß eine diesbezügliche Standortwahl kaum in Frage kommt. Einige Industriezweige (z.B. Aluminiumbetriebe) verbrauchen allerdings so viel Energie, daß sie sich immer noch an den günstigsten Energiequellen orientieren.

- Eine Verkehrsorientierung ist gegeben, wenn sich die Standortwahl nach zentralen Verkehrspunkten richtet, z.B. Hafenstädte, Eisenbahnen, Autobahnen, Flughäfen.

- Bestimmte Wirtschaftszweige müssen engen Kontakt mit den Absatzgebieten und Abnehmern haben, da ihre Absatzmöglichkeiten meist begrenzt sind. Ihre Standortwahl ist daher absatzorientiert, so z.B. die Handwerksbetriebe.

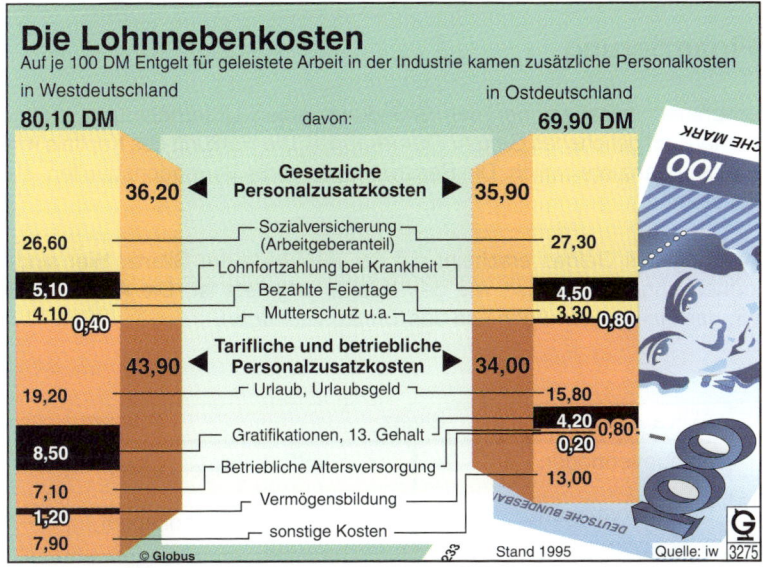

Die Lohnnebenkosten
Auf je 100 DM Entgelt für geleistete Arbeit in der Industrie kamen zusätzliche Personalkosten

in Westdeutschland   in Ostdeutschland
80,10 DM   davon: **69,90 DM**

	Gesetzliche Personalzusatzkosten	
36,20 ◄		► 35,90
26,60	Sozialversicherung (Arbeitgeberanteil)	27,30
	Lohnfortzahlung bei Krankheit	
5,10	Bezahlte Feiertage	4,50
4,10 0,40	Mutterschutz u.a.	3,30 0,80

	Tarifliche und betriebliche Personalzusatzkosten	
43,90 ◄		► 34,00
19,20	Urlaub, Urlaubsgeld	15,80
	Gratifikationen, 13. Gehalt	4,20 0,80 / 0,20
8,50	Betriebliche Altersversorgung	13,00
7,10	Vermögensbildung	
1,20	sonstige Kosten	
7,90		

© Globus   Stand 1995   Quelle: iw 3275

1. Welche Lohnnebenkosten gehören zu den gesetzlichen, welche zu den freiwilligen Lohnnebenkosten?
2. Waum spielen die Lohnnebenkosten bei der Standortwahl eines Betriebes eine entscheidende Rolle?

Produktion rund um die Uhr
So viele Stunden in der Woche läuft in europäischen Industriebetrieben die Produktion (Durchschnittswerte)

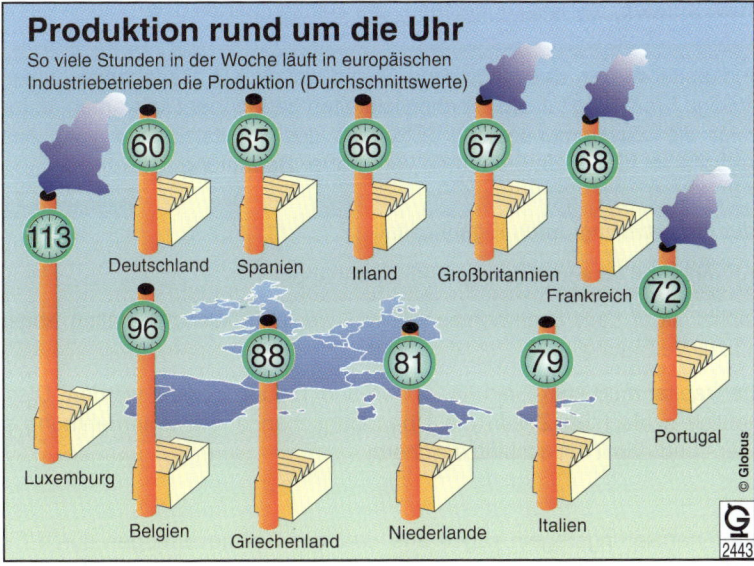

- 60 Deutschland
- 65 Spanien
- 66 Irland
- 67 Großbritannien
- 68 Frankreich
- 113 Luxemburg
- 96 Belgien
- 88 Griechenland
- 81 Niederlande
- 79 Italien
- 72 Portugal

© Globus 2443

Diskutieren Sie Ursachen und Lösungsmöglichkeiten der geringen Produktionszeiten in der Industrie.

1.5 Finanzierung

Ein Unternehmer investiert bei der Gründung einer Unternehmung eigenes Geld *(= Eigenkapital)* und geliehenes Geld *(= Fremdkapital)*. Die Herkunft des Kapitals wird auf der *Passivseite* der Bilanz ersichtlich. Die Passivseite zeigt die Vermögensquellen, also woher das Kapital stammt.

Die Verwendung des Geldes erscheint auf der *Aktivseite* der Bilanz. Hier sind die Vermögensformen angegeben, also wie das Kapital angelegt ist. Die Aktivseite untergliedert man in das *Anlagevermögen* und das *Umlaufvermögen*.

Aktiva	Bilanz	Passiva
Anlagevermögen		Eigenkapital
Umlaufvermögen		Fremdkapital

Das Anlagevermögen enthält die Vermögensteile, die langfristig (über mehrere Jahre) im Unternehmen verbleiben, z.B. Grundstücke, Gebäude, Fuhrpark, Betriebs- und Geschäftsausstattung usw. Das Umlaufvermögen enthält die Vermögensteile, die nur kurzfristig im Unternehmen bleiben, z.B. in einem Industriebetrieb die produzierten Erzeugnisse, die verkauft werden sollen. Weiterhin gehören zum Umlaufvermögen Forderungen an Kunden, der Kassenbestand, das Bankguthaben usw.

Das Fremdkapital wird in das langfristige Fremdkapital, z.B. Darlehensschulden, und in das kurzfristige Fremdkapital, z.B. Verbindlichkeiten gegenüber Lieferanten, unterteilt. Die Bilanz zeigt die Zusammensetzung (Struktur) des Kapitals. Eine gute Ausstattung mit Eigenkapital ist für ein Unternehmen von großer Bedeutung.

Vorteile der Finanzierung durch Eigenkapital:

● Das Unternehmen ist von Kapitalgebern unabhängig.

● Das Kapital steht dem Unternehmen – von wenigen Ausnahmefällen abgesehen – dauernd zur Verfügung.

● Für Eigenkapital muß kein Geld für Zinsen und Tilgung gezahlt werden. Dies kann in wirtschaftlich schlechten Zeiten die Überlebenschance der Unternehmung erheblich verbessern und damit Arbeitsplätze sichern.

Bestimmte Finanzierungsregeln sagen aus, daß das Anlagevermögen durch Eigenkapital, zumindest aber durch langfristiges Fremdkapital, finanziert sein sollte, da das Anlagevermögen lange im Unternehmen bleibt. Ein Vergleich einzelner Betriebe bezüglich ihrer Ausstattung mit Eigenkapital ist aber nur bei gleichartigen Betrieben möglich, da man z.B. die Stahlindustrie oder den Bergbau nicht mit dem Kfz-Handwerk oder dem Elektrohandwerk vergleichen kann.

Existenzgründung – Risiko schnelles Wachstum

1.5/1

Die ersten Monate nach der Existenzgründung sind nicht immer die schwierigsten. Statistiken belegen vielmehr, daß mit einem schnellen Wachstum in den Anfangsjahren die Risiken überproportional ansteigen. Fehleinschätzungen des Marktes, aber auch überhöhte Investitionen bringen erhebliche Gefahren mit sich.

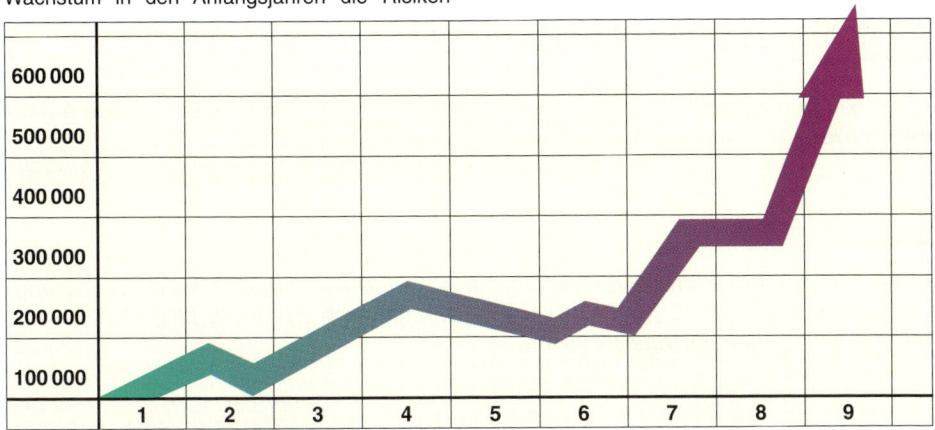

1. *Interpretieren Sie das dargestellte Koordinatensystem.*
2. *Welches sind Ihrer Meinung nach die Hauptursachen für Firmenzusammenbrüche (Pleiten)?*

Neue Bundesländer

1.5/2

Die Sorgen des Mittelstandes von je 100 mittelständischenIndustrieunternehmen nannten:

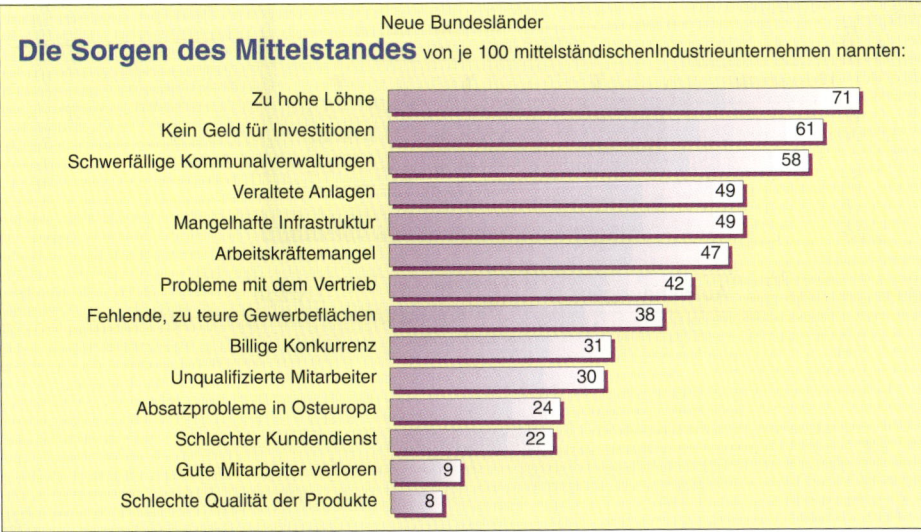

Zu hohe Löhne	71
Kein Geld für Investitionen	61
Schwerfällige Kommunalverwaltungen	58
Veraltete Anlagen	49
Mangelhafte Infrastruktur	49
Arbeitskräftemangel	47
Probleme mit dem Vertrieb	42
Fehlende, zu teure Gewerbeflächen	38
Billige Konkurrenz	31
Unqualifizierte Mitarbeiter	30
Absatzprobleme in Osteuropa	24
Schlechter Kundendienst	22
Gute Mitarbeiter verloren	9
Schlechte Qualität der Produkte	8

1. *Welche der genannten Probleme könnten mit einer besseren Ausstattung an Eigenkapital gelöst werden?*
2. *Welche Probleme können die Unternehmen selbst lösen, auf welche Probleme haben Sie keinen Einfluß?*

2   Betrieblicher Kreislauf

2.1   Aufgaben des Betriebes

Ein Produktionsbetrieb muß zur Erreichung seines Unternehmenszieles folgende Aufgaben erfüllen:

- Beschaffung und Lagerung,
- Produktion,
- Absatz.

Neben diesen Hauptfunktionen benötigt jede Unternehmung eine Leitung, Planung, Organisation, Investition und Finanzierung. Das folgende Schaubild zeigt den Zusammenhang der Unternehmensfunktionen:

Aufgaben eines Betriebes

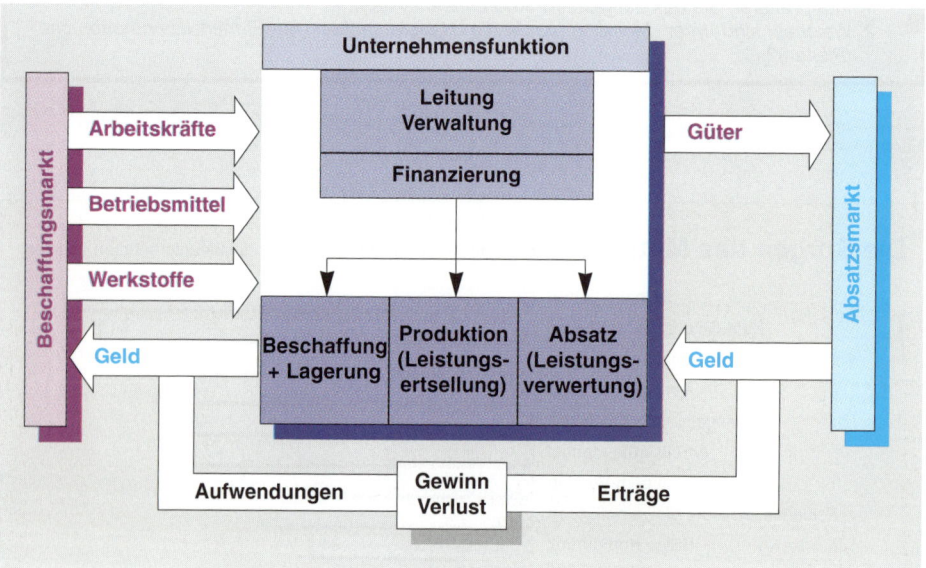

2.1/1

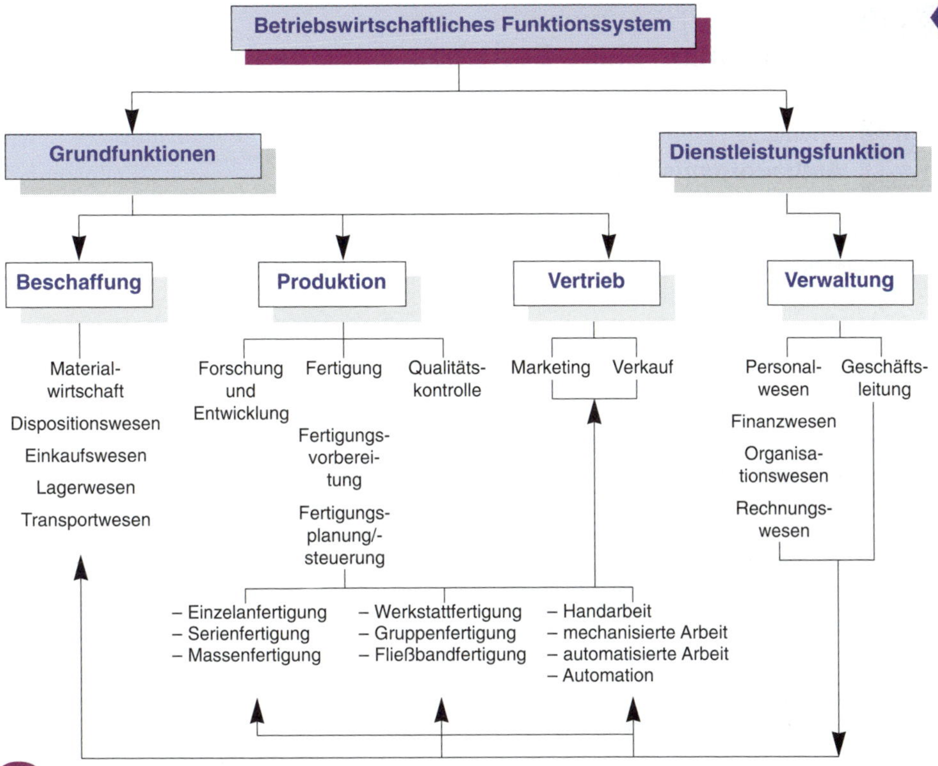

Betriebswirtschaftliches Funktionssystem

Grundfunktionen

Dienstleistungsfunktion

Beschaffung

Produktion

Vertrieb

Verwaltung

Beschaffung
- Material-wirtschaft
- Dispositionswesen
- Einkaufswesen
- Lagerwesen
- Transportwesen

Produktion
- Forschung und Entwicklung
- Fertigung
  - Fertigungs-vorberei-tung
  - Fertigungs-planung/-steuerung
- Qualitäts-kontrolle

Vertrieb
- Marketing
- Verkauf

Verwaltung
- Personal-wesen
- Finanzwesen
- Organisa-tionswesen
- Rechnungs-wesen
- Geschäfts-leitung

– Einzelanfertigung	– Werkstattfertigung	– Handarbeit
– Serienfertigung	– Gruppenfertigung	– mechanisierte Arbeit
– Massenfertigung	– Fließbandfertigung	– automatisierte Arbeit
		– Automation

Erläutern Sie die genannten Grundfunktionen eines Betriebes.

2.2.1/1

Ein starkes Team sucht Verstärkung:

Unsere Kunden schätzen die individuelle Modellvielfalt, den Rundum-Service und die Zuverlässigkeit unserer Mitarbeiter. Wir brauchen Verstärkung. Zum schnellstmöglichen Eintritt suchen wir eine/n

Kfz-Karosserieklempner /-meister
Automobilverkäufer /-in
Hausmeister

Das sollten Sie mitbringen:
eine abgeschlossene Ausbildung sowie Bereitschaft zur stän-digen Weiterbildung.

Wir bieten Ihnen:
ein modernes Arbeitsfeld, leistungsgerechte Bezüge und ein teamorientiertes Betriebsklima.
Bitte senden Sie uns Ihre schriftliche Bewerbung.
Wir antworten schnell.

GŒTZE
AUTOHAUS

NISSAN

Wer Autos baut, muß Menschen kennen.

1. *Für welche Betriebe werden die Personen gesucht?*
2. *Welche Aufgaben sind an diese Stellen bzw. Personen gebunden?*

2.2 Organisation eines Betriebes

2.2.1 Aufbauorganisation

Unter einer Aufbauorganisation versteht man die betriebliche Organisation, die einzelne **Kompetenzen** (= *Zuständigkeiten*) der verschiedenen **Instanzen** (= *Stellen*) und ihre Rangordnung regelt.

Um die Gesamtaufgabe einer Unternehmung, z. B. die gewinnbringende Herstellung und Veräußerung von chemischen Erzeugnissen, zu erfüllen, müssen alle innerbetrieblichen Stellen nach einem festgelegten Konzept zusammenarbeiten, dies gilt auch für mittlere und große Betriebe. Unter einer Stelle versteht man die kleinste betriebliche Gliederungseinheit, die auf einen gedachten Aufgabenträger ausgerichtet ist. Sie ist aber unabhängig von einer bestimmten Person und damit unabhängig von einem Personenwechsel. Die Stellenbeschreibung ist eine notwendige Ergänzung des Organisationsplanes. Mit ihr werden folgende Punkte schriftlich beschrieben:

● *der Aufgabenbereich,*
● *der Kompetenz- und Verantwortungsbereich,*
● *die Stellenanforderungen,*
● *die Stelleneingliederung.*

Wenn eine Stelle Leitungsbefugnisse hat, spricht man von einer Instanz. Einer Instanz sind also andere Stellen unterstellt.

Beispiel:

Der Fertigungsleiter eines Industriebetriebes stellt eine Instanz dar. Ihm sind der Meister der Arbeitsverteilung, der Meister für Instandhaltung und sonstige Meister unterstellt. Diese Meister empfangen ihre Anweisungen von dem Fertigungsleiter und geben Anweisungen an die Arbeiter ihres Bereiches. Sie stellen also auch Instanzen dar. Die Arbeiter empfangen ihre Anweisungen von den Meistern, können aber ihrerseits keine Anweisungen erteilen. Sie haben also keine Leitungsbefugnis und sind daher keine Instanzen.

Hinter jeder Aufbauorganisation steht ein bestimmtes **Führungssystem**. In diesem System sind die einzelnen Stellen und Instanzen unter dem Gesichtspunkt der Leitungsbefugnis miteinander verbunden (= *Hierarchie*). Die wichtigsten Führungssysteme werden im folgenden dargestellt:

● **das Liniensystem**

Das Liniensystem verkörpert das Prinzip des Instanzenweges, bei dem der Betriebsleiter alle Entscheidungen trifft. Das System zeichnet sich durch eine einheitliche Leitung und einen klaren Entscheidungsaufbau aus. Alle Entscheidungen laufen von oben nach unten; jede Instanz auf dem Weg nach unten muß eingeschaltet werden. Dies führt dazu, daß ein langer Instanzenweg eingehalten werden muß, es dauert also, bis eine Anweisung des Betriebsleiters zur Ausführung gelangt. Alle Abteilungen auf einer Ebene sind voneinander völlig unabhängig und können sich gegenseitig keine Anweisungen erteilen.

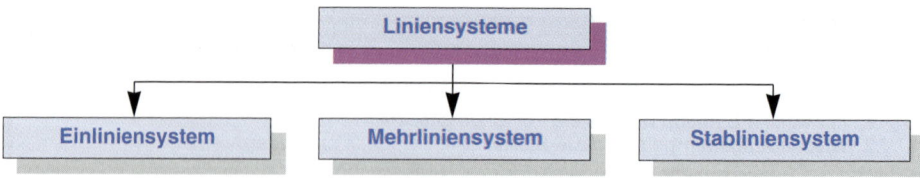

- **Einliniensystem**

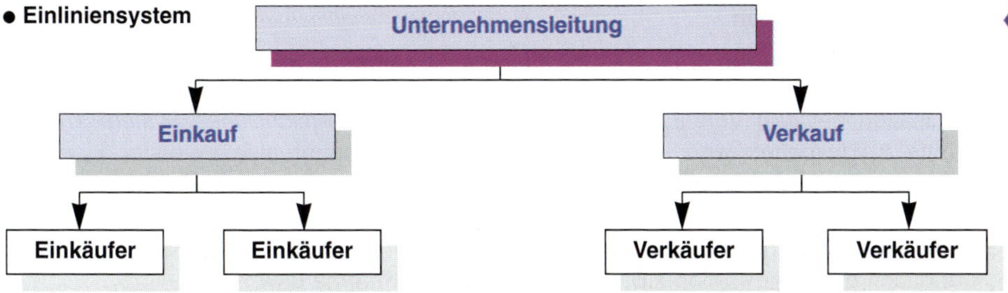

Unternehmensleitung
Einkauf
Verkauf
Einkäufer
Einkäufer
Verkäufer
Verkäufer

Vorteile: – einfach, klar, überschaubar
– eindeutige Kompetenzabgrenzung

Nachteile: – Schwerfälligkeit der Organisation
– langer Instanzenweg

- **Mehrliniensystem**

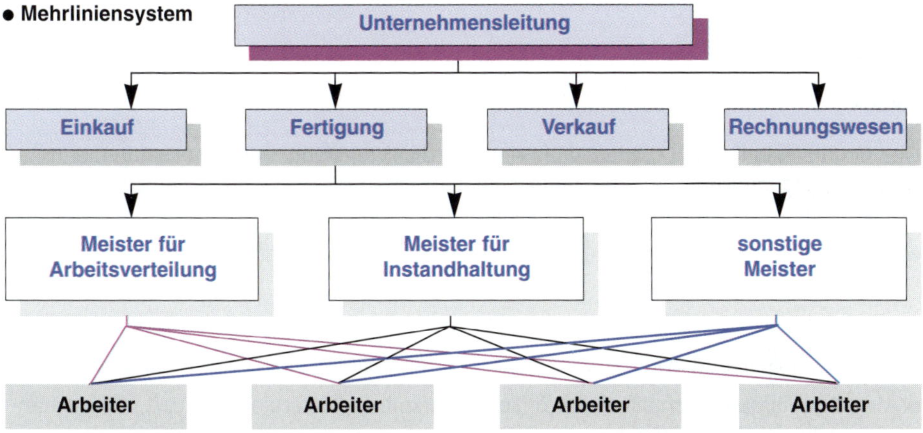

Unternehmensleitung
Einkauf
Fertigung
Verkauf
Rechnungswesen
Meister für Arbeitsverteilung
Meister für Instandhaltung
sonstige Meister
Arbeiter
Arbeiter
Arbeiter
Arbeiter

Vorteile: – Möglichkeit der Spezialisierung
– schnellere Entscheidungsmöglichkeiten

Nachteile: – Unübersichtlichkeit der Betriebsleitung
– keine einheitliche Linie für den Mitarbeiter bei seiner Arbeitsausführung

- **Stabliniensystem**

Stabstellen, in denen Fachleute tätig sind, beraten die jeweilige Instanz. Die Stäbe sind Gehilfen des Managements und habe keine Weisungsbefugnis. Das Stabliniensystem hat den Vorteil einheitlicher Willensbildung und der Heranbildung fachkundiger Spezialisten.

Stab Planung
Unternehmensleitung
Stab Organisation
Stab Entwurf
Fertigungsleiter
Kaufmännischer Leiter
Stab Recht
Meister
Meister
Gruppenleiter
Gruppenleiter
Arbeiter
Sachbearbeiter

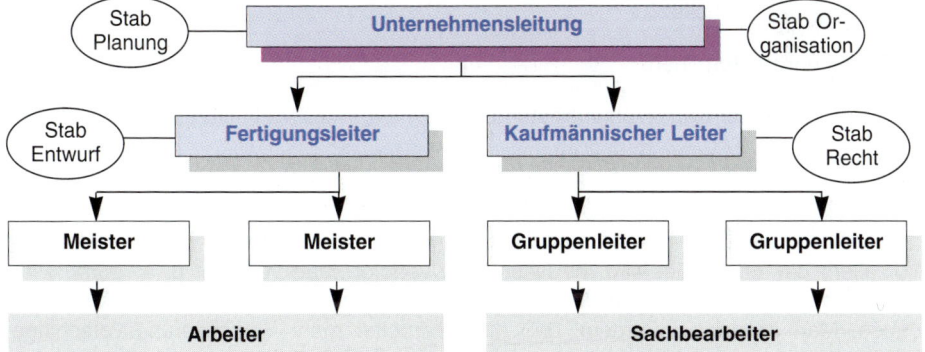

? *Welches Führungssystem bevorzugen Sie? (Begründen Sie Ihre Antwort.)*

● **Spartenorganisation**

In Großbetrieben lassen sich unterschiedliche Produktionszweige (Erzeugnisgruppen) unter gemeinsamer Leitung vollkommen unabhängig voneinander organisieren. Diese Organisation hat den Vorteil, daß ein sonst *großes unübersichtliches System in Teilsysteme aufgespalten* wird. Die Spartenorganisation kommt also in erster Linie für Großbetriebe in Frage. Die Spartenleiter sind in den meisten Fällen auch für die Gewinnerzielung verantwortlich (= profit-center). Eine Möglichkeit der Spartenbildung ist die Gliederung nach Fertigerzeugnisgruppen oder nach Produkten. Bei der Bayer AG untergliedert sich die Organisation z.B. in Farben, Fasern, Pharma usw.

2.2.2 Ablauforganisation

Die Organisation des Arbeitsablaufes regelt die Verteilung der Arbeitsaufgabe unter Berücksichtigung zeitlicher und räumlicher Gesichtspunkte auf die Mitarbeiter und die Betriebsmittel. *Die Arbeitsablauforganisation legt u.a. fest:*

● die *Arbeitszuordnung* an einen bestimmten Stelleninhaber entsprechend der Aufbauorganisation,

● *Reihenfolge* und *Verrichtungsweise* der Arbeiten,

● die *Arbeitszeit*, und zwar die Zeitdauer und den Zeitpunkt für Anfang und Ende,

● den *Arbeitsraum* nach sinnvoller örtlicher Verkettung hintereinander und nebeneinander abzuwickelnder Aufgaben.

Ziel der Arbeitsablaufplanung sind besonders:

● kürzeste Auftragsdurchlaufzeiten,

● gleichmäßige Auslastung der Stellen,

● störungsfreier Arbeitsfluß,

● Einhalten von Terminen,

● Maximierung der Kapazitätsauslastung,

● *den Arbeitsablauf zu rationalisieren und die Arbeit humaner zu machen.*

Vor allem das letzte Ziel wird mit Nachdruck verfolgt. Man versucht u. a. *durch Einführung der Teamarbeit die Motivation der Mitarbeiter zu steigern* und Fehlzeiten abzubauen. Man erwartet außerdem, daß die Mitarbeiter mehr Verbesserungsvorschläge machen, die gut bezahlt werden.

● **Spartenorganisation**

2.2.1/2

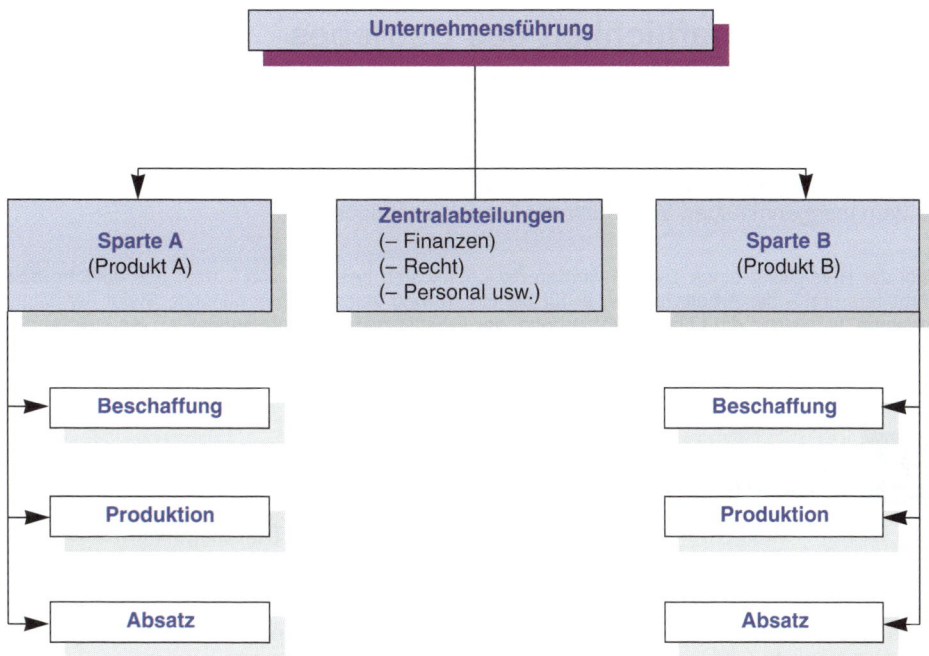

1. *Worin sehen Sie die Hauptvorteile der Spartenorganisation im Vergleich zur Linienorganisation?*
2. *Welche Nachteile hat diese Organisationsform?*

Eine halbe Million Mark pro Jahr spart BMW durch Gerald Eckmann ein. Dem Montagearbeiter fiel auf, daß bei einem Wärmeschutzblech ein paar Zentimeter überflüssig waren. Belohnung: 100.000 Mark.

2.2.2/1

1. *Warum ist es für Betriebe so wichtig, daß Mitarbeiter Verbesserungsvorschläge machen?*
2. *Werden in Ihrem Ausbildungsbetrieb Verbesserungsvorschläge entsprechend bezahlt?*
3. *Formulieren Sie einen Verbesserungsvorschlag, den Sie Ihrem Chef vorlegen könnten.*

3 Bedeutung der Gesamtkosten für die Wirtschaftlichkeit des Betriebes

Ein Betrieb erzeugt Leistungen. Dafür werden Produktionsfaktoren, z.B. Arbeit, Betriebsmittel und Werkstoffe, eingesetzt bzw. verbraucht. Diesen Verbrauch (Werteverzehr) nennt man Kosten. Die Höhe der Kosten wird in erster Linie bestimmt von:

● den Preisen der Produktionsfaktoren und
● dem mengenmäßigen Verbrauch der Produktionsfaktoren.

Beispiel:
Bei der Herstellung eines Tisches werden die Lohnkosten bestimmt von – dem Stundenlohn des Arbeiters und – der Arbeitszeit, die er für die Herstellung eines Tisches benötigt. Steigt der Stundenlohn, so steigen die Lohnkosten; benötigt der Arbeiter mehr Zeit zur Herstellung, so steigen die Lohnkosten auch.

3.1 Fixe und variable Kosten

Die Gesamtkosten (K) können in fixe (K_f) und variable Kosten (K_v) aufgeteilt werden:

$$K = K_f + K_v$$

Fixe Kosten sind von der Ausbringungsmenge (= Menge der produzierten Erzeugnisse) unabhängig, sie fallen auch an, wenn in einem Abrechnungszeitraum nichts produziert wird. Variable Kosten sind von der Ausbringungsmenge abhängig, sie entstehen erst bei der Produktion, z. B. Fertigungsmaterial und Fertigungslöhne beim Akkordlohn.

Der wesentliche Grund für die Entstehung von fixen Kosten ist darin zu sehen, daß bei jedem Betrieb Kosten anfallen, die von der Inanspruchnahme der betrieblichen Anlagen unabhängig sind, z. B.:

● Zinskosten für das Fremdkapital
● Raumkosten: Mieten, Abschreibungen
● Instandhaltungskosten
● Versicherungen, Beiträge
● Gehälter, z. B. für den Nachtwächter und den Pförtner usw.

Ein Teil der fixen Kosten beruht auf festen vertraglichen Bindungen, die der Betrieb eingegangen ist, z.B. Personalverträge, Mietverträge usw. Diese Kosten sind also erst durch betriebliche Entscheidungen zu fixen Kosten geworden. Nur auf sehr lange Sicht sind auch sie veränderbar, da rechtliche Bindungen durch eine betriebliche Entscheidung auch wieder gelöst werden können.

3.2 Einzel- und Gemeinkosten

Nach der Art der Verrechnung lassen sich Einzel- und Gemeinkosten unterscheiden:

Einzelkosten können den Kostenträgern (Erzeugnis, Serie, Auftrag) direkt zugerechnet werden, d.h. sie werden von der Kostenartenrechnung ohne Verrechnung über die Kostenstellenrechnung auf die betrieblichen Leistungen in der Kostenträgerrechnung kalkuliert. Variable Kosten sind Einzelkosten, da sie bei der Produktion eines Erzeugnisses entstehen und dem Erzeugnis direkt zugerechnet werden können.

Aufgabe: Gegeben ist folgende Kostenstruktur eines Unternehmens, das Küchenmaschinen herstellt:
Fixkosten (K_f) 60.000,00 DM/Monat, variable Kosten pro Stück (K_V) 120,00 DM/Stück, Kapazitätsgrenze 2000 Stück/Monat.
Die Verkaufserlöse betragen 200,00 DM/Stück.

DM $\quad$ x	0	250	500	750	1000	1500	2000
K_f				60000			
K_V	0	30000	60000	90000	120000	180000	240000
K	60000	90000	120000	150000	180000	240000	300000
E	0	50000	100000	150000	200000	300000	400000

Legende: K_V = gesamten variablen Kosten, K = Gesamtkosten, E = Erlöse, x = Ausbringungsmenge

1. *Bei welcher Ausbringungsmenge kommt das Unternehmen in den Gewinnbereich?*
2. *Stellen Sie die gesamten Stückkosten (S), die fixen Stückkosten (K_f) und den Verkaufserlös pro Stück (p) für die angegebenen Ausbringungsmengen in einer Tabelle dar.*
3. *Warum sinken die fixen Stückkosten (K_f)?*

Aufwand				
neutraler Aufwand			Aufwand für die betriebliche Leistungsabwicklung (Zweckaufwand)	
betriebsfremder Aufwand	außerordentlicher Aufwand	bewertungsbedingter Aufwand		

Dieser Zweckaufwand entspricht den sog. Grundkosten in der Kontenklasse 4 des Einheitskontenrahmens	Die Grundkosten sind zu ergänzen um die Zusatzkosten (Kalkulatorische Kosten)
Kosten	

1. *Erläutern Sie am Schema, was man unter Aufwand und Kosten versteht.*
2. *Bringen Sie Beispiele aus Ihrem Berufsfeld/Beruf für Aufwand und Kosten.*
3. *Wie können Kosten gesenkt werden?*

Gemeinkosten lassen sich den Kostenträgern nicht direkt zurechnen, da sie durch mehrere oder alle Leistungen der Kostenbereiche verursacht worden sind. Ihre Kostenträgerzurechnung erfolgt indirekt, und zwar über Schlüsselgruppen, die in der Kostenstellenrechnung meist mit Hilfe des Betriebsabrechnungsbogens (BAB) ermittelt werden. Fixe Kosten sind überwiegend Gemeinkosten.

3.3 Aufgaben der Kostenrechnung

Die Hauptaufgaben sind:
- **Kalkulation** der betrieblichen Leistungen
- **Kostenkontrolle,** Kontrolle der Wirtschaftlichkeit
- **Dispositive Aufgaben:** Ermittlung der Kostendaten für betriebliche Dispositionen, z. B. zur Verkaufssteuerung (Preispolitik, Preisuntergrenzen, Sortimentszusammensetzung)
- **Bewertungsaufgaben:** Insbesondere Ermittlung der Grundlagen zur Bewertung der Halb- und Fertigerzeugnisse sowie der selbsterstellten Anlagen in der Handels- und Steuerbilanz sowie der kurzfristigen Erfolgsrechnung.

Da der Preis der Produkte meistens vom Markt, d. h. von der Konkurrenz, vorgegeben wird, spielt die Kostenstruktur eines Unternehmens eine immense Bedeutung im Kampf um Marktanteile und beim erfolgreichen Wettbewerb. Gewinne gibt es erst, wenn die Erlöse des Verkaufs größer sind als die entstandenen Kosten (Aufwendungen).

4 Ziele und Erfolgsmaßstäbe eines Betriebes

Nach den Eigentumsverhältnissen kann man Betriebe wie folgt unterscheiden:

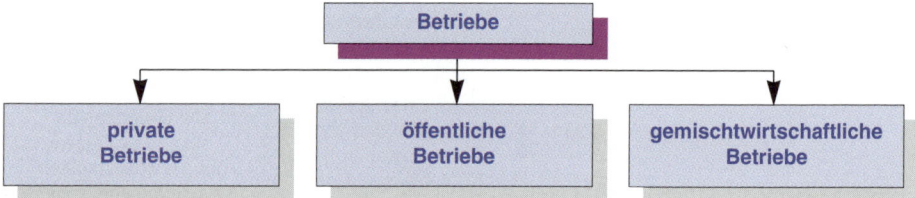

Öffentliche Betriebe sind in der Hand von Bund, Ländern und/oder Kommunen, gemischtwirtschaftliche Betriebe werden von staatlicher Seite unter Beteiligung Privater betrieben. Öffentliche und private Betriebe unterscheiden sich meistens in den Zielen, die sie verfolgen.

4.1 Betriebliche Ziele

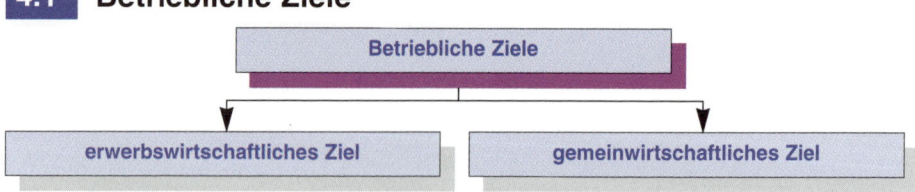

Gewinnmaximierung, d. h. bestmögliche Verzinsung des eingesetzten Kapitals **bei privaten Betrieben**

Kostendeckung oder angemessener Gewinn bei Betrieben des Staates und der Gemeinden **bei öffentlichen Betrieben**

Aufgaben der Kostenarten-, Kostenstellen- und Kostenträgerrechnung

Die **Kostenartenrechnung** (KAR) hat die Aufgabe, alle in einer Abrechnungsperiode angefallenen Kosten zu erfassen und nach bestimmten Gesichtspunkten zu gliedern. Die Fragestellung der KAR lautet: Welche Kostenarten sind in welcher Höhe angefallen?

Die **Kostenstellenrechnung** (KSR) hat die Aufgabe, die Gemeinkosten nach dem Verursacherprinzip auf die Kostenstellen, in der Regel mit Hilfe eines Betriebsabrechnungsbogen (BAB) zu verteilen. Die wichtigsten Teilaufgaben sind: Verteilung der primären Gemeinkosten auf die Kostenstellen, Durchführung der innerbetrieblichen Leistungsverrechnung und Bildung von Kalkulationssätzen. Die Fragestellung der KSR lautet: Wo sind welche Kosten in welcher Höhe angefallen?

Die **Kostenträgerrechnung** (KTR) hat als Kostenträgerstückrechnung, auch als Kalkulation, Stückkostenrechnung bzw. Selbstkostenrechnung bezeichnet, die Aufgabe, die bei der Leistungserstellung angefallenen Kosten auf die Kostenträger zu verrechnen (Ermittlung der Stückkosten der Kostenträger); dabei werden bei entsprechend ausgestalteter Kostenrechnung den betrieblichen Leistungen die Einzelkosten direkt, d. h. ohne die KSR zu durchlaufen, die Gemeinkosten indirekt, d.h. der in der KSR ermittelnden Kalkulationssätze, zugerechnet. Die Kostenträgerrechnung hat als Kostenträgerzeitrechnung die Aufgabe, die in einer Periode insgesamt angefallenen Kosten nach Leistungsarten differenziert zu ermitteln. Die Fragestellung lautet: Wofür sind welche Kosten in welcher Höhe pro Stück bzw. pro Leistungsart angefallen?

1. *Erläutern Sie die Aufgaben der Kostenarten-, Kostenstellen- und Kostenträgerrechnung.*
2. *Wie unterscheiden sich die Kostenarten-, die Kostenstellen- und die Kostenträgerrechnung?*

Betriebsarten	Zielsetzungen	Beispiele	
erwerbswirtschaftliche Betriebe	Gewinnerzielung (Gewinnprinzip)	Kaufhaus	4.1/1
gemeinwirtschaftliche Betriebe	Bedarfsdeckung (Kostendeckungsprinzip)	Schule	
genossenschaftliche Betriebe	Vorteile für Mitglieder	Konsumgenossenschaft	

1. *Wie ergänzen sich erwerbs- und gemeinwirtschaftliche Betriebe in der Gesamtwirtschaft?*
2. *Erläutern Sie die Zielsetzungen der unterschiedlichen Betriebsarten.*
3. *Nennen Sie weitere Beispiele.*

4.1.1 Ziele erwerbswirtschaftlicher Betriebe

Erwerbswirtschaftliche Betriebe verfolgen in erster Linie das Ziel der Gewinnmaximierung, damit die Eigentümer eine möglichst hohe Verzinsung des eingesetzten Kapitals erhalten. Daneben werden auch noch andere Ziele verfolgt:

● Erhaltung bzw. Erhöhung des Marktanteils,
● Steigerung des Umsatzes,
● Umweltschutz,
● Arbeitsplätze anbieten und Mitarbeiter an das Unternehmen binden (z. B. durch Teamarbeit, Fort- und Weiterbildung und durch freiwillige Sozialleistungen).

4.1.2 Ziele gemeinwirtschaftlicher Betriebe

Gemeinwirtschaftliche Betriebe sollen die bestmögliche Versorgung der Bürger mit bestimmten Waren und Dienstleistungen sicherstellen. Dabei sollen in erster Linie die Kosten gedeckt werden, aber auch die Erzielung eines angemessenen Gewinns ist erstrebenswert. Wenn dies nicht möglich ist, sind diese Betriebe sogar auf Zuschüsse der öffentlichen Hand angewiesen. Gemeinwirtschaftliche Betriebe sind z. B. Stadtwerke (Wasserwerke, Elektrizitätswerke usw.), Deutsche Bahn AG, Deutsche Post AG, AOK, Theater, Universitäten, ZDF und ARD u.a.

4.2 Betriebliche Kenngrößen

Betriebe werden durch den Konkurrenzkampf auf dem Absatzmarkt gezwungen, betriebstechnisch und betriebsorganisatorisch mit der Zeit zu gehen. Sie müssen ständig bestrebt sein, die Kosten niedrig zu halten. Auf diese Weise gewinnen sie Spielraum für ihre Preispolitik. Mit Hilfe der Zahlen, die das betriebliche Rechnungswesen zur Verfügung stellt, werden betriebliche Kenngrößen gebildet. Sie bilden die Grundlage sorgfältiger und gewissenhafter Entscheidungen. Betriebliche Kenngrößen sind Produktivität, Wirtschaftlichkeit und Rentabilität. Sie dienen der Betriebskontrolle und liefern gleichzeitig Unterlagen für die betriebliche Disposition. Durch einen Vergleich mit Branchendurchschnittszahlen kann auch der Erfolg des Betriebes besser beurteilt werden.

Betriebliche Kenngrößen sind auch entscheidende Argumentationsfaktoren bei Tarifverhandlungen. Löhne sollten nicht stärker steigen als die Produktivität.

Ist die Produktivität in bestimmten Regionen niedriger als in anderen (vgl. alte und neue Bundesländer), können nicht die gleichen Löhne gezahlt werden, wenn die Betriebe mit niedriger Produktivität wirtschaftlich produzieren wollen. Verglichen werden aber auch deutsche und ausländische Firmen hinsichtlich der Produktivität (z. B. deutsche und japanische Automobilhersteller), damit man ihre Konkurrenzfähigkeit auf nationalen und internationalen Märkten beurteilen kann. Rentabilität ist eine betriebliche Kenngröße, die die Investitionsbereitschaft beeinflußt. Ist die Investitionsbereitschaft groß, werden auch Arbeitsplätze geschaffen.

Betriebliche Kenngrößen

Produktivität	=	$\dfrac{\text{Ausbringungsmenge (Output)}}{\text{Faktoreinsatzmenge (Input)}}$
Arbeitsproduktivität	=	$\dfrac{\text{Ausbringungsmenge}}{\text{Arbeitsstunden}}$
Maschinenproduktivität	=	$\dfrac{\text{Ausbringungsmenge}}{\text{Maschinenlaufzeit (Stunden)}}$
Wirtschaftlichkeit	=	$\dfrac{\text{Leistungen}}{\text{Kosten}}$

?

Das betriebliche Rechnungswesen eines Computerherstellers weist für die Jahre 1993–1995 folgende Darten aus:

Jahr	1993	1994	1995
Beschäftigte	30	28	26
Lohn pro Arbeitsstunde in DM	18,00	20,00	21,00
Arbeitsstunden insgesamt	76.800	71.680	66.560
Weitere Kosten in DM	100.000,00	80.000,00	60.000,00
Verkaufspreis des Computers in DM	4000,00	3800,00	3500,00
Produzierte und verkaufte Computer	500	530	570
Maschinenlaufzeit in Stunden	500	520	555

1. Berechnen Sie die Arbeitsproduktivität, Maschinenproduktivität und die Wirtschaftlichkeit für die Jahre 1993, 1994 und 1995.
2. Warum kann die Wirtschaftlichkeit sinken, obwohl die Arbeitsproduktivität steigt?

4.2/2

Eigenkapitalrentabilität (Unternehmerrentabilität)	=	$\dfrac{\text{Reingewinn} \times 100}{\text{Eigenkapital}}$
Gesamtkapitalrentabilität (Unternehmungsrentabilität)	=	$\dfrac{(\text{Reingewinn} + \text{Fremdkapitalzinsen}) \times 100}{\text{Gesamtkapital}}$
Umsatzrentabilität	=	$\dfrac{\text{Reingewinn} \times 100}{\text{Umsatz}}$

?

Das betriebliche Rechnungswesen eines Betriebes weist folgende Daten aus: Eigenkapital 720.000,00 DM, Fremdkapital 240.000,00 DM, Reingewinn 108.000,00 DM, Fremdkapitalzinssatz 8 %, Umsatzerlöse 5,4 Mio DM.
Berechnen Sie die Eigenkapitalrentabilität, die Gesamtkapitalrentabilität und die Umsatzrentabilität.

Betriebswirtschaftliche Produktionsfaktoren	Betriebswirtschaftliche Produktionsfaktoren sind: 1. Elementarfaktoren: – Arbeit, Betriebsmittel und Werkstoffe 2. Dispositiver Faktor = Betriebsführung Aufgabe: Kombination der Elementarfaktoren
Begriffe: Betrieb und Unternehmung	Unternehmung = rechtliche Wirtschaftseinheit Betrieb = Produktionsstätte

Betriebsarten	Man unterscheidet nach
	a) Art der erstellten Leistung:
	  – Sachleistungsbetriebe und
	  – Dienstleistungsbetriebe
	
	b) nach der Betriebsgröße:
	  – Kleinbetriebe, Mittelbetriebe und Großbetriebe.

Standortwahl	Bei der Standortwahl werden folgende Faktoren unterschieden: a) internationale, nationale, lokale und innerbetriebliche Faktoren, b) gebundene und freie Faktoren, c) Materialorientierung, Abgabenorientierung, Verkehrsorientierung, Arbeitsorientierung, Energieorientierung und Absatzorientierung
Finanzierung	Eigen- und Fremdkapital
Aufgaben des Betriebes	Hauptfunktionen des Betriebes sind: – Beschaffung, Produktion und Absatz

Struktur des Betriebes	a) Aufbauorganisation:
	  – Liniensystem
	  – Spartenorganisation
	b) Ablauforganisation

Kostenarten	a) nach Abhängigkeit von der Ausbringungsmenge unterscheidet man:
	  – fixe und variable Kosten
	b) nach der Art der Verrechnung:
	  – Einzel- und Gemeinkosten

Betriebliche Ziele	– erwerbswirtschaftliches Ziel – gemeinwirtschaftliches Ziel
Betriebliche Kenngrößen	– Produktivität, Wirtschaftlichkeit und Rentabilität

Wissen

1 Welche Produktionsfaktoren unterscheidet man in der Betriebswirtschaftslehre?
2 Wodurch unterscheiden sich die Elementarfaktoren von dem dispositiven Faktor?
3 Welche Aufgabe hat der dispositive Faktor?
4 Wodurch unterscheiden sich die Begriffe „Unternehmung" und „Betrieb"?
5 Welche Betriebsarten unterscheidet man:
　a) nach Art der erstellten Leistungen,
　b) nach Betriebsgröße?
6 Wodurch unterscheiden sich Handwerks- und Industriebetriebe?
7 Was versteht man unter internationaler, nationaler, lokaler und innerbetrieblicher Standortwahl, was unter gebundenem und freiem Standort?
8 Nennen Sie die wichtigsten Faktoren der Standortwahl.
9 Wie sind Aktiv- und Passivseite der Bilanz gegliedert?
10 Welche Vorteile hat die Finanzierung durch Eigenkapital?
11 Welche Aufgaben erfüllt ein Betrieb?
12 Wodurch unterscheiden sich fixe und variable Kosten?
13 Wodurch unterscheiden sich Einzel- und Gemeinkosten?
14 Welche Ziele verfolgen
　a) private Betriebe,
　b) öffentliche Betriebe?
15 Geben Sie an, wie die betrieblichen Kenngrößen berechnet werden.

Erkennen und Werten

1 Warum untergliedert man die menschliche Arbeit bei den Produktionsfaktoren der BWL?
2 Ist Ihrer Meinung nach der voraussichtliche Wandel der Arbeitswelt positiv zu werten?
3 Warum hat das Handwerk in bestimmten Branchen Probleme, Auszubildende zu bekommen?
4 Würden Sie lieber in einem Klein- oder Großbetrieb arbeiten?
5 Erkundigen Sie sich, welche Standortfaktoren für Ihren Ausbildungsbetrieb maßgeblich waren.
6 Welche Standortfaktoren sprechen Ihrer Meinung nach
　a) für den Standort Bundesrepublik Deutschland,
　b) welche dagegen?
7 Was müßte getan werden, den Standort Bundesrepublik Deutschland attraktiver zu gestalten?
8 Welche Einbußen würden Sie in Kauf nehmen, damit der Standort Bundesrepublik Deutschland attraktiver wird?
9 Warum ist die Pflegeversicherung wichtig?
10 Erkundigen Sie sich über die
　– Aufbauorganisation,
　– Ablauforganisation Ihres Betriebes und
　stellen Sie diese in Ihrer Klasse dar.
11 Bilden Sie Beispiele für Zielkonflikte zwischen betrieblichen Zielen und dem Gemeinwohl.

V. Unternehmensformen und -zusammenschlüsse

1 Unternehmensformen

Je nach **Größe** eines Unternehmens, den Möglichkeiten der **Kapitalbeschaffung,** der Bereitschaft der Eigentümer, mit ihrem Vermögen zu haften, wählen die Betriebe ihre Rechtsform. Diese **rechtlichen Verfassungen** der Betriebe regeln die Rechtsbeziehungen gegenüber den Kapitalgebern und Mitarbeitern (Innenverhältnis) sowie den Lieferanten und Kunden (Außenverhältnis).

Wichtige Punkte für die Wahl der Rechtsform der Unternehmung sind:

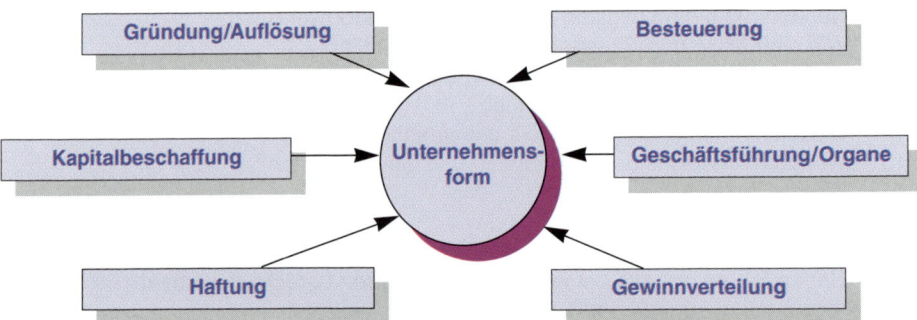

Im einzelnen können die Rechtsformen der Unternehmung wie folgt eingeteilt werden:

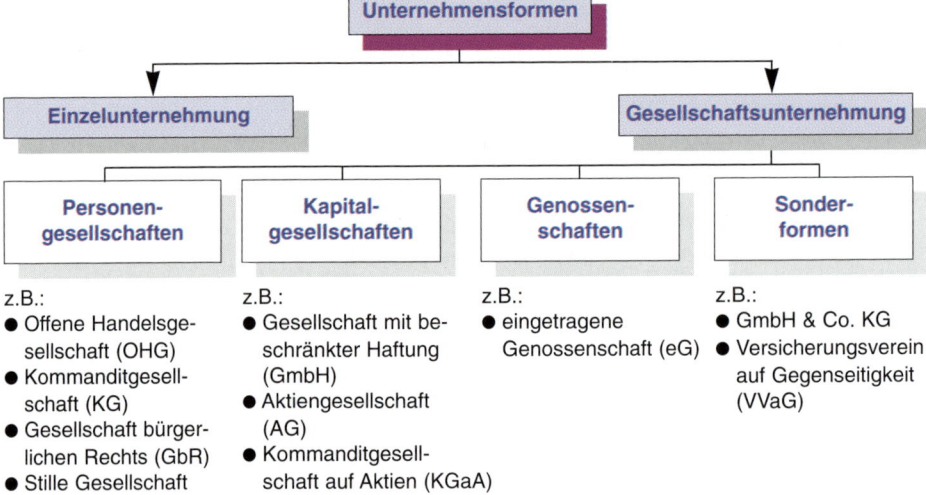

Personen-gesellschaften	Kapital-gesellschaften	Genossen-schaften	Sonder-formen
z.B.: ● Offene Handelsge-sellschaft (OHG) ● Kommanditgesell-schaft (KG) ● Gesellschaft bürger-lichen Rechts (GbR) ● Stille Gesellschaft	z.B.: ● Gesellschaft mit be-schränkter Haftung (GmbH) ● Aktiengesellschaft (AG) ● Kommanditgesell-schaft auf Aktien (KGaA)	z.B.: ● eingetragene Genossenschaft (eG)	z.B.: ● GmbH & Co. KG ● Versicherungsverein auf Gegenseitigkeit (VVaG)

Für alle diese Rechtsformen gelten nicht die gleichen Gesetze. Von der Unternehmensform ist es abhängig, ob die Bestimmungen des **Handelsgesetzbuches** (HGB), des **Aktiengesetzes** (AktG), des **GmbH-Gesetzes** (GmbHG), des **Genossenschaftsgesetzes** oder auch andere Gesetze angewendet werden.

Nachfolgend werden die wichtigsten Unternehmensformen dargestellt.

Quelle: VAW Aluminium AG
Hauptverwaltung einer AG

Landwirt

1. Wodurch unterscheiden sich die abgebildeten Betriebe
   a) in bezug auf den Kapitalbedarf?
   b) in bezug auf die Haftung?
2. Welcher Betrieb stellt höhere Anforderungen an die Führung?
3. Welche Überlegungen macht die Größe des Betriebes bei der Wahl der Rechtsform notwendig?

1.1 Einzelunternehmen

Der Einzelunternehmer gründet seinen Betrieb formlos mit seinem privaten Geld, die Unternehmung wird ins Handelsregister (Abteilung A) eingetragen, und die Firma muß den ausgeschriebenen Vor- und Zunamen des Unternehmers enthalten. Wenn das vorhandene Eigenkapital nicht ausreicht, muß der Einzelunternehmer Kredite aufnehmen. Da die Banken hierbei Sicherheiten verlangen, sind die Beschaffungsmöglichkeiten für Fremdkapital beschränkt, sie hängen auch vom Privatvermögen des Unternehmers ab. Der Einzelunternehmer trifft alle Entscheidungen alleine und trägt dafür auch die volle Verantwortung. **Er entscheidet allein** über die Verwendung des erwirtschafteten Gewinns, bei Verlusten haftet er mit seinem gesamten Vermögen, auch seinem Privatvermögen. Die Auflösung der Einzelunternehmung erfolgt durch freiwilligen Entschluß (Liquidation), Konkurs oder Tod des Inhabers.

Gründung:	Geschäftsführung:	Gewinn/Verlust:
formlos; Handelsregistereintrag	durch Einzelunternehmer allein	Einzelunternehmer erhält Gewinn und trägt Verlust
Haftung:	Finanzierung:	Auflösung:
Einzelunternehmer haftet unbeschränkt	Eigenkapital; Kredite; stille Gesellschafter	freiwilliger Entschluß; Konkurs; Tod des Inhabers

Die **Einzelunternehmung** ist in Deutschland **weit verbreitet**. Man findet sie hauptsächlich im Handwerk, bei kleineren und mittleren Handelsunternehmen und im Dienstleistungsbereich.

1.2 Personengesellschaften

Eine Personengesellschaft liegt vor, wenn mehrere Personen eine Unternehmung gemeinsam betreiben und mindestens eine Person mit ihrem gesamten Privat- und Geschäftsvermögen haftet. Die Rechtsvorschriften über Personengesellschaften sind im Handelsgesetzbuch (HGB) geregelt. Häufig werden Einzelunternehmungen in Personengesellschaften umgewandelt, um

● der Unternehmung neues Eigenkapital zuzuführen,
● die Kreditwürdigkeit zu erhöhen und damit höhere Kredite erhalten zu können,
● Risiko und Haftung auf mehrere Personen zu verteilen,
● Verwandte (z. B. Kinder) am Unternehmen zu beteiligen.

Die bedeutendsten Personengesellschaften sind die **offene Handelsgesellschaft (OHG)** und die **Kommanditgesellschaft (KG)**.
Eine **stille Gesellschaft** ist nach außen nicht erkennbar. Name und Beteiligung des stillen Gesellschafters werden nicht ins Handelsregister eingetragen. Seine Einlage geht ins Vermögen des Inhabers über, dafür ist der stille Teilhaber angemessen am Gewinn beteiligt (im Gesellschaftsvertrag geregelt). Eine Sonderform der Personengesellschaften stellt die Gesellschaft bürgerlichen Rechts dar. Sie ist im BGB geregelt.

Fall 1

Peter Fischer (26 Jahre) aus Bautzen möchte eine Elektroeinzelhandlung mit angeschlossener Reparaturwerkstatt eröffnen. Er hat eine abgeschlossene Lehre als Radio- und Fernsehmechaniker. Außerdem hat er sich in der Volkshochschule Kenntnisse in Betriebswirtschaftslehre und Buchführung angeeignet. Seine Ersparnisse betragen 50.000,00 DM. Zudem hat er im letzten Jahr ein Einfamilienhaus geerbt, dessen Wert auf 250.000,00 DM geschätzt wird.

Fall 2

Albert Maier (24 Jahre) aus Leipzig möchte eine Elektroeinzelhandlung eröffnen. Er hat eine abgeschlossene Lehre als Einzelhandelskaufmann im Lebensmittelbereich. Seine Ersparnisse betragen 2.000,00 DM. Ansonsten besitzt er kein Vermögen.

1. *Wem würden Sie die Gründung eines Elektroeinzelhandelsgeschäftes als Einzelunternehmen empfehlen? Begründen Sie Ihre Entscheidung.*
2. *Mit welcher Firma könnten die Betriebe ins Handelsregister eingetragen werden?*
3. *Was müßte Albert Maier Ihrer Meinung nach machen, damit Sie ihm die Gründung eines Elektrogeschäftes empfehlen könnten?*

Vor- und Nachteile der Einzelunternehmung	
Vorteile	**Nachteile**
– Der Einzelunternehmer hat die alleinige Entscheidungsbefugnis. Dies ermöglicht schnelle Entscheidungen und rasche Reaktionen auf neue Gegebenheiten. – Meinungsverschiedenheiten sind ausgeschlossen. – Der Einzelunternehmer muß seinen Gewinn nicht teilen.	– Der Einzelunternehmer muß das Eigenkapital allein aufbringen (begrenzte Finanzierungsmöglichkeiten). Dies kann notwendige oder gewünschte Betriebserweiterungen verhindern. – Der Einzelunternehmer trägt das Verlustrisiko allein. – Der Einzelunternehmer haftet auch mit seinem Privatvermögen für die Unternehmensschulden. – Die Gefahr von Fehlentscheidungen ist größer als bei Gesellschaftsunternehmen.

1.1/2

1. *Welche Voraussetzungen müssen, wenn Sie die dargestellten Vor- und Nachteile betrachten, Ihrer Meinung nach erfüllt sein, um ein Einzelunternehmen zu gründen?*
2. *Warum ist die Gefahr von Fehlentscheidungen bei Einzelunternehmungen größer als bei Gesellschaftsunternehmen?*

1.2.1 Offene Handelsgesellschaft (OHG)

HGB § 105 (1): „Eine Gesellschaft, deren Zweck auf den Betrieb eines Handelsgewerbes unter gemeinschaftlicher Firma gerichtet ist, ist eine offene Handelsgesellschaft, wenn bei keinem der Gesellschafter die Haftung gegenüber den Gesellschaftsgläubigern beschränkt ist."

Die OHG ist somit eine Unternehmensform, die in der Regel den vollen Einsatz der Gesellschafter und ein großes Vertrauen untereinander fordert. Die Rechtsform der OHG wird vor allem von kleineren und mittleren Gewerbebtrieben gewählt. Oft handelt es sich dabei um ein Familienunternehmen.

Die wichtigsten Regelungen über die OHG sind in der nachfolgenden Übersicht zusammengestellt.

Gründung		Geschäftsführung	
	Gesellschaftsvertrag Kapitalaufbringung Eintragung ins HRA		Alle Gesellschafter sind berechtigt und verpflichtet.
Firma		**Haftung**	
Peter Maier OHG Elektronik	Namen aller Gesellschafter oder Name eines Gesellschafters mit Zusatz (OHG, & Co., und Sohn)	unmittelbar unbeschränkt solidarisch mit Privat- und Betriebsvermögen	
Gewinn	**Verlust**	**Finanzierung**	
4 % des Kapitals, der Rest nach Köpfen, häufig werden im Gesellschaftsvertrag andere Regelungen vorgesehen	nach Köpfen	Erhöhung der Kapitaleinlagen, Aufnahme neuer Gesellschafter, Bankkredite (abhängig vom Vermögen der Gesellschafter)	
Besteuerung		**Auflösung**	
	Einkommensteuerpflicht der einzelnen Gesellschafter zum Zeitpunkt der Gewinnentstehung. Die OHG ist kein selbständiges Steuersubjekt.	Konkurs, Liquidation, Tod eines Gesellschafters (es kann jedoch im Gesellschaftsvertrag vereinbart werden, daß die Gesellschaft weitergeführt wird).	Peter Maier OHG Elektronik

Wenn im Gesellschaftsvertrag nichts anderes vereinbart wurde, wird der Gewinn einer OHG nach § 121 HGB wie folgt verteilt: 4 % auf die Kapitaleinlage, der Rest nach Köpfen.

Beispiel:
Eine OHG hat im abgelaufenen Geschäftsjahr einen Gewinn von 131.000,00 DM erwirtschaftet. Die Gesellschafter und ihre Einlagen sind:

1.2.1/1

Gesellschafter	Einlage
Peter Schneider	100.000,00 DM
Frank Groß	70.000,00 DM
Heinz Klein	30.000,00 DM

1. Berechnen Sie, wieviel Gewinn jeder der Gesellschafter erhält.
2. Warum hat der Gesetzgeber festgelegt, daß neben der 4 prozentigen Verzinsung des Eigenkapitals der Rest nach Köpfen verteilt wird?
3. Welche anderen, außer den gesetzlichen Regelungen über die Gewinnverteilung könnten Ihrer Meinung nach im Gesellschaftsvertrag aufgenommen sein?

Fall

1.2.1/2

Nachdem Johannes Schmitt sein Bauunternehmen drei Jahre erfolgreich geführt hat, stellt sich für ihn die Frage, ob er nicht einen Partner für den kaufmännischen Bereich aufnehmen soll. Der wachsende Umsatz erfordert es, daß er als Maurermeister verstärkt auf den Baustellen anwesend sein muß, um die technischen Probleme zu lösen. Einen geeigneten Gesellschafter findet er in Karl Körner, einem kaufmännischen Angestellten, der auch eine größere Geldsumme in das Unternehmen einbringen kann.

1. Welche Vorteile hat die Umwandlung seines Betriebes in eine OHG für Schmitt, welche Nachteile bringt es mit sich?
2. Unter welcher Firma kann die OHG ins Handelsregister eingetragen werden?

Neue Gesellschaftsform

1.2.1/3

In der Europäischen Gemeinschaft (EG) wird es ab 1. Januar 1989 eine übernationale Gesellschaftsform geben. Notarkammern weisen darauf hin, daß diese „Europäische Wirtschaftliche Interessenvereinigung (EWIV)" besonders kleinen und mittleren Unternehmen, aber auch Freiberuflern, die grenzüberschreitende Zusammenarbeit erleichtern soll.
Einer EWIV, die einer offenen Handelsgesellschaft vergleichbar ist, müssen Mitglieder aus mindestens zwei EG-Ländern angehören.

Quelle: Südkurier Konstanz

1. Warum war es Ihrer Meinung nach notwendig, eine europäische Rechtsform für kleine und mittlere Unternehmen zu schaffen?
2. Welche Regelungen bezüglich Haftung, Gewinnverteilung und Geschäftsführung gelten für die EWIV, wenn sie mit einer OHG vergleichbar ist?

1.2.2 Kommanditgesellschaft (KG)

§ HGB § 161 (1): „Eine Gesellschaft, deren Zweck auf den Betrieb eines Handelsgewerbes unter gemeinschaftlicher Firma gerichtet ist, ist eine Kommanditgesellschaft, wenn bei einem oder bei einigen von den Gesellschaftern die Haftung gegenüber den Gesellschaftsgläubigern auf den Betrag einer bestimmten Vermögenseinlage beschränkt ist (Kommanditisten), während bei dem anderen Teil der Gesellschafter eine Beschränkung der Haftung nicht stattfindet (persönlich haftende Gesellschafter = Komplementäre).“

Dem Komplementär (Vollhafter) ermöglicht die Aufnahme von Kommanditisten (Teilhafter) die Erhöhung des Eigenkapitals, ohne dem Geldgeber Einfluß auf die Unternehmung einzuräumen.

Gründung		Geschäftsführung	
	Gesellschaftsvertrag Kapitalaufbringung Eintragung ins HRA		Alle Komplementäre sind berechtigt und verpflichtet. Kommanditisten haben ein Informationsrecht und können bei außergewöhnlichen Geschäften widersprechen.
Firma		**Haftung**	
Peter Maier KG Elektronik	Namen aller Komplementäre oder Name eines Komplementärs mit Zusatz (KG)	Komplementär: unmittelbar mit Privat- und Betriebs- vermögen	Kommanditist: beschränkt nach Höhe der Ein- lage
Gewinn	**Verlust**	**Finanzierung**	
4 % des Kapitals, der Rest nach Risikoanteilen, häufig werden im Gesellschaftsvertrag andere Regelungen vorgesehen	nach Köpfen		Erhöhung der Kapitaleinlagen, Aufnahme neuer Kommanditisten, Bankkredite (abhängig vom Vermögen der Komplementäre)
Besteuerung		**Auflösung**	
	Einkommensteuerpflicht der einzelnen Gesellschafter zum Zeitpunkt der Gewinnentstehung. Die KG ist kein selbständiges Steuersubjekt.		Konkurs, Liquidation, Tod eines Komplementärs (es kann jedoch im Gesellschafts- vertrag vereinbart werden, daß die Gesellschaft weitergeführt wird).

1.2.2/1

Fall 1:

Erich Weiß (64 Jahre) führt als Einzelunternehmer eine Elektrogroßhandlung. Er hat drei Kinder: Ein Sohn ist Prokurist im Geschäft von Weiß, ein Sohn ist Lehrer und seine Tochter ist Ärztin. Erich Weiß möchte seine Firma an seine Kinder vererben. Der Lehrer und die Tochter sind geschäftsunkundig und möchten auch nicht mit ihrem ganzen Vermögen für ein Geschäft haften, das sie nicht führen können. Die Umwandlung der Elektrogroßhandlung in eine OHG scheidet deshalb aus.

1. *Welche Rechtsform würden Sie Erich Weiß empfehlen?*
2. *Welche Vorteile hat die Umwandlung in eine KG?*
3. *Wie sind die Haftungsverhältnisse, wenn Erich Weiß den Sohn, der bereits als Prokurist im Betrieb tätig ist, zum Komplementär und die beiden anderen Kinder zu Kommanditisten macht?*

1.2.2/2

Fall 2:

Erich Weiß hat seinen Sohn Peter als Komplementär in die Firma aufgenommen, sein Sohn Karl und seine Tochter Eva sind Kommanditisten. Im Gesellschaftsvertrag wurde vereinbart, daß das eingelegte Kapital mit 4 % verzinst wird, die Vollhafter erhalten jeweils 50.000,00 DM vom Gewinn für ihre Tätigkeiten als Geschäftsführer, der Rest wird nach Köpfen verteilt. Der Gewinn im abgelaufenen Geschäftsjahr betrug 184.000,00 DM.

Gesellschafter	Einlage
Erich Weiß (Komplementär)	140.000,00 DM
Peter Weiß (Komplementär)	20.000,00 DM
Karl Weiß (Kommanditist)	20.000,00 DM
Dr. Eva Weiß (Kommanditist)	20.000,00 DM

1. *Berechnen Sie, wieviel Gewinn jeder Gesellschafter erhält.*
2. *Warum ist es sinnvoll, daß die Vollhafter bei der Verteilung des Gewinns stärker berücksichtigt werden?*
3. *Wodurch unterscheidet sich die Gewinnverteilung im dargestellten Beispiel von der gesetzlichen Regelung zur Gewinnverteilung bei der OHG?*

1.2.2/3

1. *Welche Gründe gibt es, Kommanditisten aufzunehmen?*
2. *Welche Rechte hat der Kommanditist und welche Risiken geht er ein?*

1.2.3 Gesellschaft bürgerlichen Rechts (GbR)

§ BGB § 705: „Durch den Gesellschaftsvertrag verpflichten sich die Gesellschafter gegenseitig, die Erreichung eines gemeinsamen Zweckes in der durch den Vertrag bestimmten Weise zu fördern, insbesondere die vereinbarten Beiträge zu leisten."

Die GbR hat keine Firma, wird nicht ins Handelsregister eingetragen und zahlt keine Gewerbesteuer. *Alle Gesellschafter haften mit ihrem Privatvermögen.* Alle Gesellschafter führen die Geschäfte gemeinsam, Gewinn und Verlust werden nach gleichen Anteilen verteilt.

Beispiele für Gesellschaften bürgerlichen Rechts sind:
- Mehrere Personen bilden eine Lotteriegemeinschaft.
- Mehrere Personen finanzieren gemeinsam einen Ausflug.

Peter Maier
Dr. Jur. Karl Schmitt

Rechtsanwälte

Hier baut das Land Sachsen
Ausbau der Landesstraße 5

Arbeitsgemeinschaft

Hochbau GmbH
Straßenbau AG

- Zwei Unternehmen wollen gemeinsam ein Bauprojekt durchführen.
- Zwei Rechtsanwälte unterhalten gemeinsam eine Praxis.

In all diesen Fällen schließen sich Personen dauernd oder vorübergehend zur Erreichung eines bestimmten Zieles zu einer „Gesellschaft bürgerlichen Rechts" zusammen.

1.3 Kapitalgesellschaften

Kapitalgesellschaften besitzen eine eigene **Rechtspersönlichkeit,** d. h. sie werden vom Recht wie Menschen behandelt. Als **juristische Personen** können sie kaufen und verkaufen, mieten und vermieten, Eigentümer werden und vor Gericht klagen und verklagt werden. Die Gesellschaften haften nicht mit ihrem Privatvermögen, die Gläubiger können nur auf das Gesellschaftsvermögen zurückgreifen. Die beiden bekanntesten Formen sind die **Gesellschaft mit beschränkter Haftung (GmbH)** und die **Aktiengesellschaft (AG).** Vor allem die eingeschränkte Haftung hat dafür gesorgt, daß viele Unternehmensneugründungen in den letzten Jahren Kapitalgesellschaften waren. Die oftmals geringe Eigenkapitalausstattung, vor allem von Gesellschaftern mit beschränkter Haftung, hatte zur Folge, daß bei Konkursen die GmbHs an der Spitze lagen.

133

1.2.3/1

Gesellschaft bürgerlichen Rechts
Auszug aus dem BGB:

§

§ 706 (1): Die Gesellschafter haben in Ermangelung einer anderen Vereinbarung gleiche Beiträge zu leisten.

§ 708: Ein Gesellschafter hat bei der Erfüllung der ihm obliegenden Verpflichtungen nur für diejenige Sorgfalt einzustehen, welche er in eigenen Angelegenheiten anzuwenden pflegt.

§ 709 (1): Die Führung der Geschäfte der Gesellschaft steht den Gesellschaftern gemeinschaftlich zu; für jedes Geschäft ist die Zustimmung aller Gesellschafter erforderlich.

§ 711: Steht nach dem Gesellschaftsvertrage die Führung der Geschäfte allen oder mehreren Gesellschaftern in der Art zu, daß jeder allein zu handeln berechtigt ist, so kann jeder der Vornahme eines Geschäfts durch den anderen widersprechen. Im Falle des Widerspruchs muß das Geschäft unterbleiben.

§ 722 (1): Sind die Anteile der Gesellschafter am Gewinn und Verluste nicht bestimmt, so hat jeder Gesellschafter ohne Rücksicht auf die Art und die Größe seines Beitrags einen gleichen Anteil am Gewinn und Verluste.

1. *Wodurch unterscheidet sich die Gesellschaft bürgerlichen Rechts von der OHG?*
2. *Eine Lotteriegemeinschaft besteht aus 3 Mitspielern, die unterschiedlich hohe Einzahlungen geleistet haben. Wie wird ein Gewinn verteilt, wenn vertraglich nichts darüber vereinbart wurde?*
3. *Vier Freunde beschließen, gemeinsam einen Urlaub auf Mallorca zu verbringen. Einer von ihnen soll die Buchung vornehmen. Auf der Fahrt ins Reisebüro verursacht dieser schuldhaft einen Verkehrsunfall. Wer haftet für den entstandenen Schaden?*

Die 6 größten Industrieunternehmen in der Bundesrepublik Deutschland (1994)

1.3/1

Rang	Unternehmen	Branche	Umsatz in Mill. DM	Beschäftigte in 1000
	Daimler-Benz AG	Automobilbau	104	330,6
	Siemens AG	Elektro	85	382
	Volkswagen AG	Automobilbau	80	244
	Veba AG	Gemischt	61	126,9
	Deutsche Telekom AG	Telekommunikation	61	225,4
	Hoechst AG	Chemie	49	169,8

Quelle: Handelsblatt

1. *Welche Rechtsform haben die 6 größten deutschen Industrieunternehmen?*
2. *Warum ist es nicht vorstellbar, daß diese Unternehmen als Einzelunternehmen geführt werden?*

1.3.1 Gesellschaft mit beschränkter Haftung (GmbH)

GmbHG § 13:
(1) Die Gesellschaft mit beschränkter Haftung als solche hat selbständig ihre Rechte und Pflichten; sie kann Eigentum und andere dingliche Recht an Grundstücken erwerben, vor Gericht klagen und verklagt werden.
(2) Für die Verbindlichkeiten der Gesellschaft haftet den Gläubiger derselben nur das Gesellschaftsvermögen.

Gründung	Geschäftsführung
Gesellschaftsvertrag Stammeinlage, zusammen mindestens 50.000,00 DM Eintragung ins HR Handelsregister B	Weisung Kontrolle Geschäftsführer Gesellschafter- versammlung Bei mehr als 500 Arbeitnehmern Aufsichtsrat
Firma	**Haftung**
Peter Maier GmbH Hausbau GmbH Mibola GmbH — Name eines Gesellschafters, Gegenstand des Unternehmens, Phantasiename jeweils mit Zusatz GmbH	**beschränkt** Nachschuß- pflicht der Gesell- schafter **auf** das Gesellschaftsvermögen nach Vertrag
Gewinn **Verlust**	**Finanzierung**
Beteili- gung nach Ge- winn- anteilen keine Gewinnaus- schüttung, bis Verlust abgedeckt ist	Nachschußzahlungen der Gesellschafter, Aufnahme neuer Gesellschafter, Bankkredite (abhängig vom Gesellschaftsvermögen)
Besteuerung	**Auflösung**
GmbH ist selb- ständiges Steuer- subjekt mit Kör- perschaft- und Vermögensteuer- pflicht. Einkommen- und Vermögensteuer- pflicht der Ge- sellschafter	Hausbau GmbH Ablauf der vertraglich festgelegten Zeit, Beschluß der Gesellschafter (Liquida- tion), Konkurs

HRB 8554 – 18. November 1993; BERGI-Plast GmbH, Berggießhübel (Kirchberg 26). Gegenstand des Unternehmens: Entwicklung von technischen Verfahren und Geräten für die Kunststoffverarbeitung und Herstellung und Vertrieb von Kunststoffgegenständen und sonstigen plastischen Erzeugnissen einschließlich zugehöriger Hilfsstoffe. Stammkapital: 100.000,00 DM. Geschäftsführer: Rolf Epperlein, Langenhennersdorf–Bahra. Prokura zusammen mit einem Geschäftsführer: Hannelore Hanske, Berggießhübel GmbH mit Gesellschaftsvertrag vom 15. Oktober 1991. Die Gesellschafterversammlung vom 29. Juni 1993 hat die Änderung des § 1 (Sitz, bisher Reken) der Satzung beschlossen. Ist nur ein Geschäftsführer bestellt, so vertritt er die Gesellschaft allein. Sind mehrere Geschäftsführer bestellt, so wird die Gesellschaft entweder durch zwei Geschäftsführer oder durch einen Geschäftsführer zusammen mit einem Prokuristen vertreten. Hannelore Hanske ist nicht mehr Geschäftsführer. Nicht eingetragen: Bekanntmachungsblatt ist der Bundesanzeiger.

HRB – 19. November 1993: BAUHAUF GmbH Hoch- und Tiefbau, Coswig (Naundorfer Str. 30). Gegenstand des Unternehmens: Bauleistungen im Hoch– und Tiefbau, Sanierung von Altbauten, ferner Errichtung von Neubauten. Stammkapital: 50.000,00 DM. Geschäftsführer: Hendrik Fuchs, Maurer, Dresden; Helge Harzdorf, Bauingenieur, Coswig. GmbH mit Gesellschaftsvertrag vom 17. März 1993 und Nachtrag vom 15. Juni 1993. Ist nur ein Geschäftsführer bestellt, so vertritt er die Gesellschaft allein. Sind mehrere Geschäftsführer bestellt, so wird die Gesellschaft entweder durch zwei Geschäftsführer oder durch einen Geschäftsführer zusammen mit einem Prokuristen vertreten. Jedoch vertreten die Geschäftsführer Hendrik Fuchs, Helge Harzdorf stets einzeln. Sie sind befugt, die Gesellschaft bei der Vornahme von Rechtsgeschäften mit sich selbst oder als Vertreter eines Dritten uneingeschränkt zu vertreten. Nicht eingetragen: Bekanntmachungsblatt ist der Bundesanzeiger.

1.3.1/1

Handelsregister-Auszug

1. Welche Aussagen über die GmbH können Sie aus dem Handelsregisterauszug entnehmen?
2. Warum müssen die Handelsregisterauszüge veröffentlicht werden?

Rechte der Gesellschafter

1.3.1/2

Recht auf Gewinnanteil im Verhältnis der Geschäftsanteile. (Bei Verlust werden die freiwilligen Rücklagen aufgelöst oder Nachschüsse gefordert.)
Weitgehendes Mitverwaltungsrecht auch der nicht geschäftsführenden Gesellschafter:
– Feststellung der Jahresbilanz und Verteilung des Reingewinns
– Forderung von Einzahlungen auf die Stammeinlage
– Anforderung und Rückzahlung von Nachschüssen, Teilung und Einziehung von Geschäftsanteilen (Kaduzierung)

– Bestellung, Entlastung, Abberufung von Geschäftsführern
– Wahl des Aufsichtsrates
– Maßregeln zur Prüfung und Überwachung der Geschäftsführer
– Bestellung von Prokuristen und Handlungsbevollmächtigten
– Geltendmachen von Ersatzansprüchen gegen Geschäftsführer und Mitgesellschafter
– Vertretung der GmbH in Prozessen gegen die Geschäftsführung
– Satzungsänderungen

1. Vergleichen Sie die Rechte eines Gesellschafters einer GmbH mit denen eines Gesellschafters einer OHG.
2. Halten Sie es für sinnvoll, daß ein Gesellschafter auch Geschäftsführer der GmbH ist?

Beispiel:	Einzel-unternehmen	Personen-gesellschaften	GmbH	AG	Sonstige
1994	6044	946	11670	36	128

1.3.1/3

1. Warum liegen die GmbHs bei den Insolvenzen an der Spitze?
2. Was müssen die Gesellschafter einer GmbH machen, um das Insolvenzrisiko zu vermindern?

1.3.2 Aktiengesellschaft (AG)

§

AktG § 1:
(1) Die Aktiengesellschaft ist eine Gesellschaft mit eigener Rechtspersönlichkeit. Für die Verbindlichkeiten der Gesellschaft haftet den Gläubigern nur das Gesellschaftsvermögen.
(2) Die Aktiengesellschaft hat ein in Aktien zerlegtes Grundkapital.

Die Aktionäre sind als Eigentümer der Aktie die Miteigentümer der AG. Der Aktionär ist in Höhe des Nennwertes, der auf der Aktie aufgedruckt ist, am Geschäftskapital beteiligt. Der **Nennwert** muß mindestens 5,00 DM betragen, höhere Nennwerte müssen auf volle hundert DM lauten. Der Aktionär kann jederzeit seine Aktie verkaufen. Der Preis, den er dafür erzielt, ergibt sich aus Angebot und Nachfrage. Er kann erheblich vom Nennwert abweichen. Man nennt ihn den **Kurswert** der Aktie.

Gründung	Organe
Satzung, Grundkapital, mindestens 100.000,00 DM, Eintragung ins HRB Handelsregister B	Aufsichtsrat Vorstand Hauptversammlung
Firma	**Haftung**
Elektronik AG Gegenstand der Unternehmung mit Zusatz AG	**unbeschränkt** keine persönliche Haftung **mit** dem der Gesellschaftsvermögen Aktionäre
Gewinn **Verlust**	**Finanzierung**
Erhöhung der Rücklage Dividende keine Gewinnausschüttung, bis Verlust abgedeckt ist	Auflösung der Rücklagen, Ausgabe neuer Aktien, Ausgabe von Schuldverschreibungen, Bankkredite (abhängig von Gesellschaftsvermögen)
Besteuerung	**Auflösung**
AG ist selbständiges Steuersubjekt mit Körperschaft- und Vermögensteuerpflicht Einkommen- und Vermögensteuerpflicht der Aktionäre	Elektronik AG Beschluß der Hauptversammlung (Liquidation) Konkurs

Die Aufgaben der Organe der Aktiengesellschaft werden nachfolgend dargestellt.

1. Was wird durch die dargestellte Aktie verbrieft?
2. Wie hoch ist der Nennwert der Aktie?
3. Stellen Sie den aktuellen Kurswert der Aktie fest.

Aufgaben des Vorstandes

- Geschäftsführung
- Mindestens alle Vierteljahre Berichterstattung an den Aufsichtsrat
- Erstellung des Jahresabschlusses mit dem Lagebericht
- Einberufung der Hauptversammlung

- Beantragung von Konkurs und Vergleich Grundsätzlich sind die Vorstandsmitglieder Angestellte. Dies ist auch dann der Fall, wenn Aktionäre in den Vorstand berufen werden. Als Vergütung erhalten sie ein festes Gehalt und zusätzlich eine gewinnabhängige Tantieme.

1. Warum muß der Vorstand einer AG vierteljährlich an den Aufsichtsrat berichten?
2. Fordern Sie von einer AG den jährlichen Geschäftsbericht an. Was beinhaltet er?

Aufgaben des Aufsichtsrates

- Bestellung des Vorstandes und die Überwachung seiner Geschäftsführung
- Prüfung des Jahresabschlusses, des Lageberichts und des Gewinnverteilungsvorschlages des Vorstandes

- Berichterstattung an die Hauptversammlung über diese Prüfung
- Einberufung einer außerordentlichen Hauptversammlung, „wenn das Wohl der Gesellschaft es erfordert" (§ 111 AktG)

Zusammensetzung des Aufsichtsrates

Der Aufsichtsrat wird für vier Jahre gewählt.
Er besteht in der Regel aus Aktionärsvertretern (von der Hauptversammlung gewählt) und aus

Arbeitnehmervertretern (von der Belegschaft gewählt).

1. Warum ist der Aufsichtsrat „Mittler" zwischen Hauptversammlung und Vorstand?
2. Warum ist der Aufsichtsrat ein Organ der Mitbestimmung der Arbeitnehmer?

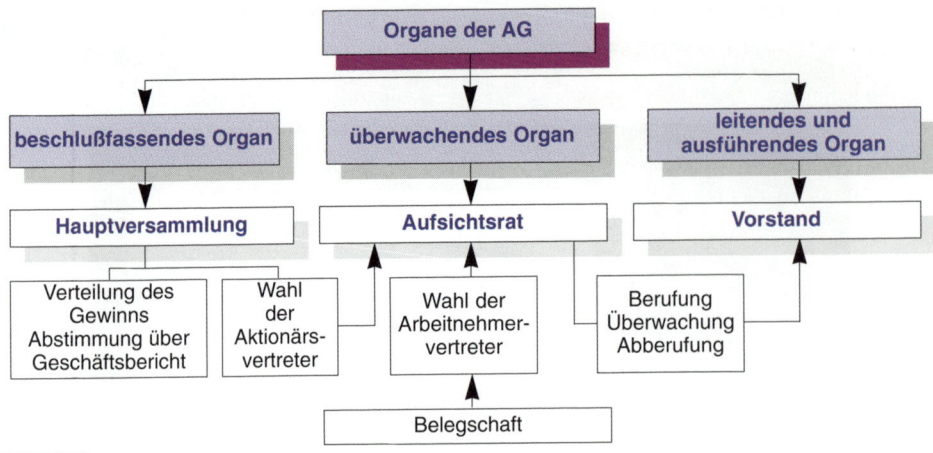

1.4 Genossenschaften

§ GenG § 1 (1): „Gesellschaften von nicht geschlossener Mitgliederzahl, welche die Förderung des Erwerbs oder der Wirtschaft ihrer Mitglieder mittels gemeinschaftlichen Geschäftsbetriebes bezwecken ... erwerben die Rechte einer ‚eingetragenen Genossenschaft' ..."

Gründung		Organe	
	Statut, Einzahlung auf Geschäftsanteile, mindestens 7 Gründer, Eintragung ins Genossenschaftsregister	Vorstand	Aufsichtsrat Generalversammlung
Firma		**Haftung**	
Bäckereieinkauf eG	Gegenstand der Unternehmung mit Zusatz eG	**unbeschränkt** **mit** dem Gesellschaftsvermögen	Nachschußpflicht der Genossen nach den Bestimmungen des Statuts
Gewinn	**Verlust**	**Finanzierung**	
wird vom Geschäftsguthaben zugeschrieben	wird vom Geschäftsguthaben abgezogen		Aufnahme neuer Genossen, Bankkredite (abhängig von der Mitgliederzahl und der Höhe der Einlagen)
Besteuerung		**Auflösung**	
eG ist selbständiges Steuersubjekt mit Körperschaft- und Vermögensteuerpflicht	Einkommen- und Vermögensteuerpflicht der Genossen	Bäckereieinkauf eG	Beschluß der Generalversammlung, Konkurs

Rechte der Hauptversammlung (§ 119 AktG)

1.3.2/4

– Wahl der Mitglieder des Aufsichtsrates nach den Mitbestimmungsregeln,
– Beschlußfassung über die Verwendung des Bilanzgewinnes,
– Entlastung der Mitglieder des Vorstandes und Aufsichtsrates von ihrer Haftpflicht, Bestellung der Abschlußprüfer,

– Beschlußfassung über Satzungsänderungen (3/4–Mehrheit), dazu gehört auch die Beschlußfassung über Kapitalerhöhung oder Kapitalherabsetzung,
– Bestellung von Gründungsprüfern,
– Auflösung der Gesellschaft (3/4-Mehrheit),
– Entscheidung über Vorlagen des Vorstandes, wenn es dieser verlangt.

Rechte der Aktionäre

– Recht auf Teilnahme an der Hauptversammlung
– Stimmrecht und Recht auf Auskunft in der Hauptversammlung

– Anspruch auf Anteil am Bilanzgewinn (Dividende)
– Rechte auf Bezug junger Aktien (Bezugsrecht)
– Recht auf Anteil am Liquidationserlös

Pflichten der Aktionäre

– Leistung der (bei Gründung) übernommenen Kapitaleinlage

– Haftung mit dem Wert der eigenen Aktien

1. Warum ist es wichtig, daß der Aktionär seine Interessen in der Hauptversammlung vertritt?
2. Welche Rechte haben Aktionäre nicht, obwohl sie Eigentümer der AG sind?

Arten der Genossenschaften

1.4/1

● Warenbezugs- oder Einkaufsgenossenschaften dienen Handwerkern, Händlern und Landwirten zum verbilligten Einkauf von Rohstoffen.
● Verbrauchergenossenschaften – sogenannte Konsumgenossenschaften – ermöglichen den preiswerten Einkauf für viele Verbraucher.
● Baugenossenschaften errichten für Ihre Mitglieder Mietwohnungen, Eigentumswohnungen und Eigenheime.
● Kreditgenossenschaften – Raiffeisen- und Volksbanken – gewähren ihren Mitgliedern zinsgünstige Kredite.

● Verwertungs-, Produktions- und Absatzgenossenschaften nehmen meist landwirtschaftliche Rohstoffe ab, verarbeiten sie weiter und verkaufen sie an den Verbraucher, z. B. Milch- und Molkereigenossenschaften, Winzergenossenschaften, Obst- und Gemüsegenossenschaften u.a.
● Dienstleistungsgenossenschaften stellen Wasser- und Energieversorgung (Wasserleitungs-, Elektrizitätsgenossenschaften) sicher, übernehmen die Nutzung von Sommerweiden, die Heutrocknung (Weide-, Trocknungsgenossenschaften), erbringen handwerkliche Dienstleistungen für Kunden (z. B. Friseur und Kosmetik).

1. Nennen Sie Genossenschaften, die Sie kennen und ordnen Sie sie den oben aufgezählten Arten zu.
2. Warum bezeichnet man die Genossenschaften als Instrumente der Hilfe zur Selbsthilfe?

2 Formen der Zusammenarbeit und Zusammenschlüsse von Unternehmen

Der zunehmende Konkurrenzdruck, insbesondere auf dem europäischen Binnenmarkt und dem Weltmarkt, führt immer häufiger dazu, daß Unternehmen in lockerer Form zusammenarbeiten **(Kooperation)** oder sich durch vertraglich geregelte, wirtschaftliche und rechtliche Bindung zusammenschließen **(Konzentration)**.

Ziele von Kooperation und Konzentration können sein:

- **Ausbau der Marktmacht** durch gemeinsame Vergrößerung des Marktanteils,
- **Absicherung der Beschaffungsmärkte** durch Bindung an den Lieferer von Rohstoffen,
- **Kostensenkung** durch Zusammenschlüsse von betrieblichen Teilbereichen (z. B.: günstigere Rabatte durch gemeinsame Beschaffung),
- **Verminderung des Risikos** durch Bindung an einen Hauptabnehmer.

> Oberziel: Erhöhung des Gewinns

Kooperation und Konzentration bringen den Betrieben Vorteile. Für die Verbraucher können jedoch Nachteile entstehen. Kooperation und Konzentration verringern die Konkurrenzsituation auf dem Markt. Negative Folgen daraus können sein:

- Die starke Marktstellung der Betriebe ermöglicht überhöhte Preise.
- Die fehlende Konkurrenz verringert die Angebotspalette.
- Die Marktmacht ermöglicht den Betrieben die Durchsetzung ihrer Interessen (zum Beispiel bei der Umweltschutzgesetzgebung).

Damit die Macht von Betrieben nicht überhand nimmt und dadurch der freie Wettbewerb geschädigt wird, wurde das **Bundeskartellamt in Berlin** geschaffen. Dieses Amt überwacht Kooperationen und Konzentrationen. Es kann Zusammenschlüsse von Unternehmen verbieten, wenn dadurch die Marktstellung dieser Unternehmen zu stark wird.

2.1 Formen von Kooperation und Konzentration

Unternehmen können sich, je nach Zielsetzung, zusammenschließen

- auf der gleichen Produktionsstufe **(horizontaler Zusammenschluß)**

Bsp.: Elektrogroßhandel – mit – Elektrogroßhandel – mit – Elektrogroßhandel

- auf nachgelagerten Produktionsstufen **(vertikaler Zusammenschluß)**

Bsp.: Bergwerk – mit – Hüttenwerk – mit – Walzwerk

- über unterschiedliche, nicht zusammenhängende Branchen hinweg **(anorganischer Zusammenschluß)**

Bsp.: Brauerei – mit – Lederwarenfabrik – mit – Elektrogroßhandel

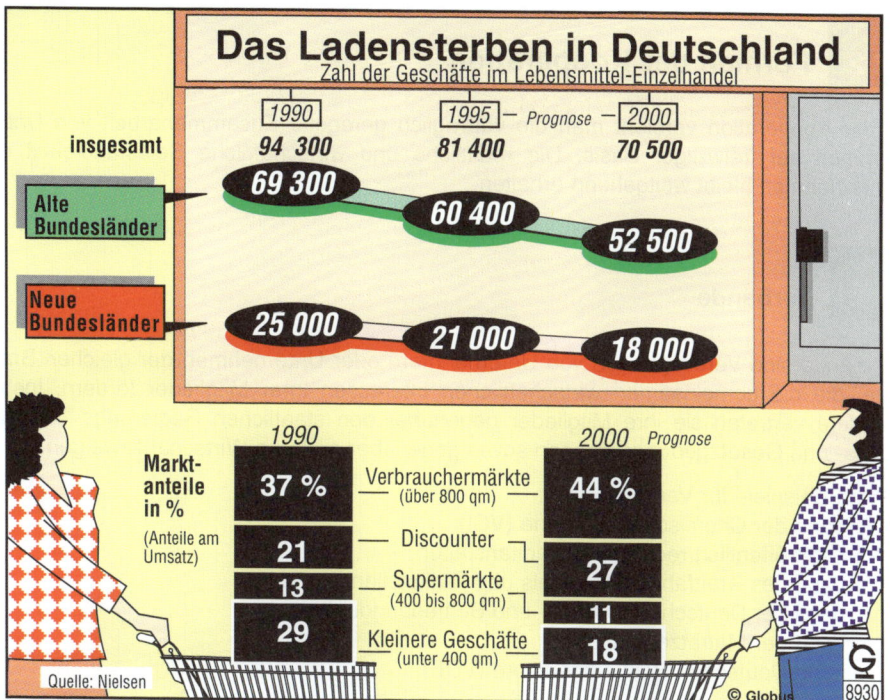

Das Ladensterben in Deutschland
Zahl der Geschäfte im Lebensmittel-Einzelhandel

	1990	1995 Prognose	2000
insgesamt	94 300	81 400	70 500
Alte Bundesländer	69 300	60 400	52 500
Neue Bundesländer	25 000	21 000	18 000

Marktanteile in % (Anteile am Umsatz)	1990		2000 Prognose
Verbrauchermärkte (über 800 qm)	37 %		44 %
Discounter	21		27
Supermärkte (400 bis 800 qm)	13		11
Kleinere Geschäfte (unter 400 qm)	29		18

Quelle: Nielsen

© Globus 8930

?

1. Welchen Zusammenhang zwischen dem „Ladensterben" und der Unternehmenskonzentration sehen Sie?
2. Wie kann Kooperation von kleinen Läden deren Überleben sichern helfen?

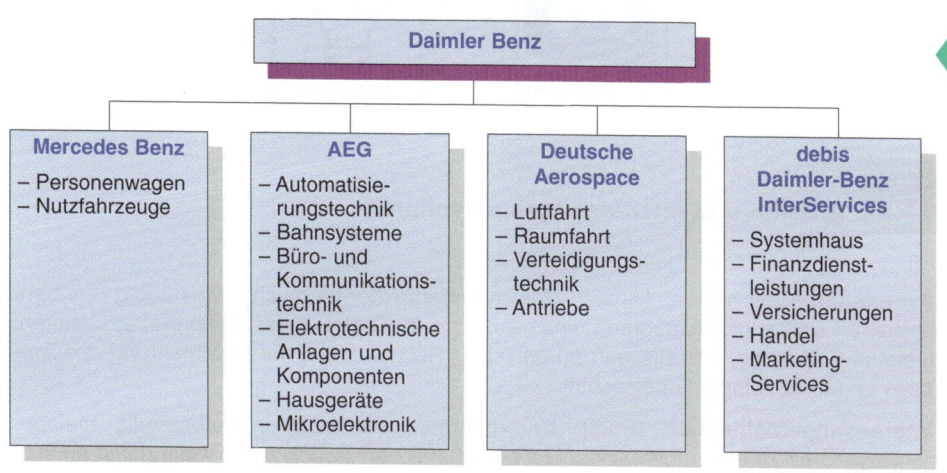

2.1/1

Daimler Benz

Mercedes Benz
– Personenwagen
– Nutzfahrzeuge

AEG
– Automatisierungstechnik
– Bahnsysteme
– Büro- und Kommunikationstechnik
– Elektrotechnische Anlagen und Komponenten
– Hausgeräte
– Mikroelektronik

Deutsche Aerospace
– Luftfahrt
– Raumfahrt
– Verteidigungstechnik
– Antriebe

debis Daimler-Benz InterServices
– Systemhaus
– Finanzdienstleistungen
– Versicherungen
– Handel
– Marketing-Services

?

1. Um welche Form des Zusammenschlusses handelt es sich beim Daimler-Benz-Konzern?
2. Nennen Sie Produkte dieses größten deutschen Konzerns.

2.2 Formen der Kooperation

Unter Kooperation versteht man die vertraglich geregelte Zusammenarbeit von Unternehmen auf freiwilliger Basis. Die rechtliche und wirtschaftliche Selbständigkeit der Unternehmen bleibt weitgehend erhalten.

2.2.1 Verbände

Verbände sind Vereinigungen von Unternehmern oder Unternehmen der gleichen Branche, die die gemeinsamen wirtschaftlichen Interessen ihrer Mitglieder fördern. Insbesondere vertreten sie ihre Mitglieder gegenüber den staatlichen Regierungs-, Verwaltungs- und Gesetzgebungsorganen sowie gegenüber anderen Wirtschaftszweigen.

Einige Beispiele für Verbände sind:
● Verband der Chemischen Industrie (VCI),
● Verband öffentlich-rechtlicher Kreditanstalten,
● Verband des Kraftfahrzeughandels und Tankstellengewerbes,
● Verband der Deutschen Daunen- und Bettfederindustrie,
● Verband der Matratzenindustrie,
● Verband Deutscher Elektroingenieure (VDE).

Außerdem werden häufig von Herstellern gleichartiger Erzeugnisse, die in einem Verband zusammengeschlossen sind, Gütezeichen als Gewähr für eine bestimmte Mindestqualität herausgegeben. Einige Beispiele für Qualitätszeichen sind:

2.2.2 Arbeits- und Interessengemeinschaften

Arbeitsgemeinschaften (Arge): Unternehmen, die rechtlich selbständig bleiben, schließen sich zur Durchführung eines Auftrags (z. B. Bau einer Autobahn) zusammen, meist in Form einer Gesellschaft bürgerlichen Rechts. Nach der Durchführung des Auftrags endet die Arbeitsgemeinschaft.

Interessengemeinschaft (Pool): Unternehmen, die rechtlich selbständig bleiben, schließen sich zu einem gemeinsamen wirtschaftlichen Zweck zusammen, meist auch in Form einer Gesellschaft bürgerlichen Rechts.

Gemeinsame Zwecke können sein:
● Gemeinsame Forschung,
● gemeinsame Nutzung von EDV-Anlagen,
● gemeinsame Werbung,
● gemeinsame Marktforschung.

Ihd

TRÄGERVEREIN
INSTITUT FÜR HOLZTECHNOLOGIE DRESDEN E.V.

Vorsitzender des Vorstandes des Trägervereins
Herr Rechtsanwalt Horst Peßnitz,
Hauptgeschäftsführer des Hauptverbandes der
Deutschen Holz und Kunststoffe verarbeitenden Industrie
und verwandter Industriezweige e.V., Wiesbaden
Vorsitzender des Kuratoriums des Trägervereins
Herr. Prof. Dr. Otfried Bloßfeld,
Abteilung Forstwirtschaft, Tharandt, der Technischen
Universität Dresden

Zu den Gründungsmitgliedern gehören:

Hauptverband der Deutschen Holz und Kunststoffe verarbeitenden Industrie und verwandter Industriezweige e.V.,
Wiesbaden

Verband der Deutschen Möbelindustrie e.V.,
Wiesbaden

Verband der Deutschen Büromöbelindustrie e.V.,
Wiesbaden

Verband Sitzmöbel- und Tischindustrie e.V.,
Wiesbaden

Verband der Deutschen Holzwerkstoffindustrie e.V.,
Gießen

Verband der Schnittholz- und Holzwarenindustrie
Sachsen-Anhalt e.V.,
Wernigerode

Verband der Holz- und kunststoffverarbeitenden Industrie
Berlin Brandenburg e.V., Berlin

Forschungsgemeinschaft Werkzeuge und Werkstoffe e.V.,
Remscheid

Deutsche Forschungsgesellschaft für Oberflächenbe-
handlung e.V.,
Düsseldorf

Firma Miolo & Cie. GmbH & Co.,
Warendorf

Aldra-Baulemente GmbH,
Meldorf

Technische Universität Dresden

SCHWEISSER SCHULE

der Handwerkskammer Dresden im DVS e.V.
SCHWEISSTECHNISCHE KURSSTÄTTE

- Die Schweißerschule der Handwerkskammer ist
  Mitglied des Deutschen Verbandes für
  Schweißtechnik e.V. und besitzt die Genehmi-
  gung zur schweißtechnischen Ausbildung des
  DVS

- Ausbildung in allen gängigen Schweißverfahren
  an unlegierten und niedriglegierten Stählen

- Schweißerlehrgänge enden mit DVS- und/oder
  DIN EN 287–1 Prüfungsbescheinigungen

- Wiederholungsprüfungen in allen Schweißverfahren

- Lehrgangsdurchführung in Tageslehrgängen
  oder auf Wunsch in Abendlehrgängen

- Voraussetzungen: Beherrschung der deutschen
  Sprache, normale körperliche und geistige Leistungsfähigkeit

HANDWERKSAKMMER DRESDEN
SCHWEISSERSCHULE
Kleine Packhofstraße 10
Postschließfach 034
01067 Dresden
Telefon (03 51) 4 95 10 33

1. *Welche Ziele werden mit der Gründung derartiger Verbände bzw. Vereine verfolgt?*
2. *Warum sind diese Vereine/Verbände für viele Bereiche/Berufe so wichtig?*

2.2.3   Kartelle

Kartelle sind **vertragliche Zusammenschlüsse** von Unternehmen des gleichen Wirtschaftszweigs, die **rechtlich selbständig** bleiben, **aber einen Teil ihrer wirtschaftlichen Selbständigkeit** aufgeben. Kartelle sollen in der Regel den Wettbewerb ausschließen oder einschränken. Deshalb wurden sie **im Gesetz gegen Wettbewerbsbeschränkungen (Kartellgesetz -GWB-)** weitgehend verboten. Nur bestimmte Ausnahmen sind erlaubt. Zuständig für die Überwachung ist das Bundeskartellamt.

Kartellarten		
Bezeichnung	**von den Kartellmitgliedern wird vertraglich festgelegt**	**gesetzliche Regelung**
● Preiskartell	Einheitliche Preisgestaltung	verboten
● Kalkulationskartell	Gleichartige Preisermittlung	
● Gebietskartell	Gebiete, in denen die Mitglieder ihre Waren absetzen dürfen	
● Produktionskartell (Quotenkartell)	Mengen, die von den Mitgliedern hergestellt werden dürfen	
● Strukturkrisenkartell	Gleichmäßige Produktionsbeschränkung bzw. Anpassung für die Mitglieder einer Branche	genehmigungspflichtig
● Rationalisierungskartell	Einheitliche Rationalisierungsmaßnahmen zur Verbesserung wirtschaftlicher und technischer Abläufe	
● Syndikat	Einkauf oder Verkauf der Mitglieder über gemeinsame Einkaufs- bzw. Verkaufsstellen	
● Konditionenkartell	Einheitliche Anwendung allgemeiner Geschäfts-, Lieferungs- und Zahlungsbedingungen	anmeldepflichtig (Bundeskartellamt hat Widerspruchsrecht)
● Rabattkartell	Gleichmäßige Rabattgewährung	
● Spezialisierungskartell	Rationalisierung durch Spezialisierung auf bestimmte Bauteile, Baugruppen oder Produkte	
● Ausfuhrkartell	Gemeinsames Vorgehen auf den Auslandsmärkten bezüglich der Preise und sonstiger Bedingungen	anmeldepflichtig
● Normungs- und Typisierungskartell	Einheitliche Anwendung von Normen und Typen	

Verstöße gegen das Kartellgesetz können mit erheblichen Geldstrafen geahndet werden.

Auszug aus dem Gesetz gegen Wettbewerbsbeschränkungen (Kartellgesetz –GWB–)

§

§ 1 (Unwirksamkeit wettbewerbsbeschränkender Vereinbarungen)
(1) Verträge, die Unternehmen oder Vereinigungen von Unternehmen zu einem gemeinsamen Zweck schließen, und Beschlüsse von Vereinigungen von Unternehmen sind unwirksam, soweit sie geeignet sind, die Erzeugnisse oder die Marktverhältnisse für den Verkehr mit Waren oder gewerblichen Leistungen durch Beschränkungen des Wettbewerbs zu beeinflussen. Dies gilt nicht, soweit in diesem Gesetz etwas anderes bestimmt ist.

§ 2 (Konditionenkartelle)
(1) § 1 gilt nicht für Verträge und Beschlüsse, die die einheitliche Anwendung allgemeiner Geschäfts–, Lieferungs– und Zahlungsbedingungen einschließlich der Skonti zum Gegenstand hat. Die Regelungen dürfen sich nicht auf Preise oder Preisbestandteile beziehen.

§ 4 (Strukturkrisenkartelle)
Die Kartellbehörde kann im Fall eines auf nachhaltige Änderung der Nachfrage beruhenden Absatzrückganges auf Antrag die Erlaubnis zu einem Vertrag oder Beschluß der in § 1 bezeichneten Art für Unternehmen der Erzeugung, Herstellung, Bearbeitung oder Verarbeitung erteilen, wenn der Vertrag oder Beschluß notwendig ist, um eine planmäßige Anpassung der Kapazität an den Bedarf herbeizuführen, und die Regelung unter Berücksichtigung der Gesamtwirtschaft und des Gemeinwohls erfolgt.

§ 5a (Spezialisierungskartelle)
§ 1 gilt nicht für Verträge und Beschlüsse, die die Rationalisierung wirtschaftlicher Vorgänge zum Gegenstand haben, wenn sie einen wesentlichen Wettbewerb auf dem Markt bestehen lassen.

§ 6 (Ausfuhrkartelle)
§ 1 gilt nicht für Verträge und Beschlüsse, die der Sicherung und Förderung der Ausfuhr dienen, sofern sie sich auf die Regelung des Wettbewerbs auf Märkten außerhalb des Geltungsbereiches dieses Gesetzes beschränken.

§ 15 (Nichtigkeit von Verträgen über Preisgestaltung oder Geschäftsbedingungen)
Verträge zwischen Unternehmen über Waren oder gewerbliche Leistungen, die sich auf Märkte innerhalb des Geltungsbereichs dieses Gesetzes beziehen, sind nichtig, soweit sie einen Vertragsbeteiligten in der Freiheit der Gestaltung von Preisen oder Geschäftsbedingungen bei solchen Verträgen beschränken, die er mit Dritten über die gelieferte Ware, über andere Waren oder über gewerbliche Leistungen schließt.

1. Fassen Sie § 1 des GWB mit Ihren Worten zusammen.
2. Was sind wettbewerbsbeschränkende Vereinbarungen? Bilden Sie 3 praktische Beispiele.
3. Warum hat der Gesetzgeber Ihrer Meinung nach bei Konditionen-, Strukturkrisen-, Spezialisierungs- und Ausfuhrkartellen eine Ausnahme von der Verbotsregel geschaffen?
4. Bilden Sie zu den Kartellen in § 2, § 4, § 5 und § 6 je ein praktisches Beispiel.
5. Fassen Sie § 15 des GWB mit Ihren Worten zusammen und bilden Sie hierzu ein praktisches Beispiel.

2.3 Formen der Konzentration

Unter Konzentration versteht man, daß Unternehmen ihre wirtschaftliche Selbständigkeit verlieren (Konzernbildung) oder darüber hinausgehend auch noch ihre rechtliche Selbständigkeit aufgeben (Entstehung von Trusts).

2.3.1 Konzern

Der Konzern ist ein Zusammenschluß von Unternehmen, die nach außen hin **rechtlich selbständig** bleiben, aber ihre wirtschaftliche Selbständigkeit durch eine **einheitliche Leitung** aufgeben. Dies ermöglicht den Betrieben des Konzerns, ihre wirtschaftlichen Interessen und Aufgaben untereinander abzustimmen.

Je nach dem Grad der gegenseitigen Abhängigkeit der Unternehmen unterscheidet man 2 Formen:

Unterordnungskonzern

Unterordnungskonzerne können auf drei verschiedene Arten gebildet werden:

Ein Unternehmen erwirbt die **Kapitalmehrheit** an einem oder mehreren Unternehmen. Es genügt eine Beteiligung von 51 %	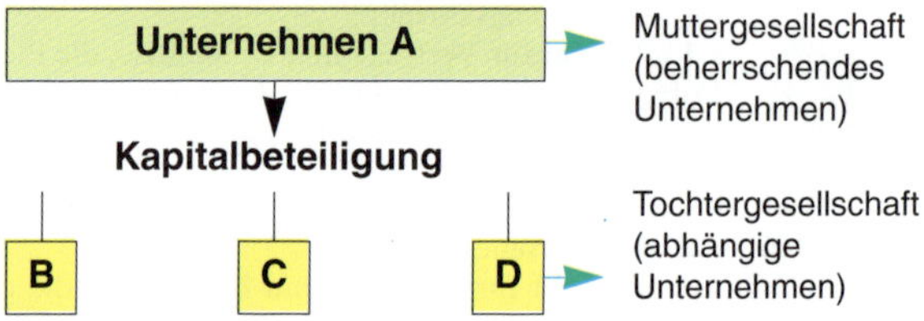 **Unternehmen A** ↓ **Kapitalbeteiligung** B C D	Muttergesellschaft (beherrschendes Unternehmen) Tochtergesellschaft (abhängige Unternehmen)
Ein Unternehmen unterstellt die Leitung einem anderen Unternehmen durch **Beherrschungsvertrag**. Eine kapitalmäßige Verflechtung braucht dabei nicht zu bestehen.	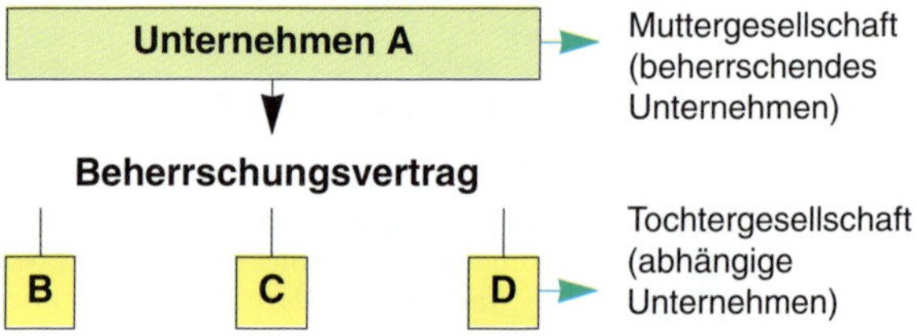 **Unternehmen A** ↓ **Beherrschungsvertrag** B C D	Muttergesellschaft (beherrschendes Unternehmen) Tochtergesellschaft (abhängige Unternehmen)
Die Konzernunternehmen übertragen alle oder nur einen Teil ihrer Kapitalteile auf eine Dachgesellschaft **(Holding-Gesellschaft).** Dafür erhalten sie Anteile an der Holding. Die Dachgesellschaft lenkt den Konzern.	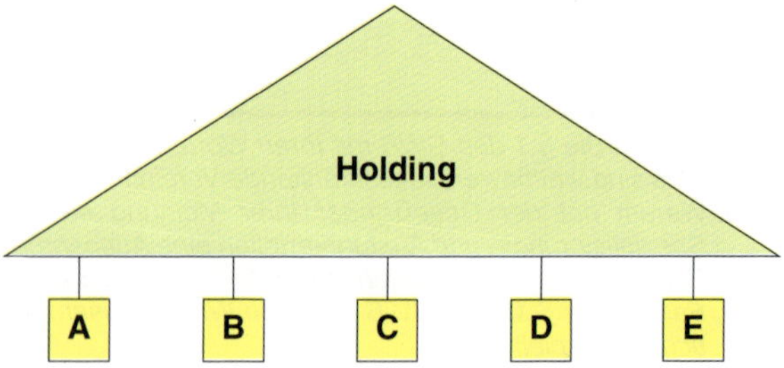 **Holding** A B C D E	

Die Metro ist eine der erfolgreichsten Neugründungen in der Bundesdeutschen Nachkriegswirtschaft. Der Handelsgigant mit angegliederten Industrieunternehmen schafft weltweit rund 50 Milliarden Mark Jahresumsatz – mit allerdings umstrittenden Methoden bei Einkauf und Verkauf, gegenüber Mitarbeitern und Gewerkschaftern. Kaum ein anderer Konzern beschäftigte die Behörden und Gerichte so intensiv wie die Metro. (Text aus: Der Spiegel Nr. 29 v. 15.07.1991, S. 92, 93)

2.3.1/1

Struktur der Metro-Gruppe (Besitzverhältnisse in Prozent)

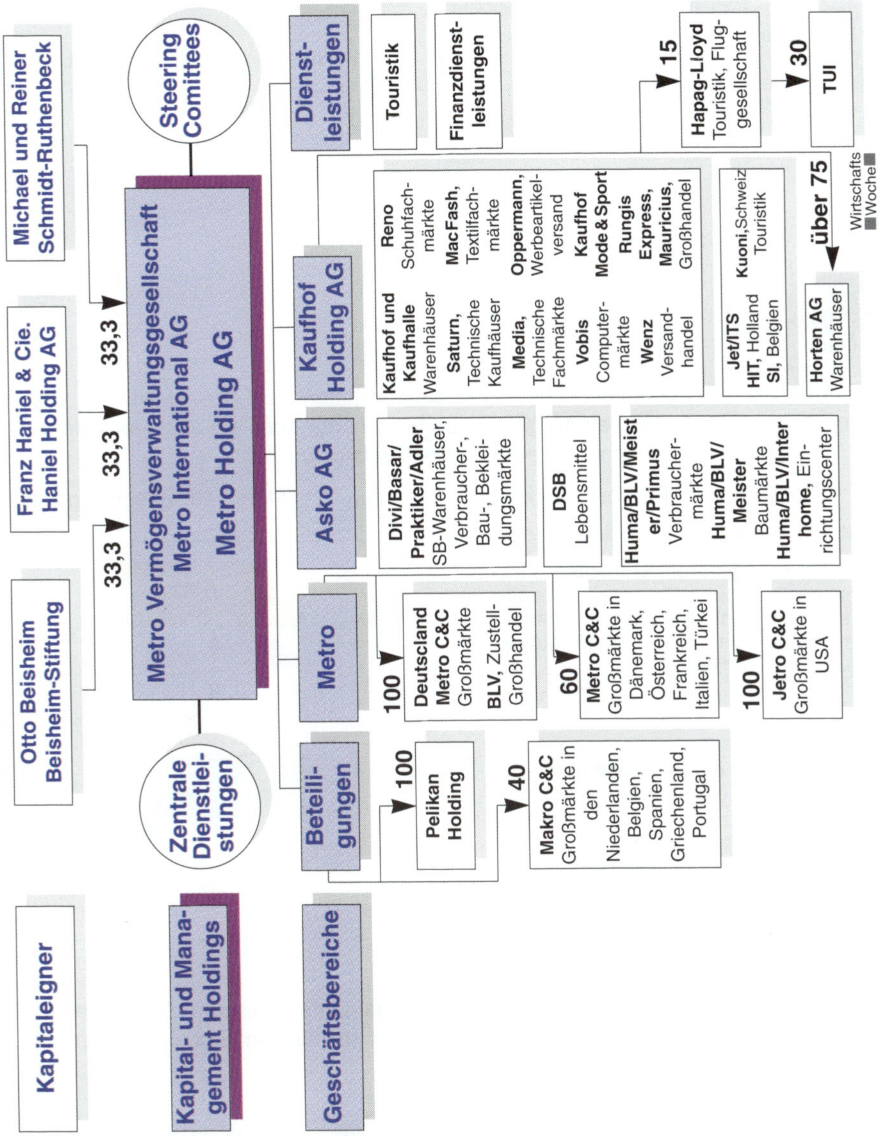

Kapitaleigner

- Michael und Reiner Schmidt-Ruthenbeck
- Franz Haniel & Cie. Haniel Holding AG
- Otto Beisheim Beisheim-Stiftung

Kapital- und Management Holdings

Steering Comittees — Metro Vermögensverwaltungsgesellschaft Metro International AG / Metro Holding AG (33,3 / 33,3 / 33,3)

Zentrale Dienstleistungen

Geschäftsbereiche

Dienstleistungen
- Touristik
- Finanzdienstleistungen

Kaufhof Holding AG
- Reno — Schuhfachmärkte
- MacFash, Textilfachmärkte
- Oppermann, Werbeartikelversand
- Kaufhof Mode & Sport
- Rungis Express, Mauricius, Großhandel
- Kaufhof und Kaufhalle Warenhäuser
- Saturn, Technische Kaufhäuser
- Media, Technische Fachmärkte
- Vobis Computermärkte
- Wenz Versandhandel

Asko AG
- Divi/Basar/ Praktiker/Adler SB-Warenhäuser, Verbraucher-, Bau-, Bekleidungsmärkte
- DSB Lebensmittel
- Huma/BLV/Meister/Primus Verbrauchermärkte
- Huma/BLV/ Meister Baumärkte
- Huma/BLV/Interhome, Einrichtungscenter

Metro
- 100 ▼ Deutschland Metro C&C Großmärkte BLV, Zustell-Großhandel
- 60 ▼ Metro C&C Großmärkte in Dänemark, Österreich, Frankreich, Italien, Türkei
- 100 ▼ Jetro C&C Großmärkte in USA

Beteiligungen
- 100 ▼ Pelikan Holding
- 40 ▼ Makro C&C Großmärkte in den Niederlanden, Belgien, Spanien, Griechenland, Portugal

Hapag-Lloyd Touristik, Fluggesellschaft
- 15 ▼
- Jet/ITS HIT, Holland SI, Belgien
- Kuoni, Schweiz Touristik
- 30 ▼ TUI
- über 75 ▼
- Horten AG Warenhäuser

Wirtschafts▪Woche

Quelle: Wirtschaftswoche 45/94

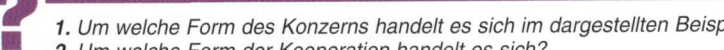

1. Um welche Form des Konzerns handelt es sich im dargestellten Beispiel?
2. Um welche Form der Kooperation handelt es sich?
3. Warum ist die Metro-Gruppe ein internationaler Konzern?
4. Welche Vor- und Nachteile hat das Entstehen solcher Handelskonzerne für die Verbraucher?

Gleichordnungskonzern

Die Konzernunternehmungen tauschen ihre Kapitalbeteiligungen gleichmäßig aus. Aufgrund der Ausgewogenheit der Beteiligung besteht ein gleichwertiger, gegenseitiger Einfluß. Durch gegenseitige Abstimmung entsteht eine einheitliche Leitung.

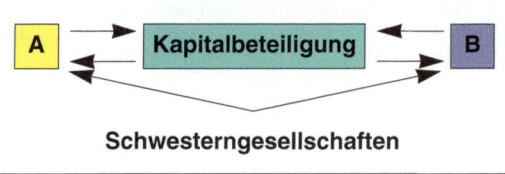

Schwesterngesellschaften

2.3.2 Trust

Der Trust ist ein Zusammenschluß von Unternehmen, die ihre **rechtliche und wirtschaftliche Selbständigkeit aufgeben.** Es besteht nur noch ein einziges Unternehmen, die früheren Unternehmen sind Betriebe des Trusts geworden.

Die Verschmelzung **(Fusion)** von Unternehmen zum Trust kann auf zwei Arten erfolgen:

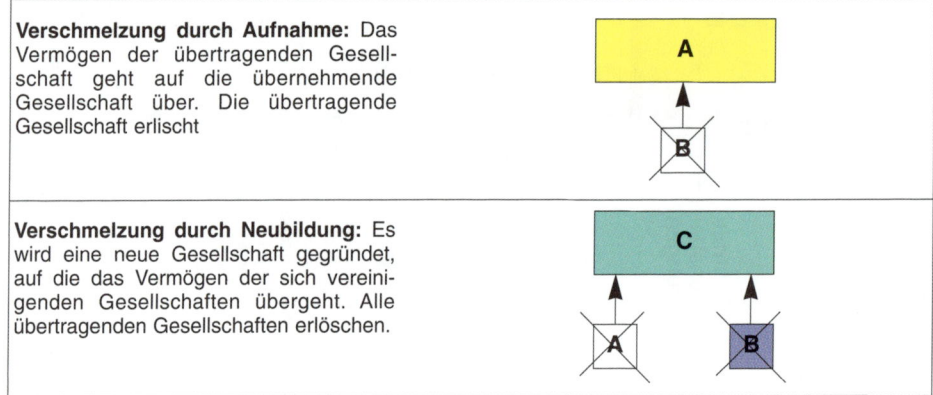

Verschmelzung durch Aufnahme: Das Vermögen der übertragenden Gesellschaft geht auf die übernehmende Gesellschaft über. Die übertragende Gesellschaft erlischt

Verschmelzung durch Neubildung: Es wird eine neue Gesellschaft gegründet, auf die das Vermögen der sich vereinigenden Gesellschaften übergeht. Alle übertragenden Gesellschaften erlöschen.

Zusammenfassend können die Formen der Zusammenarbeit und Zusammenschlüsse von Unternehmen nach der wirtschaftlichen und rechtlichen Selbständigkeit wie folgt betrachtet werden:

	Verbände	Arbeits- und Interessen- gemeinschaft	Kartelle	Konzerne	Trust
wirtschaftliche Selbständigkeit	bleibt erhalten	bleibt erhalten	teilweise aufgegeben	völlig aufgegeben	völlig aufgegeben
rechtliche Selbständigkeit	bleibt erhalten	bleibt erhalten	bleibt erhalten	bleibt erhalten	völlig aufgegeben

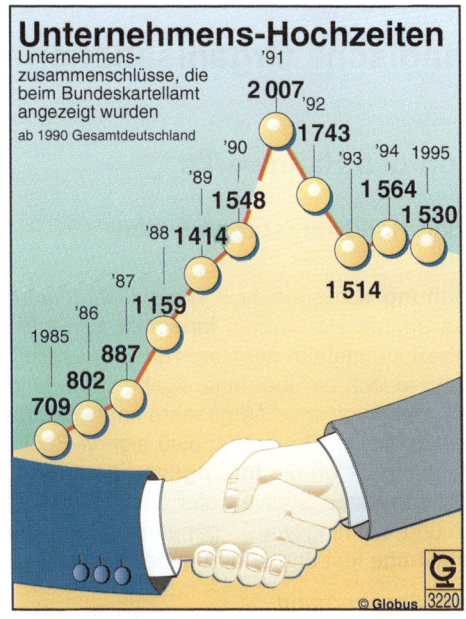

Unternehmens-Hochzeiten

Unternehmens-
zusammenschlüsse, die
beim Bundeskartellamt
angezeigt wurden

ab 1990 Gesamtdeutschland

'91 **2 007**
'92 **1743**
'90
'89
'94 1995 **1 564**
'93
'88 **1548**
1 530
1414
'87 **1 514**
'86 **1 159**
1985 **887**
802
709

© Globus 3220

1. Beschreiben Sie die Entwicklung bei den Unternehmenszusammenschlüssen in der Bundesrepublik Deutschland von 1985 bis 1995.
2. Warum kam es in den letzten 11 Jahren zu einer steigenden Zahl von Zusammenschlüssen?
3. Warum gab es 1991 besonders viele Unternehmenszusammenschlüsse?

Interessenverhältnis Staat – Unternehmensverbände

2.3.2/2

Die Haltung der Unternehmensverbände zu Marktwirtschaft und Wettbewerb ist nämlich zwiespältig: Einerseits befürworten sie Marktwirtschaft, weil ihnen ein Wirtschaftssystem, in dem der Staat möglichst wenig in die Einzelentscheidungen von Unternehmen eingreift, Vorteile bringt. Andererseits bringt es ihnen aber auch Vorteile, marktwirtschaftliche Prinzipien zu verletzen und den Wettbewerb auf den Märkten, auf denen sie Waren verkaufen, auszuschalten. Umgekehrt sind sie aber auf den Märkten, auf denen sie Waren beziehen, an Wettbewerb zwischen den Anbietern sehr wohl interessiert, weil das ihnen wiederum günstige Einkaufsbedingungen verschafft.

Quelle: Wirtschaftspolitik und Regierungssystem in der Bundesrepublik Deutschland, Bundeszentrale für politische Bildung, Bonn 1995, S. 51

1. Erläutern Sie die unterschiedliche Interessenlage von Staat und Wirtschaft in diesem Bereich.
2. Warum ist die Haltung der Unternehmensverbände zwiespaltig?

3   Berufsständische Organisationen

3.1   Organisation des Handwerks

Fachliche Handwerksorganisation

Innung

In der **Innung** schließen sich die selbständigen Handwerker gleichen oder verwandten Handwerks innerhalb eines Bezirks zusammen. Der Innungsbezirk umfaßt in der Regel eine kreisfreie Stadt oder einen Landkreis, kann jedoch darüber hinausgehen. Die Mitgliedschaft ist freiwillig. Die Innung wird von ihren Mitgliedern finanziert. Sie ist eine Körperschaft des öffentlichen Rechts, besitzt also eigene Rechtsfähigkeit. Die Mitglieder der Innung bilden die **Innungsversammlung**. Diese wählt den Vorstand (**Obermeister**, Stellvertreter des Obermeisters, Schriftführer, Kassenwart und Lehrlingswart), genehmigt den Haushaltsplan, setzt die Innungsbeiträge fest und ändert gegebenenfalls die Satzung.

Landesinnungsverband

Der **Landesinnungsverband** ist der Zusammenschluß von Handwerksinnungen des gleichen Handwerks innerhalb eines Bundeslandes. Vorsitzender eines Landesinnungsverbandes ist der **Landesinnungsmeister.** Der Landesinnungsverband ist Partner bei Tarifverträgen.

Bundesinnungsverband

Ein **Bundesinnungsverband** nimmt die Interessen eines Handwerks auf Bundesebene wahr.

Überfachliche Handwerksorganisation

Kreishandwerkerschaft

Die **Kreishandwerkerschaft** wird von den verschiedenen Innungen eines Bezirks gebildet. Sie vertritt die Interessen des Gesamthandwerks auf Kreisebene, unterstützt die Handwerksinnungen bei der Erfüllung ihrer Aufgabe und führt die von den Handwerkskammern erlassenen Vorschriften und Anordnungen aus. An der Spitze der Kreishandwerkerschaft steht der **Kreishandwerksmeister**, die Verwaltung übernimmt ein hauptberuflicher Geschäftsführer.

Handwerkskammer

Alle selbständigen Handwerker und Inhaber handwerksähnlicher Betriebe des Kammerbezirks gehören pflichtgemäß der **Handwerkskammer** an, ebenso deren Gesellen und Auszubildende. Sie ist eine Körperschaft öffentlichen Rechts. Organe der Handwerkskammern sind:

- **Vollversammlung** (wird von den selbständigen Handwerkern des Kammerbezirks gewählt; ein Drittel muß aus Gesellen bestehen)
- **Vorstand** (**Präsident**, zwei Stellvertreter, Beisitzer)

Die Handwerkskammern werden von hauptamtlichen Geschäftsführern geleitet und unterstehen der Aufsicht des Wirtschaftsministeriums.

An der Spitze der Gesamtorganisation steht in der Bundesrepublik der **Zentralverband des Deutschen Handwerks**.

Aufgaben der Innung:

3.1/1

- Sie regelt und überwacht die Berufsausbildung entsprechend den Vorschriften der Handwerkskammern.
- Sie errichtet hierzu Gesellenprüfungsausschüsse, nimmt Zwischenprüfungen und Gesellenprüfungen ab.
- Sie fördert das Handwerk durch Einrichtung und Unterstützung von Fachschulen und Durchführung von Lehrgängen (überbetriebliche Ausbildung, Maschinenkurse, Schweißlehrgänge u. a.).
- Sie führt die von der Handwerkskammer erlassenen Vorschriften und Anordnungen aus.

- Sie schafft Einrichtungen zur Verbesserung der Arbeitsweise und der Betriebsführung (Steuerberatung, Buchführung, Kalkulation).
- Sie erteilte Auskünfte und erstellt Gutachten für Behörden.
- Sie fördert das Genossenschaftswesen im Handwerk (gemeinsamer Einkauf).
- Sie kann für ihre Mitglieder Unterstützungskassen und Krankenkassen errichten.
- Sie kann Tarifverträge abschließen, soweit die Verträge nicht vom zuständigen Innungsverband abgeschlossen werden.
- Sie kann bei Streitfällen zwischen Innungsmitglied und Auftraggeber vermitteln.

Aufgaben der Handwerkskammer:

- Sie fördert die Interessen des Handwerks und vertritt sie gegenüber den Behörden.
- Sie regelt die Berufsausbildung überwacht die Gesellenprüfung und führt das Verzeichnis über die Ausbildungsverhältnisse (Lehrlingsrolle).
- Sie führt die Meisterprüfungen durch, führt die Handwerksrolle in die jeder selbständige Handwerksbetrieb eingetragen werden muß, und stellt über die Eintragung die Handwerkskarte aus.
- Sie stellt vereidigte Sachverständige zur Anfertigung von Gutachten über die Güte der handwerklichen Leistungen und den berechneten Preis.

- Sie errichtet Vermittlungsstellen für Streitigkeiten zwischen selbständigen Handwerkern und ihren Auftraggebern.
- Sie übernimmt die Fort- und Weiterbildung (überbetriebliche Schulung für Auszubildende, Umschulung, Meisterkurse, Erwachsenenbildung im gewerblichen und kaufmännischen Bereich), in Berufsbildungs- und Technologie-Zentren (BTZ).
- Sie fördert das Genossenschaftsrecht, trifft Maßnahmen zur Unterstützung notleidender Handwerker oder Gesellen.
- Sie überwacht die Innungen und Kreishandwerkerschaften.

1. *Welche Aufgaben der Innungen und der Handwerkskammern sind für Sie als Auszubildende besonders wichtig?*
2. *Welche Aufgaben haben Innung und Handwerkskammern gemeinsam?*
3. *Welche besonderen Aufgaben hat die Handwerkskammer gegenüber den Innungen und der Kreishandwerkerschaft?*

Weitere Kammern als Berufsständische Vertretungen auf gesetzlicher Grundlage bzw. Arbeitgebervereinigungen sind z. B.:

3.1/2

- Landwirtschaftskammer
- Rechtsanwaltskammer
- Kammer der Notare
- Wirtschaftsprüferkammer

- Ärztekammer
- Zahnärztekammer
- Tierärztekammer
- Apothekerkammer

Erläutern Sie die Aufgaben der jeweiligen Kammer, die für Ihren Beruf von Bedeutung ist.

3.2 Organisation von Industrie und Handel

Fachliche Organisation von Industrie und Handel

Wirtschaftsverbände
Wirtschaftsverbände sind Vereinigungen, die die Interessen ihrer Mitglieder vertreten und fachlich (nach Branchen) gegliedert sind (vergleiche hierzu Kapitel 2.2.1 Verbände).

Arbeitgeberverbände
Arbeitgeberverbände verfolgen arbeits- und sozialpolitische Ziele. Sie sind die Partner der Gewerkschaften bei den Tarifverhandlungen. Die Mitgliedschaft in einem Arbeitgeberverband ist freiwillig, liegt aber im Interesse der Betriebe.

Überfachliche Organisation von Industrie und Handel

Industrie- und Handelskammern
Die Industrie- und Handelskammer (IHK) vertritt die Interessen der gewerblichen Wirtschaft (Industrie, Groß- und Einzelhandel, Versicherungen, Banken, Hotel- und Gaststättengewerbe, Verlage etc.). Für alle Gewerbetreibenden in einem Kammerbezirk ist die Mitgliedschaft Pflicht.

Die Aufgaben der IHK sind:
- Sie nimmt die Gesamtinteressen der Wirtschaft des Kammerbezirkes wahr, unterstützt und berät Behörden durch Vorschläge, Gutachten und Berichte.
- Sie führt das Verzeichnis der Auszubildenden, führt Facharbeiter-, Gehilfen- und Kaufmanngehilfenprüfungen, Industriemeisterlehrgänge und Industriemeisterprüfungen durch.
- Sie berät die Berufsausbildungspartner und übernimmt die Güteverhandlung im Streitfalle.
- Sie arbeitet mit Berufs- und Fachschulen zusammen und nimmt Stellung zu den Rahmenplänen.
- Sie bearbeitet Anträge auf Errichtung von Einzelhandelsgeschäften, berät bei der Ansiedlung von Industriebetrieben, in Kredit- und Außenhandelsfragen.
- Sie schlägt Sachverständige für Industrie und Handel vor, gibt Gutachten ab über Handelsbräuche, Preise u. a.
- Sie wirkt bei der Fahrplan- und Tarifgestaltung aller Verkehrsträger (Deutsche Bahn AG, Deutsche Post AG, private und öffentliche Unternehmen) mit.

Die Organe der IHK sind:

Vollversammlung: Die Vertreter werden von allen Mitgliedern der IHK gewählt.
Präsidium: Der Präsident und seine Vertreter werden von der Vollversammlung gewählt. Das Präsidium vertritt die Kammer gerichtlich und außergerichtlich.
Die Geschäfte führt ein hauptamtlicher **Geschäftsführer**.

Die Industrie- und Handelskammern sind in den Bundesländern zu **Landesarbeitsgemeinschaften** vereinigt. Als Spitzenorganisation bilden die Industrie- und Handelskammern auf Bundesebene den **Deutschen Industrie- und Handelstag**.

SATZUNG

HANDWERKSKAMMER DRESDEN

Name, Sitz und Rechtsstellung

§ 1

(1) Die Handwerkskammer führt den Namen: Handwerkskammer Dresden.

(2) Der Kammerbezirk gliedert sich in fünf Teilbezirke:
1. Teilbezirk 1 – umfaßt die Stadt Dresden
2. Teilbezirk 2 – umfaßt die Landkreise Dippoldiswalde, Freital, Pirna, Sebnitz
3. Teilbezirk 3 – umfaßt die Landkreise Großenhain, Meißen und Riesa
4. Teilbezirk 4 – umfaßt die Landkreise Bischofswerda, Bautzen, Kamenz und Hoyerswerda
5. Teilbezirk 5 – umfaßt die Stadt Görlitz und die Landkreise Görlitz, Niesky, Löbau, Weißwasser und Zittau.

(3) Die Handwerkskammer ist keine Körperschaft des öffentlichen Rechts.

(4) Die Handwerkskammer besitzt Dienstherrnfähigkeit entsprechend den gesetzlichen Regelungen des Freistaates Sachsen.
Zur Handwerkskammer gehören die selbständigen Handwerker und die Inhaber handwerksähnlicher Betriebe, des Handwerkskammerbezirks sowie die Gesellen und Lehrlinge (Auszubildende) dieser Gewerbetreibenden.

Aufgaben
§ 2

(1) Aufgaben der Handwerkskammer sind insbesondere
1. die Interessen des Handwerks und des handwerksähnlichen Gewerbes zu fördern und für einen gerechten Ausgleich der Interessen dieser Gewerbe und ihrer Organisationen zu sorgen.
2. die Behörden in der Förderung des Handwerks und des handwerksähnlichen Gewerbes durch Anregungen, Vorschläge und durch Erstattung von Gutachten zu unterstützen und regelmäßig Berichte über die Verhältnisse dieser Gewerbe zu erstatten.
3. die Handwerksrolle und das Verzeichnis der Inhaber handwerksähnlicher Betriebe zu führen.
4. die Berufsausbildung zu regeln, Vorschriften hierfür zu erlassen, ihre Durchführung zu überwachen sowie eine Lehrlingsrolle zu führen.
5. die Berufsausbildung durch Berater der Ausbildenden und Lehrlinge (Auszubildenden) zu fördern und zu diesem Zweck Ausbildungsberater zu bestellen.
6. Gesellenprüfungsordnungen für die einzelnen Handwerke zu erlassen, Prüfungsausschüsse für die Abnahme der Gesellenprüfungen zu errichten oder Handwerksinnungen zu der Errichtung von Gesellenprüfungsausschüssen zu ermächtigen und die ordnungsgemäße Durchführung der Gesellenprüfungen zu überwachen.
7. Meisterprüfungsordnungen für die einzelnen Handwerke zu erlassen, die Geschäfte der Meisterprüfungsausschüsse zu führen und die in der Handwerksordnung vorgesehenen Entscheidungen über die Befreiung von der Gesellenzeit und über ihre Abkürzung zu treffen.
8. zur Erhaltung und Steigerung der Leistungsfähigkeit des Handwerks und des handwerksähnlichen Gewerbes in Zusammenarbeit mit ihren Organisationen, die technische und betriebswirtschaftliche Fortbildung der selbständigen Handwerker und Inhaber handwerksähnlicher Betriebe sowie ihrer Gesellen zu fördern, Umschulungen durchzuführen und zu überwachen, die erforderlichen Einrichtungen hierfür zu schaffen oder zu unterstützen und zu diesem Zweck eine Gewerbeförderungsstelle zu unterhalten.
9. Vorschriften für Prüfungen im Rahmen einer beruflichen Fortbildung oder Umschulung zu erlassen und Prüfungsausschüsse zu errichten.
10. die Berufsbildung körperlich, geistig oder seelisch Behinderter zu fördern.

Organisation der Deutschen Industrie

Bund	Bundesverband der Deutschen Industrie (BDI)	Bundesverband der Deutschen Arbeitgeberverbände	Deutscher Industrie- und Handelstag	**Bund**
	Bundesfachverbände (Spitzenverbände)	Bundesarbeitgeberverbände		
Land	Landesfachverbände	Landesarbeitgeberverbände	Landesarbeitsgemeinschaften	**Land**
Ort, Kreis, Bezirk	Orts-, Kreis- und Bezirksfachverbände	Orts-, Kreis- und Bezirksarbeitgeberverbände	Industrie- und Handelskammern	**Bezirk**
	fachliche Organisationen		**überfachliche Organisationen**	

1. Beschreiben Sie den Aufbau der Deutschen Industrie.
2. Nennen Sie je eine Aufgabe der beiden fachlichen Organisationen und der überfachlichen Organisationen.

3.3   Organisation von Land- und Hauswirtschaft

Zentralausschuß der Deutschen Landwirtschaft

Der Zentralausschuß der Deutschen Landwirtschaft nimmt die Interessen der Landwirtschaft gegenüber den Bundesbehörden und der Europäischen Union wahr.

Zentralausschuß der Deutschen Landwirtschaft			
Deutscher Bauernverband	Verband der Landwirtschafts-kammern	Deutsche Landwirtschaftliche Gesellschaft	Deutscher Genossenschafts- und Raiffeisenverband

Landwirtschaftskammern: Sie sind die Selbstverwaltungsorgane der Landwirtschaft. Sie entsprechen in ihrer Aufgabenstellung den Handwerkskammern und den Industrie- und Handelskammern.

Deutscher Bauernverband (DBV): Er ist der freiwillige Zusammenschluß der Landes-bauernverbände sowie anderer land- und forstwirtschaftlicher Verbände (z. B.: Deutscher Imkerbund, Arbeitsgemeinschaft Deutscher Tierzüchter, Landfrauenverband u. a.).

Deutscher Raiffeisenverband e.V. (DRV): Er ist der Zusammenschluß von Landwirtschaftlichen Genossenschaften (z. B.: Kreditgenossenschaften mit Warenverkehr, Molkereigenossenschaften, Winzergenossenschaften usw.) zu einem Dachverband.

Deutsche Landwirtschaftsgesellschaft: Sie führt Versuche und Forschungen durch und sammelt wissenschaftliche Forschungsergebnisse, um in Fragen der Landwirtschaftlichen Betriebsführung, des Ackerbaus und der Viehzucht informieren und beraten zu können.

Die wichtigsten hauswirtschaftlichen Organisationen sind:

Deutscher Hausfrauenbund (DHB): Dieser Berufsverband der Hausfrauen berät seine Mitglieder, fördert die hauswirtschaftliche Berufsausbildung, schließt als Arbeitgebervereinigung Tarifverträge für die Arbeitnehmer im Haushalt ab und vertritt die Interessen der Hausfrauen gegenüber Behörden und staatlichen Organen.

Hausfrauenvereinigung des Katholischen Deutschen Frauenbundes: Dieser Verband vertritt ähnliche Ziele wie der DHB. Die konfessionelle Orientierung steht bei ihm jedoch im Vordergrund.

Deutsche Gesellschaft für Hauswirtschaft (DGH): In dieser Gesellschaft haben sich hauswirtschaftliche Verbände, Firmen und Einzelpersonen zusammengeschlossen, um hauswirtschaftliche Interessen gegenüber den zuständigen Stellen besser vertreten zu können.

Neben den dargestellten gibt es noch weitere berufsständische Organisationen, wie z. B. die Ärztekammer oder die Apothekerkammer.

Aufgaben der Landwirtschaftskammer

- Sie überwacht die berufliche Ausbildung (Gehilfen- und Meisterprüfungen).
- Sie fördert alle Zweige der landwirtschaftlichen Erzeugung und Vermarktung.

- Sie unterstützt durch Gutachten Gesetzgebung, Verwaltung und Rechtsprechung.
- Sie bestellt vereidigte Sachverständige für Fragen der Landwirtschaft.

Aufgaben des Deutschen Bauernverbands

- Er fördert Land- und Forstwirtschaft und nahestehende Wirtschaftszweige in allen wirtschaftspolitischen Fragen.
- Er berät und betreut die in der Land- und Forstwirtschaft Tätigen in agrar-, wirtschafts-, rechts-, steuer-, bildungs- und gesellschaftspolitischen Fragen.
- Er nimmt die Interessen der Angehörigen des landwirtschaftlichen Berufsstandes gegen-

über den Staatsorganen von Bund und Ländern wahr.
- Er betreut die ländliche Jugend.
- Er pflegt Beziehungen zu den Berufsvertretungen des Auslandes. Innerhalb der EU werden die Interessen des Deutschen Bauernverbandes in der COPA (Brüssel), innerhalb Europas in der CEA (Brugg/Schweiz) vertreten.

Aufgaben des Deutschen Raiffeisenverbandes

- Er fördert die Gesamtinteressen des ländlichen Genossenschaftswesens.
- Er nimmt insbesondere die Interessen auf kaufmännischem Gebiet wahr (Geld- und Warenverkehr) und vertritt sie gegenüber Behörden.
- Er berät die angeschlossenen Verbände, Ge-

nossenschaften und Mitglieder in allen genossenschaftlichen, rechtlichen, steuerlichen und betriebswirtschaftlichen Fragen.
- Er informiert über Absatz und Erlös landwirtschaftlicher Erzeugnisse.
- Er pflegt Beziehungen zu anderen Genossenschaftsverbänden des In- und Auslandes.

Aufgaben der Deutschen Landwirtschafts-Gesellschaft

- Sie sammelt und verbreitet erprobte praktische Erfahrungen auf sämtlichen Gebieten der Landwirtschaft und gibt diese auch im Rahmen der Entwicklungshilfe weiter.
- Sie teilt wissenschaftliche Forschungsergebnisse mit, die sich praktisch anwenden lassen.
- Sie führt Versuche und wissenschaftliche Untersuchungen durch, um den Wert neuer Verfahren zu prüfen.
- Sie fördert und pflegt die Aus- und Weiterbildung aller Angehörigen des landwirtschaftlichen Berufes.

- Sie berät in Fragen der Betriebsführung des Ackerbaus, der Viehzucht, des Geräte- und Maschinenwesens.
- Sie führt überregionale Ausstellungen durch (Agritechnica, DLG-FoodTec u.a.).
- Sie bemüht sich um Qualitätsverbesserung, Vereinheitlichung von Waren (Standardisierung), Verwendung von Gütezeichen (Deutsches Weinsiegel, DLG-Gütezeichen).
- Sie verstärkt die internationale Zusammenarbeit der Agrarwirtschaft durch Vortragsveranstaltungen, Stipendien, Preise, Wettbewerbe usw.

1. *Welche Aufgaben finden sich bei mehreren der dargestellten Organisationen?*
2. *Welche Organe sind für die Auszubildenden in der Land- und Forstwirtschaft besonders wichtig?*

Wichtiges Wissen · Wichtiges **es Wissen · Wichtiges Wissen**

Unternehmensformen

Unterneh-mensform	Gründung	Geschäfts-führung	Haftung
Einzelunter-nehmung	Einzelunternehmer	Einzelunternehmer	Einzelunternehmer unbeschränkt
OHG	Mindestens zwei Personen	Jeder Gesellschafter	Jeder Gesellschafter beschränkt
KG	Mindestens ein Vollhafter und mindestens ein Teil-hafter	Nur Vollhafter	Vollhafter unbeschränkt, Teilhafter nur mit der Einlager
AG	Grundkapital minde-stens 100.000,– DM	Vorstand	Aktionäre haften nicht mit Privatvermögen
GmbH	Eine Person genügt, Stammkapital mindestens 50.000,– DM	Geschäfts-führung	Gesellschafter haften nicht mit dem Privatvermögen
Eingetragene Genossen-schaft	Mindestens sieben Perso-nen	Vorstand	Meist haften die Genossen nur bis zur Höhe ihres Ge-schäftsanteils

Formen der Zusammenarbeit und Zusammenschlüsse von Unternehmen

Formen
– auf der gleichen Produktionsstufe (horizontaler Zusammenschluß)
– auf nachgelagerten Produktionsstufen (vertikaler Zusammenschluß)
– über unterschiedliche, nicht zusammenhängende Branchen hinweg (anorganischer Zusammenschluß)

Formen der Kooperation
Verbände (Vereinigungen von Unternehmen der gleichen Branche, die die wirtschaftlichen Interessen ihrer Mitglieder fördern)
Arbeitsgemeinschaft (Unternehmen schließen sich zur Durchführung eines Auftrags zusammen)
Interessengemeinschaft (Unternehmen schließen sich zu einem gemeinsamen wirtschaftlichen Zweck zusammen)
Kartelle (vertragliche Zusammenschlüsse von Unternehmen, die recht-lich selbständig bleiben, aber einen Teil ihrer wirtschaftlichen Selbstän-digkeit aufgeben)

Formen der Konzen-tration
Konzern (Zusammenschluß von Unternehmen, die nach außen hin rechtlich selbständig bleiben, aber ihre wirtschaftliche Selbständigkeit durch eine einheitliche Leitung aufgeben)
– Unterordnungskonzern – Gleichordnungskonzern
Trust (Zusammenschluß von Unternehmen, die ihre rechtliche und wirtschaftliche Selbständigkeit aufgeben)
– Verschmelzung durch Aufnahme – Verschmelzung durch Neubildung

Berufsständische Organisationen

Handwerk
Fachlich: Innung, Landesinnungsverband, Bundesinnungsverband
Überfachlich: Kreishandwerkerschaft, Handwerkskammer

Industrie und Handel
Fachlich: Wirtschaftsverbände, Arbeitgeberverbände
Überfachlich: Industrie– und Handelskammern, Deutscher Industrie– und Handelstag

Landwirt-schaft
Landwirtschaftskammern, Deutscher Bauernverband (DBV), Deutscher Raiffeisenverband e.V., Deutsche Landwirtschaftsgesellschaft

Hauswirt-schaft
Deutscher Hausfrauenbund, Hausfrauenvereinigung des Katholischen Deutschen Frauenbundes, Deutsche Gesellschaft für Hauswirtschaft

Fragen · Aufgaben · Fragen · **?** Fragen · Aufgaben · Fragen

Wissen

1 Welche Kriterien sind bei der Beurteilung einer Unternehmensform wichtig?
2 Beschreiben Sie Gründung und Haftung in einer Einzelunternehmung.
3 Wie ist die Geschäftsführung und die Gewinnverteilung in einer OHG geregelt?
4 Wodurch unterscheiden sich eine OHG und eine KG?
5 Welche Rechte und Pflichten hat ein Kommanditist?
6 Nennen Sie 3 Beispiele für eine Gesellschaft bürgerlichen Rechts.
7 Beschreiben Sie Gründung, Geschäftsführung und Haftung einer GmbH.
8 Nennen Sie Zusammensetzung und Aufgaben der Organe einer AG.
9 Welche Aufgaben hat die Generalversammlung einer eG?
10 Welche Arten von Genossenschaften kennen Sie?
11 Welche Ziele von Kooperation und Konzentration kennen Sie?
12 Unterscheiden Sie horizontale, vertikale und anorganische Zusammenschlüsse. Bilden Sie hierzu Beispiele.
13 Welche Aufgaben können Interessengemeinschaften haben?
14 Erklären Sie den Begriff Arbeitsgemeinschaft.
15 Nennen Sie je zwei verbotene, genehmigungspflichtige und anmeldungspflichtige Kartelle. Welche Ziele verfolgen diese?
16 Wodurch unterscheiden sich Konzern und Trust?
17 Wie können Konzerne gebildet werden?
18 Welche Arten von Trusts kennen Sie? Wie unterscheiden diese sich?
19 Beschreiben Sie den Organisationsaufbau des Handwerks.
20 Beschreiben Sie den Organisationsaufbau der Industrie und des Handels.
21 Welche Verbände sind im Zentralausschuß der Deutschen Landwirtschaft zusammengefaßt?
22 Nennen Sie die wichtigsten hauswirtschaftlichen Organisationen und deren Ziele.

Erkennen und Werten

1 Stellen Sie mit Hilfe der Handelsregisterauszüge in Ihrer Zeitung fest, welche Unternehmensformen in Ihrem Amtsgerichtsbezirk gegründet werden.
2 Wovon hängt die Kreditfähigkeit einer Einzelunternehmung ab?
3 Warum hat der Gesetzgeber bei Tod eines Gesellschafters die Auflösung der OHG vorgesehen?
4 Wann ist es sinnvoll, eine OHG in eine KG umzuwandeln? Bilden Sie 2 Beispiele.
5 Warum sagt man, daß der Kreditrahmen einer GmbH gering ist?
6 Warum hat der Gesetzgeber bei der AG vorgesehen, daß ein Abschlußprüfer das Jahresergebnis überprüfen und bestätigen muß?
7 Warum haben die Genossen der eG in der Generalversammlung ein Stimmrecht nach Köpfen, die Aktionäre in der Hauptversammlung dagegen ein Stimmrecht nach Kapitalanteilen?
8 Warum hat der Gesetzgeber die Bildung von Kartellen überwiegend verboten? Bilden Sie Beispiele für das, was passieren würde, wenn dies nicht so wäre.
9 Sammeln Sie Zeitungsausschnitte über betriebliche Konzentrationen. Um welche Arten von Konzentration handelt es sich?
10 Warum ist es in einer Demokratie wichtig, daß es berufsständische Organisationen gibt?

VI. Geld und Währung, Zahlungsverkehr

1 Die Bedeutung des Geldes

Quelle: Deutsche Bundesbank, Antike Münzen

Die Urform des Zahlungsverkehrs war der direkte Tausch. Vormals tauschten Menschen Gegenstände und Waren, die sie herstellten und von denen sie größere Mengen produzierten, als sie selbst brauchten, gegen Waren, die andere hergestellt hatten (Naturaltausch). Die Schwierigkeiten bestanden jedoch darin, den Wert für die einzelnen Güter festzulegen. Hirse war mit Gerste in etwa vergleichbar, doch kaum eine Kuh mit einer Hacke. Außerdem mußten sie die richtigen Partner finden, also diejenigen, die ihre Waren genau gegen das eintauschen wollten, was sie anboten. Um den Handel zu vereinfachen, benutzte man im Laufe der Zeit bestimmte Güter als Hilfsmittel, sogenannte **Tauschmittel**. Mit ihnen wurde der Wert aller anderen Waren gemessen. Außerdem tauschte jeder zunächst seine Ware gegen ein Tauschmittel und anschließend dieses gegen eine andere Ware. Dazu eigneten sich nur Dinge, die allgemein beliebt waren und von jedermann jederzeit als Zwischentauschgut angenommen wurden. Der direkte Tausch wandelte sich so zu indirektem, dem Kauf. Es entstand die älteste Geldform, das Warengeld. Als Warengeld dienten lange Zeit beispielsweise Steine, Salz, Vieh, Felle, Zähne, Perlen usw. Später lösten Metalle, insbesondere Kupfer, Silber und Gold, diese Tauschmittel ab. Zunächst wog man die Metalle noch bei Zahlung. Später wurden sie dann mit genormten Gewicht in Umlauf gberacht. Die Münze als Urform des Geldes ist auf diese gewichtsgleichen Metallstücke zurückzuführen. Papiergeld entwickelte sich erst im Mittelalter aus den Depositenscheinen und -quittungen, die sowohl von Geldwechslern als auch von Banken denjenigen als Quittung gegeben wurden, die bei ihnen Metall (-geld) hinterlegt hatten.

Mit Geld lassen sich Waren und Leistungen kaufen. Der Geldwert ist also die Kaufkraft des Geldes für Waren und Dienstleistungen.

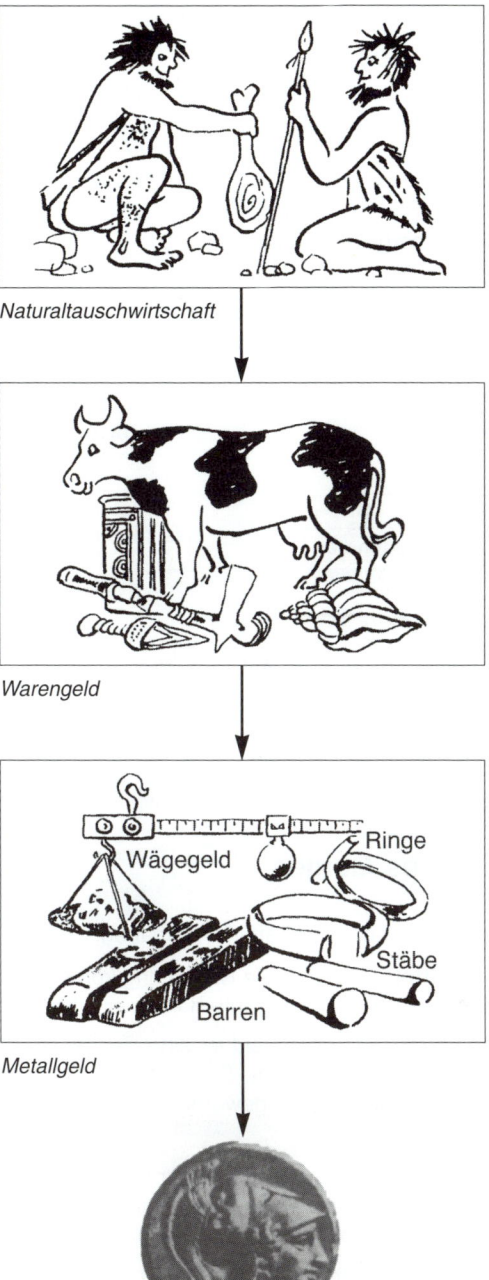

Naturaltauschwirtschaft

Warengeld

Wägegeld — Ringe — Stäbe — Barren

Metallgeld

Münzgeld

1. *Beschreiben Sie die Entwicklung des Geldes anhand der dargestellten Abbildungen.*
2. *Welche Anforderungen muß ein gesetzliches Zahlungsmittel in der heutigen Zeit erfüllen?*

1.1 Arten des Geldes

Auch die Hartgelder und späteren Banknoten (Bargeld) entsprachen in der modernen Wirtschaft, in der immer größere Mengen Geld immer schneller und häufig über weite Entfernungen hinweg gezahlt werden mußten, nicht mehr den Anforderungen. So war z.B. der Transport von Geld wegen der Gefahr eines Überfalls sehr riskant. Die Lösung solcher Probleme führte zum bargeldlosen Zahlungsverkehr.

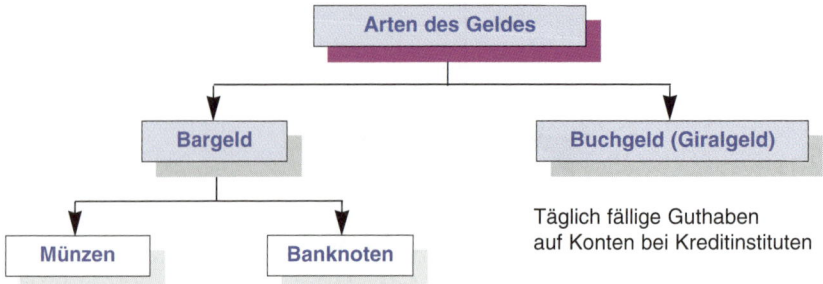

Beim bargeldlosen Zahlungsverkehr werden Zahlungen einfach durch Kontozuschreibungen und -abschreibungen getätigt.

1.2 Funktionen des Geldes

Das Geld erfüllt in der modernen Wirtschaft vier Aufgaben:

● **Allgemeines Tauschmittel:** Eine zentrale Bedeutung kommt dem Geld als Tauschmittel zu. Es erleichtert den Austausch von Gütern in einer arbeitsteiligen Wirtschaft.

● **Allgemeiner Wertmaßstab:** Mit dem Geld ist eine Recheneinheit geschaffen, die die Güter addierbar und vergleichbar macht. Erst mit dem Geld als allgemeinem Wertmaßstab ist eine Preisbildung möglich geworden, und somit lassen sich Vermögenswerte einheitlich ausdrücken.

● **Zahlungsmittel:** Das Geld kann aber nicht nur zur Wertbestimmung und zum Kauf von Gütern dienen, mit ihm lassen sich auch einseitige Wertübertragungen vornehmen, können Steuern bezahlt und Einkommen übertragen werden.

● **Wertaufbewahrungs-, Wertübertragungs- und Kreditmittel:** Ist das Geld über längere Zeit wertbeständig, dann dient es auch als Wertaufbewahrungsmittel. Es läßt sich aufbewahren, indem zunächst auf den Kauf von Gütern verzichtet wird, also gespart wird, um es in einer späteren Zeit für Konsumzwecke zu verwenden. Ein Teil des gesparten Geldes kann aber auch den Unternehmungen zur Verfügung gestellt werden, die damit Investitionen finanzieren können.

Seine vielfältigen Funktionen kann das Geld nur erfüllen, wenn Vertrauen in seine Wertbeständigkeit besteht.

Gute Noten für Sicherheit

Stichtiefdruck
Mit den Fingerspitzen lassen sich die Buchstaben fühlen.

Vorder- und Rückseite des **Durchsichtsregisters** ergänzen sich im Gegenlicht zu einem D.

Unter einer Lupe erkennt man die Wertangabe in **Mikroschrift**.

Kippeffekt
In Augenhöhe gekippt und gedreht erscheint das Zeichen DM.

Der **Sicherheitsfaden** glänzt stellenweise silbrig. Im Gegenlicht erscheint er als durchgehende Linie und läßt den Notenwert erkennen.

Als **Wasserzeichen** werden das Portrait der Note und ihr Wert sichtbar.

ZA0001080A9

Diese Sicherheitsmerkmale finden Sie auf allen neuen deutschen Banknoten.

Die Deutsche Bundesbank

Quelle: Deutsche Bundesbank

1. Welche Funktionen hat das Geld?
2. Wie werden Banknoten gegen Fälschungen gesichert?

2 Wert des Geldes

Das gesetzliche Zahlungsmittel eines Landes wird als Währung bezeichnet. Der Staat bestimmt, welches Geld in seinem Hoheitsgebiet zugelassen ist. In der Bundesrepublik Deutschland ist jeder zur Annahme von „Deutscher Mark" verpflichtet.

2.1 Innenwert des Geldes

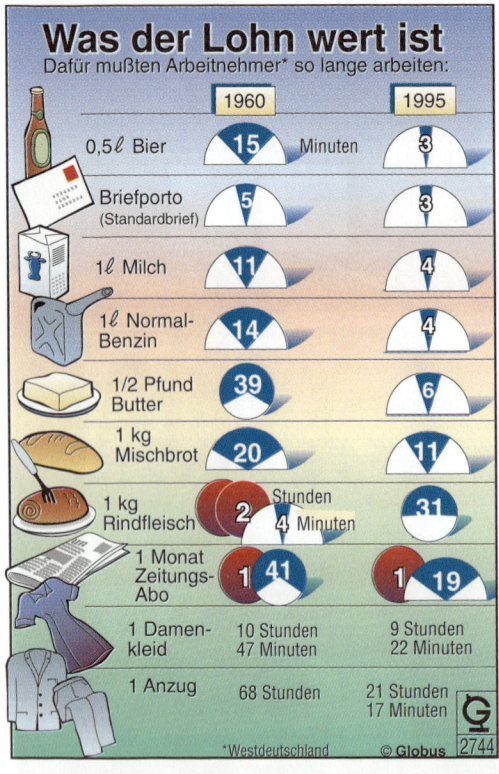

Was der Lohn wert ist
Dafür mußten Arbeitnehmer* so lange arbeiten:

	1960	1995
0,5 ℓ Bier	15 Minuten	3
Briefporto (Standardbrief)	5	3
1 ℓ Milch	11	4
1 ℓ Normal-Benzin	14	4
1/2 Pfund Butter	39	6
1 kg Mischbrot	20	11
1 kg Rindfleisch	2 Stunden 4 Minuten	31
1 Monat Zeitungs-Abo	1 41	1 19
1 Damenkleid	10 Stunden 47 Minuten	9 Stunden 22 Minuten
1 Anzug	68 Stunden	21 Stunden 17 Minuten

*Westdeutschland © Globus 2744

Der **Innenwert** des Geldes richtet sich nach der Kaufkraft des Geldes im Inland. Die **Kaufkraft** des Geldes gibt an, wieviel Güter man für eine bestimmte Geldeinheit, z. B. 100,00 DM, bekommt. Erhält man im folgenden Zeitraum, z.B. Monat, Jahr, weniger für sein Geld, weil die Preise gestiegen sind, so ist die Kaufkraft gesunken. Umgekehrt steigt die Kaufkraft, wenn die Preise sinken. Die Entwicklung der Kaufkraft wird über **Preisindizes** (lat. index = Anzeigen) vom Statistischen Bundesamt ermittelt. Viele Waren und Dienstleistungen sind in den letzten Jahren wesentlich teurer geworden, andere Güter sind wesentlich billiger geworden. Erst durch einen Vergleich der gesamten Lebenshaltungskosten eines Haushalts mit den Kosten aus zurückliegenden Monaten oder Jahren kann eine Aussage über die Preisentwicklung, und damit über die Entwicklung der Kaufkraft gemacht werden. Das Statistische Bundesamt hat alle Waren und Dienstleistungen, die ein bundesdeutscher Durchschnittshaushalt monatlich verbraucht, in einem Warenkorb zusammengefaßt. Dieser **Warenkorb** enthält ausgesuchte Güter, deren Preisveränderung von Jahr zu Jahr in einem **Preisindex** (Preisanzeiger) festgehalten wird. Der Warenkorb soll den Käufergewohnheiten entsprechen. Ändern sich die Käufergewohnheiten, geben die Bürger zum Beispiel weniger Geld für Nahrungsmittel und mehr Geld für Bildung/Freizeit/Unterhaltung aus, muß auch die Zusammensetzung des Warenkorbs verändert werden. Preisindex und Kaufkraft sind nicht gleichzusetzen mit dem Lebensstandard. Die Kaufkraft des Geldes ist seit 1950 zwar auf ein Drittel gefallen, aber wegen der höheren Löhne und Gehälter kann man mit seinem Einkommen mehr als viermal soviel kaufen wie damals.

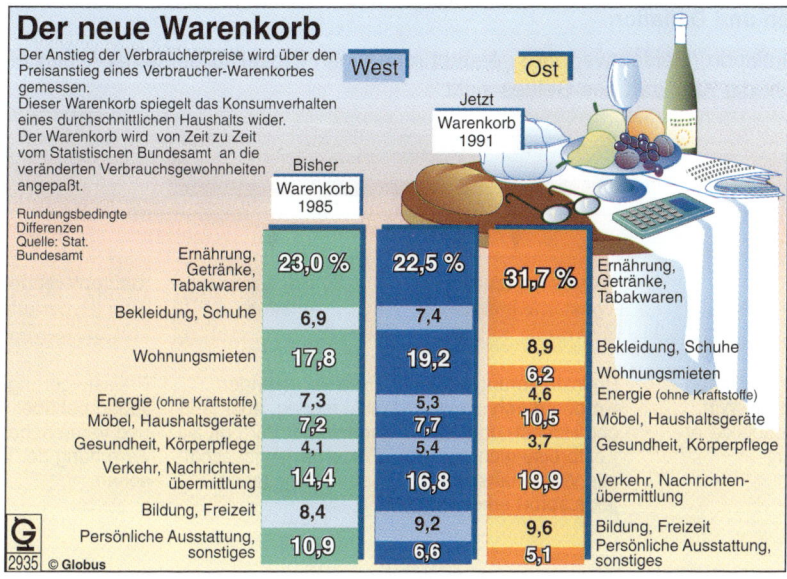

Der neue Warenkorb

Der Anstieg der Verbraucherpreise wird über den Preisanstieg eines Verbraucher-Warenkorbes gemessen.
Dieser Warenkorb spiegelt das Konsumverhalten eines durchschnittlichen Haushalts wider.
Der Warenkorb wird von Zeit zu Zeit vom Statistischen Bundesamt an die veränderten Verbrauchsgewohnheiten angepaßt.

Rundungsbedingte Differenzen
Quelle: Stat. Bundesamt

West   Ost
Jetzt Warenkorb 1991
Bisher Warenkorb 1985

	West Bisher 1985	West Jetzt 1991	Ost 1991	
Ernährung, Getränke, Tabakwaren	23,0 %	22,5 %	31,7 %	Ernährung, Getränke, Tabakwaren
Bekleidung, Schuhe	6,9	7,4	8,9	Bekleidung, Schuhe
Wohnungsmieten	17,8	19,2	6,2	Wohnungsmieten
Energie (ohne Kraftstoffe)	7,3	5,3	4,6	Energie (ohne Kraftstoffe)
Möbel, Haushaltsgeräte	7,2	7,7	10,5	Möbel, Haushaltsgeräte
Gesundheit, Körperpflege	4,1	5,4	3,7	Gesundheit, Körperpflege
Verkehr, Nachrichtenübermittlung	14,4	16,8	19,9	Verkehr, Nachrichtenübermittlung
Bildung, Freizeit	8,4	9,2	9,6	Bildung, Freizeit
Persönliche Ausstattung, sonstiges	10,9	6,6	5,1	Persönliche Ausstattung, sonstiges

2935 © Globus

?
1. Erläutern Sie das obige Schaubild.
2. Warum wird die Zusammensetzung des Warenkorbs im Abstand von einigen Jahren geändert?

2.1/2

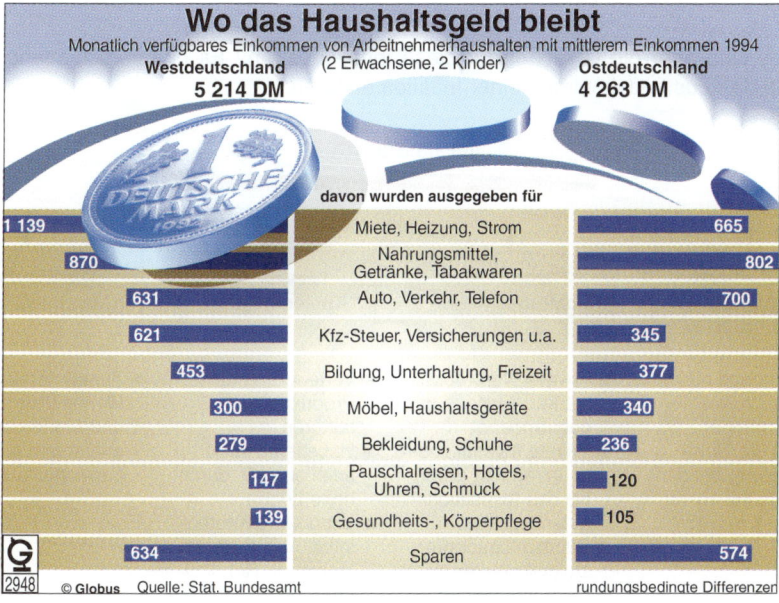

Wo das Haushaltsgeld bleibt
Monatlich verfügbares Einkommen von Arbeitnehmerhaushalten mit mittlerem Einkommen 1994
(2 Erwachsene, 2 Kinder)

Westdeutschland
5 214 DM

Ostdeutschland
4 263 DM

davon wurden ausgegeben für

Westdeutschland		Ostdeutschland
1 139	Miete, Heizung, Strom	665
870	Nahrungsmittel, Getränke, Tabakwaren	802
631	Auto, Verkehr, Telefon	700
621	Kfz-Steuer, Versicherungen u.a.	345
453	Bildung, Unterhaltung, Freizeit	377
300	Möbel, Haushaltsgeräte	340
279	Bekleidung, Schuhe	236
147	Pauschalreisen, Hotels, Uhren, Schmuck	120
139	Gesundheits-, Körperpflege	105
634	Sparen	574

2948 © Globus   Quelle: Stat. Bundesamt   rundungsbedingte Differenzen

?
1. Erläutern Sie das obige Schaubild.
2. Wie lassen sich die Unterschiede zwischen östlichen und westlichen Bundesländern erklären?

Inflation und Deflation

Unter Inflation (Geldentwertung) versteht man einen Prozeß allgemeiner Preissteigerungen, d.h. die Kaufkraft des Geldes sinkt.

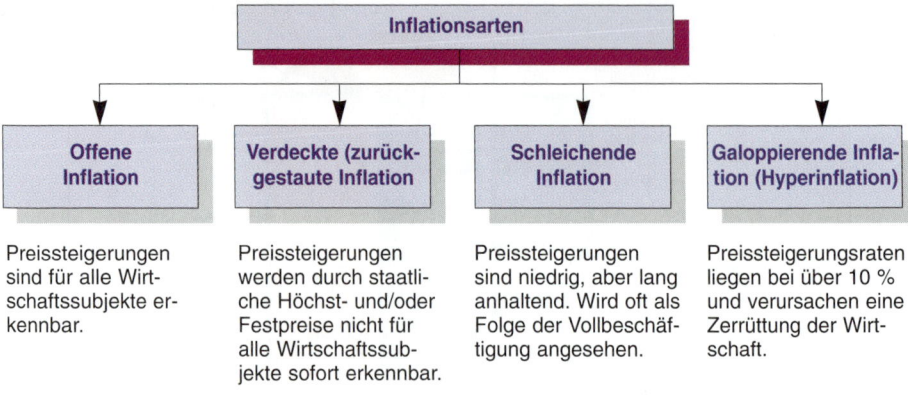

Welches sind aber die Ursachen für diese Inflationsarten? Es gibt verschiedene Theorien, die das Zustandekommen einer Inflation erklären.

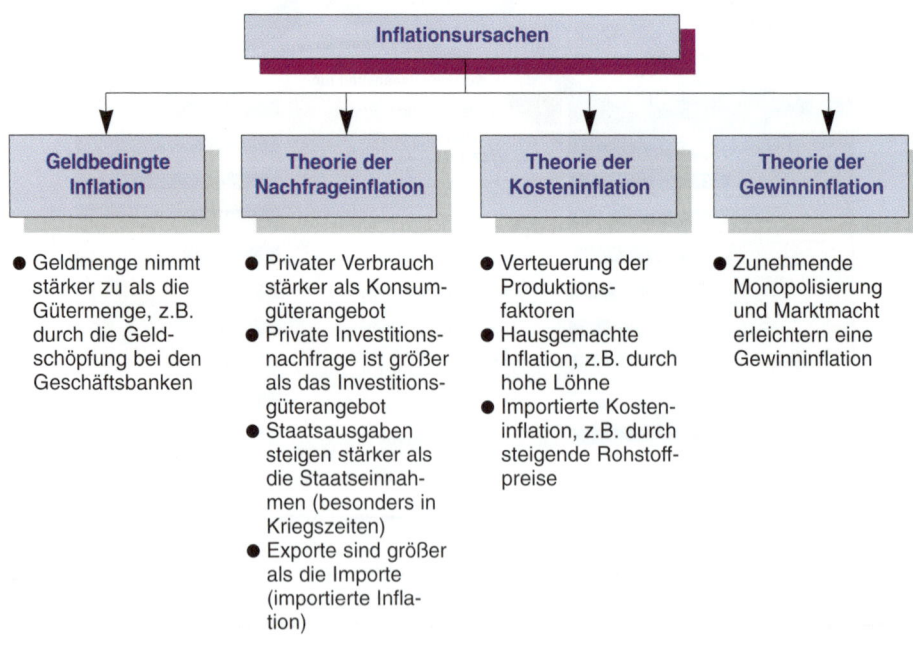

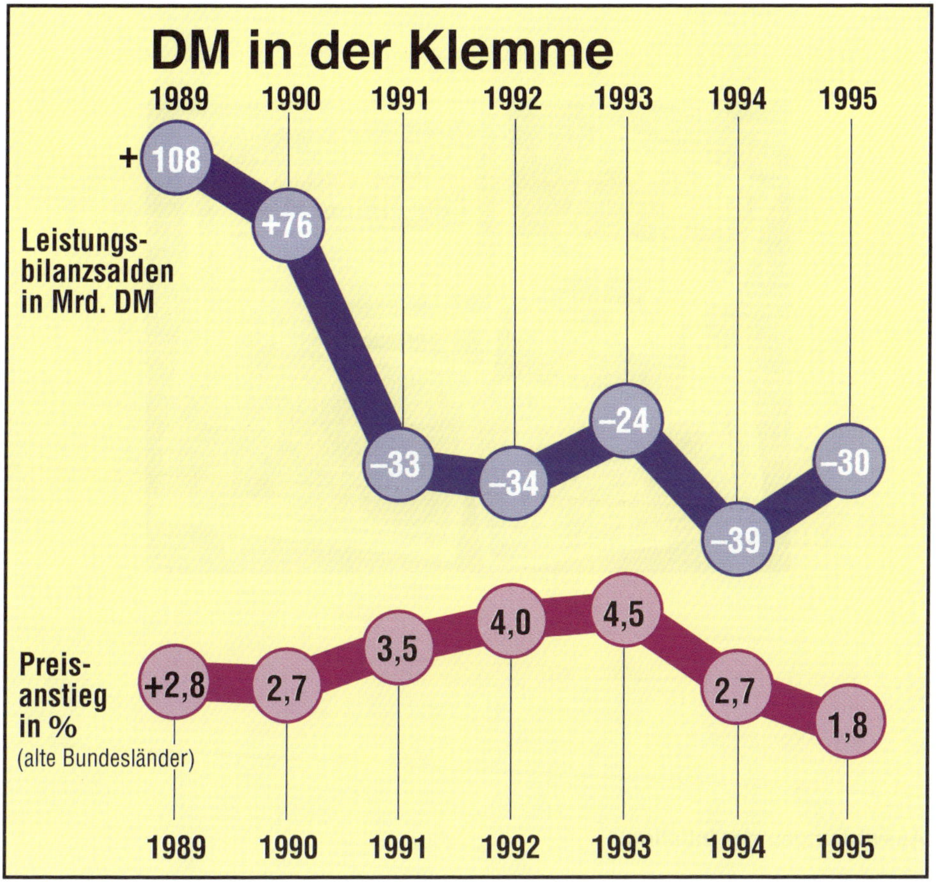

DM in der Klemme

	1989	1990	1991	1992	1993	1994	1995

Leistungs-bilanzsalden in Mrd. DM

+108 · +76 · −33 · −34 · −24 · −39 · −30

Preis-anstieg in %
(alte Bundesländer)

+2,8 · 2,7 · 3,5 · 4,0 · 4,5 · 2,7 · 1,8

1989	1990	1991	1992	1993	1994	1995

Defizit

Um sechzig Prozent ist das Defizit in der deutschen Leistungsbilanz gestiegen: Von rund 24 Milliarden Mark im Jahr 1993 auf 38,6 Milliarden im vergangenen Jahr. Für das Minus ist allerdings nicht der Außenhandel verantwortlich: Auch 1994 lagen die deutschen Exporte höher als die Importe, so daß ein Überschuß von 73,9 Milliarden Mark erzielt wurde. Anders dagegen die weiteren Bestandteile der Leistungsbilanz.

Vor allem für Dienstleistungen (z. B. beim Reiseverkehr) flossen sehr viel mehr Zahlungen an das Ausland als umgekehrt. Hier entstand ein Minus von über 50 Milliarden Mark. Mit einem Defizit schlossen auch die laufenden Übertragungen (55 Milliarden Mark), die z. B. Zahlungen an die EU enthalten.

Globus

Statistische Angaben: Deutsche Bundesbank

1. *Erläutern Sie Ursachen des Defizits der Leistungsbilanz in den letzten Jahren.*
2. *Warum kann ein Defizit in der Leistungsbilanz auf Dauer nicht hingenommen werden?*

Auswirkungen der Inflation

Eine **Inflation** hat folgende Auswirkungen:

- Flucht in Sachwerte, z.B. Grundstücke, Gebäude
- Sparer werden durch die Geldentwertung benachteiligt, da sie mit dem gesparten Geld weniger kaufen können
- Schuldner haben Vorteile, da der tatsächliche Wert der Schulden abnimmt

Eine Inflation gefährdet die soziale Sicherheit und den Wohlstand.

Der Gegensatz zur Inflation ist die **Deflation**. Sie ist in den Volkswirtschaften selten. Bei einer Deflation fallen die Preise, die Kaufkraft steigt. Dies hat aber auch negative Auswirkungen. Da bei einer Deflation das Angebot an Gütern größer ist als die Nachfrage nach Gütern, reagiert die Wirtschaft wie folgt:

- die Produktion geht zurück,
- die Arbeitslosigkeit nimmt zu,
- die Löhne fallen,
- der Staat nimmt weniger Steuern ein,
- der tatsächliche Wert bestehender Schulden erhöht sich, dies führt dazu, daß immer mehr Betriebe Konkurs anmelden müssen.

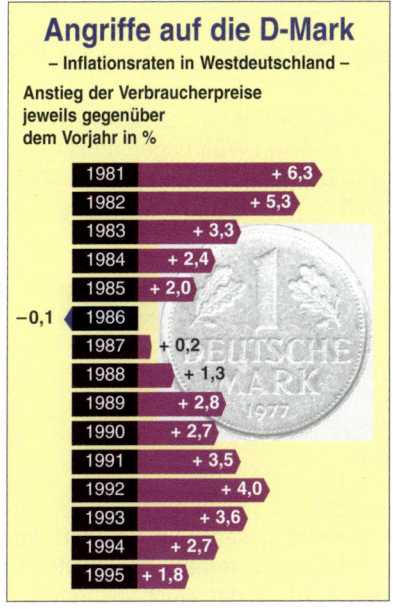

Angriffe auf die D-Mark
– Inflationsraten in Westdeutschland –

Anstieg der Verbraucherpreise
jeweils gegenüber
dem Vorjahr in %

Jahr	Wert
1981	+ 6,3
1982	+ 5,3
1983	+ 3,3
1984	+ 2,4
1985	+ 2,0
1986	−0,1
1987	+ 0,2
1988	+ 1,3
1989	+ 2,8
1990	+ 2,7
1991	+ 3,5
1992	+ 4,0
1993	+ 3,6
1994	+ 2,7
1995	+ 1,8

1. Welche Auswirkungen haben hohe Inflationsraten auf Produzenten und Konsumenten?
2. Welche Auswirkungen habe hohe Inflationsraten auf
   a) Besitzer von Geldvermögen,
   b) Besitzer von Sachvermögen,
   c) Schuldner?

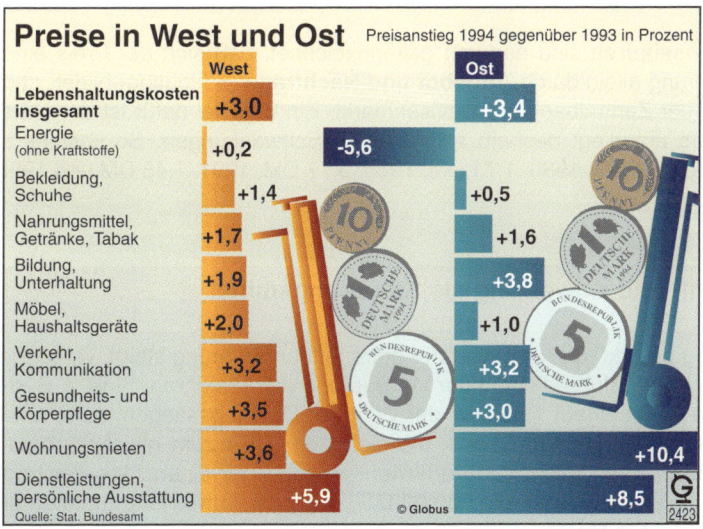

Preise in West und Ost
Preisanstieg 1994 gegenüber 1993 in Prozent

2.1/5

	West	Ost
Lebenshaltungskosten insgesamt	+3,0	+3,4
Energie (ohne Kraftstoffe)	+0,2	-5,6
Bekleidung, Schuhe	+1,4	+0,5
Nahrungsmittel, Getränke, Tabak	+1,7	+1,6
Bildung, Unterhaltung	+1,9	+3,8
Möbel, Haushaltsgeräte	+2,0	+1,0
Verkehr, Kommunikation	+3,2	+3,2
Gesundheits- und Körperpflege	+3,5	+3,0
Wohnungsmieten	+3,6	+10,4
Dienstleistungen, persönliche Ausstattung	+5,9	+8,5

Quelle: Stat. Bundesamt

© Globus

1. Warum stiegen die Verbraucherpreise in den neuen Bundesländern schneller als die in den alten?
2. Von welchen Preissteigerungen sind Sie am meisten betroffen?

2.2 Außenwert des Geldes

Der **Außenwert** drückt den Wert der DM im Verhältnis zu anderen Währungen aus. Dieses Wertverhältnis der DM zu anderen Währungen drückt sich im Wechselkurs aus. Der **Wechselkurs** gibt an, wieviel DM man für 1, 100 oder 1000 Einheiten einer ausländischen Währung bezahlen muß.

Feste Wechselkurse sind dadurch gekennzeichnet, daß die Staaten oder die Zentralnotenbanken einen festen oder nur innerhalb bestimmter Bandbreiten flexiblen Preis ihrer Währungen vereinbaren. Erreicht der Wechselkurs die Bandbreite, dann greift die Bundesbank durch Kauf bzw. Verkauf von Devisen ein, sie interveniert, um den Wechselkurs in der Bandbreite zu halten. So kauft z.B. die Deutsche Bundesbank Französische Francs (FF) auf, wenn der Kurs des FF zu stark fällt, steigt der Kurs des FF stark, so verkauft die Bundesbank FF, um den Kurs des FF zu drücken. Ein Beispiel für feste Wechselkurse ist das **Europäische Währungssystem** (EWS), seit 1979 in Kraft. Hauptziel ist, in Europa eine Zone relativ stabiler Wechselkurse zu schaffen und die Abhängigkeit vom US-Dollar zu verringern. Insofern wird es auch als ein Baustein der europäischen Einigung angesehen.

Freie Wechselkurse sind dadurch gekennzeichnet, daß sich der Preis einer ausländischen Währung allein durch **Angebot und Nachfrage** (= Floating) bildet, ohne Interventionspflicht der Zentralbank am Devisenmarkt. Ein Beispiel dafür ist der US-Dollar. Sein Wechselkurs unterliegt deshalb sehr starken Schwankungen. So kostete z. B. 1 US-Dollar 1965 3,39 DM, 1980 1,71 DM, 1985 3,77 DM, 1991 1,45 DM und 1995 1,42 DM.

2.2.1 Auf- und Abwertung als Steuerungsmittel

Aufwertung bewirkt, daß der Wert der betreffenden Währung steigt, verbunden mit einer Verbilligung der Einfuhren und einer Verteuerung der Ausfuhren. Sinkt z. B. der Kurs des Dollars von 1,70 DM auf 1,60 DM, der Wert der DM ist gestiegen, so erhalten die deutschen Automobilfirmen für Wagen, die sie in der USA zum gleichen Preis verkaufen, weniger DM. Vor der Aufwertung erhielten sie bspw. für einen Pkw, der in der USA für 20.000,00 $ verkauft wurde, 34.000,00 DM, nach der Aufwertung erhalten sie nur noch 32.000,00 DM. Ein Urlaub in den Vereinigten Staaten wird jedoch für deutsche Urlauber billiger, da sie weniger DM für einen US-Dollar bezahlen müssen.

Abwertung bedeutet umgekehrt, der Wert einer Währung gegenüber anderen Währungen verringert sich. Hierdurch verbilligt sich die Ausfuhr (Export), und die Einfuhr (Import) verteuert sich. Der Urlaub im entsprechenden Land verteuert sich.

2.2/1

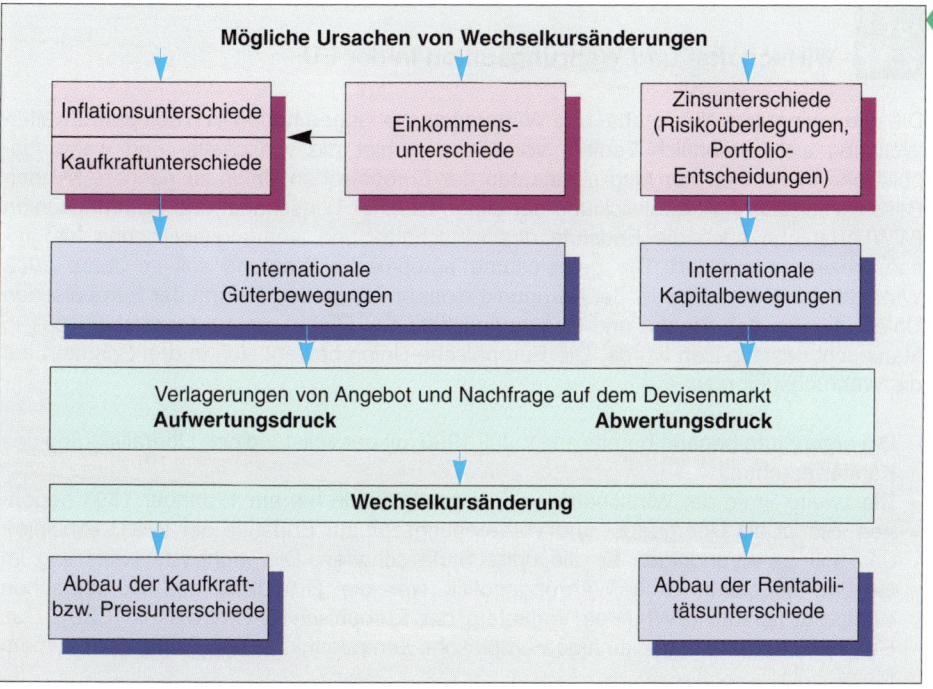

Mögliche Ursachen von Wechselkursänderungen

| Inflationsunterschiede Kaufkraftunterschiede | ← | Einkommens- unterschiede | | Zinsunterschiede (Risikoüberlegungen, Portfolio- Entscheidungen) |

| Internationale Güterbewegungen | | Internationale Kapitalbewegungen |

Verlagerungen von Angebot und Nachfrage auf dem Devisenmarkt
Aufwertungsdruck   **Abwertungsdruck**

Wechselkursänderung

| Abbau der Kaufkraft- bzw. Preisunterschiede | | Abbau der Rentabili- tätsunterschiede |

1. Erläutern Sie die möglichen Ursachen von Wechselkursänderungen.
2. Bei welchen Währungen herrscht zur Zeit
   a) ein Aufwertungsdruck,
   b) ein Abwertungsdruck?

2.2/2

1. Welcher Sachverhalt wird mit dieser Karikatur angesprochen?
2. Welche Gründe verursachen eine Auf- bzw. Abwertung einer Währung?
3. Wie wirkt sich eine Auf- bzw. Abwertung der DM auf den „Geldbeutel" deutscher Urlauber im Ausland aus?

2.2.2 Wirtschafts- und Währungsunion in der EU

Die internationalen Wirtschafts- und Währungsbeziehungen haben sich seit dem Zweiten Weltkrieg außerordentlich vertieft, vor allem ist hier die wirtschafts- und währungs- politische Integration der Mitgliedsstaaten der Europäischen Union zu nennen. Mit den Beschlüssen zur Weiterentwicklung der Union zu einer Wirtschafts- und Währungsunion (WWU) ist nun auch die Endstufe des wirtschafts- und währungspolitischen Integra- tionsprozesses markiert. Die gemeinsame europäische Währung soll im Jahre 2002 Wirklichkeit werden. Dies ist der Kernpunkt einer umfassenden Reform der Europäischen Union, die von den Staats- und Regierungschefs der „Zwölf" am 10. Dezember 1991 in Maastricht beschlossen wurde. Die Europäische Union bewegt sich in drei Schritten auf die Währungsunion zu:

- Die erste Stufe begann bereits am 1. Juli 1990 mit der vollständigen Liberalisierung des Kapitalverkehrs.
- Die zweite Stufe der Wirtschafts- und Währungsunion hat am 1. Januar 1994 begon- nen. Sie ist als Übergangs- und Vorbereitungszeit zur Endstufe der WWU konzipiert und soll die Grundlagen für die dritte Stufe schaffen. Die wichtigste Neuerung im Bereich der Geld- und Währungspolitik war die Gründung des Europäischen Währungsinstituts (EWI), des Vorläufers der Europäischen Zentralbank (EZB). Das EWI hat, ebenso wie die künftige Europäische Zentralbank, seinen Sitz in Frankfurt am Main.
- Die dritte Stufe beginnt am 1. Januar 1999, wenn die Währungen der beteiligten Länder unwiderruflich aneinandergekoppelt werden. Um Mitternacht des 31. Dezember 1998 wird festgelegt: Eine D-Mark ist exakt soundso viele holländische Gulden, Luxemburger Franken oder Österreichi- sche Schillinge wert. Die beteiligten Länder müssen strengen Voraussetzungen (siehe Arbeitstext 2.2.2/1, Seite 171) für den Beitritt genügen. Die neue europäische Einheitswährung, der Euro, kommt dann am 1. Januar 2002 auf den Markt. Zu diesem Zeitpunkt werden alle Renten, Sozialleistungen und die Gehälter im Öffentlichen Dienst auf Euro umgestellt. Die privaten Arbeitgeber, Händler und Konsumenten haben dagegen weitere sechs Monate Zeit, sich auf die neue Währung umzustellen, so daß die nationalen Währungen zum 1. Juli 2002 verschwinden. Die D- Mark wird es dann nicht mehr geben. Man hofft, daß die neue Währung zu inflationsfreiem Wachstum und mehr Beschäftigung führt.

So könnte ein „Euro" aussehen.
Gegenwärtig wäre er rund 1,90 Mark wert.

Die **Europäische Zentralbank** wird mit der Durchführung einer Währungspolitik nach innen und außen beauftragt, deren Ziel die **Währungsstabilität** ist. Die Bank ist Garant dieser Stabilität. Sie führt die **Wechselkurspolitik** und die **Verwaltung der Währungs- reserven** nach festgelegten Leitlinien durch. Sie trägt für das reibungslose **Funktionie- ren der Geldmärkte und des Zahlungsverkehrs** Sorge. Zu diesem Zweck trägt sie zum reibungslosen Funktionieren der Kapitalmärkte und zur Schaffung eines stabilen und gerechten internationalen Währungssystems bei.

Europäische Währungsunion – wer ist dabei?

Anfang 1998 wird geprüft, wer die Kriterien erfüllt
und ob eine Währungsunion gestartet werden kann.

1996 erfüllt

Teilnahme-Kriterien nach Maastricht: 1996 nicht erfüllt

Quelle: DB Research

© Globus

Schätzungen

Reihenfolge geordnet nach der Inflationsrate	Inflation 3,2 % und niedriger	Haushaltsdefizit höchstens 3 % des Bruttoinlandsprodukts	Staatsverschuldung höchstens 60 % des Bruttoinlandsprodukts	langfristiger Zinssatz 9,9 % und niedriger
Belgien	+1,5	-3,0	132,8	7,5
Deutschland	+1,8	-3,3	60,2	6,8
Finnland	+1,8	-0,7	65,7	8,8
Niederlande	+2,0	-2,8	78,8	6,9
Frankreich	+2,1	-4,2	53,0	7,5
Österreich	+2,1	-4,5	71,0	7,2
Luxemburg	+2,3	+1,5	7,8	7,5
Dänemark	+2,5	-1,2	72,7	8,3
Irland	+2,5	-2,6	82,3	8,4
Schweden	+2,5	-4,0	80,2	10,3
Großbritannien	+2,7	-3,9	54,2	8,3
Portugal	+3,8	-4,8	71,0	11,8
Spanien	+3,9	-4,9	65,2	11,3
Italien	+4,4	-6,0	121,4	12,2
Griechenland	+7,3	-8,0	112,1	15,9

3216

Hohe Meßlatte

Für die Bestimmung des Teilnehmerkreises an der Währungsunion Anfang 1998 werden die Wirtschafts- und Haushaltsdaten der EU-Staaten, die „Maastricht-Kriterien", aus dem Jahr 1997 zugrundegelegt. Es ist ungewiß, wer sich bis dahin für eine Teilnahme qualifiziert haben wird. Einen Anhaltspunkt bieten die Schätzungen für das kommende Jahr: Wer befindet sich auf dem rechten Weg, wer liegt noch weit zurück? Fände die Prüfung 1996 statt, könnte sich nur Luxemburg für die Wirtschafts- und Währungsunion qualifizieren. Doch zu einer sinnvollen Währungsunion gehören mindestens vier Mitglieder. Deutschland müßte seine Staatsfinanzen in Ordnung bringen: Die Meßlatte für das Haushaltsdefizit liegt bei drei Prozent, für die Staatsverschuldung 60 Prozent des Bruttoinlandsprodukts, diese Werte wird Deutschland im laufenden Jahr knapp verfehlen (3,3 Prozent Budgetdefizit, 60,2 Prozent Staatsverschuldung). Auch Frankreich und Großbritannien haben Schwierigkeiten mit dem Haushaltsdefizit.

Globus

Statistische Angaben: Deutsche Bank Research

1. Welche Voraussetzungen müssen die Länder für den Beitritt zur Europäischen Währungsunion erfüllen?
2. Welche Vor- bzw. Nachteile sehen Sie in einer gemeinsamen europäischen Währung?

3 Zahlungsarten und Zahlungsmöglichkeiten

Je nachdem, wieviel Personen beim Bezahlen mit dem Geld in Berührung kommen, unterscheidet man 3 Zahlungsarten:

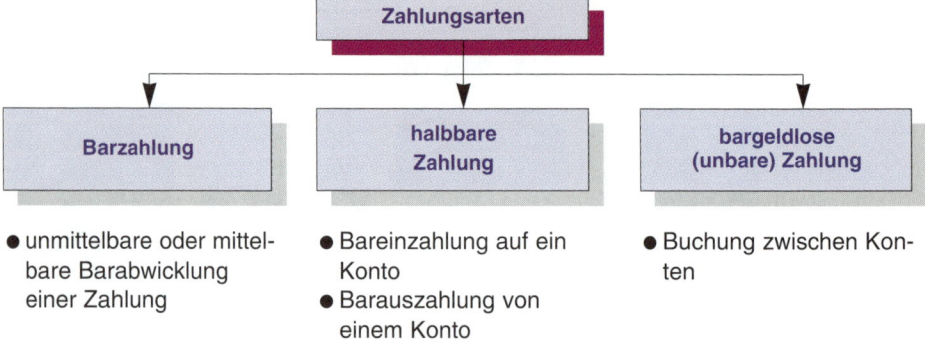

Zahlungsarten

| **Barzahlung** | **halbbare Zahlung** | **bargeldlose (unbare) Zahlung** |

- unmittelbare oder mittelbare Barabwicklung einer Zahlung
- Bareinzahlung auf ein Konto
- Barauszahlung von einem Konto
- Buchung zwischen Konten

3.1 Barzahlung

Bei der Barzahlung kommen der Zahler und der Empfänger mit dem Geld in Berührung. Beide benötigen zur Zahlungsabwicklung kein Konto.

3.1.1 Unmittelbare Barzahlung

Unmittelbare Barzahlungen sind im Alltag zumeist dann üblich, wenn die Beträge nicht sehr hoch sind, z.B. im Einzelhandel. Der Zahlungspflichtige (Schuldner) zahlt an den Zahlungsempfänger (Gläubiger) durch die **Übergabe von Bargeld**. Die Übergabe kann entweder **persönlich oder durch einen Boten** erfolgen. Der Zahler erhält als Zahlungsbeleg eine Quittung oder einen Kassenbeleg.

3.1.2 Mittelbare Barzahlung

Bei der mittelbaren Barzahlung werden die Dienste (Mittel) der Post in Anspruch genommen.

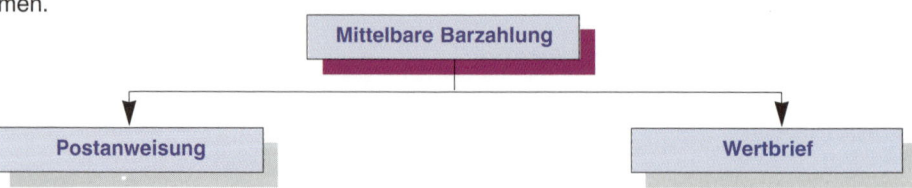

Mittelbare Barzahlung

Postanweisung   **Wertbrief**

Bei Zahlung mittels Postanweisung füllt der Zahlungspflichtige das Postanweisungsformular, das aus 3 Abschnitten besteht, aus und bezahlt den Zahlungsbetrag und die Gebühr am Postschalter bar. Als Beleg erhält er den Abschnitt, den Einlieferungsschein.

3.1.1/1

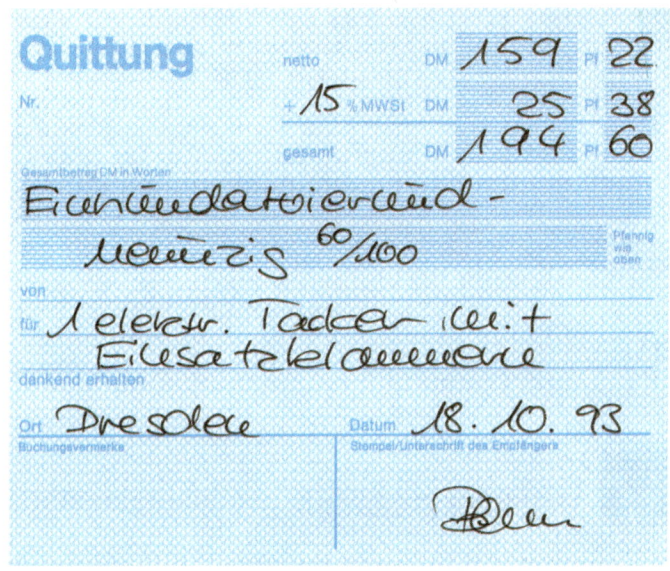

IHRE QUITTUNG
Besten Dank

SCHLÜSSEL ZENTRALE DRESDEN

18-10-96   #0

BOHRMAS	189,00
TACKER	5,60
ZWS	194,60
MWST	25,38
TL	194,60
GEG/TL	200,00
ZURÜCK	5,40
BD 0154	17:13 UZ

3.1.2/1

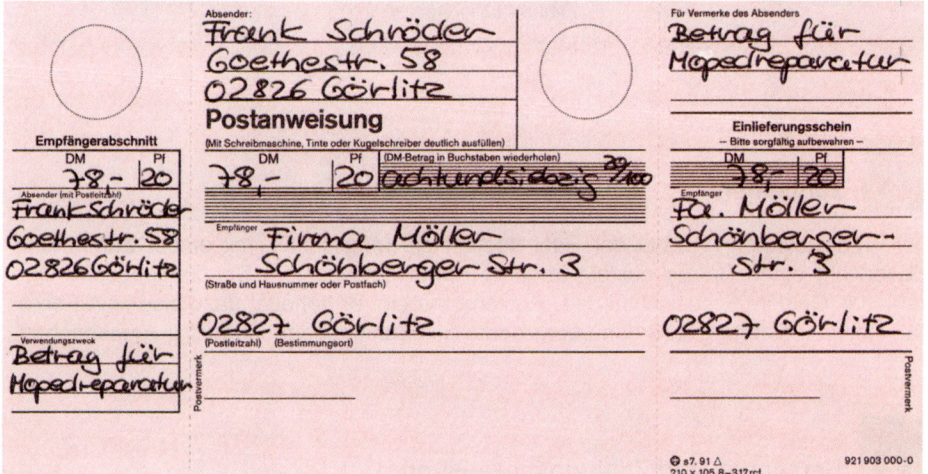

1. *Welche Angaben muß eine Quittung aus Beweisgründen erhalten?*
2. *Zu welchem Zweck verwendet man eine Postanweisung?*

Der Postbote bringt das Geld dem Empfänger, der neben dem Geld den linken Abschnitt, den Empfängerabschnitt, erhält. Außerdem muß der Empfänger den Erhalt des Geldes durch seine Unterschrift auf der Rückseite des mittleren Abschnitts quittieren, der bei der Post verbleibt. Mit der Postanweisung kann Bargeld bis zu 3000,00 DM dem Empfänger zugestellt werden. Die Postgebühren für Postanweisungen sind sehr hoch, so sind z.B. bei einem Betrag bis 100,00 DM 13,00 DM Gebühr und bei einem Betrag über 2000,00 DM bis 3000,00 DM 50,00 DM Gebühr zu zahlen.

In **Wertbriefen** kann Bargeld versandt werden. Wertbriefe bis 500,00 DM brauchen nicht versiegelt zu werden. Ein Wertbrief kostet zuzüglich zum Beförderungsentgelt für den Brief bis 500,00 DM Wertangabe 7,00 DM, je weitere 500,00 DM der Wertangabe kosten 1,50 DM. Bei Verlust eines Wertbriefes haftet die Post.

Bargeldzahlungen mit Postanweisung und Wertbrief sind sehr teuer und umständlich, so daß von diesen Zahlungsmöglichkeiten heute kaum Gebrauch gemacht wird.

3.2   Halbbare Zahlung

Bei dieser Zahlungsart benötigt einer der am Zahlungsvorgang Beteiligten ein Konto, er kommt also beim Zahlungsvorgang mit dem Geld nicht in Berührung, der andere benötigt kein Konto, er kommt also mit dem Geld in Berührung.

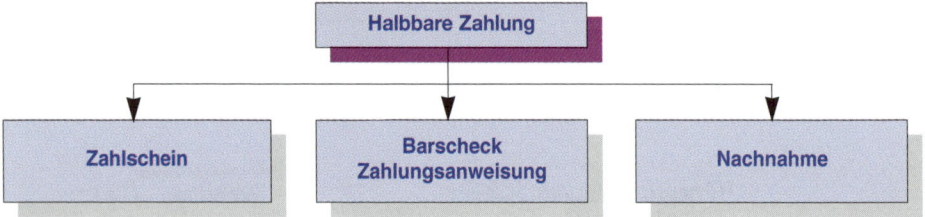

3.2.1   Zahlschein

Bei Kreditinstituten und bei der Post besteht die Möglichkeit, mit einem **Zahlschein** (Gutschrift) einen Betrag auf ein anderes Konto einzuzahlen. Der Zahlungspflichtige zahlt das Geld im Kreditinstitut oder Postamt bar ein, er benötigt dazu also kein Konto. Der Rechnungsbetrag wird dann dem Konto des Zahlungsempfängers gutgeschrieben.

3.2.2   Barscheck und Zahlungsanweisung

Bei dem **Barscheck** und der Zahlungsanweisung der Post benötigt der Zahlungspflichtige ein Konto, von dem der Rechnungsbetrag abgebucht wird. Der Zahlungsempfänger benötigt kein Konto, ihm wird der Betrag bar ausgezahlt.

Mit einem Barscheck beauftragt der Aussteller des Schecks das Kreditinstitut, einen bestimmten Betrag aus seinem Guthaben auf dem angegebenen Konto an den Überbringer des Schecks auszuzahlen.

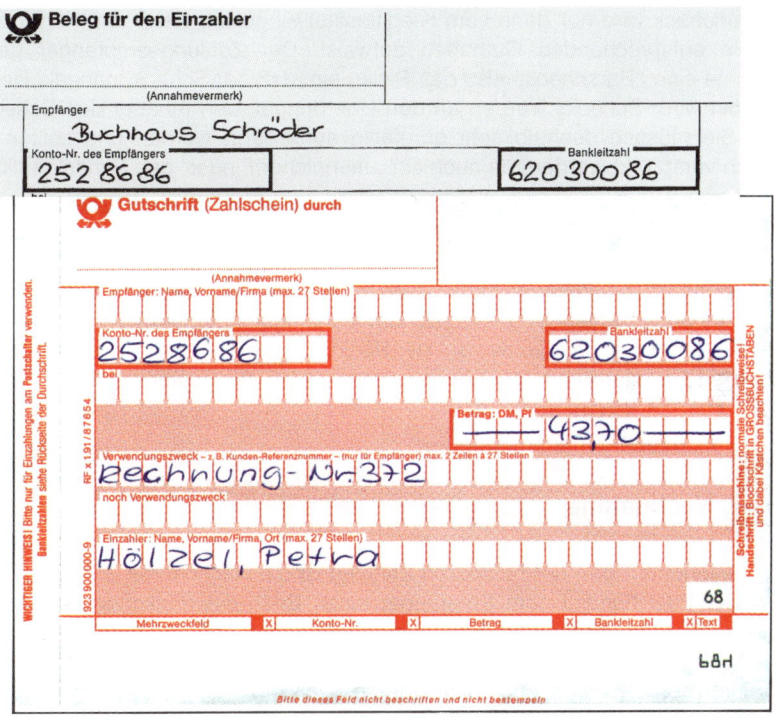

3.2/1

? 1. Wer ist Zahlungspflichtiger, wer Zahlungsempfänger dieses Zahlscheines?
2. Wie läuft dieser Zahlungsvorgang ab?

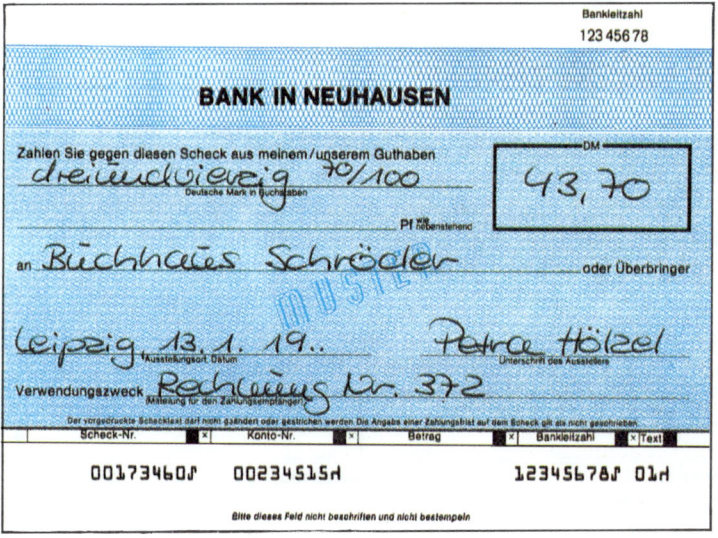

3.2.2/1

? 1. Welcher Auftrag wird mit diesem Scheck erteilt?
2. Was kann der Empfänger des Schecks mit diesem Scheck machen?

Ein Barscheck wird nur dann vom Kreditinstitut eingelöst, wenn das Konto des Ausstellers ein entsprechendes Guthaben aufweist. Der Zahlungsempfänger geht mit der Annahme eines Barschecks also das Risiko ein, daß der Scheck mangels Deckung nicht eingelöst wird. Schecks werden an den Überbringer, den Inhaber des Schecks, ausgezahlt. Sie müssen deshalb sehr sorgfältig aufbewahrt werden und sollten auch nicht brieflich verschickt werden, da auch ein „unehrlicher Finder" den Scheck einlösen kann.

Bei der **Zahlungsanweisung** besitzt der Zahlungspflichtige ein Postbankkonto. Mit einer Zahlungsanweisung kann der Zahlungspflichtige seine Postbank beauftragen, einen bestimmten Geldbetrag von seinem Konto abzubuchen und dem Zahlungsempfänger durch einen Postzusteller bar auszahlen zu lassen. Die Gebühren richten sich nach der Höhe des auszuzahlenden Betrages. Der Zahlungsempfänger muß wie bei der Postanweisung den Erhalt des Geldes auf der Rückseite der Zahlungsanweisung quittieren. Die Gebühren sind ziemlich hoch, aber niedriger als bei der Postanweisung.

3.2.3 Nachnahme

Eine besondere Form der halbbaren Zahlung ist die Nachnahme (Höchstbetrag 3000,00 DM). Die Post händigt dem Empfänger einen Brief, ein Päckchen oder ein Paket nur dann aus, wenn dieser den Nachnahmebetrag bar oder mit Scheck beim Postboten bezahlt. Dieser Nachnahmebetrag setzt sich aus dem Rechnungsbetrag und den Gebühren für die Nachnahme zusammen. Der Rechnungsbetrag wird dem Girokonto des Absenders gutgeschrieben.

3.3 Bargeldlose Zahlung

Zur Abwicklung eines bargeldlosen Zahlungsvorganges benötigen sowohl der Zahler als auch der Empfänger des Geldes ein Konto. Der Zahlende läßt den Rechnungsbetrag von seinem Konto abbuchen und dem Konto des Empfängers gutschreiben. Beide kommen also mit dem Geld nicht in Berührung, es ist ein buchungstechnischer Vorgang, der sich auf die Kontostände der Beteiligten auswirkt.

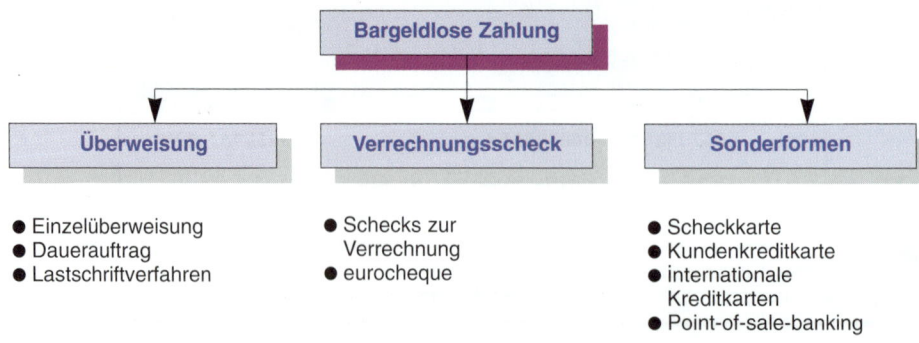

Bargeldlose Zahlung

Überweisung
- Einzelüberweisung
- Dauerauftrag
- Lastschriftverfahren

Verrechnungsscheck
- Schecks zur Verrechnung
- eurocheque

Sonderformen
- Scheckkarte
- Kundenkreditkarte
- internationale Kreditkarten
- Point-of-sale-banking

Eurocheque

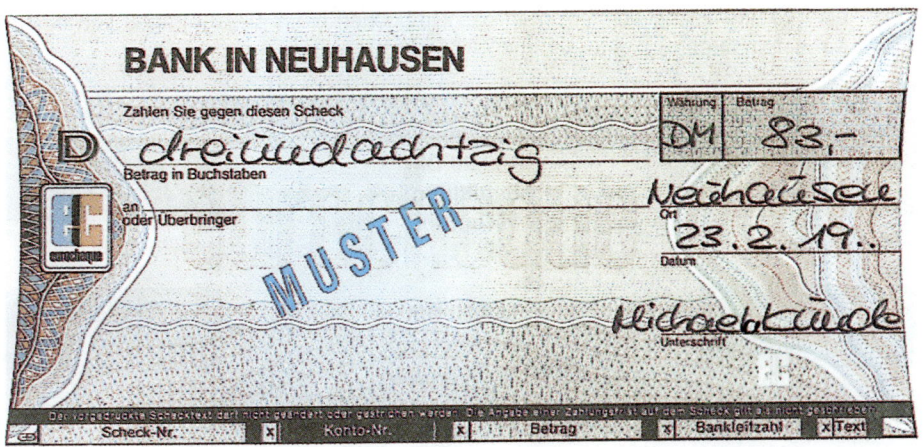

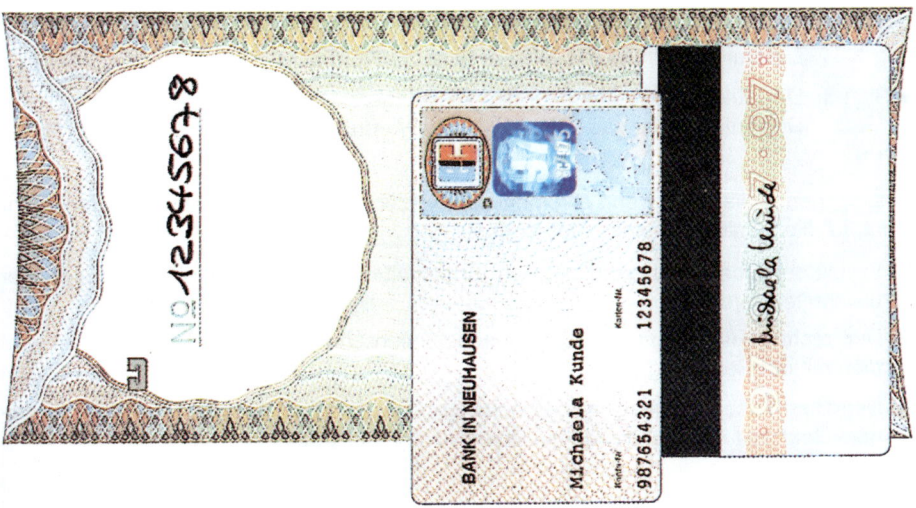

1. *Welche Besonderheiten hat ein eurocheque?*
2. *Erklären Sie den Unterschied zwischen Barscheck und Verrechnungsscheck.*

3.3.1 Überweisungen

Unter einer Überweisung versteht man das Umbuchen eines Geldbetrages von einem Konto auf ein anderes.

Beispiel:

Einzelne Rechnungen, die einem ins Haus „flattern", zahlt man am besten mit einer Überweisung.

Mit einer Einzelüberweisung erteilt der Zahlungspflichtige einmalig seinem Kreditinstitut einen Überweisungsauftrag. Ein Überweisungsvordruck besteht aus drei Teilen:

- Blatt 1: Der Überweisungsauftrag für die kontoführende Stelle.
  Der Überweisungsauftrag ist das oberste Blatt, auf dem unterschrieben wird.

- Blatt 2: Die Durchschrift für den Auftraggeber.
  Die Durchschrift ist das mittlere Blatt des Vordrucks.

- Blatt 3: Die Gutschrift als Beleg für den Empfänger.
  Die Gutschrift ist das untere Blatt des Vordrucks.

Und so geht Julian vor, wenn er einen Überweisungsauftrag zur Bezahlung der Rechnung für die Reparatur seines Mofas erteilt:

1. Er füllt den Überweisungsauftrag aus. Er schreibt kräftig durch, damit alle drei Blätter beschriftet werden.

2. Den rechten Rand trennt er ab, nimmt die Durchschrift heraus und heftet sie zusammen mit der Rechnung ab.

3. Den Überweisungsauftrag mit der anhängenden Gutschrift bringt oder schickt er seinem Geldinstitut, damit dieses die Überweisung ausführt.

Der Rechnungsbetrag wird von Julians Konto abgebucht und dem Konto der Fa. Motor-Groß gutgeschrieben. Julian hat damit die Rechnung bezahlt.

Ein Dauerauftrag eignet sich für regelmäßige Zahlungen mit festen Beträgen, z.B. für einen Sparvertrag, Miete, Versicherungsbeiträge usw. Der Zahlungspflichtige beauftragt damit sein Kreditinstitut, zu bestimmten Terminen einen bestimmten Betrag auf das Konto des Empfängers zu überweisen. Der Dauerauftrag:

- ist sehr bequem, weil man den Auftrag nur einmal erteilt,
- verhindert, daß man eine Zahlung vergißt.

Hinweise zum Ausfüllen eines maschinell lesbaren Überweisungsauftrags

Ausfüllen mit der Schreibmaschine

1. Schwarzes Farbband benutzen
2. Vorgedruckte Zeilen und Felder einzeilig beschriften, von links beginnend; verwendet werden können große und kleine Buchstaben
3. Rasterkästchen sind für das Ausfüllen mit der Schreibmaschine **ohne** Bedeutung, brauchen also nicht beachtet zu werden; die Stellenzahl pro Zeile (inkl. Leerstellen und Sonderzeichen, z.B. Punkt oder Komma) muß aber eingehalten werden; evtl. sinnvoll kürzen
4. Im Betragsfeld kann nicht benötigter Raum durch einen waagerechten Strich entwertet werden; das Ausfüllen des Betrags-Wiederholungsfeldes ist freigestellt

Ausfüllen mit Handschrift

1. Kugelschreiber mit schwarzer oder blauer Farbe benutzen
2. Blockschrift (Großbuchstaben) verwenden und kräftig durchschreiben
3. In jedes Rasterkästchen nur einen Buchstaben, eine Ziffer oder ein Sonderzeichen, z.B. Punkt oder Komma, eintragen

4. Im Betragsfeld kann nicht benötigter Raum durch einen waagerechten Strich entwertet werden; das Ausfüllen des Betrags-Wiederholungsfeldes ist freigestellt

Damit moderne Schriftlesegeräte die eigens dafür entwickelten Vordrucke auch problemlos „lesen" können, sind einige Ausfüllhinweise zu beachten.

Für den Vordruck selbst gilt: Er darf weder geknickt noch gefaltet noch beschädigt werden.

Muster für BLOCKSCHRIFT

? *Welche Ausfüllhinweise müssen beachtet werden, damit moderne Schriftlesegeräte einen Überweisungsauftrag problemlos lesen können?*

Überweisungsauftrag an **123 546 78**

Sparkasse Berghausen

Empfänger: Name, Vorname/Firma (max. 27 Stellen)
Versandhaus Junge Mode

Konto-Nr. des Empfängers
380123946

Bankleitzahl
900 500 22

bei (Kreditinstitut)
Sparkasse Burgstadt

Betrag: DM, Pf
112,00

Verwendungszweck - z.B. Kunden-Referenznummer - (nur für Empfänger) max. 2 Zeilen à 27 Stellen
Kunden-Nr. 314 512

noch Verwendungszweck

Muster!

Auftraggeber: Name, Vorname/Firma, Ort (max. 27 Stellen)
KERNER, MONIKA, WIESENHAUSEN

Konto-Nr. des Auftraggebers
987654321

20

Mehrzweckfeld |X| Konto-Nr. |X| Betrag |X| Bankleitzahl |X Text|

0142016978H   123546789 20H

Bitte dieses Feld nicht beschriften und nicht bestempeln

Schreibmaschine: normale Schreibweise! Handschrift: Blockschrift in **GROSSBUCHSTABEN**, Kästchen beachten! Bitte kräftig durchschreiben!

Vergessen Sie bitte nicht das Datum und Ihre Unterschrift. Die Durchschrift ist für Ihre Unterlagen bestimmt.

? *Warum benutzt Frau Monika Werner zur Bezahlung der Rechnung einen Überweisungauftrag und keinen Dauerauftrag?*

Das **Lastschriftverfahren** eignet sich für **regelmäßige, aber in der Höhe unterschiedliche Zahlungen**, Telefon-, Strom- oder Gasrechnungen. Der Zahlungspflichtige ermächtigt den Zahlungsempfänger, Zahlungen für einen bestimmten Zweck zu Lasten seines Girokontos einzuziehen. Die notwendigen Änderungen der Beträge nimmt der Empfänger vor. Eine ungerechtfertigte Belastung kann man jederzeit beim Kreditinstitut beanstanden. Dann wird der belastete Betrag wieder gutgeschrieben. Beim Lastschriftverfahren werden fällige Zahlungen genauso vom Konto abgebucht wie bei Überweisungen und Daueraufträgen.

3.3.2   Verrechnungsscheck und eurocheque

Schreibt man bei einem ausgefüllten Scheck schräg über den linken Rand „**Nur zur Verrechnung**", wird der Scheck zum **Verrechnungsscheck.** Der Name „Verrechnungsscheck" sagt, wie man damit umgeht: der Betrag wird verrechnet, d. h. dem Konto gutgeschrieben. Verrechnungsschecks sind vor allem dann sicherer, wenn man einen Scheck mit der Post verschickt. Erhaltene Schecks können zur Sicherheit in Verrechnungsschecks umgewandelt werden. Der Zusatz kann der Aussteller oder der Empfänger anbringen. Für einen Verrechnungsscheck können sowohl einfache Schecks als auch eurocheque verwendet werden.

eurocheque und Eurocheque-Karte: Seit 1972 gibt es für Privatpersonen den eurocheque. In einer Verbindung mit einer jeweils zwei Jahre gültigen Eurocheque-Karte garantiert die Bank, daß jeder eurocheque bis **400,00 DM** eingelöst wird. Der eurocheque wird in ganz Europa und in vielen außereuropäischen Ländern als Zahlungsmittel anerkannt. Die Eurocheque-Karte enthält die Unterschrift des Kontoinhabers sowie die Scheckkartennummer. Diese Nummer muß auf die Rückseite des eurocheques eingetragen werden. Der Empfänger kontrolliert:

- Ist die Eurocheque-Karte noch gültig?

- Stimmen Name des Kreditinstituts, Kontonummer und Unterschrift auf eurocheque und Eurocheque-Karte überein?

- Stimmt die eingetragene Scheckkartennummer auf der Rückseite des eurocheque mit der vorgelegten Eurocheque-Karte überein?

- Ist der eurocheque in der richtigen Währung ausgestellt?

Der Inhaber einer gültigen Eurocheque-Karte kann sich rund um die Uhr im Inland und in vielen europäischen Ländern an Geldautomaten mit Bargeld versorgen. Dazu muß zunächst die persönliche Geheimnummer eingegeben werden.

eurocheque und Eurocheque-Karte sollten immer getrennt aufbewahrt werden, da im Falle eines Verlusts oder Diebstahls die Einlösung eines eurocheques bei einer Bank ohne Eurocheque-Karte schwieriger wird. Der Verlust von Schecks sollte immer sofort dem Kreditinstitut gemeldet werden, damit die Schecks gesperrt werden können.

Kartenmißbrauch

Noch immer leichtes Spiel

An der neuen Scheckkartengeneration soll das kriminelle Gewerbe schier verzweifeln. „Es gibt keine Möglichkeit den Chip zu knacken", behauptet Jürgen Nielebock, Datenschutzbeauftragter bei der Gesellschaft für automatische Datenverarbeitung (GAD) in Münster. Nicht ganz so sicher ist man sich beim Bundeskriminalamt (BKA) im zuständigen Referat für den Mißbrauch von Schecks und Kreditkarten. Zwar glaubt man auch dort, daß der Chip nur mühsam zu knacken sein wird, unterschätzt aber seine Pappenheimer nicht. Da es eine absolut sichere Technik kaum gibt, wird auch diese neue Technik auf seiten der Kriminellen ihre Meister finden.

Aber die schönen Zeiten der Euroscheckkarten dürften für Betrüger dann vorbei sein. Die bisherige Form der Schecks und der dazugehörigen Magnetstreifenkarten bot ihnen jedenfalls kaum Probleme. So schätzt das BKA den gesamten Schaden zwischen 700 Millionen und 1,5 Milliarden Mark. Darin enthalten sind auch Einbrüche und Überfälle zur Beschaffung von Schecks und Scheckkarten.

Vor allem Leichtsinn der 35 Millionen Karteninhaber ermöglichte Betrügern immer noch ein leichtes Spiel. „Ein Handschuhfach stellt nun einmal kein Hindernis für den Dieb dar", ärgert sich Hoffmann. Mit geklauten Schecks oder Scheckkarten werden dann zum Teil hohe Summen ausgegeben. Vor solchen Schwachstellen sind die Bankkunden eigentlich genügend gewarnt. Dennoch notieren sich einige immer noch die für die Bargeldabhebung und Electronic Cash erforderliche vierstellige Geheimnummer – im Fachjargon PIN (Persönliche Identifikations-Nummer) genannt – auf ihrer Scheckkarte. Für Diebe ein Glücksfall. Oft gehen allerdings auch Bankangestellte nachlässig mit Schecks um. Rainer Metz, Jurist in der Verbraucher-Zentrale Nordrhein-Westfalen in Düsseldorf: „Da gibt es Kassierer, die Schecks ohne Unterschrift einlösen. Bei Beträgen unter 1000 Mark wird die Unterschrift überhaupt nicht überprüft." *Me*

1. *Welche Gefahren, die mit dem Besitz von Scheckkarten verbunden sind, werden in dem Zeitungsartikel beschrieben?*
2. *Worauf sollten Scheckkartenbesitzer besonders achten?*
3. *Wie beurteilen Sie die Sicherheit der Scheckkarten?*

3.3.3 Sonderform der bargeldlosen Zahlung

„Plastikgeld" gewinnt im elektronischen Zahlungsverkehr der Bundesrepublik Deutschland zunehmend an Bedeutung.

Die **Eurocheque-Karte** erfreut sich in den alten wie in den neuen Bundesländern großer Beliebtheit. Ob im Hotel oder im Restaurant, ob im kleinen Fachgeschäft oder im großen Kaufhaus, mit Eurocheque-Karte und eurocheque ist man immer bei „Kasse".

Außerdem bieten inzwischen immer mehr Einzelhändler ihren Kunden die Möglichkeit der Bezahlung mit der Eurocheque-Karte als **„electronic cash" (auch Point-of-sale-Banking = POS** genannt). Dabei reichen (wie beim Geldautomaten) Karte und persönliche Geheimzahl aus; der Kunde bezahlt seine Rechnung quasi über Computerleitung, und der Händler bekommt garantiert sein Geld. Bei dieser Zahlungsart ist eine direkte Buchung bei den Kreditinstituten möglich. Die Eurocheque-Karte wird in ein Zusatzgerät der elektronischen Kasse gesteckt, die Kontonummer und die Bankleitzahl werden abgelesen. Der Kunde tippt seine persönliche Geheimnummer ein. Nachdem die Geheimnummer elektronisch geprüft worden ist und das Konto des Kunden eine entsprechende Deckung aufweist – ein grünes Licht blinkt auf – wird der Rechnungsbetrag automatisch vom Konto des Kunden auf das Konto des Händlers umgebucht.

Internationale Kreditkarten: Vom exklusiven Zahlungsmittel nur für betuchte Bürger zum Zahlungsmittel für jedermann – das kennzeichnet die steile Karriere der Kreditkarten in Deutschland. Zu den gebräuchlichsten Kreditkarten gehören in Deutschland:

● Eurocard
● Visa
● American Express
● Diners Club

Der Besitzer einer Kreditkarte zahlt eine Jahresgebühr an seine Kartengesellschaft; die Vertragspartner der Kreditkartenorganisatonen (angeschlossene Händler) bezahlen eine Provision, sie erhalten von den Kreditkartenorganisationen nicht den vollen Rechnungsbetrag. Kauft z. B. ein Kunde ein Hemd für 100,00 DM und bezahlt mit seiner Kreditkarte bargeldlos, so erhält der Händler 97,00 DM, wenn der Provisionssatz 3 % beträgt. Diese Kosten muß der Handel bei der Kalkulation seiner Verkaufspreise berücksichtigen. Letztendlich bezahlen also alle Kunden, auch diejenigen, die mit Bargeld bezahlen, diese Gebühren. Der Kunde, der das Hemd gekauft hat, bekommt nach einer gewissen Zeit eine Abrechnung von seiner Kreditkartengesellschaft, die 100,00 DM werden danach von seinem Konto abgebucht.

Kundenkreditkarten werden von größeren Unternehmen, z.B. Hertie, Ikea, Quelle, Metro, Lufthansa, Europcar usw., in Zusammenarbeit mit ihren Hausbanken an die Kunden ausgegeben. Diese können dann mit den Kreditkarten nur bei diesen Unternehmen bargeldlos bis zu einem bestimmten Höchstbetrag einkaufen. Die Unternehmen gewähren ihren Kunden also einen Kredit. Die Ausgabe dieser Kundenkreditkarten ist eher ein Mittel der Absatzförderung.

electronic cash

3.3.3/1

Vorteile für das Kassenpersonal

1. Die Abwicklung einer elektronischen Bezahlung ist einfach und unkompliziert. Eine Arbeitserleichterung ist u.a. darin zu sehen, daß weniger Bar- und Wechselgeld nachzuzählen ist und daß keine Schecks und Scheckkarten kontrolliert werden müssen.

2. Fehler, die sich beim herkömmlichen Bezahlen immer wieder einschleichen, z.B. falsche Wechselgeldherausgabe, werden ausgeschaltet. electronic cash verschafft also mehr persönliche Sicherheit.

3. Die elektronische Zahlung wird schnell abgewickelt; der Kunde ist durch die Eingabe der PIN[1] in den Zahlungsvorgang eingebunden. Das Gefühl, der Kunde würde meinen, man arbeite zu langsam, entfällt.

4. Die Kassenaufnahme wird vereinfacht und beschleunigt. Es ist weniger Bargeld zu zählen, und es sind keine Schecks mehr einzutragen und aufzustellen. electronic cash verlängert daher den Feierabend.

Vorteile für den Karteninhaber

● Unabhängigkeit
electronic cash macht den Kunden unabhängig von Bargeld und Schecks. Er ist jederzeit zahlungsbereit und kann spontane Kaufentscheidungen treffen.

● Zahlungsalternativen
Mit electronic cash wird dem Kunden eine zusätzliche Zahlungsmöglichkeit geboten. Er kann die ihm angenehmste Zahlungsart wählen.

● Bequemlichkeit
Das Bezahlen an der electronic-cash-Kasse erspart dem Kunden das Ausfüllen von Schecks oder das Suchen nach den passenden Noten und Münzen. Der Kunde gewinnt Zeit, das Warten für nachfolgende Kunden verkürzt sich.

● Sicherheit
Der Kunde benötigt weniger Bargeld und keine Schecks. Das bedeutet für ihn mehr Sicherheit vor Verlust und Mißbrauch.

● Überblick
Der Kunde erhält auf seinem Kontoauszug detailliert alle Angaben über die von ihm getätigten Einkäufe, die durch electronic-cash-Zahlung beglichen wurden.

● Einsatzmöglichkeiten
Die Karten, die heute bereits an Geldausgabeautomaten und Kontoauszugsdruckern eingesetzt werden können, gewinnen durch die Möglichkeit, auch an electronic-cash-Kassen benutzt zu werden, zusätzliche Verwendungsmöglichkeiten.

1. Welche Vorteile werden für
   a) das Kassenpersonal,
   b) den Karteninhaber dargestellt?
2. Welche Vorteile sehen Sie für den Händler?
3. Welche Nachteile könnten Ihrer Meinung nach für den Karteninhaber bestehen?

Eine weitere Möglichkeit für Information und Geschäftsabwicklung mit der Bank ist Bildschirmtext 3.3.3/2 (Btx). Btx ist ein Medium, das von jedermann für Information und Kommunikation genutzt werden kann. Voraussetzungen sind Telefon, Fernsehgerät, Anpassungsmodem, ein Decoder, eine Fernbedienung oder eine alphanumerische Tastatur. Der Trend geht aber zu komfortablen multifunktionalen Btx-Endgeräten.

Erläutern Sie den aktuellen Stand und die neuen Möglichkeiten dieser technischen Richtung.

---
[1] PIN = Persönliche Geheimzahl

Arten des Geldes	Bargeld = Münzen und Banknoten Buchgeld (Giralgeld) = täglich fällige Guthaben auf Banknoten
Funktionen des Geldes	Allgemeines Tauschmittel Allgemeiner Wertmaßstab Zahlungsmittel Wertaufbewahrungs- und Kreditmittel
Innenwert des Geldes	Währung: Das gesetzliche Zahlungsmittel eines Landes Kaufkraft des Geldes hängt von den Preisen der Güter ab Inflation: Die Kaufkraft des Geldes sinkt. Deflation: Die Kaufkraft des Geldes steigt.
Außenwert des Geldes	Der Wechselwert gibt den Wert der DM zu anderen ausländischen Währungen an. Fester Wechselkurs: Der Wechselkurs ist fix oder schwankt nur innerhalb bestimmter Bandbreiten. Freier Wechselkurs: Angebot und Nachfrage bestimmen den Kurs. Aufwertung: Der Wert der Währung steigt. Abwertung: Der Wert der Währung sinkt. Europäisches Währungssystem (EWS): In Europa soll eine Zone relativ stabiler Wechselkurse geschaffen werden.
Zahlungs- arten	Barzahlung Halbbare Zahlung Bargeldlose (unbare) Zahlung
Zahlungs- möglich- keiten	Möglichkeiten der Barzahlung sind: – persönliche Übergabe – durch einen Boten – Postanweisung – Wertbrief Möglichkeiten der halbbaren Zahlung sind: – Zahlschein – Barscheck – Zahlungsanweisung – Nachnahme Möglichkeiten der bargeldlosen Zahlung sind: – Überweisung (Einzelüberweisung, Dauerauftrag, Lastschrift) – Verrechnungsscheck – Sonderformen (Kreditkarten, electronic cash)

Fragen · Aufgaben · Fragen · **?** Fragen · Aufgaben · Fragen

Wissen

1 Welche Bedeutung hat das Geld in einer Volkswirtschaft?
2 Welche Voraussetzungen müssen gegeben sein, damit das Geld seine Aufgaben erfüllen kann?
3 Was versteht man
  a) unter Bargeld,
  b) unter Buchgeld?
4 Erläutern Sie die vier Funktionen des Geldes.
5 Wie wird die Veränderung der Kaufkraft der DM erfaßt?
6 Welche Inflationsarten unterscheidet man?
7 Nennen Sie Ursachen für eine Inflation.
8 Wie wirkt sich eine Inflation auf die Menschen des betreffenden Landes aus?
9 Wodurch unterscheiden sich Inflation und Deflation?
10 Was drückt der Wechselkurs aus?
11 Welche Auswirkungen hat eine Aufwertung auf die Preise
  a) der Exportgüter,
  b) der Importgüter?
12 Welche Ziele wurden mit der Einführung des Europäischen Währungssystems (EWS) verfolgt?
13 Welche Zahlungsarten unterscheidet man?
14 Nennen Sie Beispiele für diese Zahlungsarten.
15 Schildern Sie den Zahlungsvorgang mit Hilfe einer Postanweisung.
16 Für welche Zahlungen eignen sich
  a) der Dauerauftrag,
  b) das Lastschriftverfahren?
17 Was muß der Empfänger eines eurocheques kontrollieren?

Erkennen und Werten

1 Welche Funktionen hat das Geld in den folgenden Fällen:
  a) Julian kauft sich eine neue CD,
  b) Gaby zahlt auf ihr Sparkonto ein,
  c) Günter erbt von seinen Eltern 20.000,00 DM,
  d) der Arbeitgeber überweist Ferdinand seinen Monatslohn,
  e) Maximilian nimmt bei der Bank einen Kredit zum Kauf eines Autos auf?
2 Wie bezahlt man am besten eine Stromrechnung:
  mit Überweisung, Dauerauftrag oder Lastschrift?
  Und warum?
3 Welchen Vorteil hat es für Julian, einen Spardauerauftrag über 50,00 DM zu erteilen, statt den Betrag monatlich zu überweisen?
4 Julian erhält von einem Versandhaus für die Bezahlung einer Rechnung über 85,76 DM einen Zahlschein, der auch als Überweisung benutzt werden kann. Wie zahlt Julian am besten?

VII. Wirtschaftsordnungen

Jede Gesellschaft braucht, damit das soziale Zusammenleben ohne allzugroße Konflikte ablaufen kann, einen Ordnungsrahmen, also gewisse Spielregeln. Die Summe aller Spielregeln, denen sich die einzelnen Mitglieder der Gesellschaft verpflichtet fühlen, bezeichnet man als Gesellschaftsordnung.

Die Gesellschaftsordnung kann nun von den verschiedensten Gesichtspunkten her betrachtet werden. Will man in erster Linie den Aufbau der rechtlichen Normen untersuchen, spricht man von der Rechtsordnung. Will man hingegen die Art und Weise beschreiben, wie eine Gesellschaft ihre Mitglieder z. B. gegen Arbeitslosigkeit oder Krankheit schützt, befaßt man sich mit der Sozialordnung einer Gesellschaft. Die Summe aller für die Wirtschaft einer Gesellschaft geltenden Regeln kommt in ihrer Wirtschaftsordnung zum Ausdruck.

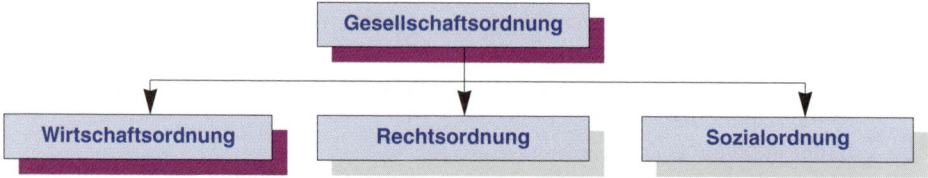

1 Wirtschaftliche Grundbegriffe und Merkmale

„Wirtschaften" ist nichts anderes als der bewußte, zweckmäßige Umgang mit nicht beliebig vermehrbaren und in diesem Sinne knappen Mitteln. Somit ist jede menschliche Gesellschaft immer gleich auch eine „Wirtschaftsgesellschaft". Ob im Altertum, im Mittelalter oder jetzt in der Bundesrepublik Deutschland – zu jeder Zeit waren und sind die Menschen genötigt, sich mit dem Problem dieser Knappheit als Grundproblem des Wirtschaftens auseinanderzusetzen, auch wenn sich der Grad der Knappheit verändert. Jede Wirtschaftsgesellschaft muß, unabhängig vom Grad ihrer Entwicklung und der konkret bestehenden wirtschaftlichen bzw. politischen Ordnung, drei Grundfragen lösen, nämlich:

● **Was soll produziert werden?**
Welche Güter sollen in welchen Mengen wann hergestellt werden?

● **Wie sollen die Güter produziert werden?**
Mit welchen Rohstoffen? Mit welcher Technik? Mit welchen Maschinen? In welchen Produktionsstätten?

● **Für wen sollen die Güter produziert werden?**
Wer soll in den Genuß der produzierten Güter bzw. Dienstleistungen kommen? Anders ausgedrückt: Wie soll das gesamte Sozialprodukt (alle Güter und Dienstleistungen) verteilt werden?

Zum Problem der Knappheit

Die „Knappheit" ist ein für uns Menschen absolutes Gebot. Es gilt sogar für Robinson auf seiner Insel. Mögen wir uns diese auch noch so üppig vorstellen, daß er sich für sein Überleben keinerlei Sorgen zu machen braucht, weil es auf ihr für ihn keine Feinde gibt und weil sie gleichbleibend warm ist und weil ihm die Früchte buchstäblich in den Mund wachsen. Will er dennoch mehr, als er vorfindet, dann muß er sich das Gewünschte selber herstellen und wird dann gleich mit einer speziellen Form der Knappheit konfrontiert, mit der Knappheit an Zeit. Es verbleibt ihm nämlich, da der Tag nur 24 Stunden hat, von denen er auch einige zum Schlafen benötigt, immer nur eine begrenzte Anzahl von Stunden, die er für seinen täglichen Bedarf nützen kann. Das gilt auch schon für die einfachsten Verrichtungen, wenn er z.B. für sich nichts neu herstellen, sondern nur einiges sammeln will, Früchte zum Verzehr, Laub für die Schlafstatt. Reifen die Früchte nur zu bestimmten Jahreszeiten, sollen ihm aber über diese hinaus zur Verfügung stehen, so benötigt er ein Lager, das er erst herstellen muß, um die Früchte stapeln und so konservieren zu können. Regnet es gelegentlich und er will nicht naß werden, obwohl es keine natürliche Höhle gibt, dann muß er sich seinen Unterschlupf bauen, vielleicht nur eine Hütte oder gar schon ein Haus. Will er schließlich kochen oder braten, so braucht er einen Herd mit den dazu erforderlichen Utensilien.

Die Produktion solcher neuer Güter ist niemals auf einmal möglich. Robinson muß sich da schon eine zeitliche Folge entwickeln, und die einzelnen Güter werden für ihn um so kostbarer, werden, also auch ohne Tauschpartner einen um so höheren Preis haben, je länger er an einem Stück hat arbeiten müssen und mit je mehr Zeit er zu ihrer Wiederbeschaffung rechnen muß.

Wir sehen also, wie wichtig die Knappheit an Zeit ist. Aber auch schon Robinson wird sich gleich mit einer weiteren Knappheit konfrontiert sehen, der Knappheit an Material. Zum Bauen benötigt er Werkzeuge; hat er keine oder nur wenige vom gestrandeten Schiff auf die Insel retten können, so muß er sie selber herstellen. Findet er Erz, so könnte er versuchen, Beile, Messer und Sägen selber herzustellen. Gibt es kein Erz, dann sind die Werkzeuge vom gestrandeten Schiff unersetzbar. Ihr Wert oder Preis wird für Robinson unermeßlich hoch sein, so sehr viel höher, als für einen jeden von uns, die wir sie uns im nächsten Eisenwarengeschäft zu erschwinglichen Preisen kaufen können.

Mit allen Dingen oder Gütern, die Robinson herstellt, wird er eine solche für ihn sehr lebendige Vorstellung ihres Wertes verbinden. In diesem Wert von Gütern geht also als Meßwert deren Knappheit ein, gemessen einmal am Vorhandensein von Zeit, zum anderen an Material, die für die Herstellung von Gütern erforderlich sind. Dieser Grad der jeweiligen Knappheit von Zeit und Material ist der bestimmende Faktor für Wert und Preis eines jedes Gutes, nicht nur für die Wirtschaft Robinsons, sondern für eine jedwede Wirtschaft.

Beide Faktoren wirken, ganz unabhängig von der Wirtschaftsordnung, als Zeit- oder Arbeitskosten und als Materialkosten auf die Werte und entsprechend auf die Preise der Güter ein.

(Erik Boettcher, Wachstum in der Wirtschaft, in: „Politische Bildung", 7/74, Heft 2 „Wirtschaftliches Wachstum", Klett Verlag Stuttgart, S. 31)

1. Warum ist das Problem der Knappheit für „jede Wirtschaft" eine zentrale Frage?
2. Das Problem der Knappheit ist in unserem Wirtschaftssystem weitgehend gelöst. Handeln wir verantwortungsvoll gegenüber anderen Ländern der Dritten Welt?

Diese dreiteilige Fragestellung bezeichnet man als das „Problem der Allokation der Ressourcen" (etwa = Einsatz, Zuweisung der verfügbaren Mittel), das nicht zuletzt Grundlage ost-westlicher Kontroversen war, da es zwei gegensätzliche Lösungsmöglichkeiten gibt:

● **die dezentrale Lösung:**
  Eine Vielzahl voneinander unabhängiger Wirtschaftssubjekte (das sind alle am wirtschaftlichen Geschehen Teilhabende, insbesondere Konsumenten und Produzenten) treffen Entscheidungen am Markt.

● **die zentrale Lösung:**
  Entscheidungen trifft eine zentrale Behörde, (Planungskommission, die allein über die zur Verfügung stehenden knappen Mittel bestimmt), so daß sich die Wirtschaftssubjekte diesen Entscheidungen beugen müssen.

2   Modell der freien Marktwirtschaft

Die rationelle Zuammenarbeit aller wirtschaftlich tätigen Menschen und sozialen Einheiten wird in dieser Ordnungsform durch die dezentrale Planung ermöglicht.

Die **Wirtschaftseinheiten** Haushalte, Unternehmungen und Staat erstellen ihre Wirtschaftspläne selbst und führen sie auch eigenverantwortlich durch. Die Wirtschaftssubjekte entscheiden, was, wo, wie, womit und für wen produziert und konsumiert werden soll.

Den **Wirtschaftsteilnehmern** wird also ein Höchstmaß an personeller Freiheit eingeräumt. Sie entscheiden im Rahmen ihrer jeweiligen Möglichkeiten und ohne jeden Zwang, was für den Wirtschaftsprozeß von Bedeutung ist. Voraussetzung für die Funktionsfähigkeit eines solchen Wirtschaftskreislaufes ist das Eigeninteresse der Produzenten, der Verkäufer wie der Konsumenten, d.h. die Käufer wollen möglichst billig kaufen, die Verkäufer möglichst teuer verkaufen.

Die marktwirtschaftliche Ordnung veranlaßt die Produzenten, sich auf erkennbare Absichten und Wünsche der konsumierenden Wirtschaftsteilnehmer einzustellen. Um Gewinn erzielen zu können, müssen die Produzenten Güter oder Dienstleistungen zur Verfügung stellen, die nach Art, Qualität und Preis den Wünschen der Nachfrager entsprechen, sonst bleiben sie auf ihren Waren sitzen. Demnach kommt dem **Nachfrager** (Verbraucher) im Markt eine zentrale Rolle zu. Er beeinflußt, er bestimmt die Richtung der Produktion, da seine Nachfrage sich anregend oder hemmend auf das Angebot auswirkt. Größe und Art seiner Nachfrage stellen die Weichen für den einzuschlagenden Produktionsweg. Die Fülle der Preise einzelner Güter zeigt dem Produzenten an, wo, nach welchen Gütern und in welchem Umfang Bedarf besteht, auf den er sein **Angebot** auszurichten hat. Somit wird deutlich, daß sich die Produzenten im Wettbewerb untereinander bemühen, einen größtmöglichen Gewinn zu erzielen. Damit ist aber auch eine bestmögliche Bedürfnisbefriedigung der Nachfrager verbunden.

Modell der freien Marktwirtschaft

Staat
- unterwirft sich den Spielregeln des Marktes
- überläßt die Wirtschaft dem freien Spiel der Kräfte

Nachfrage   Angebot

Angebot   Angebot

Nachfrage   Nachfrage

Markt
Markt (Gesetz von
Angebot und Nachfrage
als automatischer
Steuerungsmechanismus)

Abstimmung der
Einzelpläne er-
folgt über den
Markt

Haushalte
planen den Verbrauch
Nutzenmaximierung

Unternehmen
planen die Produktion
Gewinnmaximierung

– Vertragsfreiheit
– Privateigentum
– Berufsfreiheit
– Konsumfreiheit
– Konkurrenzprinzip
– Eigeninitiative

– Vertragsfreiheit
– Privateigentum
– Berufsfreiheit
– Konsumfreiheit
– Konkurrenzprinzip
– Eigeninitiative

Marktmechanismen

Gütermärkte	regulieren	Preis
Kreditmärkte	sich über	Zins
Arbeitsmärkte	den	Lohn

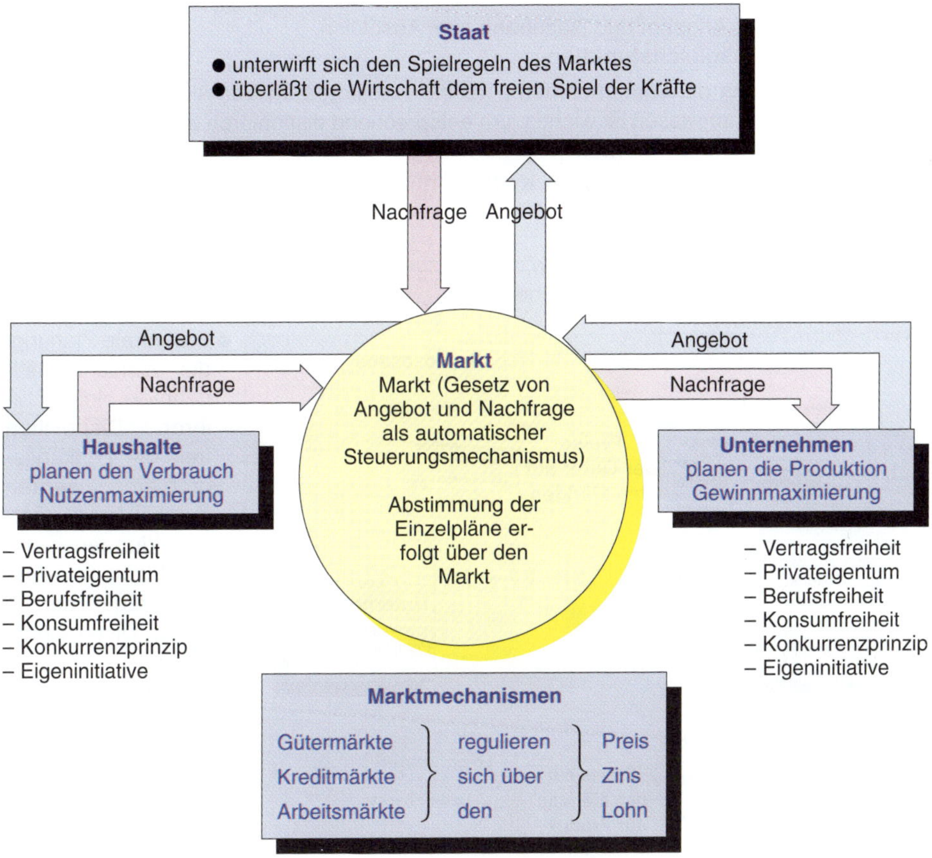

Hauptmerkmale der freien Maktwirtschaft	Problematik der freien Marktwirtschaft
Völlige Entscheidungsfreiheit der Unternehmen und Haushalte	Durch die Vertragsfreiheit entstehen starke Monopolisierungstendenzen
Recht an Eigenkapital an Produktionsmitteln	Mit Hilfe der Freiheit kann die Wettbewerbsfreiheit zerstört werden
Uneingeschränkte Verfügungsmacht des Unternehmers über seine Produktionsmittel	Durch die wirtschaftliche Vormachtstellung des Unternehmers kann der Arbeitnehmer einseitig benachteiligt werden

1. *Beschreiben Sie das Modell der freien Marktwirtschaft.*
2. *Welche Aufgaben erfüllt der Staat?*

So erfüllt der **Markt-Preis-Mechanismus** als Werkzeug der Steuerung verschiedene Aufgaben:

- Er bringt erstens Angebot und Nachfrage zum Ausgleich.
  Das ist seine **Ausgleichsfunktion**.

- Er zeigt zweitens den Unternehmern, wo die Nachfrage im Verhältnis zum Angebot knapp wird. Das zu wissen ist wichtig, um entsprechend disponieren zu können. Dies ist seine **Informationsfunktion**.

- Er steuert drittens die produktiven Kräfte dorthin, wo sie besonders benötigt werden. Das ist seine **Lenkungsfunktion**.

Wenn man den Idealtyp freie Marktwirtschaft zusammenfaßt, so erkennt man folgende Ordnungselemente des Wirtschaftslebens.

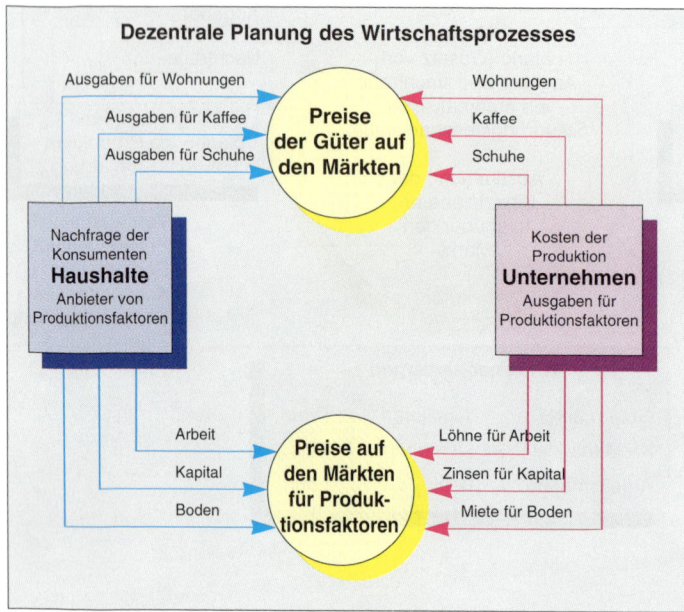

- dezentrale Planung: die Wirtschaftsteilnehmer bleiben in ihrer Disposition frei, die Lenkungsprobleme werden durch freie Entscheidungen der Produzenten und Nachfrager gelöst. Diese Dispositionsfreiheit verlangt ebenso Anerkennung des Privateigentums, der Vertragsfreiheit, der Gewerbe- und Berufsfreiheit wie der Freiheit auf individuelle Selbstentfaltung.

- **Lenkung des Wirtschaftsprozesses:**
durch freie Märkte und die freie Marktpreisbildung, das fortwährend Angebot und Nachfrage in Einklang bringt;

- **freier Wettbewerb:**
unter gleichrangigen Wirtschaftsunternehmen auf der Grundlage der Konkurrenz von Angebot und Nachfrage und des Gewinnprinzips.

Gewerbefreiheit, Wettbewerbsfreiheit, freie Preisbildung und Freizügigkeit wurden in der ersten Hälfte des 19. Jahrhunderts weitgehend verwirklicht. Der **Staat** zog sich nach und nach aus der Wirtschaft zurück, beschränkte sich wirtschaftspolitisch auf eine passive **Rolle**, die **eines Nachtwächters**, wie man überspitzt gesagt hat. Er sah über Mißbräuche des freien Spiels der Kräfte und Ausbeutung der Arbeiter dort hinweg, wo er hätte eingreifen müssen. Dies führte in fast regelmäßigen Abständen zu Krisen, Zusammenbrüchen und Elend.
Die Auffassung, eine absolut freie Wirtschaft führe nicht automatisch zu Vollbeschäftigung, sondern ein marktwirtschaftliches System bedürfe auch einer Politik, die die Arbeitslosigkeit bekämpft, setzte sich praktisch in allen westlichen Ländern durch.

Das Marktmodell

Voraussetzungen	Aufgaben	Ergebnisse
EINZELINTERESSE: Nutzenstreben Gewinnstreben	**LENKUNGSAUFGABE DER KONSUMENTEN:** bedarfsorientierte Nachfrageimpulse am Markt	**BESTMÖGLICHE BEDARFSDECKUNG** durch konsumgemäße Produktionssteuerung
PRIVATEIGENTUM: freie Verfügungsgewalt über Konsumgüter und Produktionsmittel	**BEDARFSDECKUNGS-AUFGABE DER PRODUZENTEN:** gewinnorientierte Anpassung an Preissignale im Marktwettbewerb	**MAXIMIERUNG DES SOZIALPRODUKTES** durch bestmögliche Nutzung der produktiven Kräfte
LEISTUNGS-WETTBEWERB: weltweit wirksamer Preismechanismus	**ORDNUNGSAUFGABE DES STAATES:** Rechtsregeln für das Marktverhalten auf- stellen, ihre Einhaltung kontrollieren und Recht sprechen	**LEISTUNGSGERECHTE EINKOMMENS-VERTEILUNG** bei freier Berufs- und Arbeitsplatzwahl
FREIHEITLICHE RECHTSORDNUNG: Konsumfreiheit Gewerbefreiheit Vertragsfreiheit internationaler Freihandel		**GESAMTWIRTSCHAFT-LICHES WACHSTUM** im Gleichgewicht bei Vollbeschäftigung und Geldwertstabilität

Quelle: Informationen zur politischen Bildung 173/1: Wirtschaft – Verbraucher und Markt, S. 5

1. *Erläutern Sie die Voraussetzungen, Aufgaben und theoretischen Ergebnisse des Markt-modells.*
2. *Wo sehen Sie Vor- und Nachteile dieses Modells?*
3. *Warum ist dieses Modell in der Bundesrepublik Deutschland nicht realisiert worden?*

2/3

Beispiel:

Der Markt für Blue Jeans befindet sich in der Bundesrepublik Deutschland im Gleichgewicht: zum Preis von etwa 99,00 DM werden insgesamt 400.000 Hosen angeboten und auch verkauft. Zu diesem Preis – und nur zu diesem Preis ist die angebotene und die nachgefragte Menge gleich. Der Markt kommt in Bewegung, wenn plötzlich (vielleicht wegen eines neuen modischen Trends) bei gleichen Preisen mehr Käufer Blue Jeans erwerben wollen. Bei gleichbleibendem Angebot ist die Nachfrage gestiegen. Das wird zur Folge haben, daß die Preise steigen, weil die Anbieter sie angesichts der verbesserten Absatzlage zur Steigerung der Gewinne erhöhen, in unserem Beispiel auf 120,00 DM. Diese Preissteigerung ist ein Signal für andere im Wettbewerb stehen-

de Produzenten nun ihrerseits das Angebot zu erhöhen und damit an zu erwartenden höheren Gewinnen teilzunehmen. Dies aber hat zur Folge, daß sich das Marktgleichgewicht erneut verändert. Nun werden wesentlich mehr Hosen angeboten und auch umgesetzt – und zwar zu einem niedrigeren Preis, unser Beispiel: 90,000 DM. Damit ist der Markt wieder zur Ruhe gekommen. Die in unserem Beispiel umgesetzte Menge Hosen hat sich von 400.000 auf 600.000 erhöht. Der ursprüngliche Preis ist von 99,00 DM, nach einer zeitlich befristeten Steigerung auf 90,00 DM zurückgegangen.

Mit anderen Worten: Das Versorgungsniveau ist jetzt höher als zuvor, bei gleichzeitig niedrigeren Preisen.

Erläutern Sie den Marktmechanismus anhand dieses Beispiels.

3 Modell der Zentralverwaltungswirtschaft

Das Modell zentraler Wirtschaftsplanung ist gekennzeichnet durch folgende entscheidende Merkmale:

- **Zentrale Planung.** Lenkung und Kontrolle des gesamten Wirtschaftsgeschehens einschließlich aller anderen gesellschaftlichen Bereiche wie Soziales, Kultur, Wissenschaft und Bildung. Die Wirtschaftsteilnehmer sind in ihren Dispositionen beschränkt.

- **Das Privateigentum an Produktionsmitteln ist weitgehend aufgehoben** (Staatseigentum, Kollektiveigentum). Das gleiche gilt für das Bank- und Versicherungswesen. Die Geld- und Kreditversorgung erfolgt zentral durch den Staat.

- **Die Produkte werden administrativ zentral verteilt.** Der Außenhandel ist durch staatliche Organisationen zentral gelenkt.

- **Die Preise** für Güter und Dienstleistungen, für Arbeit (Löhne) und Kapital (Zinsen) werden **zentral festgelegt** (staatliche Preispolitik).

- Oberstes **Ziel** allen wirtschaftlichen Handelns ist die **Planerfüllung**.

- **Politik und Wirtschaft sind aufs engste veknüpft.** Die Entscheidungsträger beider Bereiche sind zum Teil identisch.

Im Gegensatz zum Marktmodell ist hier die zentrale Lenkung des gesamten Wirtschaftsgeschehens ordnungsbestimmend. Das sogenannte „Subordinationsprinzip" (Unterordnungsprinzip) ist dabei ein wesentliches Charakteristikum. Eine übergeordnete Institution ist alleiniger Planungsträger. Diese Planungsinstitution entscheidet, welche Güter in einem bestimmten Planungszeitraum zur Verfügung stehen sollen. Sie bestimmt, wer diese Güter mit welchen Mitteln produziert und wie die produzierten Güter innerhalb der Gesellschaft verteilt werden sollen.

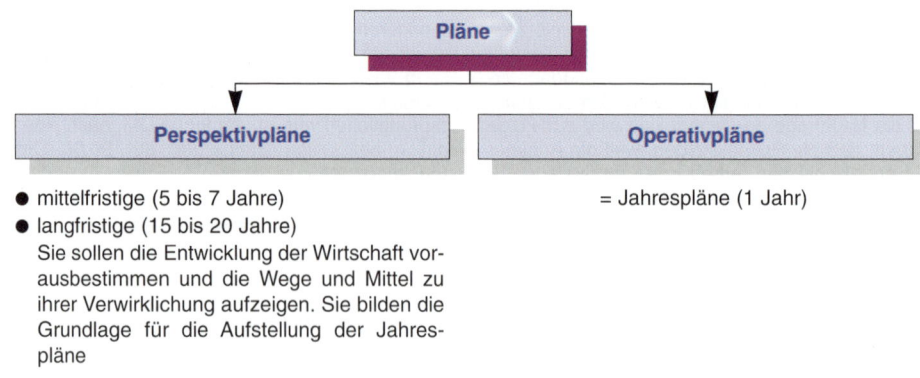

Pläne	
Perspektivpläne	**Operativpläne**

- mittelfristige (5 bis 7 Jahre)
- langfristige (15 bis 20 Jahre)
  Sie sollen die Entwicklung der Wirtschaft vorausbestimmen und die Wege und Mittel zu ihrer Verwirklichung aufzeigen. Sie bilden die Grundlage für die Aufstellung der Jahrespläne

= Jahrespläne (1 Jahr)

Planungsprozeß

Planungs- und Entscheidungsebene	1. Phase: Planvorgabe	2. Phase: Planverteidigung	3. Phase: Planaufschlüsselung

Politische Führung	Allgemeine Zielvorgabe	Plan erhält Gesetzeskraft	VW-Plan
Zentrale Planbehörde	Entwurf des vorläufigen Volkswirtschaftsplans, Aufschlüsselung in Einzelpläne	Koordinierung und Aufstellung des endgültigen Volkswirtschaftsplans	Aufschlüsselung in Einzelpläne
Fachministerien	Detaillierung der Einzelpläne für die Betriebe	Koordinierung und Zusammenfassung d. Gegenvorschläge	Detaillierung der Einzelpläne für die Betriebe etc.
Betriebe und Betriebszusammenschlüsse	Beratung der Planvorschläge	Gegenvorschläge	Plandurchführung

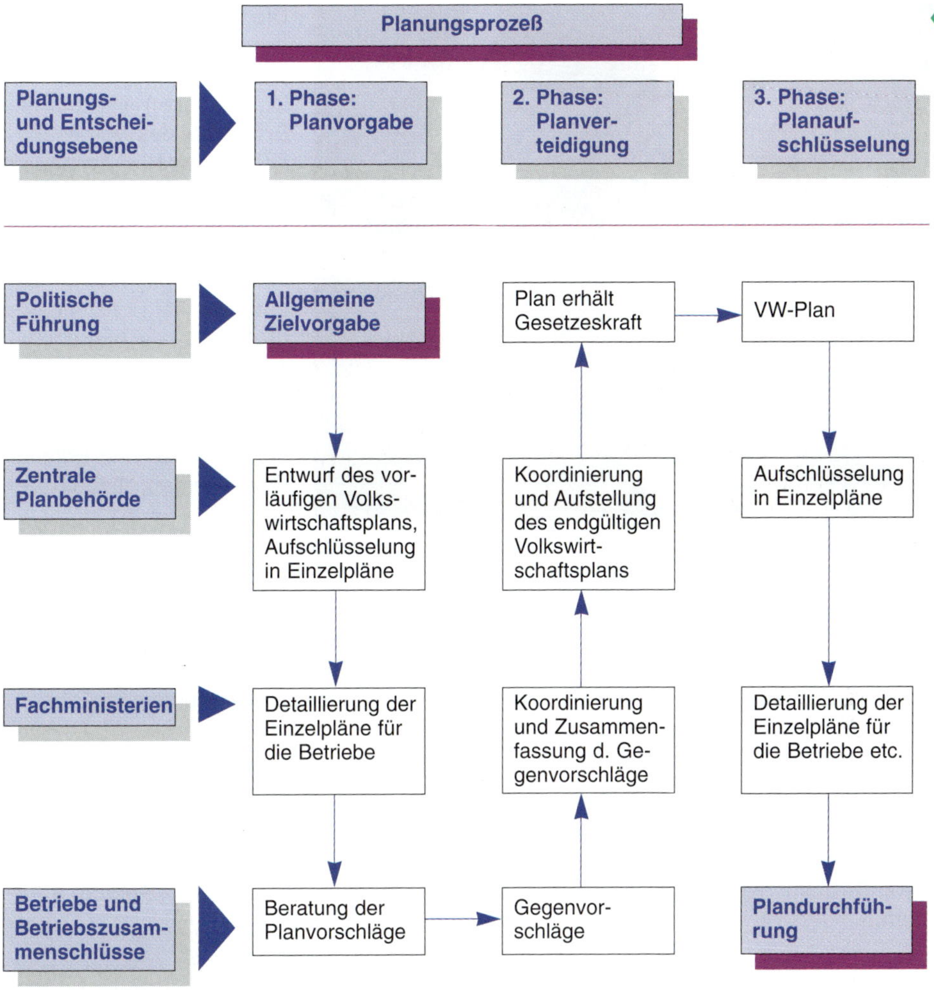

Quelle: Informationen zur politischen Bildung, Heft 180, S. 5

1. Beschreiben Sie kurz den Planungsablauf für die Wirtschaft in der ehemaligenDDR.
2. Welche Folgen ergab sich Ihrer Meinung nach aus diesem Planungsablauf für die Wirtschaft der ehemaligen DDR, zum Beispiel im Hinblick auf den Verwaltungsapparat, die Kosten usw.?

Quelle: Audi AG

Die wirtschaftlichen Ziele der einzelnen Produktionsprozesse (Menge, Technologie, Kosten) sind auf die **Erfüllung des** vorgesehenen **Plansolls** zwingend ausgerichtet. Auch der Umfang der verfügbaren wirtschaftlichen Mittel (Produktionskapazitäten, Lagerbestände, Rohstoffbasis usw.), die als erstrebenswert angesehenen volkswirtschaftlichen Schwerpunkte oder die Struktur der Branchen und Erzeugnisse werden dadurch bestimmt.

Bei der zentralen Lösung des Problems, was, wie und für wen produziert werden soll, wird die **Entscheidung** nicht am Markt „von unten" getroffen, sondern **„von oben"**, von einer staatlichen Behörde, z. B. der Planungskommission. Die Wirtschaftspläne sind dabei grundsätzlich mengenmäßig orientiert und bilanziert. Sie werden in Tonnen, Stück, Meter usw. ausgedrückt.

Wenn man bedenkt, daß in einer einigermaßen entwickelten Volkswirtschaft etwa 10 Millionen Güterarten hergestellt werden, und jede dieser Güterarten sich in unterschiedlichen Produktionsverfahren herstellen läßt, kann man das Ausmaß der planwirtschaftlichen Beziehungen erahnen, die einen überdimensionalen bürokratischen Apparat erfordern.

Da es unmöglich ist, Produktion und Verteilung der einzelnen Güterarten zentral zu planen, bedient man sich verschiedener Hilfsverfahren. So werden an der Spitze der Planungspyramide globale Planpositionen festgelegt, die von den untergeordneten Institutionen aufgeschlüsselt und konkretisiert werden.

Die Nichteinhaltung eines Teils des zentralen Plans hat unmittelbare Auswirkungen auf andere Teilpläne. Stimmen Zielvorgaben in einem Bereich nicht überein, z. B. zwischen erforderlichen und verfügbaren Rohstoffen, so wirkt dies auf weitere Betriebe und Teilpläne weiter bis hin zum Zentralplan.

Als ein wesentliches Merkmal der zentral geplanten Wirtschaft wurde das Fehlen eines Preismechanismus genannt. Preise sind hier nicht der Ausdruck der Knappheit einer Ware am Markt. Sie werden völlig losgelöst von Berechnungen und Bilanzen der Betriebe festgelegt und sind grundsätzlich politischer Natur. So müssen bestimmte Preise gemäß dieser Zielsetzung niedrig gehalten und dementsprechend vom Staat subventioniert (z. B. Mieten, Grundnahrungsmittel) oder andere Preise durch staatliche Abschöpfung überhöht werden (z. B. Pkws).

3/2

Beispiel:

Die politische Führung als oberste staatliche Planungs- und Entscheidungsstelle legt fest, daß im Planjahr 200.000 Pkws gebaut und auf dem inländischen Markt angeboten werden sollen.

Dies teilt sie der Planbehörde mit, deren Aufgabe zunächst darin besteht, die zur Aufnahme der notwendigen Produktion erforderlichen Voraussetzungen festzustellen und zu planen:

- erforderliche Materialmenge,
- Produktionskapazitäten,
- verfügbare Arbeitskräfte.

Nach Feststellung dieser Voraussetzungen werden erste konkrete Überlegungen für die Fertigungsbetriebe weitergegeben.

So erfährt der Betrieb X, daß er im Laufe eines Jahres 40.000 Autos produzieren soll. Das dazu nötige Material soll von den Betrieben W, Y, Z geliefert werden.

Der Betrieb X überprüft seine innerbetrieblichen Kapazitäten und ordert bei den Zulieferbetrieben das notwendige Material. Nun stellt man aber fest, daß der Betrieb Y nur Material für 38 000 Autos liefern kann. Diese Information gibt der Betrieb X an die Planungsinstanzen weiter. Ähnliche Meldungen liegen inzwischen auch aus anderen Fertigungsbetrieben vor. Die Planungsbehörde muß feststellen, daß zwar Arbeitskräfte und betriebliche Kapazitäten zur vorgesehenen Planerfüllung vorhanden sind, im geplanten Zeitraum die notwendigen Materialien aber nicht zur Verfügung stehen. Die ursprünglich geplante Produktion wird infolgedessen von 200.000 auf 195.000 Pkws reduziert. Entsprechend verminderte Aufträge gehen an die Betriebe. Der zentrale Plan sah vor, daß ein Pkw 18.000 DM kosten sollte. Dieser Preis hätte bei voller Nutzung der betrieblichen Kapazitäten auch erreicht werden können. Da aber die Betriebe aufgrund der Materialengpässe nicht voll ausgelastet sind, die betrieblichen Kosten aber gleich bleiben, müßte der Preis pro Pkw erhöht werden. Wenn der ursprüngliche Preis dennoch erhalten bleiben soll, hat dies wiederum Auswirkungen auf andere Planungsgrößen wie Gewinn, Investitionen, Abführungen an den Staatshaushalt.

1. *Erläutern Sie das obige Beispiel.*
2. *Entspricht das obige Beispiel Ihrer Meinung nach der Wirklichkeit in der Zentralverwaltungswirtschaft?*
3. *Diskutieren Sie in Ihrer Klasse das angesprochene Problem.*

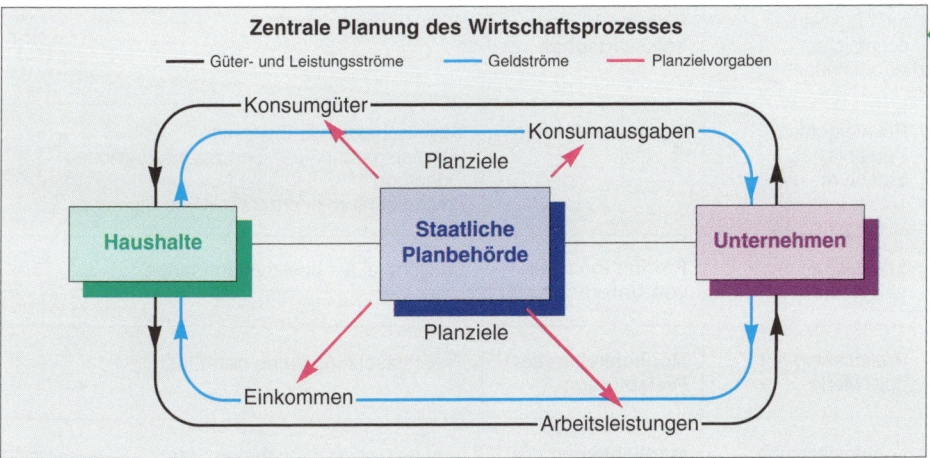

Quelle: Informationen zur politischen Bildung 180/4: Wirtschaft – Wirtschaftsordnungen im Vergleich, S. 5

1. *Vergleichen Sie das Modell der zentralen Planung des Wirtschaftsprozesses mit dem Modell der dezentralen Planung (Kap. VI, 1.2.1).*
2. *Wodurch unterscheiden sich beide Modelle im wesentlichen?*

Für die Funktionsfähigkeit eines solchen Systems der zentralen Produktion und Verteilung, der Mengenplanung und staatlichen Preisfestsetzung **ist die Aufhebung des Privateigentums an den Produktionsmitteln Voraussetzung.**

Aufgabe der Produzenten ist in der **Zentralverwaltungswirtschaft** die mengenmäßige Planerfüllung. Der zum Gesetz erhobene Wirtschaftsplan muß eingehalten werden.

Von der Füllung oder Übererfüllung der Betriebspläne beziehungsweise der betrieblichen Teilpläne (Produktionsplan, Materialversorgungsplan, Investitionsplan, Arbeitsplan, Lohnplan, Kultur- und Sozialplan, Finanzplan) hängt letztlich auch die Bewertung der Arbeit und der Leistung der Betriebsangehörigen sowie die Höhe der materiellen Belohnung (z. B. Prämien) ab.

4 Vergleich der planwirtschaftlich organisierten sozialistischen Wirtschaft mit der Marktwirtschaft

Die folgende Übersicht enthält die wesentlichsten Unterschiede der beiden Systeme:

Marktwirtschaft		Zentralverwaltungswirtschaft
Ordnungselemente		**Ordnungselemente**
dezentrale Planung mit marktwirtschaftlicher Koordination	**Möglichkeiten der Planung in einer Volkswirtschaft**	zentrale Planung mit administrativer Wirtschaftsführung
Privateigentum Persönliches Eigentum	**Eigentumsformen**	Gesellschaftliches Eigentum (Staatseigentum und Genossenschaftliches Eigentum) Privateigentum und persönliches Eigentum
Erwirtschaftung eines Gewinns	**Produktionsziele von Unternehmen**	Erfüllung eines bestimmten Planes
Preisbildung auf dem Markt	**Möglichkeiten der Preisbildung**	Preisfestsetzung durch den Staat
Lohnfestsetzung durch die Tarifpartner	**Möglichkeiten der Lohnfestsetzung**	Lohnfestsetzung durch den Staat
Durchsetzung von Löhnen/verbesserten Arbeitsbedingungen	**Aufgabe der Gewerkschaften**	Verbreitung parteilicher/staatlicher Zielsetzungen

Kaufkraft-Vergleich

Arbeitszeit, die ein Industriearbeiter im Durchschnitt aufwenden mußte, um diese Güter kaufen zu können:	Mengen-einheit	BRD			DDR		
		Preis DM	Arbeitszeit Std.	Min.	Preis Mark	Arbeitszeit Std.	Min.
Mischbrot	1 kg	3,18	0	10	0,52	0	5
Butter	1 kg	8,60	0	26	9,60	1	27
Zucker	1 kg	1,91	0	6	1,55	0	14
Vollmilch	1 l	1,20	0	4	0,68	0	6
Ei	1 Stck.	0,25	0	1	0,34	0	3
Rindfleisch	1 kg	9,97	0	32	5,80	0	52
Schweinekotelett	1 kg	10,67	0	35	8,00	1	12
Kartoffeln	2,5 kg	2,47	0	8	0,43	0	4
Käse	1 kg	11,98	0	39	9,40	1	25
Bohnenkaffee	250 kg	4,47	0	15	17,50	2	38
Bier	0,5 l	0,95	0	3	0,72	0	7
Branntwein	0,7 l	14,62	0	48	14,50	2	11
Braunkohlenbriketts	50 kg	20,55	1	7	1,70	0	15
Haushaltsstrom	1 kWh	0,31	0	1	0,08	0	1
Farbfernseher	1 Stck.	1539,00	83	30	4900,00	739	4
Kühlschrank	1 Stck.	559,00	30	20	1425,00	214	56
Waschmaschine	1 Stck.	981,00	53	13	2300,00	346	54
Briefporto	1 Brief	0,80	0	3	0,20	0	2
Rundfunkgebühr	1 Monat	5,16	0	17	2,00	0	18
Telefonortsgespräch	1 Einh.	0,23	0	1	0,20	0	2
Stundenlohn eines Industriearbeiters		18,43 DM			6,63 DM		

Stand: 1988; Quellen: Statistische Jahrbücher der Bundesrepublik und der DDR
Institut der deutschen Wirtschaft Köln

Vergleichen Sie die Arbeitszeiten miteinander, die Industriearbeiter in der Bundesrepublik Deutschland und in der früheren DDR aufwenden mußten, um bestimmte Produkte zu kaufen.

5 Soziale Marktwirtschaft als reale Wirtschaftsordnung

5.1 Grundwerte der sozialen Marktwirtschaft

Schon 1937 setzten sich die sogenannten Ordoliberalisten **Böhm, Eucken und Doerth** für die bewußte, gezielte Ausgestaltung einer grundsätzlich, gleichzeitig aber sozial verpflichtenden Gesellschafts-, Wirtschafts- und Sozialordnung ein. Als „Vater" für den Begriff „soziale Marktwirtschaft" muß auch **Alfred Müller-Armack** genannt werden. Die politische Leistung, diese Konzeption durchzusetzen, ist in erster Linie **Ludwig Erhard**, dem ehemaligen bayerischen Wirtschaftsminister und späteren Direktor der Zweizonenwirtschaftsverwaltung, noch später Bundeswirtschaftsminister und Bundeskanzler, zu verdanken.

Die soziale Marktwirtschaft ist eine wirtschaftspolitische Konzeption, die den Gegensatz zwischen rechtsstaatlich gesicherter Freiheit, wirtschaftlicher Freiheit einerseits und den sozialstaatlichen Idealen der sozialen Sicherheit und der sozialen Gerechtigkeit andererseits, aufheben will. **Marktwirtschaft** steht für wirtschaftliche Freiheit. Sie **besteht in der:**

- Konsumfreiheit,
- Gewerbefreiheit,
- Freiheit der Berufs- und Arbeitsplatzwahl,
- Freiheit der Eigentumsnutzung,
- Produktions- und Handelsfreiheit,
- Wettbewerbsfreiheit.

Ihre Grenzen finden diese Freiheitsrechte da, wo die Rechte anderer, die verfassungsmäßige Ordnung oder das Sittengesetz verletzt werden kann (Art. 2 GG).

Quelle: Presse- und Informationsamt der Bundesregierung, Bonn

Das Adjektiv „sozial" soll zum Ausdruck bringen:

- daß die Marktfreiheit aus sozialen Gründen beschränkt werden soll, wo sie zu sozial unerwünschten Ergebnissen führt,

- daß die Marktwirtschaft allein wegen ihrer wirtschaftlichen Leistungsfähigkeit, wegen der Schaffung der wirtschaftlichen Voraussetzungen eines „Wohlstandes für alle" und wegen der Gewährung wirtschaftlicher Freiheitsrechte, die an den Rechten anderer ihre Schranken finden, einen sozialen Charakter trägt.

Wirtschaftskreislauf

Staat → Löhne, Gehälter, soziale Leistungen → **private Haushalte**

Steuern, Beiträge

Unternehmen

Staatsaufträge, Subventionen

Steuern, Abgaben

Löhne, Gehälter

private Konsumausgaben

Sparen des Staates

Kredite für öffentliche Investitionen

Sparen der Unternehmen

Kredite für Investitionen

Entgelte für Exporte

Entgelte für Importe

Banken ← Exporte > Importe ← **Ausland**

privates Sparen

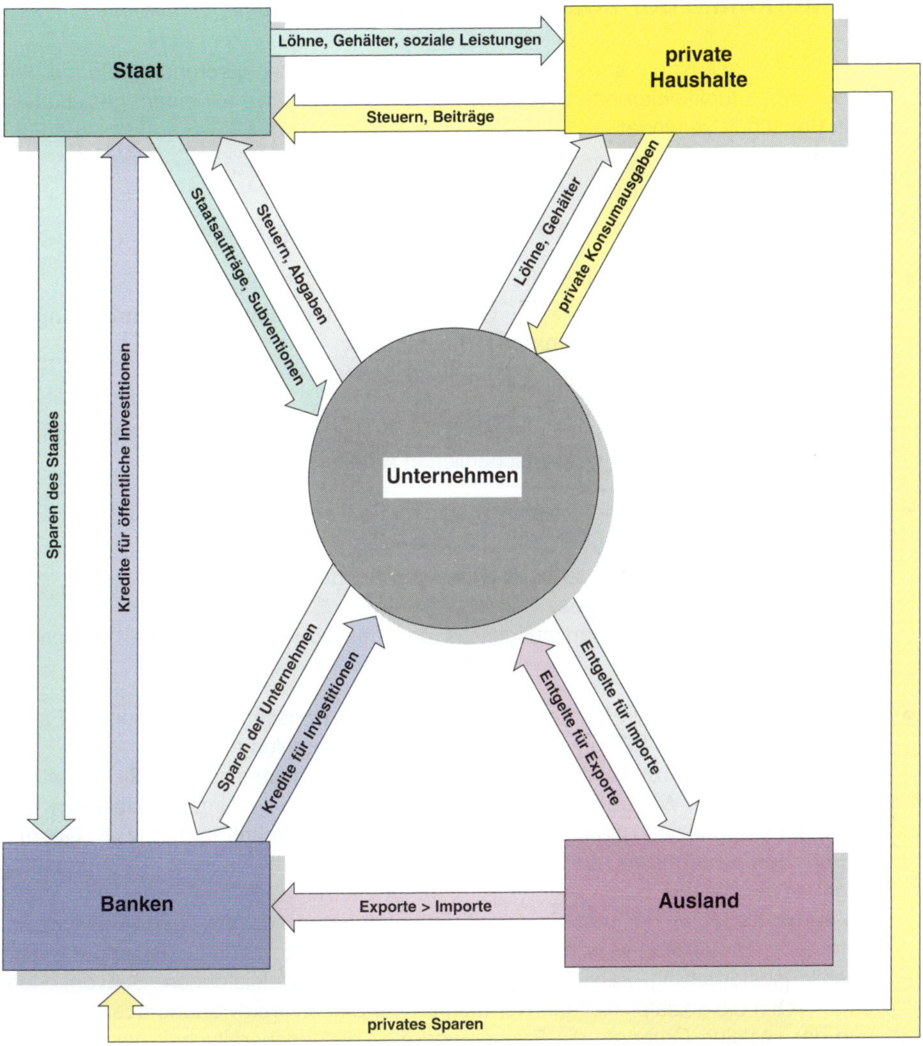

? *Erläutern Sie den dargestellten Wirtschaftskreislauf.*

§

5.2/2

Artikel 20 GG
(1) Die Bundesrepublik Deutschland ist ein demokratischer und sozialer Bundesstaat.

? *Welche Verpflichtungen ergeben sich aus diesem Artikel 20 Abs. 1 des Grundgesetzes in bezug auf die Wirtschaftsordnung?*

5.2 Merkmale der sozialen Marktwirtschaft

Nach Müller-Armack ist die soziale Marktwirtschaft eine Wirtschaftsordnung, die auf der Grundlage eines funktionierenden Wettbewerbs die freie Initiative mit einem gesicherten sozialen Fortschritt verbindet.

Die Ziele der sozialen Marktwirtschaft lassen sich wie folgt darstellen:

● Verwirklichung eines möglichst großen wirtschaftlichen Wohlstands durch:
  – Sicherung des Wettbewerbs, z. B. **Gesetz gegen Wettbewerbsbeschränkungen (GWB, auch Kartellgesetz genannt)**, Patentgesetz,
  – Stabilisierung des Wettbewerbs, z. B. Stabilitätsgesetz,
  – Sicherung der Vollbeschäftigung,
  – Gewährleistung der Außenhandelsfreiheit, der freien Austauschbarkeit der Währungen und des Ausbaus der weltwirtschaftlichen Arbeitsteilung.

● Sicherung einer wirtschaftlich leistungsfähigen und sozial gerechten Geldordnung, d. h. insbesondere Sicherung der Stabilität des Preisniveaus durch:
  – eine unabhängige Zentralnotenbank (Deutsche Bundesbank),
  – Stabilität des Staatshaushaltes,
  – Sicherung des Zahlungsbilanzausgleichs und des außerwirtschaftlichen Gleichgewichts.

● Soziale Sicherheit, soziale Gerechtigkeit und sozialer Fortschritt, insbesondere Familiensicherung, gerechte Einkommens- und Vermögensverteilung durch:
  – Maximierung des Sozialprodukts als wirtschaftliche Grundlage sozialer Sicherheit.
  – Herstellung einer Wettbewerbsordnung, weil diese soziale Ungerechtigkeiten auf ein Minimum reduziert und gleichzeitig den sozialen Fortschritt fördert, z. B. **Gesetz gegen den unlauteren Wettbewerb (UWG)**, Ladenschlußgesetz, Rabattgesetz, Zugabenverordnung.
  – staatliche Korrektur der ursprünglichen Einkommens- und Vermögensverteilung in Form von Steuerprogression, Zahlung von Kindergeld, Wohnungsbauförderung, Ausbildungsförderung, Zahlung von Wohngeld, Sozialhilfeleistungen, Subventionen usw., wobei die sozialpolitischen Korrekturen die Selbstverantwortung des einzelnen und der sozialen Gruppen, die Freiheit und die Leistungsbereitschaft der einzelnen und die Funktionsfähigkeit der Wirtschaft so wenig wie möglich beeinträchtigen sollen.

Es gibt aber auch noch **Eingriffe des Staates in das Wirtschaftsleben zur Ergänzung des Wettbewerbs,** um Aufgaben zu erfüllen, die der Markt bzw. Wettbewerb nicht leisten kann, z. B.:

● Umweltschutz (Gesetz zum Gewässerschutz und zur Reinhaltung der Luft),

● Gesundheitsfürsorge (Jugendarbeitsschutzgesetz, Mutterschutzgesetz),

● Soziale Sicherheit (Kranken-, Unfall, Arbeitslosen-, Renten- und Pflegeversicherung, Kündigungsschutz),

● Mitbestimmung im Arbeitsleben (Mitbestimmungsgesetze).

Sünden wider den Wettbewerb

Ein Bankier sagt klipp und klar: „Der Unternehmer muß den Wettbewerb täglich bekämpfen!"
Ein Bauunternehmer umschreibt seine Probleme mit dem Wettbewerb vorsichtiger: „Ich weiß nie, ob es sich lohnt, ein Angebot für ein größeres Bauvorhaben auszuarbeiten. Die Vorarbeit kostet Zeit und Geld. Deshalb gebietet es die wirtschaftliche Vernunft, daß ich vorher die Mitbewerber und ihre Preise kennenlerne."
Eine Zeitung schreibt: „Dem Wunsch nach Kennenlernen haben die Baufirmen reichlich Zeit gewidmet. In vielen Fällen vereinbarten sie beim geselligen Zusammensein auch gleich, wer den Auftrag bekommt, welcher (meist überhöhte) Preis für das Bauwerk veranschlagt wird und wer für den entgangenen Auftrag mit Geld oder sonstwie entschädigt wird.
Abgesprochen wurden Milliarden-Objekte wie U-Bahnen, S-Bahnen, Tunnel- und Wasserbauten, Bürohäuser und Werkshallen. Geschädigt wurden öffentliche und private Bauherren."
Das Bundeskartellamt, oberster Wettbewerbshüter der Bundesrepublik, erfuhr von den verbotenen Preisabsprachen. Mit Unterstützung des Staatsanwaltes und der Kripo wurden die Baufirmen durchsucht. Nach Auswertung des Beweis-

materials verhängte das Bundeskartellamt gegen 77 Baufirmen Geldbußen in Höhe von 54 Millionen DM.
Rechtliche Grundlage für das Einschreiten des Bundeskartellamtes ist das Gesetz gegen Wettbewerbsbeschränkungen (1957), auch Kartellgesetz genannt. Danach ist es den Unternehmen strikt verboten, den Wettbewerb untereinander zu beschränken, sei es in Form von Verträgen und Beschlüssen, sei es durch abgestimmtes Verhalten.

Quelle: Zeitlupe 26: Soziale Marktwirtschaft, Hrsg.: Bundeszentrale für politische Bildung

1. *Was will die Karikatur aussagen?*
2. *Was würde passieren, wenn der Staat bei „Sünden wider den Wettbewerb" tatenlos zusähe?*

Vor- und Nachteile der freien und der sozialen Marktwirtschaft

Vorteile der freien Marktwirtschaft:
- Hohes Maß an Freiheit und Selbstverantwortlichkeit
- Konkurrenz führt zu Höchstleistungen
- Wettbewerb verbessert die Qualität und drückt die Preise
- Markt orientiert sich an den Wünschen des Verbrauchers

Nachteile der freien Marktwirtschaft
- Der wirtschaftlich Schwache ist benachteiligt (Massenarbeitslosigkeit, Kinderarbeit, fehlende soziale Absicherung)
- Monopolbildung führt auch zu politischer Macht der Großunternehmer
- Monopolbildung schaltet Wettbewerb aus, diktiert Löhne und Preise

Die **soziale Marktwirtschaft** hat viele Nachteile der freien Marktwirtschaft beseitigt. Trotzdem muß auch sie folgende Probleme bewältigen:

- Problem der Konzentration (Zusammenballung wirtschaftlicher und politischer Macht in den Händen weniger, Eindämmung des Wettbewerbs)

- Problem der Arbeitslosigkeit

- Problem der Investitionslenkung

- Problem der Überversorgung mit individuellen Konsumgütern bei mangelhafter Versorgung mit Kollektivgütern (z. B. Schulen, Hochschulen, Krankenhäusern u. a.)

Erläutern Sie die einzelnen Vor- und Nachteile dieser Wirtschaftsordnungen.

5.3 Einflußmöglichkeiten des Verbrauchers

Zu denjenigen, die in der sozialen Marktwirtschaft besonderen Schutz benötigen, gehören die Verbraucher. **Verbraucherschutz** ist deshalb so wichtig, weil eine funktionierende soziale Marktwirtschaft gleichwertige Wirtschaftssubjekte voraussetzt.

Nur wenn die Haushalte ebenbürtige Partner der Unternehmer sind, werden diese auch bereit sein, die Wünsche der Konsumenten ernst zu nehmen und die eigenen Produktionsentscheidungen an den Verbraucherwünschen auszurichten.

Verbraucherschutz ist möglich durch (vgl. S. 70 ff.):

● Informationen des Verbrauchers (z. B. Stiftung Warentest, Verbraucherzentralen),

● Gesetzliche Regelungen, z. B.:
  – Abzahlungsgesetz,
  – Produkthaftungsgesetz,
  – Gesetz zur Regelung des Rechts der Allgemeinen Geschäftsbedingungen (AGB-Gesetz),
  – Preisangabenverordnung.

5.4 Europäischer Wirtschaftsraum

Der EG-Binnenmarkt, auch EU-Binnenmarkt, der seit dem 1. Januar 1993 besteht, eröffnet neue Chancen für alle, die aufgeschlossen, lern- und anpassungsbereit und mobil sind. Nutznießer werden alle diejenigen sein, die bereit sind, alle Reviergrenzen zu sprengen, die neuen Chancen des Auslandsgeschäfts und der Niederlassungsfreiheit zu ergreifen und sich im Inland auf mehr Wettbewerb einzustellen.

Der Europäische Wirtschaftsraum (EWR), ein Wirtschaftsraum mit mehr als 345 Millionen Menschen, ermöglicht den Produzenten größere Stückzahlen und damit billigere Warenproduktion. Dies bedeutet aber auch verbesserte Wettbewerbschancen auf den Weltmärkten. Die Beseitigung zahlreicher Hemmnisse – von den Zollformalitäten bis hin zu unterschiedlichen Normen und Vorschriften – führt zu einer Verbesserung der gesamtwirtschaftlichen Produktivität. Das Angebot für den Verbraucher wird größer und vielfältiger, sicherlich auch vielfach billiger. Wirtschaftsforscher prognostizieren mehr Wachstum, eine Dämpfung der Inflation, die Entlastung der öffentlichen Haushalte und die Schaffung von neuen, zukunftsträchtigen Arbeitsplätzen in Millionenhöhe.

Dieses Aufschwungprogramm für Europa wird seine Wirkungen auf die Mitgliedsstaaten ebenso entfalten wie für jeden EU-Bürger. Nach Einigung der 15 Finanzminister über die Harmonisierung der Mehrwert- und Verbrauchssteuersätze können z. B. private Konsumgüter wie Zigaretten und Alkohol, aber auch Haushaltsgeräte, Schmuck und selbst Medikamente in einem EU-Nachbarstaat mit niedrigerer Besteuerung eingekauft und unkontrolliert eingeführt werden.

Es gibt aber auch Risiken, die vor allem auf dem Arbeitsmarkt sichtbar werden. Die unterschiedliche soziale Absicherung der Arbeitnehmer und das Lohngefälle in den verschiedenen Ländern können zu Wettbewerbsverzerrungen führen. Eine europäische Sozialunion muß deshalb das Ziel sein.

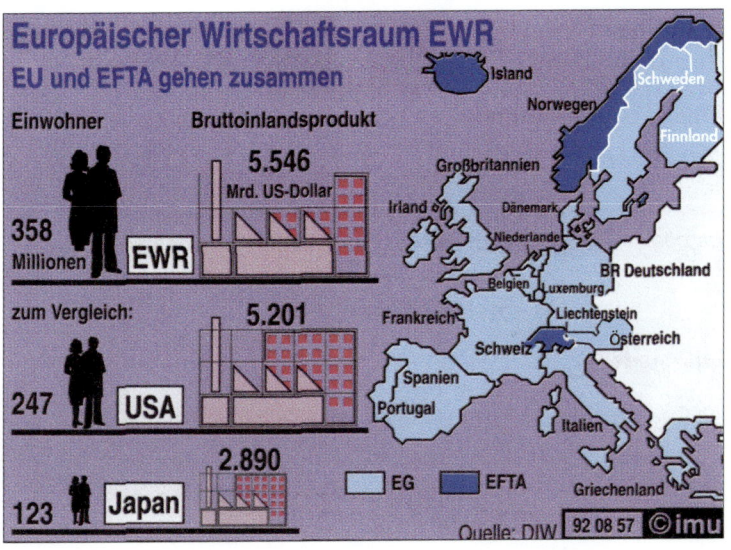

1. Vergleichen Sie die Wirtschaftsräume miteinander.
2. Worin sehen Sie Vor- bzw. Nachteile des Europäischen Wirtschaftsraumes für
   a) Arbeitnehmer,
   b) Unternehmer?

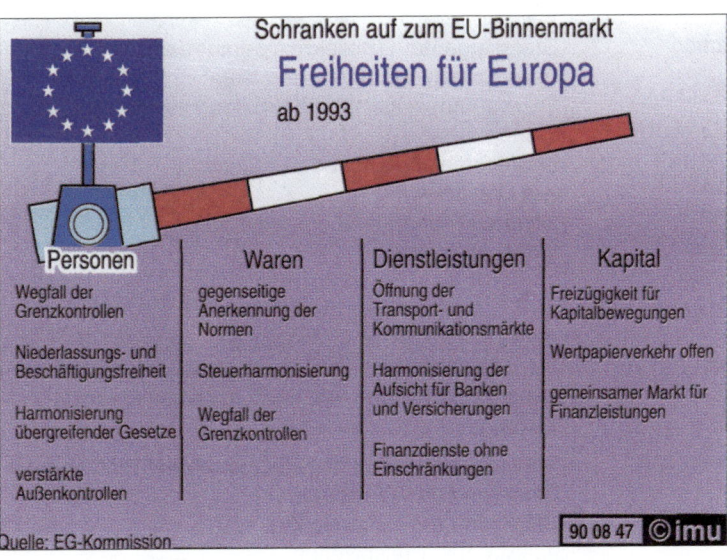

Beschreiben Sie die wesentlichsten Änderungen, die mit der Einführung des EU-Binnenmarktes vorgenommen wurden.

Wirtschaftliche Grundbegriffe

Problem	Die Knappheit an Zeit und Material ist, ganz unabhängig von der Wirtschaftsordnung, ein Grundproblem jeder Gesellschaft
Lösungsmöglichkeiten	Es gibt zwei gegensätzliche Lösungsmöglichkeiten: – die dezentrale Lösung, – die zentrale Lösung.

Das Marktmodell

Grundidee	Die einzelnen Wirtschaftssubjekte entscheiden, was, wo, wie, womit und für wen produziert und konsumiert werden soll.
Kennzeichen	Privateigentum Preisbildung auf dem Markt Unternehmen wollen Gewinne erzielen Lohnfestsetzung durch Tarifpartner Freier Wettbewerb Der Staat stellt nur Rechtsregeln für das Marktverhalten auf und kontrolliert ihre Einhaltung.

Das Modell zentraler Planung

Grundidee	Eine zentrale Behörde (Planungskommission) entscheidet, was, wo, wie, womit und für wen produziert und konsumiert werden soll.
Kennzeichen	Staatseigentum (Kollektiveigentum) der Produktionsmittel Preisfestsetzung durch den Staat Unternehmensziel ist die Erfüllung eines bestimmten Planes Lohnfestsetzung durch den Staat Kein Wettbewerb Zentrale Planung mit administrativer Wirtschaftsführung

Soziale Marktwirtschaft

Grundidee	Die Marktfreiheit soll aus sozialen Gründen nur dort beschränkt werden, wo sie zu sozial unerwünschten Ergebnissen führt.
Kennzeichen und Ziele	Verwirklichung eines möglichst großen Wohlstands Sicherung des Wettbewerbs Sicherung der Vollbeschäftigung Stabilität des Preisniveaus Soziale Sicherheit und soziale Gerechtigkeit Umweltschutz Verbraucherschutz

Fragen · Aufgaben · Fragen · **?** Fragen · Aufgaben · Fragen

Wissen

1 Welche drei Grundfragen muß jede Wirtschaftsgesellschaft lösen?
2 Erklären Sie die Unterschiede zwischen den zwei grundsätzlichen Modellen einer Wirtschaftsordnung.
3 Erklären Sie die Lenkungsfunktion des Preises in einer Marktwirtschaft.
4 Erläutern Sie die Aufgaben, die der Markt-Preis-Mechanismus in einer Marktwirtschaft erfüllt.
5 Wodurch ist das Modell der Zentralverwaltungswirtschaft gekennzeichnet?
6 Welche Pläne unterscheidet man bei dem Modell der Zentralverwaltungswirtschaft?
7 Wer entscheidet bei dem Modell zentraler Planung über die Produktion?
8 Welche Folgen hat das Fehlen eines Preismechanismus in dem Modell der Zentralverwaltungswirtschaft?
9 Wer wird als „Vater" der sozialen Marktwirtschaft in der Bundesrepublik Deutschland bezeichnet?
10 Wodurch unterscheiden sich die Modelle „Marktwirtschaft" und „soziale Marktwirtschaft"?
11 Welche Aufgaben erfüllt der Staat in der sozialen Marktwirtschaft?
12 Beschreiben Sie die Einflußmöglichkeiten des Verbrauchers in unserer Wirtschaftsordnung.

Erkennen und Werten

1 Das Problem der Knappheit ist in den Ländern der Erde unterschiedlich gelöst. Welche Ursachen sind Ihrer Meinung dafür verantwortlich?
2 Befragen Sie Ihre Mitschüler, ob sie bereit wären, auf irgendwelche Güter zu verzichten oder für Güter höhere Preise zu bezahlen, damit andere Länder das Problem der Knappheit besser lösen könnten.
3 Warum ist das Modell der Zentralverwaltungswirtschaft in der ehemaligen DDR gescheitert?
4 Hatte die Wirtschaftsordnung der ehemaligen DDR auch Vorteile im Vergleich zu unserer Wirtschaftsordnung?
5 Welche Probleme betreffen Sie am meisten in unserem Wirtschaftssystem?
6 Halten Sie unsere Wirtschaftsordnung für sozial gerecht?
7 Sollte der Staat auf bestimmte gesetzliche Regelungen im Umweltschutz verzichten, um Arbeitsplätze zu sichern?
8 Gibt es Ihrer Meinung nach überhaupt einen Widerspruch zwischen Umweltschutz und der Sicherheit der Arbeitsplätze?
9 Ermitteln Sie durch Befragung, welche Arbeitsplätze durch Umweltschutzmaßnahmen neu entstanden sind.
10 Lesen Sie Ihre Tageszeitung, um festzustellen, welche sozialpolitischen Regelungen von Politikern gegensätzlich diskutiert werden.
11 Diskutieren Sie mit Ihren Mitschülern, welche sozialpolitischen Leistungen verstärkt oder abgebaut werden müßten.
12 Besuchen Sie eine Verbraucherzentrale in Ihrer Nähe, und informieren Sie sich, welche Informationen besonders gefragt waren und welche Beschwerden am häufigsten vorgetragen wurden.

 **Staatliche Wirtschaftspolitik**

 Bruttosozialprodukt – Nettosozialprodukt – Volkseinkommen real und nominal

1.1 Reales Bruttosozialprodukt als Meßgröße für die Wirtschaftsleistung eines Landes

In Industrie und Handwerk werden Güter erstellt und in Geschäften verkauft. Im Handel und in den Banken werden Dienstleistungen erbracht. Etwa 30 Millionen Arbeiter und Angestellte erhalten dafür Löhne und Gehälter, mit denen sie sich wieder Güter und Dienstleistungen kaufen, oder die sie sparen. Die Unternehmer erwirtschaften Gewinne und die Kapitalgeber Zinsen. Der Staat erhebt Steuern und unterstützt Unternehmen und bedürftige Haushalte mit Subventionen (z. B. Kinder-, Wohngeld, Sozialhilfe). Dieser Wirtschaftskreislauf vollzieht sich Jahr für Jahr.

Alle im Land jährlich erstellten Güter und Dienste ergeben einen riesigen Güterberg der Nation, **das Bruttosozialprodukt** – als wirtschaftliche Leistung des Landes. Es erreicht heute die enorme Summe von mehr als 3,4 Billionen (= 3.400 Milliarden) DM. Diese wirtschaftliche Leistung des Landes, die sich Jahr für Jahr verändert, wird gemessen und mit früheren Jahren verglichen, um sich ein Bild von der Wirtschaftskraft, vom Lebensstandard und vom Wohlstand der Bevölkerung zu machen. Vergleichsweise ist das Bruttoinlandsprodukt (BIP) von wachsender Bedeutung.

Die Leistung unserer Wirtschaft

Bruttoinlandsprodukt (BIP) in Milliarden DM (ab 1991 Gesamtdeutschland)

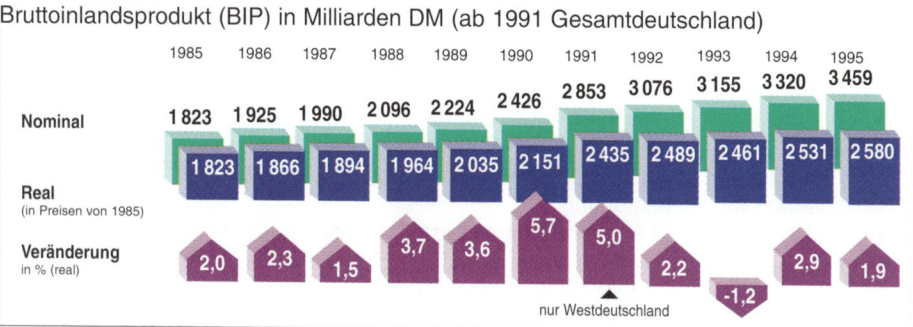

Das Schaubild zeigt, daß das Bruttoinlandsprodukt jährlich angestiegen ist. Das heißt aber noch nicht, daß auch die Güterproduktion ebenso zugenommen hat. Wenn die Preise steigen, so steigt auch das sogenannte nominale Bruttosozialprodukt, das heißt zu jeweiligen Preisen. Vermindert man das nominale Bruttosozialprodukt um die Preissteigerung seit 1985 (= Inflationsrate), so erhält man das tatsächliche, das Realbruttosozialprodukt. Man erkennt, daß in der Bundesrepublik in den letzten 10 Jahren real die Zunahme wesentlich geringer war als die nominale Steigerung. Aber nur die reale tatsächliche Entwicklung erlaubt eine Aussage über die Veränderung der Wirtschaftsleistung eines Landes im Vergleich zum Vorjahr. Bei etwa gleicher Bevölkerung sind damit auch Aussagen über den wachsenden Lebensstandard und den Wohlstand der Bevölkerung möglich.

Bruttosozialprodukt und Volkseinkommen haben sich so entwickelt: (gerundete Zahlen lt. Monatsbe- ◄ 1.1/1
richte Bundesbank)

Jahr	BSP (Mrd DM)	Volkseinkommen (Mrd DM)
1950	100	75
1960	280	260
1970	675	530
1980	1500	1150
1990	2450	1900

1. Fertigen Sie eine Kurvendarstellung der Zahlen an.
2. Um wieviel Prozent hat sich jeweils innerhalb von 10 Jahren das BSP bzw. das Volkseinkommen erhöht?
3. Warum sind die Zahlen des Volkseinkommens geringer als die des BSP?

Wenn man wissen will, wieviel man sich von seinem Lohn früher kaufen konnte und heute kaufen ◄ 1.1/2
kann, ist folgendes interessant.

Lohnkaufkraft – damals und heute
Zum Erwerb ausgewählter Güter aufgewendete Arbeitszeit eines Industriearbeiters*

Arbeitsstunden + Arbeitsminuten								
„Es kostete"	1 kg Mischbrot	1 l Vollmilch	1/2 Pfd Butter	1/2 Pfd Kaffee	1 Pfd Kotelett	5 kWh Strom	5 l Benzin	Zeitung 1 Woche
1938	0'30	0'17	1'00	1'40	1'20	1'10	2'30	0'40
1958	0'22	0'11	0'45	2'05	1'14	0'25	1'20	0'26
1991	0'10	0'04	0'06	0'11	0'17	0'05	0'20	0'16

* gemessen am durchschnittlichen Bruttostundenverdienst im alten Bundesgebiet

1. Was hat die Tabelle mit nominalen und realem Sozialprodukt gemeinsam?
2. Begründen Sie an 2 Beispielen, warum es dem Bürger heute besser geht als früher. Was ist wohl der Grund dafür?
3. Versuchen Sie, Güter zu finden, wo eine umgekehrte Entwicklung stattgefunden hat.

1.2 Entstehung, Verteilung und Verwendung des Sozialproduktes

Man kann das Sozialprodukt auf drei verschiedene Arten ermitteln. Entsprechend spricht man von der Entstehungs-, der Verteilungs- und der Verwendungsrechnung.

Die **Entstehungsrechnung** fragt danach, in welchen Wirtschaftsbereichen das Sozialprodukt erarbeitet wurde.

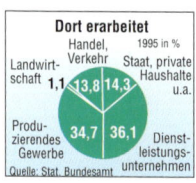

Dort erarbeitet

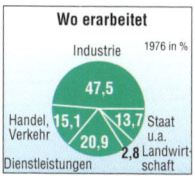

Wo erarbeitet

Das Bruttosozialprodukt betrug in der Bundesrepublik im Jahr 1995 insgesamt 3459 Mrd. DM. Am stärksten waren beteiligt die **Dienstleistungen** mit knapp 36 % sowie das produzierende Gewerbe mit knapp 35 %. Während Handel und Verkehr immerhin fast 14 % erreichten, war die Landwirtschaft nur mit 1,1 % beteiligt (= 38 Mrd. DM). Ein Vergleich mit 1976 (19 Jahre früher) zeigt, daß sich die Gewichte sehr geändert haben. Damals betrug der Industrieanteil mit 47,5 % fast die Hälfte des Sozialproduktes, die Dienstleistungen machten erst 20 % aus. Während Handel und Verkehr etwa gleich blieben, betrug der Anteil der Landwirtschaft noch 2,8 % (30 Mrd. DM). Man kann damit recht gut die Entwicklungen der einzelnen Wirtschaftsbereiche ablesen.

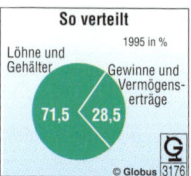

So verteilt

Die **Verteilungsrechnung** gibt Auskunft darüber, wer das Geld für die erzeugten Güter des Sozialproduktes erhalten hat in Form von **Löhnen/Gehältern der Arbeitnehmer sowie von Gewinnen der Unternehmer und Vermögenserträgen der Kapitalanleger.** Im Jahr 1995 wurden ca. 72 % (fast 3/4 des BSP) an Löhnen und Gehältern ausgezahlt, während für Gewinne und Vermögenserträge knapp 30 % verteilt wurden. Der Vergleich mit 1976 zeigt, daß sich über viele Jahre kaum etwas an dieser Verteilung geändert hat. Langfristig ist jedoch das Einkommen aus Lohn und Gehalt stärker gestiegen als das Einkommen aus Gewinn und Vermögen. 1950 betrug das Verhältnis 45:32 Mrd., das heißt (58 % : 42 %). Schließlich ist noch bei der zweiten Zahl zu beachten, daß inzwischen in Westdeutschland auch sehr hohe Vermögen geschaffen wurden, die entsprechend höhere Erträge abwerfen als früher.

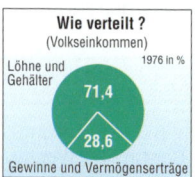

Wie verteilt ?

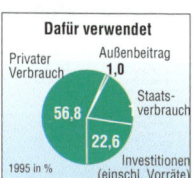

Dafür verwendet

Die **Verwendungsrechnung** belegt, für welche Zwecke das Sozialprodukt verwandt wurde. Die Schaubilder von 1995 und 1976 zeigen, daß weit über die Hälfte an den **privaten Verbrauch** ging (56,8 % : 55,4 %). Der Anteil an **Investitionen** ist ebenfalls um die 22 % nahezu gleich geblieben. Dieser hohe Anteil in neue Produkte und Maschinen bestimmt entscheidend das weitere Wirtschaftswachstum und den zukünftigen Lebensstandard der Bevölkerung. Ist der private Verbrauch besonders hoch und das Sparen entsprechend gering, werden die

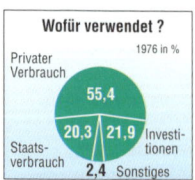

Wofür verwendet ?

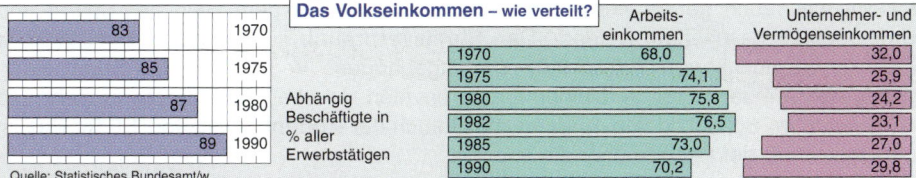

1.2/1

Das Volkseinkommen – wie verteilt?

	Abhängig Beschäftigte in % aller Erwerbstätigen		Arbeits-einkommen	Unternehmer- und Vermögenseinkommen
83	1970	1970	68,0	32,0
85	1975	1975	74,1	25,9
87	1980	1980	75,8	24,2
89	1990	1982	76,5	23,1
		1985	73,0	27,0
		1990	70,2	29,8

Quelle: Statistisches Bundesamt/w

1. Wo erkennen Sie aus dem Schaubild, daß 83 % aller Erwerbstätigen im Jahre 1970 68 % des Volkseinkommens erhielten? Zeigen Sie genau, wo dies steht.
2. Wie entwickelte sich die Lohnquote seit 1970? Was bedeutet das für die „Gewinnquote"?
3. Was verbirgt sich hinter der „Gewinnquote" noch außer dem Gewinn der Unternehmer? Wie hat sich diese Größe entwickelt?

Bruttosozialprodukt – Volkseinkommen (Westdeutschland)

1.2/2

Entstehung des Bruttosozialproduktes

Wirtschaftsbereich	1950 Mrd. DM	1960 Mrd. DM	1970 Mrd. DM	1980 Mrd. DM	1989 Mrd. DM	1993 Mrd. DM
Land- und Forstwirtschaft	10,0	17,7	21,8	30,9	35,7	29,2
Produzierendes Gewerbe	48,7	160,8	333,7	639,4	896,3	981,1
Handel und Verkehr	20,0	56,0	103,5	226,0	320,7	405,6
Dienstleistungsunternehmen	10,0	41,1	114,4	330,2	627,3	964,7
Staat, private Haushalte	9,4	26,7	72,6	199,4	285,1	374,5

Verteilung des Volkseinkommens

Jahr	Einkommen aus unselbständiger Arbeit	Einkommen aus Unternehmer-tätigkeit und Vermögen
1950	45,0 Mrd. DM	32,0 Mrd. DM
1960	144,4 Mrd. DM	95,7 Mrd. DM
1965	234,1 Mrd. DM	124,3 Mrd. DM
1970	360,6 Mrd. DM	169,8 Mrd. DM
1975	587,0 Mrd. DM	216,0 Mrd. DM
1980	842,1 Mrd. DM	307,3 Mrd. DM
1989	1.176,1 Mrd. DM	575,0 Mrd. DM
1993	1.554,0 Mrd. DM	643,1 Mrd. DM

Verwendung des Bruttosozialproduktes

Bereich	1950 Mrd. DM	1960 Mrd. DM	1970 Mrd. DM	1980 Mrd. DM	1989 Mrd. DM	1993 Mrd. DM
Privater Verbrauch	62,9	171,8	368,9	834,0	1.213,4	1.588,9
Staatsverbrauch	14,2	40,5	106,5	297,9	418,3	508,4
Bruttoanlageinvestitionen	18,7	73,6	172,1	338,0	462,9	551,8
Vorratsveränderung	+3,6	+9,2	+14,2	+18,9	+ 25,1	−11,5
Außenbeitrag	−1,4	+7,9	+14,1	− 3,1	140,7	216,0
Bruttosozialprodukt	98,1	303,0	675,7	1.485,7	2.260,4	2.842,8

Berechnen Sie:
1. Die Prozentanteile von Landwirtschaft, Prod. Gewerbe und Dienstleistungen seit 1950. Werten Sie die Ergebnisse aus.
2. Die Prozentanteile der Einkommen aus unselbständiger Arbeit und aus Unternehmer-tätigkeit sowie Vermögen. Wie heißen die entsprechenden Quoten?
3. Die Entwicklung des privaten Verbrauchs, der Investitionen, des Staatsanteils und des Außenbeitrages.
4. Wie kann man die Entwicklungen sinnvoll graphisch darstellen?

Investitionen auch gering sein oder verringert, da sie mit dem Geld der Sparer und Unternehmer geschaffen werden. Der **Staatsverbrauch** für zivile oder militärische Zwecke ist nur knapp (20,3:19,6) zurückgegangen. Verbraucht der Staat einen geringeren Teil der Güter, verbleiben für die privaten Haushalte entsprechend mehr und umgekehrt. Im Schaubild von 1995 erscheint auch der **Außenbeitrag** von 1,0 %. Das ist der Überschuß der Exporte über die Importe.

In Deutschland waren die Exporte meist größer als die Importe (= Exportüberschuß).

1.3   Bruttosozialprodukt – Nettosozialprodukt – Volkseinkommen

Man bezeichnet den Betrag – was die erstellten Güter gekostet haben und was dafür bezahlt wurde – auch als **Volkseinkommen**. Es ist niedriger als das Bruttosozialprodukt, in dem noch die Abschreibungen für den Werteverzehr an Maschinen enthalten sind. Außerdem sind indirekte Steuern und Subventionen zu beachten. Der Zusammenhang zwischen den Begriffen zum Sozialprodukt ist folgender:

Begriff	Erklärung
Bruttosozialprodukt nominal	➡ Wert aller in einem Jahr erstellten Güter und Dienste, zu jeweiligen Preisen eines Jahres (Marktpreise)
./. **Preissteigerungsrate**	➡ Preissteigerung im Jahr
= **Bruttosozialprodukt real**	➡ Bewertung des Bruttosozialproduktes zu den Preisen des Vorjahres
./. **Abschreibungen**	➡ Abnutzung für Maschinen/Gebäude usw.
= **Nettosozialprodukt**	➡ Wert der erstellten Güter ohne Abschreibungen
./. **indirekte Steuern**	➡ darauf aufgeschlagene Steuer (z. B. Mineralöl- und Mehrwertsteuer)
+ **Subventionen**	➡ staatl. Zuschüsse an Unternehmer und Haushalte (z. B. Sozialhilfe)
= **Volkseinkommen**	➡ Summe der Arbeitseinkommen (Lohn, Gehalt) und Besitzeinkommen (Gewinne, Zinsen, Miete, Pacht)
	➡ Lohnquote und Gewinnquote

Oft werden Sozialprodukt und seine Zuwachsraten als Beweise für Wohlstand benutzt. Dennoch hat das so ermittelte Sozialprodukt einige Schwächen:

● Es erfaßt nur Leistungen, für die nachweislich Zahlungen geleistet wurden. Nicht berücksichtigt sind dabei z. B. **Hausfrauentätigkeit,** Nachbarschaftshilfe und **Schwarzarbeit**. Letztere wird allein mit 5–10 % des BSP geschätzt.

● Das Sozialprodukt bewertet nicht die gewachsene Freizeit. Aber auch sie ist Zeichen des Wohlstandes, besonders im Vergleich mit anderen Ländern.

● Für die Beseitigung von **Schäden** (Unfall-, Umwelt-, Brandschäden usw.) werden große Summen verwendet, die ins Sozialprodukt eingehen, ohne es zu erhöhen. Auch die Verschlechterung der natürlichen **Umwelt** (Luft- und Wasserverschmutzung) bedeutet keine Wohlstandsmehrung, sondern eher das Gegenteil. Später blähen sie als Ausgaben das Sozialprodukt offiziell auf.

● Schließlich gehen Ausgabenerhöhungen für staatliche Verwaltung, Verteidigung oder Polizei voll in das Sozialprodukt ein (Staatsanteil), ohne daß immer eine Produktivitätssteigerung stattfindet.

Trotz dieser Einschränkungen bleibt das **Sozialprodukt der wichtigste Maßstab für Wirtschaftskraft, Lebensstandard und Wohlstand der Bevölkerung.**

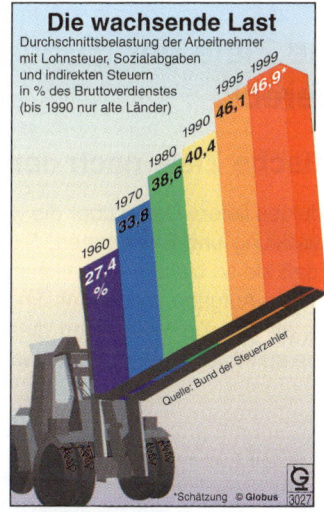

Die wachsende Last
Durchschnittsbelastung der Arbeitnehmer
mit Lohnsteuer, Sozialabgaben
und indirekten Steuern
in % des Bruttoverdienstes
(bis 1990 nur alte Länder)

1960 *27,4* %
1970 *33,8*
1980 *38,6*
1990 *40,4*
1995 *46,1*
1999 *46,9*

Quelle: Bund der Steuerzahler

*Schätzung © Globus 3027

1. Besteht die Gefahr, daß es zur „kalten Sozialisierung" kommt, d. h. daß der Staat den größten Anteil erhalten wird? Wie kann man dem entgegenwirken?
2. Was waren wichtige Gründe für diese Entwicklung?

Subventionen in einzelnen Wirtschaftszweigen der Bundesrepublik Deutschland 1.3/2

Wirtschaftszweige	insgesamt 03 Mrd. DM	Subventionen je Erwerbstätiger 01 DM	Subventionsgrad [1] 01 v.H.
1. Land- und Forstwirtschaft, Fischerei	20,9	12 560	220,0
2. Kohlenbergbau	5,9	25 250	85,0
3. Energieversorgung, übriger Bergbau	1,2	3 820	3,6
4. Eisenschaffende Industrie	2,0	2 230	5,1
5. Schiffbau	0,7	9 153	22,7
6. Luft- und Raumfahrzeugbau	1,2	13 983	28,6
7. Elektronik, Feinmechanik etc.	1,9	1 430	2,7
8. Nahrungs- und Genußmittelgewerbe	1,1	1 240	2,5
9. Verkehr	23,1	15 360	38,0
10. Wohnungsvermietung	22,5	—[2]	54,0
11. Handel, Sonstige Dienstleistungen	14,8	2 060	3,5
Sämtliche Subventionen an gewerbliche Unternehmen	102,6	4 890	
12. Subventionen an private Organisationen ohne Erwerbscharakter	18,9	22 430	

[1] Subventionen in v.H. der Nettowertschöpfung
[2] Nachweis nicht sinnvoll
Zusammengestellt aus „Subventionsabbau in der Bundesrepublik Deutschland", S. 11–14

1. Wer bezahlt Subventionen? Von welchen Einnahmen bezahlt er sie?
2. Welche vier Gruppen erhalten die größten Subventionen?
3. Warum gibt es Subventionen?

2 Wirtschaftliche Ziele der Bundesrepublik – Magisches Viereck

2.1 Wirtschaftspolitische Ziele nach dem Stabilitätsgesetz

Die Zahlen des Bruttosozialproduktes liefern Daten über die wirtschaftliche Lage eines Landes: über Produktion, Preisentwicklung und Einkommen. Sie können positiv oder negativ sein. Dann besteht die Gefahr, daß sie so bleiben oder sich noch verschlechtern, wenn der Staat nicht gegensteuert. Er hat die Aufgabe, Wirtschaftskrisen und Not der Bevölkerung rechtzeitig zu vermeiden, indem er sich Ziele setzt und diese durch Politik, durch praktisches Gestalten, zu verwirklichen sucht. Dies ist im Stabilitätsgesetz von 1967 festgelegt.

§ 1 Gesetz zur Förderung der Stabilität und des Wachstums der Wirtschaft: „Bund und Länder haben bei ihren wirtschafts- und finanzpolitischen Maßnahmen die Erfordernisse des **gesamtwirtschaftlichen Gleichgewichts** zu beachten. Die Maßnahmen sind so zu treffen, daß sie im Rahmen der marktwirtschaftlichen Ordnung gleichzeitig zur **Stabilität des Preisniveaus**, zu einem **hohen Beschäftigungsgrad** und **außenwirtschaftlichen Gleichgewicht** bei **stetigem und angemessenem Wirtschaftswachstum** beitragen". Damit ist die Politik auf das Oberziel: Gesamtwirtschaftliches Gleichgewicht und vier Unterziele festgelegt.

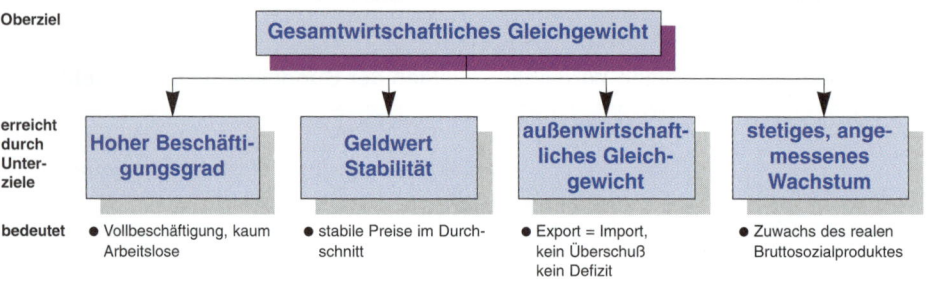

Oberziel

Gesamtwirtschaftliches Gleichgewicht

erreicht
durch
Unter-
ziele

Hoher Beschäftigungsgrad	**Geldwert Stabilität**	**außenwirtschaftliches Gleichgewicht**	**stetiges, angemessenes Wachstum**

bedeutet
- Vollbeschäftigung, kaum Arbeitslose
- stabile Preise im Durchschnitt
- Export = Import, kein Überschuß kein Defizit
- Zuwachs des realen Bruttosozialproduktes

2.2 Magisches Viereck – Idealziele und Wirklichkeit

Die vier Ziele sollen das gesamtwirtschaftliche Gleichgewicht sichern. Ihre gleichzeitige Verwirklichung gilt als Traumziel. Dieses Ideal ist in der Praxis kaum denkbar, weil die Ziele miteinander konkurrieren: einige vertragen sich, sind hamonisch zueinander, andere widersprechen sich, stehen zueinander in einem Zielkonflikt: wenn man das eine Ziel erreicht, schädigt man das andere gleichzeitig. Da sie nur schwer gleichzeitig erreichbar sind, spricht man vom **„Magischen Viereck"**. Der Erfolg der Wirtschaftspolitik wird an der bestmöglichen Kombination der vier Teilbereiche gemessen.

Die Ziele des magischen Vierecks in der Realität:[1]

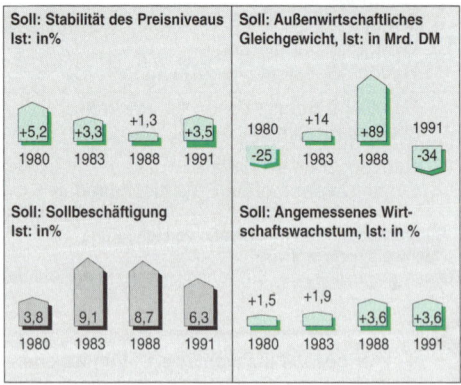

Soll: Stabilität des Preisniveaus Ist: in%

+5,2 (1980) +3,3 (1983) +1,3 (1988) +3,5 (1991)

Soll: Außenwirtschaftliches Gleichgewicht, Ist: in Mrd. DM

1980 -25 +14 (1983) +89 (1988) -34 (1991)

Soll: Sollbeschäftigung Ist: in%

3,8 (1980) 9,1 (1983) 8,7 (1988) 6,3 (1991)

Soll: Angemessenes Wirtschaftswachstum, Ist: in %

+1,5 (1980) +1,9 (1983) +3,6 (1988) +3,6 (1991)

[1] Angaben beziehen sich auf alte Bundesländer; Außenwirtschaft 1991 gesamtdeutsch

2.1/1

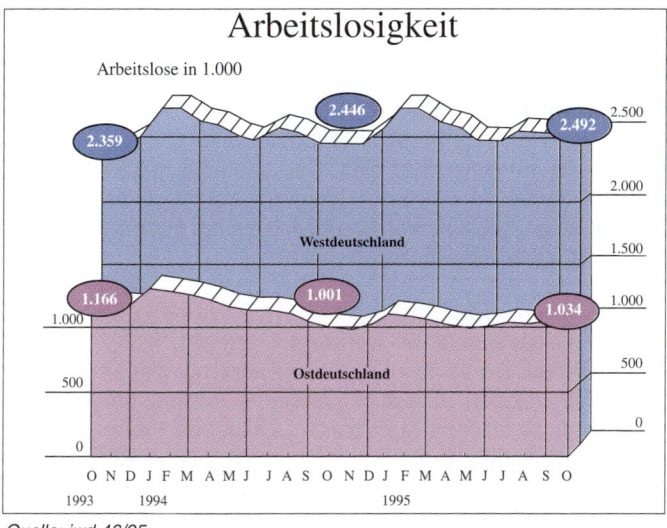

Arbeitslosigkeit

Arbeitslose in 1.000

Quelle: iwd 46/95

?

1. Ermitteln Sie den Prozentsatz der Arbeitslosen für jeweils Oktober 1993, 1994 und 1995 (Beschäftigte + Arbeitslose = 100 %) für West–, Ostdeutschland und insgesamt. Die Beschäftigtenzahlen waren jeweils (in 1.000):

	Westdeutschland	Ostdeutschland
1993	29.091	6.261
1994	28.849	6.440
1995	28.680	6.494

2. Bewerten Sie die unterschiedliche oder gemeinsame Entwicklung.

2.1/2

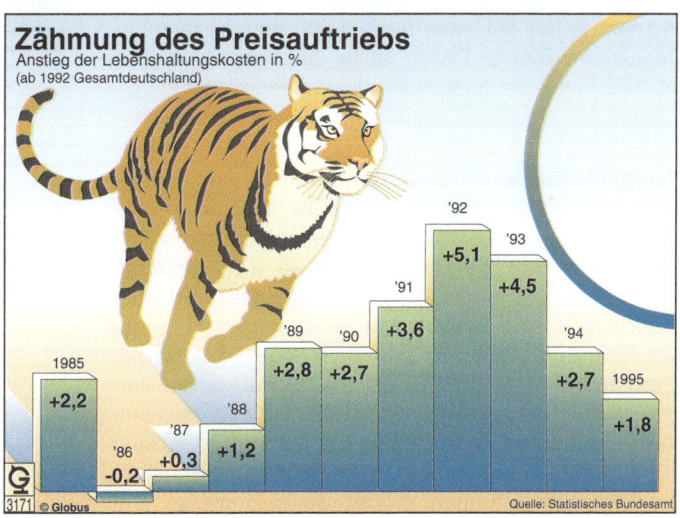

?

1. In welchen Jahren wurde das Ziel des magischen Vierecks erreicht? Wann wurde es nicht erreicht? Finden Sie Gründe dafür.
2. Was waren die Gründe für die Situation 1992? Kennen Sie die heutigen Zahlen?
3. Was gehört noch an Informationen dazu, bevor Sie beurteilen können, ob es den Bürgern in den verschiedenen Jahren schlechter oder besser ging?

Vollbeschäftigung bedeutet, daß die Arbeitslosenzahl so gering wie möglich sein soll. Absolute Vollbeschäftigung gibt es nicht. Durch Kündigungen, Wohnortwechsel oder mangelnde Bautätigkeit im Winter sind immer einige ohne Arbeit. Es liegt bereits Überbeschäftigung vor, wenn die Arbeitslosenquote unter 1 % ist, was man früher als Ziel für erreichbar hielt. Das bedeutet bei 30 Mill. Beschäftigten 300.000 Arbeitslose. Heute gilt das Ziel als weitgehend erreicht, wenn höchstens 2 % arbeitslos sind, international liegt das Ziel oft sogar bei 4–5 %.

> **Ziel Vollbeschäftigung: Arbeitslosenquote ist höchstens 2 % (= 98 % sind beschäftigt)**

Preisstabilität oder Geldwertstabilität ist absolut erreicht, wenn die Inflationsrate 0 beträgt. Da es absolut stabile Preise auf Dauer nicht gibt, gilt es, die Inflation möglichst niedrig zu halten, um Geldwert und Kaufkraft zu sichern. Man spricht schon von Preisstabilität, wenn die jährlichen Preissteigerungsraten höchstens 2 % betragen. Man mißt sie am Preisindex für Lebenshaltung, der laufend errechnet und veröffentlicht wird, sowie durch die Preisentwicklung des Bruttosozialprodukts.

> **Ziel Preisstabilität: Preissteigerungsrate höchstens 2 %**

Außenwirtschaftliches Gleichgewicht herrscht, wenn die Zahlungsbilanz ausgeglichen ist, wenn der Wert der Exporte dem Wert der Importe entspricht. Da Deutschland sehr viele Rohstoffe vom Ausland bezieht und viele Fertigprodukte ins Ausland verkauft, ist der sogenannte Außenbeitrag (Export und Import) relativ groß. Jedoch hat Deutschland eine besondere Situation durch hohe Heimatüberweisungen der Gastarbeiter, Entwicklungshilfe und Verpflichtungen in der EU, aber auch durch den Auslandsurlaub vieler Deutschen. Dieses Defizit sollte durch einen Exportüberschuß von 1–2 % des Bruttosozialproduktes abgedeckt sein.

> **Ziel Außenwirtschaftliches Gleichgewicht: Zahlungsbilanzausgleich (Exp. = Imp.) für Deutschland gilt: Exp > Import (ca. 1–2 % BSP)**

Stetiges und angemessenes Wirtschaftswachstum wird gemessen an der jährlichen Zuwachsrate des realen Bruttosozialproduktes. Stetig ist ein Wachstum, wenn es zumindest mittelfristig steigt. Angemessen bedeutet, daß die Steigerung etwa 3 % betragen sollte. Früher hielt man 4–5 % als Zielgröße angemessen. Heute sind viele Länder schon mit 2 % Wirtschaftswachstum sehr zufrieden. Wachstum führt zu mehr Wohlstand. Auch höhere Leistungen können dann erbracht werden (z.B. Sozialhilfe, Entwicklungshilfe), ohne daß Steuern und andere Abzüge erhöht werden müssen. Auch die Verteilungskämpfe (Lohn: Gewinn bei Tarifverträgen) sind dann weniger hart. Jedoch werden bei mehr Wachstum Rohstoffverbrauch und Umweltbelastungen größer, so daß dieses Ziel etwas umstritten ist.

> **Ziel angemessenes Wachstum: Das BSP steigt um 3 % jährlich**

Weitere Ziele spielen in der Politik eine große Rolle, etwa **Umweltschutz** oder eine „**gerechtere Einkommensverteilung**" oder die „**gerechtere Verteilung der vorhandenen Arbeit**".

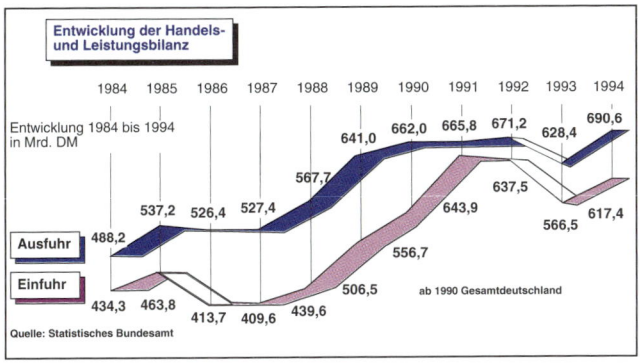

	1984	1985	1986	1987	1988	1989	1990	1991	1992	1993	1994
Handelsbilanz-saldo	53,9	73,4	112,7	117,8	128,1	134,5	105,3	21,9	33,7	61,9	73,2
Leistungsbilanz-saldo	27,8	50,1	87,9	82,6	87,0	107,5	79	-31,9	-33,7	-24,3	-38,6

?
1. Bestand in den angezeigten Jahren außenwirtschaftliches Gleichgewicht?
2. Wie hat sich die Lücke zwischen Export und Import entwickelt?
3. Versuchen Sie die Zahlen der letzten beiden Jahre zu erhalten.

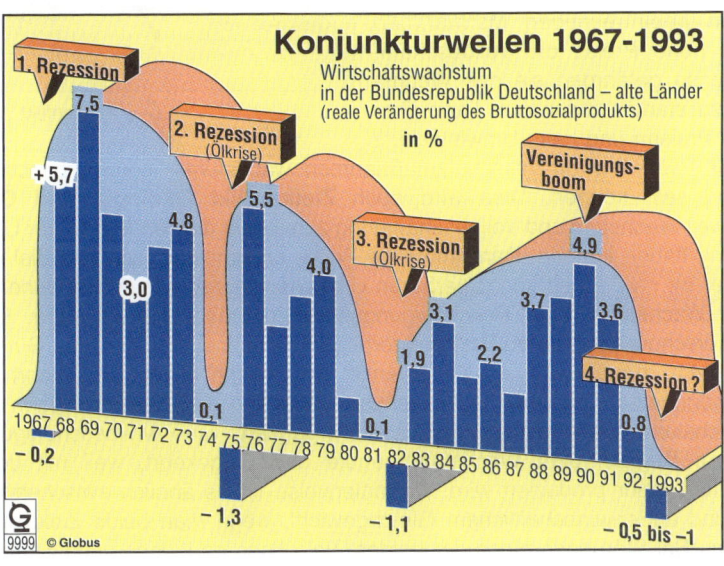

?
1. Gab es in Deutschland seit 1967 überwiegend Wachstum oder nicht?
2. Warum waren die Wachstumszahlen anfangs größer? Kann man daraus Folgerungen für die neuen Länder ableiten?
3. Wann war kein Wachstum und was bedeutet das genau?

Eine erhaltenswerte Umwelt und eine sozial verträgliche Einkommensverteilung stellen durchaus wichtige Ziele dar, die angestrebt werden sollten. So können durch Maßnahmen gegen Luftverschmutzung, Waldsterben oder Abfall einerseits oder durch höhere Steuersätze für Spitzenverdiener oder Wohngeld andererseits **„magische Fünf-, Sechs- oder Siebenecke"** entstehen, die Wirkungen auf andere Ziele haben, etwa das Ziel „Aufbau Ost" (Verwaltungsaufbau, Infrastruktur, Industrie und Handwerk, Wohnungswesen, Umweltschutz).

2.3 Zielkonflikte

Die Ziele des „magischen Vierecks" und damit der staatlichen Wirtschaftspolitik sind nicht alle gleichzeitig zu erreichen, da zwischen ihnen Zielkonflikte bestehen können. Den Zusammenhang zeigt folgendes Bild:

Zwischen Vollbeschäftigung und Geldwertstabilität besteht ein großer Zielkonflikt, weil Maßnahmen gegen die Arbeitslosigkeit die Preisstabilität gefährden können. Die Wirtschaftspolitik der 70er Jahre – „lieber 5 % Inflation als 5 % Arbeitslosigkeit" – führte zunächst zu 7 % Inflation und dann zu 9 % Arbeitslosigkeit.

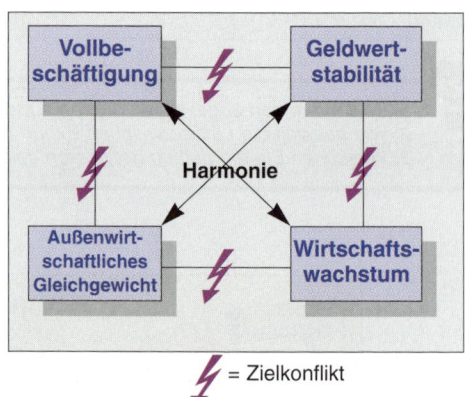

Umgekehrt beeinträchtigen Maßnahmen gegen zu hohe Preise die Vollbeschäftigung. Ebenso gefährden sie das Wachstum. Ein zu starkes Wachstum kann Probleme bei Preisen und beim Umweltschutz hervorrufen, während Umweltschutzmaßnahmen wachstums- und vollbeschäftigungsgefährdend sein können. Dies wird auch **Zielkonflikt Ökologie und Ökonomie** genannt, weil Wachstum und Vollbeschäftigung zumindest die Tendenzen zur Umweltverschmutzung haben können. Dann muß die Politik entscheiden, welches Ziel ihr wichtiger ist oder sie muß einen kontrollierbaren Umweltschutzrahmen setzen, innerhalb dessen dann Wachstums- und Beschäftigungspolitik gemacht werden kann. Erhebliche Ausfuhrüberschüsse führen zu Preissteigerungen im Inland, weil dort das Güterangebot verringert wird, zumal wenn die Geldmenge gleich hoch bleibt. Umgekehrt bedeuten große Importüberschüsse Arbeitsplatzverluste im Inland und beeinträchtigen das Wirtschaftswachstum. Ziele können sich auch ergänzen. Eine Vollbeschäftigungspolitik kommt zum Beispiel dem Wachstum zugute und umgekehrt, weil mit den neuen Arbeitskräften mehr produziert wird. Normalerweise ist es ähnlich zwischen Geldwertstabilität und außenwirtschaftlichem Gleichgewicht, wenn man beide Ziele erst einmal erreicht hat. Bei Störungen eines der beiden Ziele kann es jedoch auch Störungen des anderen geben, z. B. mit Exportüberschüssen importiert man die Inflation des Auslandes und exportiert Arbeitslosigkeit ins Ausland.

Die Wirtschaftspolitik ist also ständig aufgerufen, bei ihren Maßnahmen ungünstige Folgen bei anderen Zielen mitzubedenken, um nicht das gesamtwirtschaftliche Gleichgewicht insgesamt entscheidend zu gefährden.

Wie geht es weiter mit der Wirtschaft?
Aus dem Herbstgutachten 1995 der Wirtschaftsforschungsinstitute

	1994	1995	Prognose	1996
Wachstum in %	+2,9	2,25		2,5
Preisanstieg in %	+2,8	2,0		2,0
Privater Verbrauch in %	+0,9	1,5		3,0
Investitionen in % (Ausrüstungen)	-1,2	3,5		4,5
Arbeitslose in Millionen	3,70	3,60		3,55

© Globus 2999

Beurteilen Sie die Situation nach dem Herbstgutachten für 1995 und 1996.
Welche Ziele das Magischen Vierecks werden erreicht, welche nicht?

Ausgangssituation:

2.3/1

„Meine Herren", sagte der Minister anläßlich der Anhörung verschiedener Wirtschafts- und Interessengruppen, "angesichts der gegenwärtigen – sagen wir einmal schleppenden – Wirtschaftslage ziehen wir an einem Strang.

Sie als Vertreter der Unternehmen wollen steuerlich Erleichterungen bei Investitionsvorhaben.

Sie als Vertreter der Gewerkschaften beschwören uns, unseren Einfluß bei den Preisen geltend zu machen, insbesondere die Gebühren des Staates und seiner Dienstleistungen kon-

stant zu halten, bei gleichzeitigem Hinweis darauf, daß alle Arbeitnehmer mindestens 2–3 % mehr Löhne und Gehälter erhalten müßten, als die Preissteigerungen des vergangenen Jahres es notwendig machten.

Sie, Herr Arbeitsminister, richten sich an uns und die Unternehmen, mehr Arbeitsplätze einzurichten, weil die hohen Kosten für das Arbeitslosenheer das Maß des Erträglichen und Machbaren bald übersteigen."

1. Bilden Sie 4 Interessengruppen und sammeln Sie Gründe für Ihr Anliegen.
2. Tragen Sie die Argumente den anderen Gruppen vor. Bringen Sie entsprechende Gegenargumente der anderen Gruppen ein.
3. Wie soll der Wirtschaftsminister entscheiden?

3 Staatliche Konjunkturpolitik – Geldpolitik der Bundesbank

3.1 Konjunkturverlauf und Konjunkturpolitik

Der Ruf nach staatlicher Wirtschaftspolitik zur Lösung des magischen Vierecks hängt oft mit bestimmten Konjunkturbewegungen zusammen, die Probleme mit sich bringen. **Seit Jahrhunderten** gibt es auf dieses **Auf und Ab in der Wirtschaft**, das man **Konjunktur** nennt und das sich ständig ähnlich wiederholt.

Im Gegensatz zum sehr langfristigeren **Trend** wirtschaftlicher Bewegungen über 50 oder 100 Jahre nach oben und auch im Gegensatz zu ganz kurzfristigen **Saison-schwankungen** (z.B. Sommer/Winter) heißt Konjunktur der **mittelfristige** Wechsel von Zeiten guter und schlechter Geschäftslage von vier bis zwölf Jahren. Man spricht vom **Konjunkturzyklus**, weil er sich immer ähnlich wiederholt.

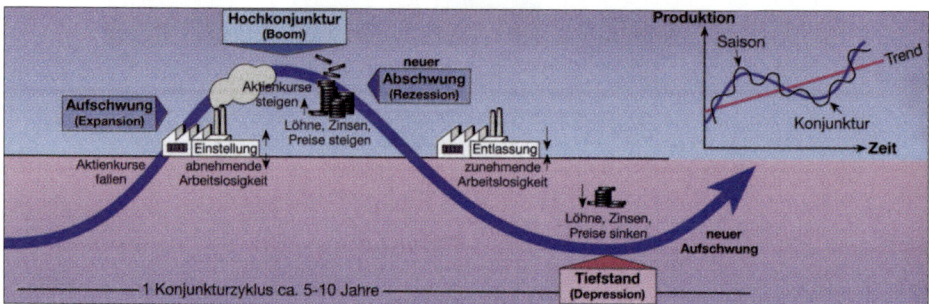

Der gesamte Konjunkturverlauf kann in **vier Konjunkturphasen** unterteilt werden. **Aufschwung, Hochkonjunktur, Abschwung und Tiefstand**. In allen Phasen haben wichtige Wirtschaftsdaten typische Veränderungen: Wirtschaftswachstum, Beschäftigung, Löhne, Preise, Investitionen und Zinsen und sogar die Stimmung der Leute von sehr optimistisch bis sehr pessimistisch (= depressiv). Auch Unvorgesehenes kann im Konjunkturverlauf passieren. Jeder **Konjunkturzyklus** ist etwas anders und nicht alles ist vorherschaubar. „Jeder Zyklus hat seine individuellen historischen Züge". Dennoch gibt es **typische Gemeinsamkeiten:**

Phasen Merkmale	Aufschwung Expansion	Boom Hochkonjunktur	Abschwung Rezession	Depression Tiefstand
Kapazitäts-auslastung (Produktion)	zunehmende Kapazitäts-auslastung	voll ausgelastete Kapazitäten	abnehmende Kapazitäts-auslastung	unausgenutzte Kapazitäten
Arbeitslosigkeit (Beschäftigung)	geringere Arbeits-losigkeit	Überbeschäftigung	höhere Arbeitslosigkeit	Massenarbeits-losigkeit
Einkommen (Lohn/Gehalt/ Gewinn)	Gewinn- und Lohnsteigerungen	Hohe Gewinne und Löhne	Löhne stagnieren, Gewinne fallen stark	Konkurse, Verluste, Lohnstagnation
Absatz (Nachfrage)	zunehmend	Höchstabsatz	abnehmend	Absatzstockung
Preisniveau	geringe Preis-steigerungen	inflationäre Entwicklung	stagnierende Preise	Preiseinbrüche
Stimmung	optimistisch	sehr optimistisch	pessimistisch	depressiv

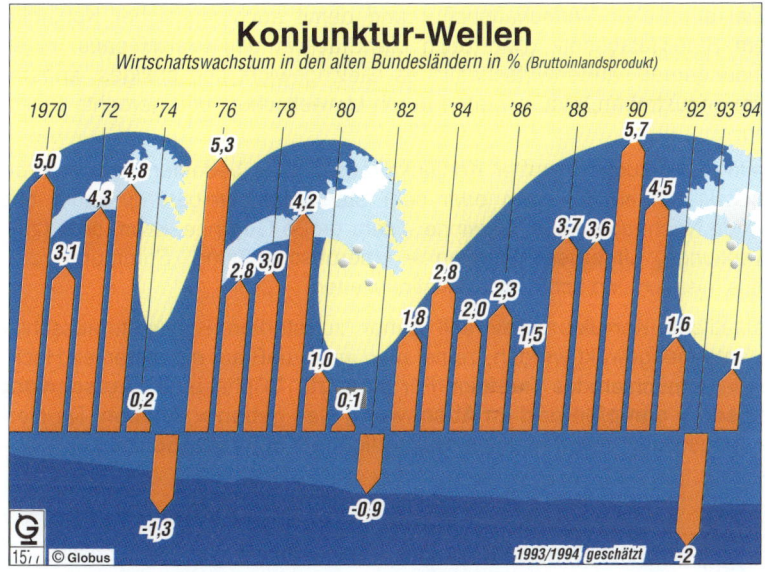

Konjunktur-Wellen
Wirtschaftswachstum in den alten Bundesländern in % *(Bruttoinlandsprodukt)*

1970 '72 '74 '76 '78 '80 '82 '84 '86 '88 '90 '92 '93 '94

5,0 4,3 4,8 3,1 5,3 2,8 3,0 4,2 1,0 0,2 0,1 1,8 2,8 2,0 2,3 1,5 3,7 3,6 5,7 4,5 1,6 1 -1,3 -0,9 -2

1993/1994 geschätzt

© Globus

1. Vergleichen Sie den Konjunkturverlauf der letzten Jahre mit dem Idealschema im Informationstext. Was stellen Sie fest?
2. Wann begann und wann endete der letzte Konjunkturzyklus?
3. Wieviel Konjunkturphasen zeigt das Schaubild? (Benennen Sie die einzelnen Zyklen mit Jahreszahlen). Waren die Auf- oder Abschwünge länger?

HANDELSBLATT, Mittwoch 14.7.1993 BERLIN. **Die westdeutsche Wirtschaft befindet sich in einer schweren Krise, deren Ausmaß von den ausgefeilten Prognosemodellen der Forschungsinstitute lange nicht erfaßt worden ist.**

Seit Anfang 1992 fällt die Produktion im Verarbeitenden Gewerbe. In den letzten zwölf Monaten – Juni 1992 bis Mai 1993 – war sie gut sechs Prozent niedriger als in den vorhergehenden zwölf Monaten. Die Auftragseingänge lagen sogar neun Prozent unter Vorjahresniveau. Das sind Einbüche, die bisher in der Bundesrepublik einmalig sind. Sie zeigen sich auch in einer anhaltenden Zunahme von Arbeitslosen und einem sprunghaften Anstieg der Kurzarbeit. In voller Schärfe werden die Auswirkungen dieser Entwicklung aber erst 1994 auf dem Arbeitsmarkt sichtbar werden.

1. Wie war die konjunkturelle Lage im Juli 1993 nach obigem Text?
2. Womit wurde die Lage begründet und gekennzeichnet?
3. Wie ist die Einschätzung für 1994? Wie war die Begründung?
4. Ist die Situation so eingetreten, wie erwartet wurde?

Es ist Ziel staatlicher Wirtschaftspolitik und damit auch staatlicher Konjunkturpolitik, nach dem Stabilitätsgesetz gleichzeitig die Stabilität des Preisniveaus, einen hohen Beschäftigungsgrad, außenwirtschaftliches Gleichgewicht und stetiges, angemessenes Wachstum anzustreben, evtl. erweitert durch Umweltschutz und gerechte Einkommensverteilung.

Die negativen Wirkungen großer Konjunkturausschläge bedeuten jedoch: Arbeitslosigkeit, Arbeitskräftemangel, kaum oder sehr starke Lohnsteigerung, kaum oder überschäumende Nachfrage, kaum Gewinne – sehr große Gewinne, kaum oder (zu) großzügige Investionen, Unterbeschäftigung – Überbeschäftigung, Stimmung (zu) optimistisch-pessimistisch und schließlich Inflationszeiten).

Durch staatliche Konjukturpolitik soll daher zu starken Konjunkturausschlägen ins Extreme entgegengewirkt werden, zumal man weiß, daß auf ein extremes Hoch ein entsprechendes ernüchterndes Tief folgt. Für die letzte Teilphase des **Aufschwungs** heißt das **Bremsen = dämpfen und im Abschwung Gas geben = beleben**. Da diese Politik immer entgegenwirkt, nennt man sie **antizyklische Konjunkturpolitik**.

Staatliche Konjunkturpolitik = antizyklische Wirtschaftspolitik

Der Staat kann in der Hochkonjunktur bremsen das heißt die Konjunktur dämpfen:
- Sparförderung erhöhen (= weniger Verbrauch),
- Abschreibungen kürzen (= weniger Verbrauch),
- Steuern erhöhen (weniger Verbr. + Investition),
- Staatsaufträge kürzen (= Rücklagen bilden),
- Subvention abbauen/kürzen (= weniger Ausgaben),

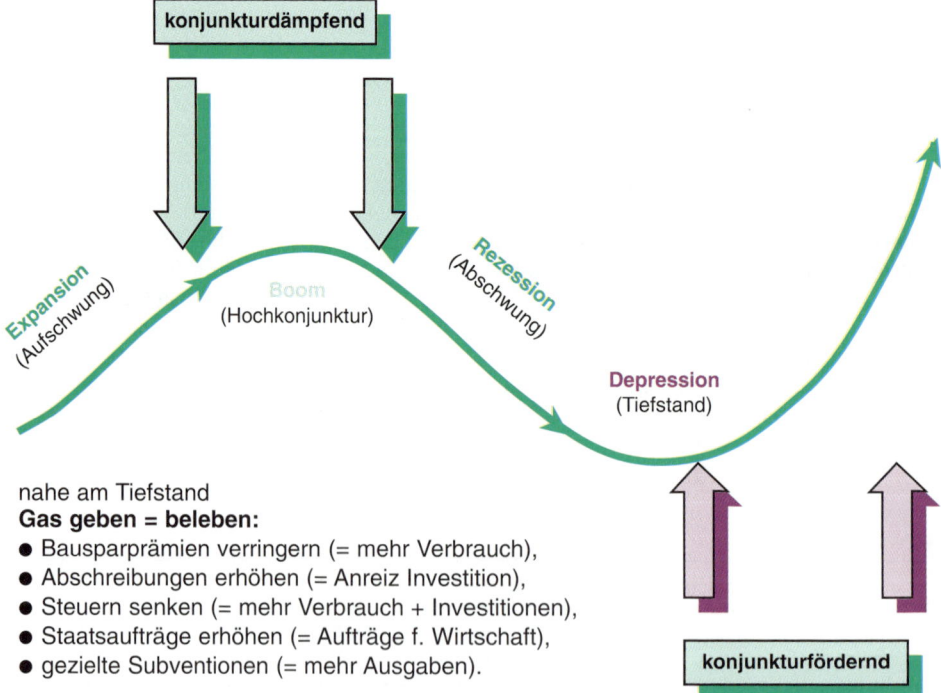

konjunkturdämpfend

Expansion (Aufschwung)

Boom (Hochkonjunktur)

Rezession (Abschwung)

Depression (Tiefstand)

nahe am Tiefstand
Gas geben = beleben:
- Bausparprämien verringern (= mehr Verbrauch),
- Abschreibungen erhöhen (= Anreiz Investition),
- Steuern senken (= mehr Verbrauch + Investitionen),
- Staatsaufträge erhöhen (= Aufträge f. Wirtschaft),
- gezielte Subventionen (= mehr Ausgaben).

konjunkturfördernd

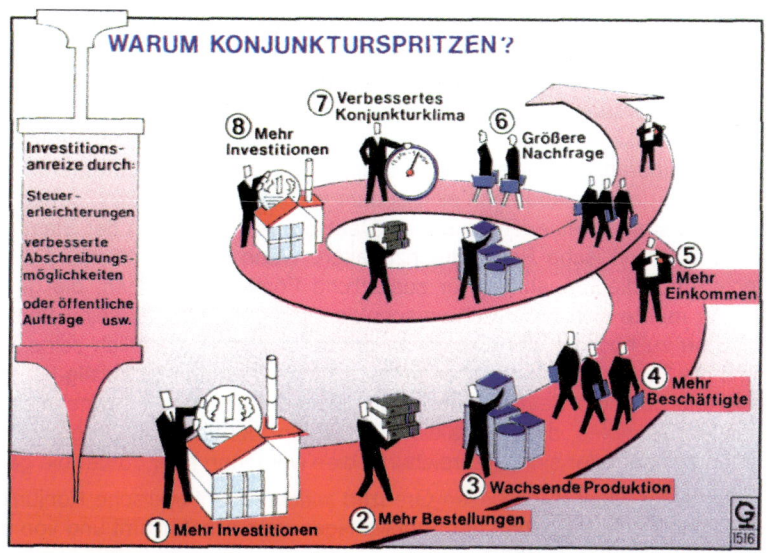

WARUM KONJUNKTURSPRITZEN?

Investitions-
anreize durch:

Steuer-
erleichterungen

verbesserte
Abschreibungs-
möglichkeiten

oder öffentliche
Aufträge usw.

① Mehr Investitionen
② Mehr Bestellungen
③ Wachsende Produktion
④ Mehr Beschäftigte
⑤ Mehr Einkommen
⑥ Größere Nachfrage
⑦ Verbessertes Konjunkturklima
⑧ Mehr Investitionen

1. Begründen Sie, weshalb Steuererleichterungen diesen Verlauf verursachen.
2. Warum haben öffentliche Aufträge die gleiche Wirkung?
3. Nennen Sie Beispiele für den umgekehrten Ablauf (Zählen Sie die Wirkungen jeweils auf.)

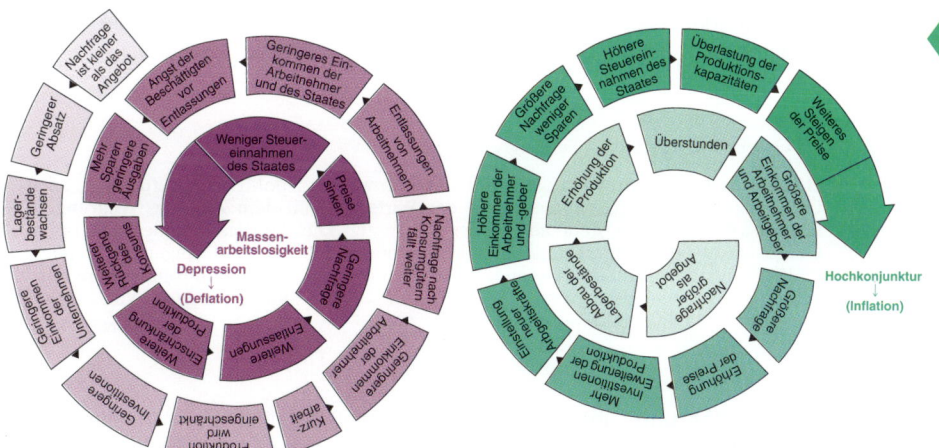

1. Gehen Sie beide „Kettenreaktionen" durch und begründen Sie jeweils an 3 Stellen, warum die eine Situation zur nächsten führt.
2. Welche „Politik" könnte jeweils die 1. Reaktion verursacht haben?
3. Beschreiben Sie die beiden „Endsituationen" (Depression-Hochkonjunktur) genauer.

Die aufgezeigten **Möglichkeiten des Staates** sind jedoch teilweise begrenzt oder sogar **problematisch**. Die gewünschte Reaktion von Verbrauchern und Unternehmern tritt oft nicht ein, weil diese sich anders verhalten als erwünscht. Sie kaufen in der Hochkonjunktur stärker und sparen weniger, weil sie mit noch mehr Preis- und Lohnerhöhung rechnen. In der Krise investieren die Unternehmer nicht, weil sie Verluste machen und mit noch schlimmeren Zeiten rechnen trotz Investitionsanreizen; ähnlich verhalten sich die Käufer. Auch das Ausland kann sich anders verhalten als im Inland gewünscht wird: So führte die Ölkrise zu einer Rezession in Deutschland. Aber auch der Staat selbst hat Probleme, die antizyklische Politik durchzuhalten. Wenn er im Abschwung die Steuern senkt, fehlen ihm die Einnahmen für zusätzliche Fördermaßnahmen, die gerade jetzt nötig sind. Er müßte sich zusätzlich verschulden, aber vielleicht ist seine Verschuldung ohnehin schon zu hoch. In der Expansion müßte der Staat eigentlich seine Ausgaben kürzen und die Steuern erhöhen, aber weder sind die Beamten kurzfristig kündbar noch sind Regierung oder die Bevölkerung bereit, Steuererhöhungen hinzunehmen, etwa in Zeiten des Wahlkampfes, den es praktisch jedes Jahr bei uns gibt. Oft greifen auch die Maßnahmen zu spät oder sind unzureichend; dies weiß man aber vorher nie genau.

Dennoch kann der Staat in gewissen Grenzen wirksame antizyklische Konjunkturpolitik betreiben, wenn er die Vorgaben des Stabilitätsgesetzes ernst nimmt und von der Geldpolitik der Bundesbank unterstützt wird.

3.2   Geldpolitische Instrumente der Deutschen Bundesbank

Der Wert des Geldes ist davon abhängig, was man dafür kaufen kann = Kaufkraft. Bei Preissteigerung sinkt der Geldwert, seine Kaufkraft nimmt ab. Preissenkungen bedeuten Geldwert– und Kaufkraftsteigerung. Seit der Währungsreform 1948 hat sich die Kaufkraft der DM sehr verringert. Da die Lohnsteigerungen jedoch bedeutend höher waren, wurde der Wohlstand trotzdem erheblich gesteigert. Primär zuständig für die Kaufkraft der DM, ihr Binnenwert, ist die Deutsche Bundesbank (Bundesbankgesetz).

§ 3 Gesetz über die Deutsche Bundesbank

„Die Deutsche Bundesbank regelt mit Hilfe ihrer währungspolitischen Befugnisse ... den Geldumlauf und die Kreditversorgung der Wirtschaft mit dem **Ziel, die Währung zu sichern** ...“ Außerdem steht im Bundesbankgesetz: Die deutsche Bundesbank ist im Gegensatz zu vielen anderen Notenbanken autonom, d. h. „von Weisungen der Bundesregierung unabhängig“. Ihre Organe sind der Zentralbankrat mit dem Bundesbankpräsidenten (= Beschlußorgan) und das Direktorium (= Ausführungsorgan). Nur sie darf Banknoten (= Papiergeld) ausgeben.

Als **„Hüterin der Währung“** übt die Bundesbank Einfluß auf die in der Wirtschaft umlaufende Geldmenge und die Kreditversorgung aus. Dadurch wirkt sie unmittelbar auf die Nachfrage und kann diese, je nach Konjunkturlage, regulieren. Doch gilt für sie als oberstes **Ziel: die Währung zu sichern und damit den Wert des Geldes zu erhalten**. Zwar muß sie die Wirtschaftspolitik der Bundesregierung unterstützen, aber nur insoweit, wie ihr oberstes Ziel: die Geldwerterhaltung nicht gefährdet ist. Daher ist sie auch von der Regierung unabhängig und macht manchmal eine eigene – der Regierung nicht ganz passende – Politik.

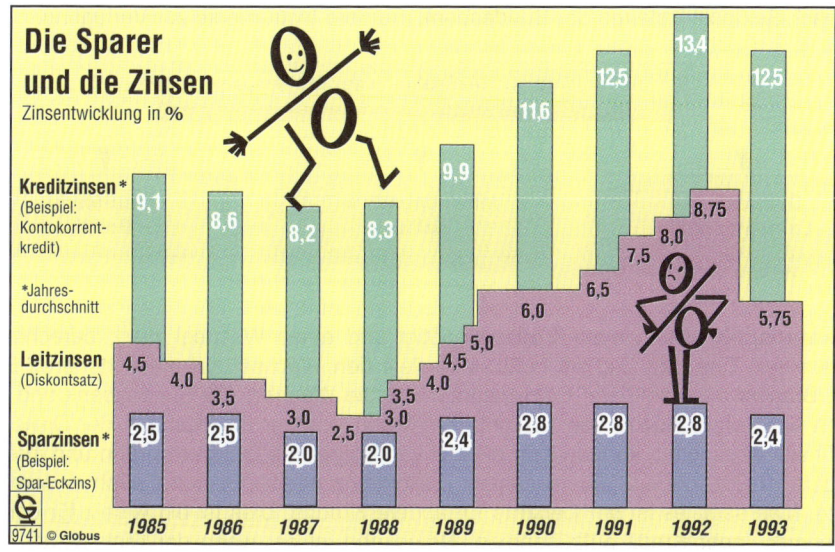

Die Sparer und die Zinsen
Zinsentwicklung in %

Kreditzinsen *
(Beispiel: Kontokorrent-kredit)

*Jahres-durchschnitt

Leitzinsen (Diskontsatz)

Sparzinsen * (Beispiel: Spar-Eckzins)

9741 © Globus

	1985	1986	1987	1988	1989	1990	1991	1992	1993
Kreditzinsen	9,1	8,6	8,2	8,3	9,9	11,6	12,5	13,4 / 8,75	12,5 / 5,75
								8,0 / 7,5	
								6,5	
							6,0		
					5,0				
Leitzinsen	4,5	4,0	3,5		4,5 / 3,5	4,0	2,8	2,8	2,8
Sparzinsen	2,5	2,5	3,0 / 2,0	2,5 / 2,0	3,0 / 2,4		2,8	2,8	2,4

1. Wie haben sich die Leitzinsen (= Diskontsatz) entwickelt?
2. Inwiefern sind Kreditzinsen und Sparzinsen dem gefolgt?
3. Wie sind Diskontsatz und Sparzinsen heute?

3. Die Zinspolitik aus der Sicht der Bundesbank
Zinspolitik zunächst weiter restriktiv, im späteren Verlauf dann deutlich gelockert
aus: Geschäftsbericht der Deutschen Bundesbank 1992, S. 54

3.2/2

Die Bundesbank sah sich im Jahre 1992 aufgrund der mit der Wiedervereinigung verbundenen Probleme weiterhin einem anderen gesamtwirtschaftlichen Umfeld gegenüber als die meisten übrigen Notenbanken. Zwar kühlte sich das Konjunkturklima, wie in den vorangegangenen Abschnitten geschildert, im Jahresverlauf auch in Westdeutschland merklich ab. Gleichwohl blieben der binnenwirtschaftliche Kosten- und Preisauftrieb hartnäckig hoch und die weiteren Preisperspektiven eingetrübt. Das Geldmengenwachstum, das sich Mitte 1991 beschleunigt hatte, war von Anfang 1992 an stärker, als mit dem Geldmengenziel der Bundesbank und den mittelfristigen Erfordernissen der Geldwertstabilität vereinbar gewesen wäre. Im Zusammenhang mit den Unruhen im EUROPÄISCHEN WÄHRUNGSSYSTEM im Herbst 1992 wurde die Geldmenge durch spekulationsbedingte Geldzuflüsse aus dem Ausland zusätzlich aufgebläht. Vor diesem Hintergrund hielt die Bundesbank an ihrem auf Stabilerhaltung des Geldwertes ausgerichteten Kurs fest. Die Erfahrung zeigt, daß die Geldpolitik langfristig den wirksamsten Beitrag für wirtschaftliches Wachstum leistet, indem sie für stabile monetäre Rahmenbedingungen sorgt. Die besonderen Umstände der deutschen Vereinigung setzen diesen Zusammenhang nicht außer Kraft. Ebensowenig kann das Vorhaben der Europäischen Währungsunion ein Argument dafür sein, den Rang der Geldwertstabilität zurückzunehmen, schon gar nicht im Land der Ankerwährung. Ansonsten bestünde die Gefahr, daß die Stabilitätsorientierung im EWS insgesamt aufgeweicht und die weitere europäische Währungsintegration erschwert würde.

1. Warum hält die Bundesbank primär an der Geldwertstabilität fest?
2. Muß die Bundesbank auf das Ausland achten? Belegen Sie dies im Text.

Für ihre Geldpolitik stehen der Bundesbank mehrere Instrumente zur Verfügung:

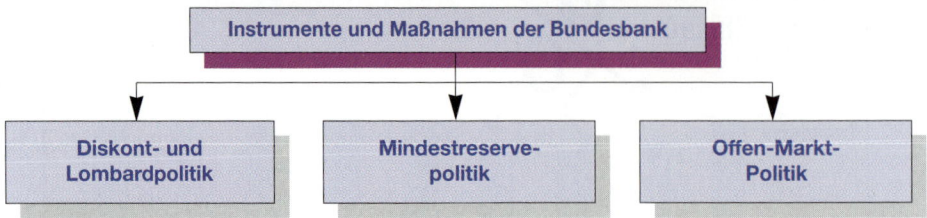

Diskontpolitik: Wenn man Kredite benötigt und einen Wechsel zieht, berechnet die Bank einen Zins, der Diskont heißt, und stellt den Wechsel auf einen höheren Betrag aus. Braucht die Bank jetzt Geld, verkauft sie die Wechsel der Bundesbank und erhält sofort Geld unter Abzug des Diskonts. Wird nun von der Bundesbank der Diskontsatz (= Zinssatz) gesenkt, können sich die Banken billiger mit Geld versorgen und ihrerseits billigere Kredite geben. Der niedrigere Diskontsatz beeinflußt damit auch andere Zinssätze. Man sagt, es ist der **Leitzins** für andere Kredite. Dies ist ein Anreiz für den Kreditnehmer, mehr Kredit aufzunehmen. Umgekehrt ist es, wenn der Diskontsatz erhöht wird; andere Kredite werden damit auch teurer. Dies wirkt insgesamt wie eine Bremse. Die Diskontpolitik legt also fest, zu welchem Diskontsatz Wechsel angekauft/diskontiert werden.

Lombardpolitik: Die Banken können bei der Bundesbank auch Geld bekommen, indem sie Wertpapiere als Pfand hinterlegen. Auch dafür verlangt sie einen Zins, den Lombard. Wie bei der Diskontpolitik wird damit auch durch die Erhöhung oder Senkung dieses Lombardsatzes der Kredit teurer oder billiger.

Mindestreservepolitik: Wenn man Spargeld oder Termingeld zur Bank bringt, bedeutet das für die Banken Einlagen. Einen bestimmten Prozentsatz dieser Einlagen müssen die Banken bei der Bundesbank zinslos hinterlegen, können damit also nicht arbeiten und Kredite vergeben. Ist dieser Satz hoch oder wird er erhöht, können die Banken wenig oder weniger Kredite geben, bzw. müssen sie verteuern. Wird der Mindestreservesatz hingegen gesenkt, haben die Banken mehr Spielraum für günstige Kredite an Betriebe und Haushalte. Dieses Instrument der Bundesbank ist sehr wirksam, weil es die Liquidität (= Flüssigkeit mit Geld) der Banken direkt beeinflußt.

Offenmarktpolitik: Die Bundesbank besitzt viele Wertpapiere. Durch Verkauf dieser Papiere in Millionen- oder Milliardenbeträge – am offenen Markt – erhält sie Geld von den Käufern und entzieht damit der Wirtschaft Geld. Es ist nicht mehr soviel Geld im Kreislauf, weil die Bundesbank es stillegt. Umgekehrt wird der Wirtschaft und dem Markt Geld zugeführt, wenn die Bundesbank große Beträge ausgibt, und ihrerseits Wertpapiere kauft. Sofern die Geldwertstabilität es zuläßt, kann die Bundesbank durch ihre Geldpolitik die Konjunktur günstig im Sinne einer antizyklischen Politik beeinflussen, das heißt entsprechend gegensteuern.

Konjunkturfördernde Maßnahmen = „Gas geben"	**Konjunkturdämpfende Maßnahmen** = „Bremsen"
● Diskontsatz senken, ● Lombardsatz senken, ● Mindestreservesatz senken, ● Wertpapiere kaufen (am offenen Markt).	● Diskontsatz erhöhen, ● Lombardsatz erhöhen, ● Mindestreservesatz erhöhen, ● Wertpapiere verkaufen (am offenen Markt).

Angestrebte Wirkungen der Offenmarktpolitik

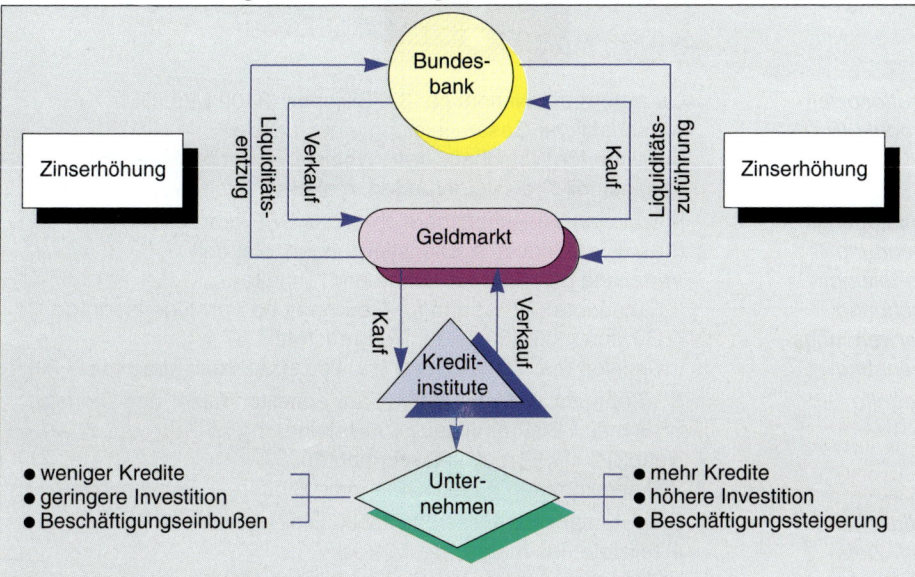

Bundes-
bank

Liquiditäts-
entzug

Verkauf

Kauf

Liquiditäts-
zuführung

Zinserhöhung

Zinserhöhung

Geldmarkt

Kauf

Verkauf

Kredit-
institute

Unter-
nehmen

- weniger Kredite
- geringere Investition
- Beschäftigungseinbußen

- mehr Kredite
- höhere Investition
- Beschäftigungssteigerung

?
1. *Wie wirkt ein Verkauf von Wertpapieren durch die Bundesbank?*
2. *Welche Folgen hat dies für Unternehmer und die Wirtschaft allgemein?*
3. *Beantworten Sie die Fragen 1 und 2 am Beispiel: Kauf von Wertpapieren.*

Der Diskontkredit

3.2/4

① Warenlieferung

③
Einreichung zum
Diskont

②
Zahlung mit
Wechsel-Akzept

Wechsel
= später fällige
Forderung

Kaufmann

Fabrik

Bank

Bezogener
– Schuldner –

Aussteller
– Kreditnehmer –

Indossatar
– Gläubiger –

④ Vergütung des Barwertes
Wechselsumme (abzügl. Diskont)

⑤ Vorlage des Wechsels am Verfalltag

⑥ Bezahlung des fälligen Wechsels
(Kreditrückzahlung)

?
1. *Verfolgen Sie den Weg eines normalen Wechselgeschäfts.*
2. *Hat die Diskontpolitik auf diesen Wechsel Einfluß? Welchen?*
3. *Wann und von wem könnte der Wechsel an die Bundesbank verkauft werden?*
4. *Welchen Einfluß hätte dann eine Diskonterhöhung kurz vorher?*

Bruttosozial-produkt (BSP)	Güterberg der Nation; ca. 3,4 Billionen (3400 Mrd. DM) wirtschaftliche Gesamtleistung eines Landes Maßstab für Wirtschaftskraft, Wohlstand, Lebensstandard nominal mit Preissteigerungen, real ohne Preissteigerungen
Entstehungs-rechnung	In welchen Wirtschaftsbereichen das BSP erarbeitet wurde (besonders Industrie, Dienstleistungen, Handel)
Verteilungs-rechnung	Verteilung des BSP für Löhne und Gehälter = Lohnquote (72 %) und für Gewinne und Vermögenserträge
Verwendungs-rechnung	= Gewinnquote (30 %) für Verbrauch (ca. 57 %), Investition (ca. 23 %), Staat (ca. 20 %), Außenbeitrag (ca. 1 %)
Begriffe	BSB nominal = Wert aller im Jahr erstellten Güter und Dienste BSB real = BSP nominal – Preissteigerung im Jahr NettoSP = BSP real – Abschreibung Volkseinkommen = NettoSP – indir. Steuern + Subventionen
Wirtschafts-pol. Ziele	Stabilitätsgesetz: Gesamtwirtschl. Gleichgewicht enthält die 4 Teilziele des magischen Vierecks
Magisches Viereck	Vollbeschäftigung (< = 2 % Arbeitslose); Geldwertstabilität (< = 2 % Preissteigerung); Außenwirtschaftliches Gleichgewicht (Export = Import; Ex > Im 2 %); Wirtschaftswachstum (stetig und angemessen ca. 3 %)
Zielkonflikte	zwischen Vollbeschäftigung und Geldwertstabilität zwischen Vollbeschäftigung und außenwirtsch. Gleichgewicht zwischen Geldwertstabilität und Wirtschaftswachstum
Zielharmonie	zwischen Vollbeschäftigung und Wirtschaftswachstum zwischen Geldwertstabilität und außenwirtsch. Gleichgewicht
Konjunktur	mittelfristiges Auf und Ab in der Wirtschaft
Konjunktur-verlauf (-zyklus)	Aufschwung/Expansion; Hochkonjunktur (Boom) Abschwung/Rezession; Tiefstand/Depression
Merkmale	Aufschwung: Zunahme: Produktion, Einkommen, Absatz Stimmung, Preis Abschwung: umgekehrt wie beim Aufschwung
Konjunktur-politik (antizyklisch)	im späten Aufschwung: Bremsen, dämpfend im späten Abschwung: Gas geben, belebend (= entgegen der momentanen Konjunkturlage)
Grenzen der Konjunktur-politik	Verbraucher, Unternehmer, Ausland verhalten sich anders Maßnahmen greifen zu spät, unzureichend Problem hohe Staatsschulden; bei Wahlkämpfen
Bundesbank	Hüterin der Währung, Geldwertstabilität höchstes Ziel
Instrumente der Geldpolitik	Diskontpolitik (legt Diskontsatz fest = Zins f. Wechsel), Mindest-reservepolitik (Satz für zinslose Spareinlagen)
Antizyklische Geldpolitik	Offenmarktpolitik (Kauf und Verkauf von Wertpapieren) Bremsen = Erhöhung von Diskont- und Lombardsatz, Erhöhung der Mindestreservesätze; Verkauf von Wertpapieren, Gas geben = Senkung von Diskont- und Lombardsatz, Senkung der Mindestreservesätze; Kauf von Wertpapieren

Fragen · Aufgaben · Fragen ·   ?   Fragen · Aufgaben · Fragen

Wissen

1 Was versteht man unter Sozialprodukt und wie hoch ist es etwa?
2 Unterscheiden Sie nominales und reales Bruttosozialprodukt (= BSP).
3 In welchen 3 Bereichen wird das BSP hauptsächlich erarbeitet? Geben Sie auch etwa die Prozentzahlen an.
4 Wie hoch ist in Deutschland etwa die Lohn- und wie hoch die Gewinnquote?
5 Unterscheiden Sie BSP – NettoSP – Volkseinkommen.
6 Untersuchen Sie den Außenbeitrag des BSP für 1976 und 1995. Was stellen Sie fest? Was können Sie daraus folgern?
7 Nennen Sie die 4 Ziele des Stabilitätsgesetzes (Mag. Viereck).
8 Welche Folgen hat eine Vollbeschäftigung auf die Preisstabilität und umgekehrt?
9 Warum sollte in Deutschland gelten Export>Import? Was bedeutet das für unsere Partner im Ausland?
10 Wie läßt sich das Wirtschaftswachstum ermitteln?
11 Begründen Sie, warum das „magische Viereck" erweitert werden muß.
12 Beschreiben Sie einen typischen Konjunkturverlauf (4 Phasen).
13 Nennen Sie Folgen einer Konjunkturüberhitzung und die einer schlimmen Depression.
14 Wie kann der Staat als Konjunkturpolitik „Bremsen" und wie „Gas geben"?
15 Nennen Sie die wichtigste Aufgabe der Deutschen Bundesbank.
16 Was sind: Diskontsatz, Lombardsatz, Mindestreserven?
17 Welche Auswirkungen haben: Senkung der Mindestreserven, Erhöhung des Diskontsatzes, Kauf von Wertpapieren?

Erkennen und Werten

1 Stimmt es, daß Höhe und Wachstum des BSP von den Produktionsfaktoren abhängig ist? Begründen Sie Ihre Entscheidung.
2 Inwiefern ist das BSP der Wohlstandsmesser der Nation, welche Abstriche muß man an dieser Aussage machen?
3 Fertigen Sie aus den Zahlen der Entstehungsrechnung für 1976 und 1995 je ein Balkenschema an. Welche Darstellung ist besser?
4 Welcher Zusammenhang besteht zwischen Wachstum des BSP und einer lebenswerten Umwelt?
5 Was ist wichtiger: Vollbeschäftigung oder Preisstabilität?
6 Welche Folgen hätte eine starke Erhöhung der Lohnquote zu Lasten der Gewinnquote für die Investition?
7 Beschreiben Sie den Zielkonflikt Ökologie–Ökonomie. Wie würden Sie das Problem lösen? Muß es immer zum Konflikt beider kommen?
8 Was bedeutet Krise/Depression für Arbeitnehmer und Arbeitgeber?
9 Warum sollte die Wirtschaftspolitik Konjunkturschwankungen auszugleichen versuchen?
10 Was hat der „Aufbau Ost" mit Konjunkturpolitik zu tun?
11 Sollte die Bundesbank die Bundesregierung bei ihrer Konjunkturpolitik unterstützen?
12 Erschwert oder erleichtert das Zustandekommen der Europäischen Union die Konjunktur- und Geldpolitik? Begründen Sie Ihre Meinung.

IX. Sozialversicherungen, Individualversicherungen

1 Geschichtliche Entwicklung und Bedeutung von Versicherungen

Im 19. Jahrhundert unterlag das wirtschaftliche und gesellschaftliche System in Deutschland einem radikalen Wandel. Mit der Industriellen Revolution wuchs die Zahl der Fabrikarbeiter rapide an. Schlechte Entlohnung, lange Arbeitszeiten, Gefahr von Krankheit und Arbeitslosigkeit bedeuteten für den Arbeiter und seine Familie meist Armut, Elend und Unsicherheit. Die daraus resultierenden Spannungen führten dazu, daß der Staat erkannte, daß die Soziale Frage nur durch ein System sozialer Absicherung gemildert werden konnte. 1881 verkündete Kaiser Wilhelm I. in seiner Botschaft an den Reichstag (= kaiserliche Botschaft) die Vorbereitung eines umfassenden Gesetzeswerkes zum Schutz der Arbeiter.

> „Geben Sie dem Arbeiter das Recht auf Arbeit, solange er gesund ist! Sichern Sie ihm Pflege, wenn er krank ist! Sichern Sie ihm Versorgung, wenn er alt ist! Für diese Vorsorge die rechten Mittel und Wege zu finden, ist eine schwierige, aber auch eine der höchsten Aufgaben jeden Gemeinwesens, welches auf den sittlichen Fundamenten des christlichen Volkslebens steht."

Das System unserer sozialen Sicherung geht somit auf die unter Reichskanzler Bismarck verkündete Sozialgesetzgebung am Ende des 19. Jahrhunderts zurück.

- 1883 Krankenversicherung
- 1884 Unfallversicherung
- 1889 Invaliditäts– und Altersversicherung
- 1911 Zusammenfassung der Sozialgesetze in der Reichsversicherungsordnung und die Einbeziehung der Angestellten
- 1927 Arbeitslosenversicherung

Die Bedeutung der Sozialversicherungen hat sich im Laufe der Jahrzehnte im wesentlichen nicht geändert, obwohl ihre Aufgaben vielfältiger wurden. Auch ihre Leistungen wurden verbessert.

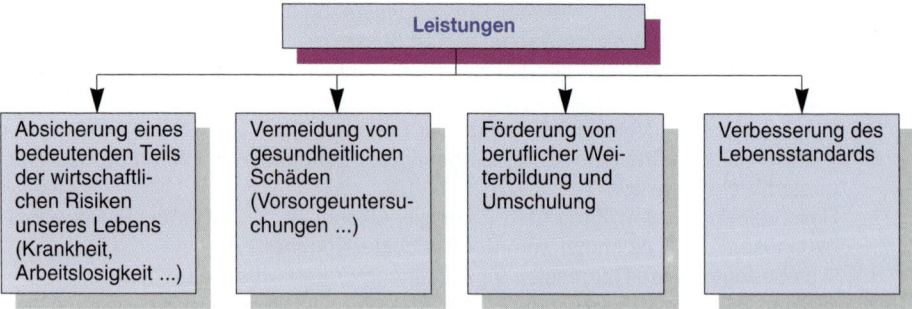

Jedoch kann es nicht so sein, daß der Staat alle Risiken des Lebens abdeckt. Der Bürger muß und wird stärker in seiner Eigenverantwortung gefordert sein. Hierbei geschieht die Absicherung je nach individuellen Bedürfnissen und finanziellen Möglichkeiten durch sogenannte Individualversicherungen.

„Man sieht in Manchester ... auch eine große Anzahl Verstümmelter umhergehen; dem einen fehlt der ganze oder halbe Arm, dem anderen der Fuß, dem dritten das halbe Bein; man glaubt unter einer Armee zu leben, die eben aus dem Feldzuge zurückkommt." ... „Die Fabrikanten bezahlen bei solchen Unglücken, sie mögen arbeitsunfähig machen oder nicht, höchstens den Arzt, und wenn es sehr hoch kommt, den Lohn während der Dauer der Kur – wohin der Arbeiter später gerät, wenn er nicht arbeiten kann, ist ihnen gleichgültig."

„Eine andere Ursache körperlicher Übel liegt für die arbeitende Klasse in der Unmöglichkeit, sich in Krankheitsfällen den Beistand geschickter Ärzte zu verschaffen." ... „Die englischen Ärzte rechnen hohe Gebühren, und die Arbeiter sind nicht imstande, diese zu bezahlen. Sie können also entweder gar nichts tun, oder sie sind gezwungen, wohlfeile Quacksalber und Quackarzneien zu gebrauchen, mit denen sie sich auf die Dauer mehr schaden als nützen."

Aus: Friedrich Engels, Die Lage der arbeitenden Klasse in England, 1845

1. Beschreiben Sie kurz die Situation der Arbeiter im 19. Jh.
2. Ist eine solche Situation in der heutigen Bundesrepublik Deutschland denkbar? Begründen Sie Ihre Antwort.

Der Weg zum sozialen Staat
Wichtige Wegmarken der gesetzlichen Sozialversicherung in Deutschland

1881 „Kaiserliche Botschaft" Beginn der Arbeit an Sozialgesetzen

1883 Krankenversicherung für Arbeiter

1884 Unfallversicherung

1889 Alters- u. Invalidenversicherung für Arbeiter

1911 Rentenversicherung für Angestellte

1933 Abschaffung der Selbstverwaltung

1927 Arbeitslosenversicherung

1951 Wiedereinführung der Selbstverwaltung

1957 Rentenreform „Dynamische Rente"

1970 Lohnfortzahlung bei Krankheit auch für Arbeiter

1981 Reformbedarf für die 80er Jahre

G 4074

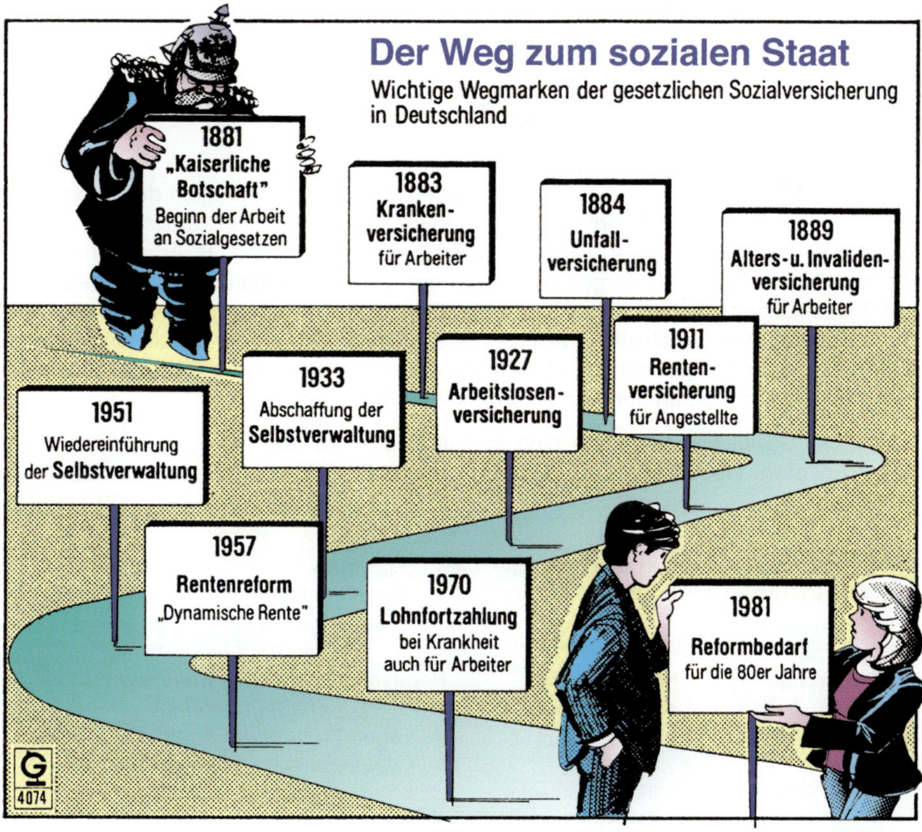

1. Beschreiben Sie kurz mit Hilfe der wichtigsten Wegmarken der gesetzlichen Sozialversicherung die Bedeutung der Sozialversicherung.
2. Welche „Wegmarken" müßten Ihrer Meinung nach noch ergänzt werden?

Grundsätzlich läßt sich das bestehende System der sozialen Sicherung in der Bundesrepublik Deutschland auf drei Gestaltungsprinzipien zurückführen: das **Versicherungs-**, das **Versorgungs-** und das **Fürsorgeprinzip**.

Das **Versicherungsprinzip**, in dessen Mittelpunkt die solidarische Selbsthilfe der Versicherten steht, handelt nach dem Motto: „Einer für alle, alle für einen". Das Prinzip beruht darauf, daß Menschen, die bestimmten Risiken ausgesetzt sind, sich zusammenschließen, um die möglichen Schadensfolgen für den einzelnen zu begrenzen und die Last auf viele Schultern zu verteilen (z. B. Sozialversicherungen).

Für das **Versorgungsprinzip** ist die Solidarität der staatlichen Gemeinschaft die Grundlage, denn die Versorgungsleistungen, die der Staat erbringt, werden aus Steuermitteln finanziert. Die Versorgung ist eine Entschädigung der Gesellschaft für diejenigen, die der Allgemeinheit besondere Dienste leisteten oder die besondere Opfer auf sich nahmen (z. B. Kriegsopfer).

Das **Fürsorgeprinzip** kommt vor allem dort zur Geltung, wo die anderen Prinzipien und Einrichtungen des sozialen Sicherungssystems vor individuellen Notsituationen versagen. Anspruch besteht also nur bei Bedürftigkeit; sie ist von Vorleistungen abhängig und wird ganz aus staatlichen Mitteln finanziert (z. B. Sozialhilfe).

2 Sozialversicherungen

Sich gegen Notfälle zu versichern, ist gewiß eine vernünftige Überlegung. Und doch gibt es viele Menschen, die sich freiwillig nicht gegen die häufigsten Risiken des Lebens wie Krankheit, Unfall, Arbeitslosigkeit, Plegebedürftigkeit oder Alter absichern würden. Deshalb verpflichtet der Staat bestimmte Bevölkerungsgruppen (z. B. Arbeitnehmer) zur Mitgliedschaft in der Solidargemeinschaft[1] der Sozialversicherungen. Mitgliedschaft, Beitragszahlungen und Leistungen sind weitgehend gesetzlich geregelt. Die Beiträge werden in Prozent des Bruttoeinkommens erhoben, gleichgültig ob der Versicherte Arbeiter, Angestellter oder Auszubildender, ob er verheiratet oder ledig ist. So erfolgt ein Ausgleich zwischen sozial stärkeren und sozial schwächeren Mitgliedern.

Träger der Sozialversicherungen sind im Gegensatz zu den Individualversicherungen keine privaten Gesellschaften, sondern öffentlich-rechtliche Körperschaften oder Anstalten.

Träger

Rentenversicherung	Kranken-/Pflegeversicherung	Unfallversicherung	Arbeitslosenversicherung
Versicherungsanstalten ● Landesversicherungsanstalten (LVA) ● Bundesversicherungsanstalt für Angestellte (BfA) ● landwirtschaftliche Alterskassen	**Krankenkassen** ● Ortskrankenkassen ● Betriebskrankenkassen ● Innungskrankenkassen ● Ersatzkassen ● landwirtschaftliche Krankenkassen	**Berufsgenossenschaften** ● gewerblich ● landwirtschaftlich Gemeindeunfallversicherungsverbände	**Bundesanstalt für Arbeit** ● Landesarbeitsämter ● Arbeitsämter

---

[1] Solidargemeinschaft = Zusammengehörigkeitsgefühl, Gemeinsinn einer Gemeinschaft

Grundprinzipien sozialer Sicherung

	Versicherungsprinzip	Versorgungsprinzip	Fürsorgeprinzip
Sicherungs-voraussetzung	Mitgliedschaft in Versicherung	speziell eingeräumter Rechtsanspruch	individuelle Notlage
Leistungsanspruch	bei Eintritt Versicherungsfall	bei Vorliegen gesetzlich bestimmter Merkmale	bei Bedürftigkeit
Leistungshöhe	standardisiert nach Art des Versicherungsfalls	standardisiert nach Art des Versorgungsfalls	individualisiert nach Art und Umfang der Bedürftigkeit
Gegenleistung	ja, Versicherungsbeiträge	ja, nichtfinanzielle Sonderopfer (-leistungen) für Gemeinschaft	nein
Bedürftigkeitsprüfung	nein	nein	ja
Gliederung wichtiger Sicherungszweige nach dem überwiegenden Grundprinzip	Sozialversicherung ● gesetzliche Rentenver-sicherung ● gesetzliche Kranken-versicherung ● gesetzliche Unfallversi-cherung ● Arbeitslosenversiche-rung (Arbeitslosengeld)	● Kriegsopferversorgung ● soziale Entschädigung bei Impfschäden ● Beamtenversorgung ● Kindergeld (ohne Ein-kommensgrenzen)*	● Sozialhilfe ● Jugendhilfe ● Resozialisierung ● Wohngeld ● Kindergeld (bei Ein-kommensgrenzen)*

*) nur mit Einschränkungen klassifizierbar
Quelle: Informationen zur politischen Bildung, „Der Sozialstaat", Nr. 215

1. Beschreiben Sie die Grundprinzipien der sozialen Sicherung.
2. Welches der drei Prinzipien ist Ihrer Meinung nach im System der sozialen Sicherheit der Bundesrepublik Deutschland am wichtigsten? Begründen Sie Ihre Antwort.

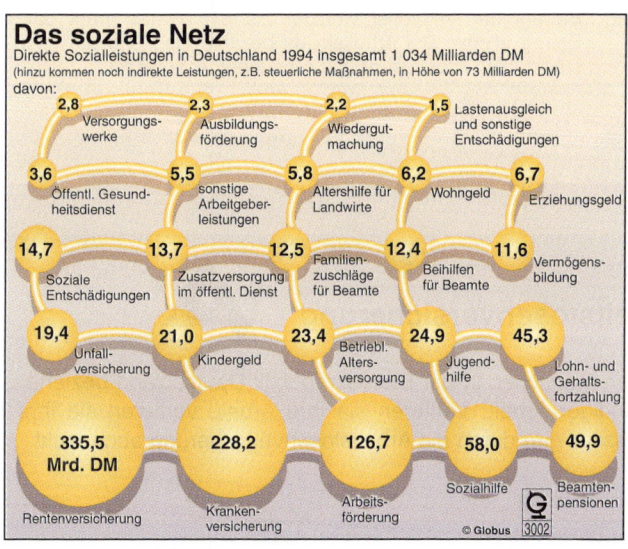

2/1

1. Ordnen Sie einzelnen Aspekte des soziales Netzes den Grundprinzipien der sozialen Sicherung zu.
2. Wie hoch sind die Ausgaben der gesetzlichen Sozialversicherung am Gesamtvolumen der Sozialausgaben?

2.1 Krankenversicherung

Die gesetzliche Krankenversicherung ist eine der wichtigsten Zweige der Sozialversicherungen. Sie hat die Aufgabe, vor allem dafür zu sorgen, die Gesundheit des Versicherten zu erhalten, wiederherzustellen oder zu bessern. Fast 90 % der Bevölkerung der Bundesrepublik Deutschland gehören der gesetzlichen Krankenversicherung an. Man unterscheidet folgende Arten der Versicherung:

● Pflichtversichert sind alle Arbeitnehmer und Auszubildenden, deren Bruttogehalt 75 % der Beitragsbemessungsgrenze in der Rentenversicherung nicht übersteigt. Die gesetzlich festgelegte Beitragsbemessungsgrenze ist das Einkommen, aus dem der jeweilige Höchstbetrag bzw. Pflichtversicherungsgrenze abgeleitet wird. Diese wird jährlich neu festgelegt (1996: 5100,00 DM).

● Freiwillig versichern können sich Arbeitnehmer, deren Bruttoeinkommen die Beitragsbemessungsgrenze überschreitet, Beamte und Selbständige.

● Familienversichert sind unterhaltsberechtigte Familienangehörige des Versicherten; d.h. sie sind ohne zusätzliche Beitragszahlungen mitversichert.

Krankenversicherung

Versicherte	Alle Arbeiter und Angestellte bis zu einem Bruttoverdienst von 75 % der Beitragsbemessungsgrenze, Studenten, Praktikanten, Auszubildende, Arbeitslose
Leistungen	Gesundheitsvorsorge, Maßnahmen zur Früherkennung von Krankheiten, Krankheitshilfe, (z.B. Krankengeld, Krankenhauspflege, Arzt, Medikamente), Mutterschaftshilfe, Sterbegeld
Beitragshöhe	Ca. 9 – 14 % des Arbeitsentgelts, maximal von 75 % der Beitragsbemessungsgrenze
Beitragszahlung	Beträgt der Verdienst weniger als 610,00 DM trägt der Arbeitgeber den Betrag alleine. Bei Arbeitslosen bezahlt das Arbeitsamt den Beitrag. Ansonsten zahlen Arbeitgeber und Arbeitnehmer je 50 %.

2.2 Arbeitslosenversicherung

Ca. 30 Millionen Menschen in der Bundesrepublik Deutschland beziehen ihr Einkommen aus unselbständiger Arbeit. Verlieren sie ihre Arbeit, verlieren sie ihre Existenzgrundlage. Dieses Risiko wird durch die Arbeitslosenversicherung abgedeckt.

Arbeitslosenversicherung

Versicherte	Alle Arbeiter und Angestellte, Auszubildende
Leistungen	Berufsberatung, Maßnahmen zur Arbeits- und Berufsförderung, Arbeitsvermittlung, Arbeitslosengeld, Arbeitslosenhilfe, Kurzarbeitergeld, Schlechtwettergeld, Konkursausfallgeld
Beitragshöhe	6,5 % des Arbeitsentgeltes, maximal von der Beitragsbemessungsgrenze
Beitragszahlung	Arbeitgeber und Arbeitnehmer zahlen je 50 %

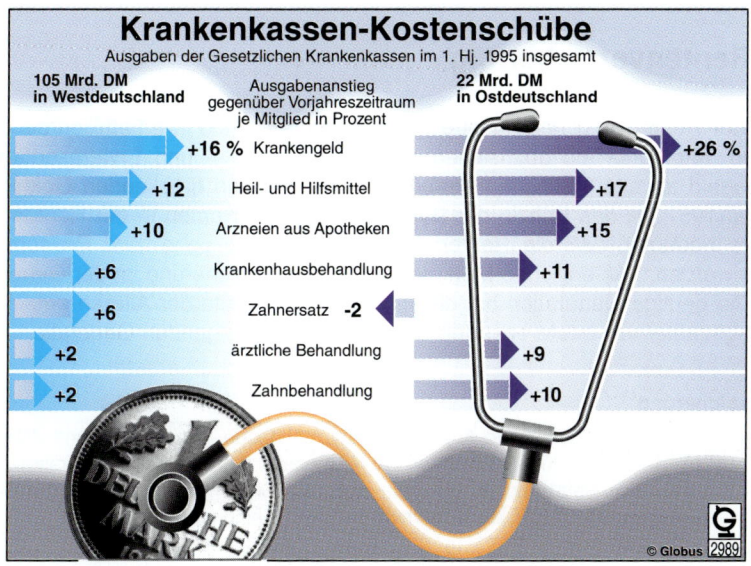

Krankenkassen-Kostenschübe
Ausgaben der Gesetzlichen Krankenkassen im 1. Hj. 1995 insgesamt

105 Mrd. DM in Westdeutschland — Ausgabenanstieg gegenüber Vorjahreszeitraum je Mitglied in Prozent — **22 Mrd. DM in Ostdeutschland**

Westdeutschland		Ostdeutschland
+16 %	Krankengeld	+26 %
+12	Heil- und Hilfsmittel	+17
+10	Arzneien aus Apotheken	+15
+6	Krankenhausbehandlung	+11
+6	Zahnersatz	-2
+2	ärztliche Behandlung	+9
+2	Zahnbehandlung	+10

© Globus 2989

1. Beschreiben Sie mit Hilfe der o.a. Daten die Probleme der gesetzlichen Krankenversicherung.
2. Wo könnte Ihrer Meinung nach bei den Ausgaben der Krankenkassen gespart werden?

Arbeitslosengeld	Arbeitslosenhilfe
Anspruch hat, wer	Anspruch hat, wer
• arbeitslos ist • der Arbeitsvermittlung zur Verfügung steht • innerhalb der letzten drei Jahre mindestens ein Jahr Beiträge gezahlt hat • sich arbeitslos gemeldet hat • Arbeitslosengeld beantragt hat	• arbeitslos ist • der Arbeitsvermittlung zur Verfügung steht • sich beim Arbeitsamt arbeitslos gemeldet hat • Arbeitslosenhilfe beantragt hat • bedürftig ist
Höhe und Dauer der Leistungen	Höhe und Dauer der Leistungen
• 67 Prozent des letzten Nettolohnes für Arbeitnehmer mit Kindern • 60 Prozent für alle übrigen Arbeitnehmer • 156 bis 312 Tage (je nach Beitragsdauer), bei Älteren auch länger	• 57 Prozent des letzten Nettolohnes für Arbeitnehmer mit Kindern • 53 Prozent für alle übrigen Arbeitnehmer • solange bedürftig

1. Beschreiben Sie den Unterschied zwischen Arbeitslosengeld und Arbeitslosenhilfe.
2. Nehmen wir einmal an, Sie würden nach Ihrer Ausbildung arbeitslos werden. Steht Ihnen dann Arbeitslosengeld oder Arbeitslosenhilfe zu? Begründen Sie Ihre Antwort.

2.3 Rentenversicherung

Aufgabe der Rentenversicherung ist es, die Versicherten und ihre Familien bei Erwerbsminderung, Alter und Tod abzusichern. Renten an Berufs- und Erwerbsunfähige und Altersruhegeld an alte Menschen ermöglichen es, frei von drückenden Geldsorgen zu leben. Seit 1957 gilt das Prinzip der Dynamisierung der Renten in der Rentenversicherung. Dies bedeutet, daß die Renten regelmäßig an die Lohn- und Preisentwicklung angepaßt werden. Wesentliches Merkmal der Rentenversicherung ist der Generationenvertrag: Die heutige Generation hat die Pflicht, für die Rente der Älteren aufzukommen. Die Beitragszahler von heute erwarten dasselbe von der folgenden Generation.

Rentenversicherung

Versicherte	Alle Arbeiter und Angestellte, Auszubildende, Wehrdienst- und Zivildienstleistende, Mütter und Väter während des Erziehungsurlaubes. Freiwillig können sich Selbständige, die nicht pflichtversichert sind (z.B. Ärzte, Kaufleute ...), und Personen, die nicht mehr berufstätig sind (z.B. Hausfrauen) versichern.
Leistungen	Altersrenten, Erwerbs- und Berufsunfähigkeitsrenten, Hinterbliebenenrenten, Rehabilitationsmaßnahmen (Erhaltung, Besserung und Wiederherstellung der Erwerbsfähigkeit)
Beitragshöhe	19,2 % des Arbeitsentgeltes, maximal von der Beitragsbemessungsgrenze (1996 = 6800,00 DM)
Beitragszahlung	Arbeitgeber und Arbeitnehmer zahlen je 50 %

2.4 Unfallversicherung

Bei Unfällen im privaten Bereich, z. B. Haus- oder Freizeitunfällen, ist der Betroffene durch die Krankenversicherung geschützt. Ereignet sich ein Unfall am Arbeitsplatz oder im Zusammenhang mit der Berufstätigkeit, so ist die gesetzliche Unfallversicherung zuständig. Eine wesentliche Aufgabe der Unfallversicherung besteht deshalb auch darin, Arbeitsunfälle zu verhindern.

Unfallversicherung

Versicherte	Alle Arbeiter und Angestellte, Auszubildende, bestimmte Personengruppen (z.B. Schüler in der Schule)
Leistungen	Übernahme der Kosten, die durch Arbeits- und Wegeunfälle sowie Berufskrankheiten entstehen (Heilbehandlungen, Rente, Sterbegeld, Rehabilitation ...), Unfallverhütung
Beitragshöhe	Die Höhe richtet sich nach dem Entgelt der Versicherten und nach dem Grad der betrieblichen Unfallgefahr.
Beitragszahlung	Arbeitgeber bezahlen den Betrag zu 100 %.

2.3/1

1. Erläutern Sie, was man unter dem Generationenvertrag versteht.
2. Welches Problem wird in o.a. Karikatur angesprochen?

2.4/1

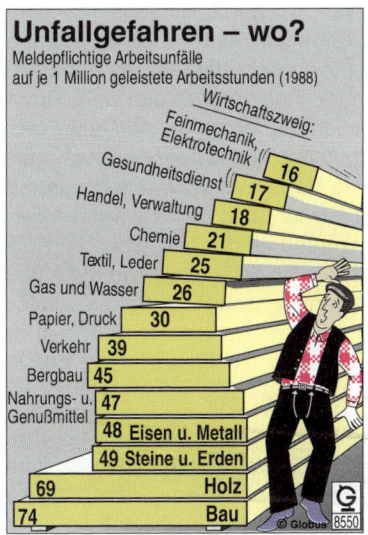

Unfallgefahren – wo?
Meldepflichtige Arbeitsunfälle
auf je 1 Million geleistete Arbeitsstunden (1988)

Wirtschaftszweig:

Wirtschaftszweig	Wert
Feinmechanik, Elektrotechnik	16
Gesundheitsdienst	17
Handel, Verwaltung	18
Chemie	21
Textil, Leder	25
Gas und Wasser	26
Papier, Druck	30
Verkehr	39
Bergbau	45
Nahrungs- u. Genußmittel	47
Eisen u. Metall	48
Steine u. Erden	49
Holz	69
Bau	74

© Globus 8550

1. Worauf führen Sie die unterschiedlichen Unfallgefahren der einzelnen Wirtschaftszweige zurück?
2. Beschreiben Sie aus Ihrem „Wirtschaftszweig" mit Hilfe eines konkreten Beispiels (= Arbeitsunfall), welche Leistungen die Unfallversicherung gewährt.

2.5 Pflegeversicherung

Die 1995 eingeführte Pflegeversicherung schließt eine große Lücke im sozialen Netz. Sie befreit die Pflegebedürftigen und ihre Angehörigen i.d.R. von der quälenden Sorge, daß die Pflegekosten die Familie überfordern. Jeder Pflegebedürftige hat nunmehr Anspruch auf die für ihn notwendigen Leistungen für **häusliche Pflege** – gestaffelt nach dem Grad der Pflegebedürftigkeit – und für **stationäre Pflege** (seit 1. Juli 1996).

Die Pflegeversicherung wird grundsätzlich je zur Hälfte durch **Beiträge der Arbeitgeber und Arbeitnehmer finanziert**. Der Pflichtbeitrag betrug zunächst 1 Prozent vom Bruttoentgelt (max. 28,50 DM) und seit 1. Juli 1996 1,7 % (max. 48,45 DM). Da die Pflegeversicherung unter dem Dach der gesetzlichen Krankenversicherung steht, gelten in Zukunft die dort festgelegten Beitragsbemessungsgrenzen. Zum Ausgleich der Belastungen der Arbeitgeber wurde zunächst ein Feiertag gestrichen. In Sachsen, wo kein Feiertag gestrichen wird, zahlen die Arbeitnehmer den Gesamtbetrag. Wegen der Einführung der 2. Stufe (= stationäre Pflege im Juli 1996) wird noch geklärt, ob ein 2. Feiertag zur Kostendeckung abgeschafft werden muß.

2.6 Probleme der sozialen Sicherung

Eines der entscheidenden Probleme im Rahmen der sozialen Sicherung ist die Kostenexplosion. Die Kosten für Medikamente, stationäre Heilbehandlung sind in letzten Jahren so enorm gestiegen, daß diese nur durch Beitragserhöhung und Kostenbeteiligung der Versicherten (z. B. bei Medikamenten) auf der einen Seite, aber auch durch Kosteneinsparungen (z. B. Festpreise für Arzneimittel) auf der anderen Seite einigermaßen ausgeglichen werden können. Immer mehr Arbeitslose und Kurzarbeiter verursachen immer höhere Kosten. Hinzu kommt, daß aufgrund der schnellen technischen Weiterentwicklung verstärkt Fortbildungs- und Umschulungsmaßnahmen gefördert werden. Vor einem besonderen Problem steht die Rentenversicherung. In dem sogenannten Generationenvertrag zahlen die Jüngeren für die Alten, d. h., wer im Arbeitsleben steht, sorgt mit seinen Beiträgen für den Lebensunterhalt der Menschen im Ruhestand. In den nächsten 50 Jahren wird sich in der Bundesrepublik Deutschland die Altersstruktur drastisch verschieben. Der Anteil der berufstätigen Menschen an der Gesamtbevölkerung wird abnehmen, der Anteil der Rentner wird zunehmen. Somit ist der seit Jahrzehnten funktionierende Generationenvertrag in Gefahr, und die Finanzierung der Rente nach dem Jahr 2000 scheint gefährdet.

Die Sozialversicherungen befinden sich zur Zeit in einer schwierigen Lage. Damit scheint auch die soziale Sicherheit in der Bundesrepublik Deutschland gefährdet. Zwar bestimmt das Grundgesetz, daß die Bundesrepublik ein Sozialstaat ist; wie die soziale Sicherheit geregelt wird, bleibt jedoch offen. Es wird in Zukunft so sein, daß es nicht Aufgabe des Staates sein kann, alle Risiken des Lebens umfassend abzudecken. Er wird weiterhin in Form der gesetzlich geregelten sozialen Sicherung die wesentlichsten und wichtigsten Aspekte berücksichtigen, darüber hinaus aber wird und muß der Bürger stärker in seiner Eigenverantwortung gefordert sein. Hierbei geschieht die Absicherung je nach individuellen Bedürfnissen und finanziellen Möglichkeiten durch sogenannte Individualversicherungen (vgl. Kap. V/4).

Die Pflegeversicherung

Die wichtigsten Punkte des Pflege-Kompromisses

Betroffene:
Mitglieder (auch freiwillige) der Gesetzlichen Krankenversicherung (GKV), ihre nichtberufstätigen Ehepartner und Kinder in der *sozialen Pflegeversicherung.* Privatversicherte und Beamte in einer *privaten Pflegeversicherung.*

Finanzierung:
Beitragssatz ab 1.1.1995: 1 %
(ab 1.7.1996: 1,7 %) des monatlichen Bruttoeinkommens höchstens bis zur Beitragsbemessungsgrenze der GKV. Arbeitnehmer und Arbeitgeber zahlen je die Hälfte. Finanzielle Entlastung der Arbeitgeber: Streichung eines Feiertages durch die Länder.
Streicht ein Land keinen Feiertag, müssen die Arbeitnehmer den Beitrag voll übernehmen.

Leistungen je nach Pflegebedürftigkeit:
Bei häuslicher Pflege: Monatliches Pflegegeld von 400 DM bis 1 300 DM
oder
Monatliche Sachleistungen im Wert von bis zu 2 800 DM (für besondere Härtefälle bis zu 3 750 DM).

Häusliche Pflegekräfte sind in die Renten- und Unfallversicherung einbezogen.

Bei stationärer Pflege:
Erstattung der Pflegekosten von durchschnittlich 2 500 DM im Monat (maximal 2 800 DM; für besondere Härtefälle bis zu 3 300 DM).
Kosten für Unterkunft und Verpflegung trägt der Versicherte.

Stufenweise Verwirklichung:
Ab 1.4.1995: zunächst häusliche Pflege, Beitragssatz 1 %.
Ab 1.7.1996: auch stationäre Pflege, Beitragssatz dann 1,7 %.

© Globus 1815

1. Welche Altersgruppe hat ein besonders hohes Pflegerisiko?
2. Nenne Sie 2 Beispiele, wie Sie in Ihrem Alter pflegebedürftig werden können.
3. Begründen Sie die unterschiedlichen Sätze bei häuslicher Pflege und bei stationärer Pflege.
4. Wer bezahlt die Beiträge? Warum muß man Feiertage streichen?

2.6/1

Die sozialen Milliarden
Sozialleistungen (ab 1990 Gesamtdeutschland)

	1970	1975	1980	1985	1990	1994
in Mrd. DM	179	348	480	578	743	1 106
in % des Bruttosozialprodukts %	26,5	33,9	32,5	31,5	29,2	33,6

© Globus 2949

1. Beschreiben Sie mit Hilfe der o. a. Schaubilder und Tabellen die Hauptprobleme der sozialen Sicherung in der Bundesrepublik Deutschland.
2. Welche Lösungen werden für diese Probleme zur Zeit diskutiert? Nehmen Sie Stellung dazu.

3   Sozialgerichtsbarkeit

Die Sozialgerichte sind zuständig bei Streitigkeiten zwischen Versicherten und Trägern der Sozialversicherungen und in anderen Bereich des Sozialsystems wie z.B. Kriegsopferversorgung und Kindergeld.

Die Sozialgerichtsbarkeit gliedert sich in folgende Instanzen:

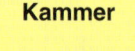

Kammer

Sozialgericht (1. Instanz)

Diese sind nach Fachkammern gegliedert, die mit einem Berufsrichter und zwei ehrenamtlichen Richtern besetzt sind. Insgesamt gibt es in der Bundesrepublik Deutschland 50 Sozialgerichte.

Senat

Landessozialgericht (Berufungsinstanz)

Diese sind nach Fachsenaten gegliedert, die mit drei Berufsrichtern und zwei ehrenamtlichen Richtern besetzt sind. Insgesamt gibt es in der Bundesrepublik 16 Landessozialgerichte

Senat

Bundessozialgericht (Revisionsverfahren)

Diese ist nach Fachsenaten gegliedert, die mit drei Berufsrichtern und zwei ehrenamtlichen Richtern besetzt sind. Außerdem gibt es noch einen Großen Senat, der mit einem Präsidenten, 6 weiteren Berufsrichtern und 4 ehrenamtlichen Richtern besetzt ist.

Die Verfahren vor den Sozialgerichten sind grundsätzlich kostenfrei. Vor den Sozial- und Landessozialgerichten besteht kein Anwaltszwang. Nur beim Bundessozialgericht (Sitz in Kassel) muß man sich durch einen Anwalt oder Prozeßbevollmächtigten vertreten lassen.

Die Sozialgerichte sind in **Kammern** oder **Senate** untergliedert. Diese werden für die unterschiedlichen Fachbereiche geschaffen (z.B. Sozialversicherung, Arbeitslosenversicherung usw.). Dabei ist von Bedeutung, daß in diesen je ein Laienrichter aus dem Kreis der Versicherten (Arbeitnehmer) und der Arbeitgeber kommt. Der **Große Senat** des Bundessozialgerichtes entscheidet in Rechtsfragen, in der ein Senat von der Entscheidung eines anderen Senats oder des Großen Senats abweichen will. Ebenso kann ein Senat in einer Frage von grundsätzlicher Bedeutung die Entscheidung des Großen Senats herbeiführen, wenn dies nach seiner Auffassung zur Sicherung einer einheitlichen Rechtsprechung erforderlich ist.

Verlauf (Instanzenweg)
eines Verfahrens vor den Sozialgerichten

Unstimmigkeiten zwischen Versichertem und Träger der Sozialversicherung

Ablehnender Bescheid des Sozialversicherungsträgers

Widerspruch des Betroffenen beim Sozialversicherungsträger

Widerspruch bleibt **ohne Erfolg**

Klage vor dem Sozialgericht (1. Instanz)

Entscheidung über die Klage mit einem Urteil

Evtl. **Berufung** gegen das Urteil beim **Landessozialgericht**

Entscheidung über Berufung

Evtl. **Revision beim Bundessozialgericht**

Endgültige Entscheidung

1. *Ihre Krankenversicherung will die Kosten einer Behandlung nicht übernehmen. Schildern Sie mit Hilfe des o.a. Schaubildes die Möglichkeiten einer Klage.*
2. *Von wem lassen Sie sich bei den einzelnen Gerichten vertreten?*
3. *Welche Kosten des Verfahrens kommen auf Sie zu?*

4 Individualversicherungen

Generell richtet sich der Risikoschutz dieser Versicherungen nach dem jeweiligen Bedürfnis. Anders als bei den gesetzlichen Sozialversicherungen, die für alle mehr oder weniger gleich sind, hat der einzelne beim Abschluß einer Individualversicherung einen großen Spielraum. Umfang und Art der Versicherung, Beiträge usw. werden den persönlichen Bedürfnissen angepaßt. Grundsätzlich gibt es hier zwei Versicherungsbereiche:

Personenversicherung	Schadenversicherung
● Lebensversicherung	● Kraftfahrtversicherung
● Private Krankenversicherung	● Feuerversicherung
● Private Unfallversicherung	● Hausratversicherung
● Berufsunfähigkeits-Versicherung	● Haftpflichtversicherung

4.1 Versicherungsarten

4.1.1 Lebensversicherung

Die Aufgabe der Lebensversicherung besteht – ähnlich der gesetzlichen Rentenversicherung – in der Alters- und Hinterbliebenenversorgung. Da ungefähr 86 % der Bevölkerung durch die gesetzliche Rentenversicherung geschützt sind, hat sich die private Lebensversicherung mehr und mehr zu einer „Zusatzversorgung" entwickelt.

Man unterscheidet zwei Arten:

a) Risiko-Lebensversicherung
Sie dient ausschließlich der Vorsorge gegen das finanzielle Risiko eines vorzeitigen Todesfalles. Bei Tod des Versicherten erhalten die Hinterbliebenen auf jeden Fall die volle Versicherungssumme, auch wenn der Vertrag erst kurze Zeit vorher abgeschlossen wurde.

b) die kapitalbildende Lebensversicherung
Hier wird die Versicherung auf den „Todes- und Erlebensfall" abgeschlossen. Das heißt, daß einmal bei vorzeitigem Tod des Versicherten die Hinterbliebenen die Versicherungssumme erhalten, zum anderen aber dem Versicherten selbst die vereinbarte Versicherungssumme bei Erreichen eines bestimmten, im Vertrag festgelegten Alters ausgezahlt wird. Es ist sehr genau auf die Seriosität der Versicherungsanstalt bei dieser Art von Versicherungen zu achten.

4.1.2 Private Krankenversicherung

Die private Krankenversicherung kann als Krankheitskosten- oder Vollversicherung oder als Zusatzversicherung zur gesetzlichen Krankenversicherung abgeschlossen werden. Der erste Fall gilt für alle Arbeitnehmern, die einen bestimmten Monatsverdienst (1996 = 5100,00 DM brutto) überschreiten sowie für Freiberufler, Beamte und Selbständige. Bei der Zusatzversicherung kann der ergänzende Schutz vom Ein- oder Zweibettzimmer über die Behandlung durch den Chefarzt bis zum Krankenhaustagegeld reichen.

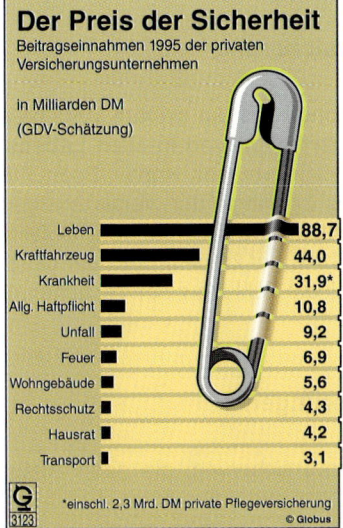

Der Preis der Sicherheit

Beitragseinnahmen 1995 der privaten
Versicherungsunternehmen

in Milliarden DM
(GDV-Schätzung)

Leben	88,7
Kraftfahrzeug	44,0
Krankheit	31,9*
Allg. Haftpflicht	10,8
Unfall	9,2
Feuer	6,9
Wohngebäude	5,6
Rechtsschutz	4,3
Hausrat	4,2
Transport	3,1

*einschl. 2,3 Mrd. DM private Pflegeversicherung

© Globus

1. Nennen Sie Gründe für den steigenden Zuwachs der Individualversicherungen.
2. Ordnen Sie die aufgeführten Versicherungen den Bereichen Personenversicherung und Schadenversicherung zu.

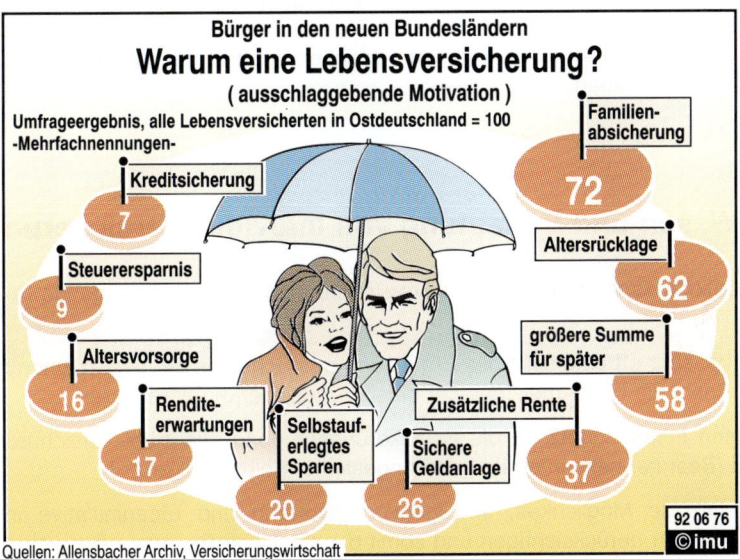

Bürger in den neuen Bundesländern

Warum eine Lebensversicherung?

(ausschlaggebende Motivation)

Umfrageergebnis, alle Lebensversicherten in Ostdeutschland = 100
-Mehrfachnennungen-

4.1.1/1

Kreditsicherung 7

Familien-absicherung 72

Steuerersparnis 9

Altersrücklage 62

Altersvorsorge 16

größere Summe für später 58

Rendite-erwartungen 17

Selbstauf-erlegtes Sparen 20

Sichere Geldanlage 26

Zusätzliche Rente 37

92 06 76
©imu

Quellen: Allensbacher Archiv, Versicherungswirtschaft

1. Ordnen Sie die angegebenen Gründe für eine Lebensversicherung den Bereichen Risiko-lebensversicherung und kapitalbildende Lebensversicherung zu.
2. Welche der angeführten Gründe für eine Lebensversicherung sind für Sie persönlich zutreffend? Begründen Sie Ihre Antwort.

4.1.3 Private Unfallversicherung

**Im Gegensatz zur gesetzlichen gilt die private Unfallversicherung zu jeder Tages-
und Nachtzeit, auf der ganzen Welt und in allen Lebensbereichen.** Somit sind auch
die Bereiche wie Freizeit, Straßenverkehr, Hobby, Sport, Urlaub usw. geschützt. Die Art
und Höhe der Versicherung bestimmt der Versicherungsnehmer mit seinem Beitrag
selbst. So kann z. B. vereinbart werden, daß bei Unfalltod die Hinterbliebenen eine
bestimmte Summe erhalten bzw. bei körperlicher oder geistiger Leistungseinschränkung
oder -unfähigkeit durch Unfall die Zahlung einer Versicherungssumme fällig wird.

4.1.4 Schadenversicherungen

Im Gegensatz zur Personenversicherung, die dann einspringt, wenn der persönliche
Lebensbereich eines Menschen durch Krankheit, Unfall, Alter oder ähnliche Umstände
betroffen wird, entsteht bei der Schadenversicherung der Versicherungsfall, **wenn
Eigentum oder Vermögen Schaden nimmt.** Dies kann sowohl einen Dritten als auch die
eigene Person betreffen. Wird ein Dritter geschädigt (z. B. durch Unachtsamkeit, Nach-
lässigkeit oder Leichtsinn), dann haftet nach dem Gesetz der Verursacher der Schäden
gegenüber dem Geschädigten. Dies reicht von der „zerschossenen Fensterscheibe" bis
zum „Unfall mit Todesfolge". In all diesen Fällen treten die privaten Haftpflichtversiche-
rungen bei Schadensersatzforderungen ein. Will man sein Eigentum im Schadensfall
versichern, bietet sich eine Vielzahl von Möglichkeiten: Von der Hausratversicherung bis
zur Wohngebäudeversicherung, von der Glasversicherung bis zur Rechtsschutzver-
sicherung reicht das Angebot. Schadenversicherungen bieten also Schutz bei Sach-
und Vermögensschäden.

4.2 Wesen und Bedeutung von Individualversicherungen

Als wesentliche Aspekte der Individualversicherungen lassen sich folgende Punkte nennen:

- Sie bieten sehr oft eine sinnvolle Ergänzung des Schutzes der gesetzlichen Sozialversicherungen, die heute meistens nur eine Grundsicherung garantieren.

- Sie bieten einen Schutz für die Bevölkerungsgruppen, die nicht versicherungspflich-
  tig sind (Beamte, besserverdienende Angestellte, Selbständige).

- Sie bieten die Möglichkeit, in Eigenverantwortung und Eigeninitiative individuelle
  Bedürfnisse zu berücksichtigen und somit die staatliche Bevormundung zu vermeiden
  (Wohlfahrtsstaat).

Darüber hinaus wird die private Vorsorge bis zu einem bestimmten Höchstbetrag steuerlich begünstigt (Vorsorgeaufwendungen in der Einkommensteuererklärung).

Knapp an der Katastrophe vorbei!
10.000 Liter Benzin ausgelaufen

„Sehr viel Glück hatten die Anwohner der B 8 in Höhe des Damaschkeweges gestern morgen, als sich gegen 7.45 Uhr auf der Kreuzung der Hänger eines mit Super-Benzin gefüllten Tanklastzuges quer stellte und umkippte. Dabei ergossen sich ca. 10.000 Liter des Treibstoffs auf die Fahrbahn. Die sofort herbeigeeilte Feuerwehr konnte ein Entzünden verhindern. Allerdings gelangten mehrere tausend Liter in die städtische Kanalisation, so daß die Bewohner von vier Straßenzügen wegen der Explosionsgefahr evakuiert werden mußten. Bei dem Unfall wurde der 42jährige Fahrer eines entgegenkommenden Pkw schwer verletzt, der dem umstürzenden Hänger nicht mehr ausweichen konnte. Der Vater von zwei Kindern mußte von der Feuerwehr aus dem total zerstörten Fahrzeug unter schwierigsten Umständen befreit werden, da das ausgelaufene Benzin den Einsatz von Schneidbrennern unmöglich gemacht hat. Nach Aussagen des Lkw-Fahrers fuhr eine 14jährige Schülerin mit ihrem Fahrrad die B 8 stadteinwärts. In Höhe der Kreuzung B 8 Damaschkeweg änderte die Radfahrerin plötzlich ohne ein Zeichen zu geben die Richtung und bog nach links in den Damaschkeweg ein. Der die B 8 stadtauswärts fahrende Tankzug hätte das Mädchen unweigerlich überrollt, wäre der Fahrer nicht geistesgegenwärtig nach links ausgewichen. Dabei geriet der Hänger des Tankzuges auf regennasser Fahrbahn ins Schleudern, stellte sich quer und stürzte auf die Fahrbahn. Ein entgegenkommender Pkw fuhr in den umgekippten Hänger.
An beiden Fahrzeugen entstand Totalschaden. Das Mädchen kam mit leichten Verletzungen und einem Schock davon. Der Sachschaden wird auf ca. 100.000 Mark geschätzt.“

Die Schadenersatzansprüche des schwerverletzten 42jährigen wurden von einem Gericht auf 350.000,00 DM festgelegt. Hinzu kamen Kosten für Gericht, Anwälte und Gutachter in Höhe von 80.000,00 DM. Rechnet man den Sachschaden in Höhe von 100.000,00 DM hinzu, ergibt sich ein Gesamtschaden von 530.000,00 DM.

Quelle: Mit Versicherungen vorsorgen, Hrsg. Arbeitsgemeinschaft zur Förderung der wirtschaftlichen und sozialen Bildung e.V., 1990

1. *Wer haftet für den Schaden des oben geschilderten Unfalles?*
2. *Wird dieser Schaden durch eine gesetzliche Sozialversicherung abgedeckt?*
3. *Welche Möglichkeit der privaten Vorsorge gibt es, um sich gegen solche Schäden abzusichern?*

Sozialversicherungen

Versiche-rungsart	Versiche-rungsträger	Versiche-rungspflicht	Beiträge zahlt	Wichtige Versiche-rungsleistungen
Kranken-versicherung	AOK, Innungs-, Betriebs-, Ersatzkassen	Arbeiter, Aus-zubildende, Angestellte bis Verdienst-grenze	1/2 Arbeitge-ber, 1/2 Ar-beitnehmer	Arzt- u. Arzneikosten, Krankengeld, Kranken-hauspflege, Wochen- u. Familienhilfe, Sterbe-geld
Unfall-versicherung	Berufsgenos-senschaften	Arbeiter, An-gestellte Aus-zubildende,	Arbeitgeber allein	Unvallverhütung, Erste Hilfe, Heilbehandlung, Berufshilfe, Verletzten- u. Hinterbliebenenrente
Renten-versicherung	Landesversi-cherungsan-stalten, Bun-desversiche-rungsanstalt für Angestellte	Arbeiter, An-gestellte Aus-zubildende,	1/2 Arbeitge-ber, 1/2 Ar-beitnehmer	Heilbehandlung, Be-rufsförderung, Renten (Berufsunfähigkeits- u. Erwerbsunfähigkeitsrente, Altersruhegeld
Arbeitslosen-versicherung	Bundesanstalt für Arbeit	Arbeiter, An-gestellte Aus-zubildende,	1/2 Arbeitge-ber, 1/2 Ar-beitnehmer	Arbeitslosengeld, Arbeitslosenhilfe, Kurzarbeitergeld, Schlechtwettergeld
Pflege-versicherung	Krankenkassen	Arbeiter, An-gestellte Aus-zubildende,	1/2 Arbeitge-ber, 1/2 Ar-beitnehmer; in Sachsen Arbeit-nehmer allein	ambulante + stationäre Pflegekosten

Sozialgerichtsbarkeit

	Sozialgericht (1. Instanz)	Landessozialgericht (2. Instanz) Berufung	Bundessozialgericht (3. Instanz) Revision
Besetzung	2 Laienrichter 1 Bundesrichter	2 Laienrichter 3 Bundesrichter	2 Laienrichter 3 Bundesrichter
Vertretung der Parteien	Parteien selbst Vertreter der Verbände Rechtsanwälte	Vertreter der Verbände Rechtsanwälte	Rechtsanwälte

Individualversicherungen

Berücksichtigen die Wünsche und Bedürfnisse des Einzelnen (= Versicherungsschutz nach Maß)

Personenversicherung	Schadenversicherung
(sichern Personen bzw. deren Hinterbliebene)	(ersetzen Sachschäden)
● Lebensversicherung ● Krankenversicherung ● Unfallversicherung	● Kraftfahrtversicherung ● Feuerversicherung ● Hausratversicherung ● Haftpflichtversicherung

Unterschied zwischen Sozialversicherung/Individualversicherung

Gesetzliche Sozialversicherung	Individualversicherung
● Pflicht ● Grundsätzlich gleiche Leistung ● Absicherung der Grundrisiken	● Freiwillig ● Je nach Abschluß unterschiedliche Leistungen ● Absicherung der individuellen Bedürfnisse

Fragen · Aufgaben · Fragen · **?** Fragen · Aufgaben · Fragen

Wissen

1 Wann sind die Sozialversicherungen entstanden? Warum gerade zu dieser Zeit?
2 Nennen Sie die grundsätzlichen Leistungen der Sozialversicherung.
3 Was versteht man unter den Begriffen „Versicherungsprinzip, Versorgungsprinzip und Fürsorgeprinzip"?
4 Nennen Sie die Zweige der gesetzlichen Sozialversicherung.
5 Beschreiben Sie die einzelnen Sozialversicherungen hinsichtlich folgender Aspekte:
   – Träger der Sozialversicherung
   – Versicherte
   – Leistungen
   – Beitragshöhe
   – Beitragszahlungen
6 Was versteht man unter dem Generationenvertrag?
7 Nennen und erläutern Sie zwei wesentliche Probleme der gesetzlichen Sozialversicherung.
8 Wofür sind die Sozialgerichte zuständig?
9 Nennen Sie die Gliederung der Sozialgerichtsbarkeit.
10 Beschreiben Sie den Instanzenweg eines Verfahrens vor dem Sozialgericht.
11 Was versteht man unter einer Individualversicherung?
12 Nennen Sie die unterschiedlichen Arten der Individualversicherung, und geben Sie jeweils 3 Beispiele.
13 Erläutern Sie den Unterschied zwischen einer Risiko–Lebensversicherung und einer kapitalbildenden Lebensversicherung.
14 Nennen Sie wesentliche Unterschiede zwischen der gesetzlichen Sozialversicherung und der Individualversicherung.

Erkennen und Werten

1 Ist es sinnvoll, eine gute Sozialversicherung zu haben, für die hohe Beiträge gezahlt werden müssen? Begründen Sie Ihre Antwort.
2 Welche Beiträge zahlen Sie für die gesetzliche Sozialversicherung? Welche Leistungen stehen Ihnen zu?
3 Was müssen Sie tun, um entsprechende Leistungen von Ihrer gesetzlichen Sozialversicherung zu erhalten, wenn Sie krank werden?
4 Sie hatten in der Schule einen Unfall. Erläutern Sie das Verfahren zur Meldung dieses Unfalls. Informieren Sie sich gegebenenfalls in Ihrer Schule.
5 Sie haben während der Schulpause das Schulgelände verlassen. Dabei erlitten Sie mit Ihrem Motorrad einen Unfall. Welche gesetzliche Sozialversicherung trägt die Kosten Ihres Unfalls? Welche Möglichkeit haben Sie, falls sich die gesetzliche Sozialversicherung weigert, die Kosten Ihres Unfalls zu übernehmen?
6 Informieren Sie sich in der Presse über die aktuellen Probleme und ihre Lösungsmöglichkeiten der gesetzlichen Sozialversicherung.
7 Welche Individualversicherungen haben Sie abgeschlossen? Begründen Sie, warum Sie diese abgeschlossen haben.
8 Erstellen Sie einen Fragebogen, mit dem Sie die Arten und Häufigkeit von Individualversicherungen in Ihrem Verwandten-, Bekannten- und Freundeskreis feststellen können. Vergleichen Sie das Ergebnis mit dem Arbeitsmaterial 4/1. Begründen Sie Ihr Ergebnis.

X. Arbeitsrecht

Das heute in der Bundesrepublik Deutschland bestehende Arbeitsrecht ist das Ergebnis eines langen geschichtlichen Prozesses. Das Zeitalter der Industrialisierung im 19. Jahrhundert mit seinem zu dieser Zeit praktizierten "Wirtschaftsliberalismus" (vgl. Kap. VII) war unter anderem durch die Benachteiligung der Arbeitnehmer gekennzeichnet. Diese Situation wurde im Laufe der Zeit durch Maßnahmen des Staates (z.B. 1900 Inkrafttreten des Bürgerlichen Gesetzbuches mit Vorschriften zur sozialen Ausgestaltung von Arbeitsverträgen) und der Arbeitnehmer selbst (z.B. Gründung von Gewerkschaften) wesentlich verbessert. All dies hat sich in vielfältiger Form im heutigen Arbeitsrecht niedergeschlagen.

Grundsätzlich besteht in der Bundesrepublik Deutschland keine Arbeitspflicht, sondern jeder Bürger hat das Recht auf freie Wahl von Beruf und Arbeitsplatz.

Artikel 12
(1) Alle Deutschen haben das Recht, Beruf, Arbeitsplatz und Ausbildungsstätte frei zu wählen. Die Berufsausübung kann durch Gesetz oder auf Grund eines Gesetzes geregelt werden.
(2) Niemand darf zu einer bestimmten Arbeit gezwungen werden, außer im Rahmen einer herkömmlichen allgemeinen, für alle gleichen öffentlichen Dienstleistungspflicht.
(3) Zwangsarbeit ist nur bei einer gerichtlich angeordneten Freiheitsentziehung zulässig.

Die Bestimmung, daß die Berufsausübung durch Gesetz geregelt werden kann, dient dem Schutz der Allgemeinheit bzw. zum Schutz des Arbeitnehmers.

So finden sich arbeitsrechtliche Vorschriften in den verschiedensten Gesetzen und Vereinbarungen:

- Bürgerliches Gesetzbuch
- Gewerbeordnung
- Bundesurlaubsgesetz
- Betriebsverfassungsgesetz
- Kündigungsschutzgesetz
- Lohnfortzahlungsgesetz
- Schwerbehindertengesetz

- Handelsgesetzbuch
- Arbeitszeitgesetz
- Tarifvertragsgesetz
- Jugendarbeitsschutzgesetz
- Ladenschlußgesetz
- Mutterschutzgesetz
- Betriebsvereinbarungen usw.

Diese Aufzählung deutet an, wie vielfältig, aber auch z.T. unübersichtlich das Arbeitsvertragsrecht in den letzten Jahren geworden ist.

1 Einzelarbeitsvertrag

Im Arbeitsvertragsrecht gilt grundsätzlich das Prinzip der Vertragsfreiheit: ein Formzwang besteht nicht, und der Vertragsinhalt kann zwischen Arbeitgeber und Arbeitnehmer frei vereinbart werden. Jedoch ist zu beachten, daß gültige Bestimmungen und Vereinbarungen eingehalten werden. Dabei handelt es sich um Mindestregelungen, die im Einzelvertrag nicht unterschritten, wohl aber für den Arbeitnehmer günstiger gestaltet werden können.

Bureau=Ordnung

zur Beachtung des Personals

Aus einer »Büroordnung« des Jahres 1853

Gottesfurcht, Sauberkeit und Pünktlichkeit sind die Voraussetzungen für ein gutes Geschäft.

Morgens wird im Hauptbüro das Gebet gesprochen. Das gesamte Personal muß dazu anwesend sein.

Die Kleidung muß einfach sein. Das Personal wird sich nicht in hellen Farben bewegen und Strümpfe nur tragen, wenn sie in Ordnung sind. Mäntel und Überschuhe dürfen im Büro nicht getragen werden, ausgenommen Hüte, aber nur bei kaltem Wetter.

Dem Personal steht der Ofen zur Verfügung. Es wird empfohlen, daß jedes Mitglied des Personals täglich bei Kälte 4 Pfund Kohle mitbringt.

Kein Mitglied des Personals darf den Raum ohne Erlaubnis verlassen. Man darf austreten und das Personal darf dafür den Garten unterhalb der zweiten Tür benutzen. Er muß aber in gutem Stand gehalten werden.

Während der Bürostunden darf nicht gesprochen werden.

Die Sucht nach Tabak, Wein oder Alkohol ist eine menschliche Schwäche und dem gesamten Personal verboten.

Das Personal bringt seine eigenen Schreibfedern mit. Ein neuer Anspitzer steht auf Antrag zur Benützung zur Verfügung. Es wird ein Senior bestimmt, der für die Sauberkeit des Hauptbüros und des Privatbüros verantwortlich ist. Alle Jungens und Junioren melden sich bei ihm 40 Minuten vor dem Gebet und bleiben nach Arbeitsschluß zur Verfügung.

Unsere Firma hat die Arbeitsstunden verkürzt. Das Personal braucht jetzt nur noch an den Wochentagen zwischen 7 Uhr vormittags und 7 Uhr nachmittags anwesend zu sein. Der Sonntag dient dem Kirchendienst. Sollte es jedoch erforderlich sein, wird auch am Sonntag gearbeitet.

Nachdem nun die Arbeitsstunden so drastisch vermindert wurden, ist die Einnahme von Nahrung zwischen 11.30 Uhr und Mittag erlaubt. Die Arbeit darf dafür nicht eingestellt werden.

Die Eigentümer betonen hiermit noch einmal die Großzügigkeit der neuen Arbeitsgesetze. Sie erwarten aber eine wesentliche Steigerung der Arbeitsleistung zum Ausgleich für diese fast utopischen Bedingungen.

Quelle: H. Seidel, W. Schneider: Der Betrieb und seine Verfassung. Wiesbaden 1976, S. 118

1. Vergleichen Sie den Inhalt der oben angeführten Ordnung mit den heutigen Gegebenheiten im Büro.
2. Welche Verhaltensnormen galten für das Personal 1853?
3. Welche der oben aufgeführten Regelungen wären heute undenkbar?
4. Zeigen Sie auf, wie die genannten Punkte in einer heutigen Büroordnung formuliert wären.

1.1 Form und Inhalt des Einzelarbeitsvertrages

Form	Inhalt
● Eine Formvorschrift gibt es nicht. ● Der Arbeitsvertrag kann auch mündlich abgeschlossen werden. ● Ein schriftlicher Arbeitsvertrag ist jedoch immer besser (z.B. im Streitfall aus Beweisgründen). ● EU-Bestimmung/Abschluß eines schriftlichen Arbeitsvertrages.	● Geregelt werden: – Art der Arbeit – Höhe des Lohnes – Urlaubstage – Sozialleistungen – Probezeit – Dauer des Arbeitsverhältnisses – Arbeitszeit – Kündigungsfristen

Gerade auf die inhaltliche Gestaltung eines Arbeitsvertrages wird jedoch durch geltende Gesetze und Bestimmungen Einfluß genommen und dadurch die Vertragsfreiheit auch eingeschränkt:

Tarifvertrag	Betriebsvereinbarung	Schutzgesetze
Zwischen den Sozialpartnern geregelte Mindestarbeitsbedingungen eines Berufszweiges (vg l. Kap. X, 2)	Zwischen Betriebsrat und Arbeitgeber festgelegte Regeln, die für alle Mitarbeiter im Betrieb gelten (vgl. Kap. X, 3.1)	Gesetzliche Regelungen zum Schutz des Arbeitnehmers (vgl. Kap. I, 4)

Vor dem Beginn eines Arbeitsverhältnisses muß der Arbeitnehmer dem Arbeitgeber folgende Unterlagen („Papiere") vorlegen:

● Lohnsteuerkarte,
● Sozialversicherungsnachweis,
● Arbeitszeugnis.

Mit dem Abschluß des Arbeitsvertrages ergeben sich sowohl für den Arbeitnehmer als auch für den Arbeitgeber **Rechte und Pflichten.**

Pflichten des	
Arbeitnehmers	**Arbeitgebers**
● Arbeitspflicht: Der Arbeitnehmer muß die vereinbarte Leistung persönlich nach Weisung des Arbeitgebers erbringen. ● Treuepflicht: Der Arbeitnehmer muß nach besten Kräften arbeiten und alles unterlassen, was dem Betrieb schaden könnte (Schweigepflicht, Schwarzarbeit usw.). ● Weisungsgebundenheit: Der Arbeitnehmer muß sich an die Weisungen des Arbeitgebers halten, solange diese die vertraglich vereinbarte Arbeit betreffen.	● Lohnzahlungspflicht: Der Arbeitgeber muß dem Arbeitnehmer für dessen Arbeit den vereinbarten Lohn bezahlen. ● Fürsorgepflicht: Der Arbeitgeber muß Leben, Gesundheit und Eigentum des Arbeitnehmers schützen. ● Beschäftigungspflicht: Der Arbeitnehmer hat das Recht, entsprechend dem Inhalt des Arbeitsvertrages beschäftigt zu werden.

Einzelarbeitsvertrag
für gewerbliche Arbeitnehmer im Groß-, Ein- und Ausfuhrhandel

Zwischen der Firma _____

und

Herrn/Frau _____

wohnhaft in _____

wird folgender Einzela

1. Für das Arbeitsverh
   werkschaften abges
   a) Rahmentarifvertr
   b) Lohntarifvertrag
      Schleswig-Holste
   c) die etwa für den
2. Tarifverträge und E
   werden sowie Änd
   beitsverhältnis.
3. Der Arbeitnehmer e
   bzw. unverzüglich K
   stimmungen und Ve

1. Das Arbeitsverhältn
   Diese Zeit gilt als P
2. Innerhalb der Probe
   von 3 Tagen kündba
3. Die gesetzlichen Vo
   des bleiben hierdur
4. Das Probezeitverhäl
   spätestens mit Ablau

1. Wird nach Ablauf d
   res fortgesetzt, so gi
   verhältnis. Das Arbe
   der Erreichung des
   daß es einer Kündig
2. Für die Kündigung
   die gesetzlichen Bes
3. Eine fristlose Kündi
   zulässigen Zeitpunk

---

§ 4 Tätigkeit und Lohnregelung

1. Der Arbeitnehmer wird als _____ eingestellt und mit einschlägigen Arbeiten nach näherer Anweisung der Betriebsleitung und der einzelnen Vorgesetzten beschäftigt. Nach Anweisung der Betriebsleitung und seiner Vorgesetzten sind auch andere Arbeiten zu verrichten.

2. Der Arbeitnehmer wird in die Lohngruppe ____ eingestuft. Der Lohn wird in Höhe DM ____ brutto je Stunde vereinbart.

Darin enthalten:

a) Tariflohn   DM _____

b) Benannte Zulagen (z.B. echte Leistungszulagen, Schmutzzulagen u.ä.)   DM _____

c) Freiwillige, jederzeit auf Tariferhöhungen anrechenbare Zulagen   DM _____

§ 5 Nebenbeschäftigung

Während der Dauer des Arbeitsverhältnisses ist jede entgeltliche oder das Arbeitsverhältnis beeinträchtigende Nebenbeschäftigung nur mit Zustimmung der Firma zulässig.

§ 6 Abtretung und Verpfändung

Die Abtretung sowie Verpfändung von Lohnbestandteilen ist ausgeschlossen (§ 399 BGB).

§ 7 Vertragsstrafe

Der Arbeitnehmer verpflichtet sich, dem Arbeitgeber eine Vertragsstrafe in Höhe eines Wochenverdienstes zu zahlen, wenn er die Arbeit nicht aufnimmt oder später das Arbeitsverhältnis vertragswidrig löst. Das Recht des Arbeitgebers auf Schadenersatz wird dadurch nicht berührt.

§ Vertragsänderungen

Mündliche Nebenabreden bestehen nicht. Änderungen und Ergänzungen dieses Vertrages bedürfen der Schriftform.

§ 9 Besondere Vereinbarungen

_____

_____

_____

_____ , den _____

| _____ | _____ |
| (Unterschrift des Arbeitnehmers) | (Unterschrift des Arbeitgebers) |

---

1. Welche Aspekte regelt der o.a. Arbeitsvertrag?
2. Welche geltenden Gesetze und Bestimmungen sind Grundlage des o.a. Arbeitsvertrages?
3. Welche Rechte und Pflichten ergeben sich aufgrund des angeführten Arbeitsvertrages für den Arbeitnehmer und den Arbeitgeber?

1.2 Beendigung des Arbeitsverhältnisses

Es gibt eine Vielzahl von **Möglichkeiten**, einen Arbeitsvertrag aufzulösen. Das Arbeitsverhältnis kann enden durch:

- **Zeitablauf,** d.h. der Arbeitnehmer wurde nur für eine bestimmte Zeit beschäftigt;
- **Aufhebungsvertrag,** d.h. Arbeitnehmer und Arbeitgeber trennen sich **in gegenseitigem Einvernehmen;**
- den **Tod** des Arbeitnehmers oder evtl. des Arbeitgebers;
- Erreichen einer bestimmten Altersgrenze **(Rentenalter);**
- **Kündigung,** d.h. Arbeitnehmer oder Arbeitgeber lösen den in der Regel auf unbestimmte Zeit geschlossenen Arbeitsvertrag auf.

1.2.1 Kündigung/Kündigungsfristen

Die Kündigung ist ein einseitiges Rechtsgeschäft, jedoch fehlen gesetzliche Vorschriften über die Form der Kündigung. Mit ihr soll das Arbeitsverhältnis zu einem bestimmten Zeitpunkt gelöst werden.

Kündigung durch den Arbeitnehmer oder Arbeitgeber

	Ordentliche Kündigung	**Außerordentliche (fristlose) Kündigung**
Gründe	• betriebliche Erfordernisse • persönlicher Wunsch	• schwere Vertragsverletzungen z.B. Diebstahl, Tätlichkeit usw.)
Bedingung	• Einhaltung der gesetzlichen oder vertraglichen Kündigungsfristen	• fristlos, d.h. in der Regel sofort

Kündigungsfristen für Angestellte und Arbeiter

Beschäftigung	**Kündigungsfrist**	
unter 2 Jahren	4 Wochen	(zum 15. oder zum Monatsende)
ab 2 Jahren	1 Monat	(zum Monatsende)
ab 5 Jahren	2 Monate	(zum Monatsende)
ab 8 Jahren	3 Monate	(zum Monatsende)
ab 10 Jahren	4 Monate	(zum Monatsende)
ab 12 Jahren	5 Monate	(zum Monatsende)
ab 15 Jahren	6 Monate	(zum Monatsende)
ab 20 Jahren	7 Monate	(zum Monatsende)

Gesetzlich festgelegte Kündigungsfristen und -termine können mit gewissen Einschränkungen durch Vereinbarungen **im Rahmen eines Arbeits- oder Tarifvertrages geändert werden. Die vereinbarten Fristen und Termine müssen jedoch für Arbeitgeber und Arbeitnehmer gleich oder bei Abweichungen für den Arbeitnehmer günstiger sein.**

Abmahnung

Sehr geehrter Herr Krauß,
trotz mündlicher Ermahnung Ihres Vorgesetzten, Herrn Möller, sind Sie
mehrfach unpünktlich zur Arbeit erschienen. Laut Aussage von Herrn
Möller waren Sie in der Zeit vom 7.Aug. – 11.Aug. morgens erst um
08.15 Uhr an Ihrem Arbeitsplatz anwesend. Darüber hinaus haben Sie am
11.Aug. Ihre Arbeit bereits um 14.30 Uhr beendet.

Für Ihre Unpünktlichkeit bzw. Ihr vorzeitiges Verlassen des Arbeitsplatzes haben Sie keine ausreichenden Gründe angegeben.

Wir weisen Sie darauf hin, daß laut Arbeitsvertrag Ihre Arbeitszeit
arbeitstäglich von 8.00 – 16.00 Uhr dauert....

Im Wiederholungsfall sehen wir uns gezwungen, das Arbeitsverhältnis
zu kündigen.

Mit freundlichen Grüßen

1. *Welche Bedeutung hat die Abmahnung?*
2. *Gegen welche Pflicht verstößt Herr Krauß?*
3. *Warum wird Herr Krauß nicht fristlos gekündigt?*

Kündigungsgründe

die in **der Person** des Arbeitnehmers liegen:	die **im Verhalten** des Arbeitnehmers liegen:	die durch **betriebliche Erfordernisse** hervorgerufen werden:
• Krankheit • lange Krankheit (Kündigung nur äußerstes Mittel, wenn keine andere Maßnahme möglich) • wiederholte Krankheit (wenn wirtschaftliche Belastung des Arbeitgebers zu groß wird) • Leistung (mangelnde Einsatzfähig-keit)	• Alkoholgenuß (wenn im Dienst verboten) • Unterlassung von Krankmeldungen • Verweigerung von Überstunden • Unpünktlichkeit • Verlassen des Arbeitsplat-zes ohne wichtigen Grund • Beleidigungen • Störung des Betriebsfriedens • Arbeitsverweigerung (die sich auf die vereinbarte Arbeit bezieht) • außerdienstliches Verhalten (z.B. Straftat)	• unaufschiebbare Rationalisierung • Änderung der Produktionsmethoden • mangelnde Aufträge • Betriebsänderungen
	Keine Kündigung ohne vorherige **schriftliche Abmahnung**	bei Kündigungen sind beson-ders soziale Gesichtspunkte zu berücksichtigen

1. *Welche der angeführten Kündigungsgründe führen zu einer ordentlichen bzw. fristlosen Kündigung?*
2. *Welche der genannten Kündigungsgründe halten Sie für gerechtfertigt bzw. nicht ge-rechtfertigt? Begründen Sie Ihre Antwort.*

1.2.2 Kündigungsschutz

Da der Arbeitsplatz im Leben des Arbeitnehmers von besonderer Bedeutung ist, hat der Staat gerade für den Schutz des Arbeitsplatzes Vorschriften erlassen.

Allgemeiner Kündigungsschutz	Besonderer Kündigungsschutz
● Gemäß Kündigungsschutzgesetz muß jede Kündigung sozial gerechtfertigt sein, d.h. der Arbeitgeber ist verpflichtet, Lebensalter, Betriebszugehörigkeit, Familienstand zu berücksichtigen und die Kündigung zu begründen. ● Besitzt ein Unternehmen einen Betriebsrat, so muß dieser bei Kündigungen durch den Arbeitgeber gehört werden. Ohne diese Anhörung ist die Kündigung unwirksam. ● Bei Massenentlassungen muß der Arbeitgeber so früh wie möglich mit dem Betriebsrat darüber beraten, wie sich Härten vermeiden lassen (z.B. Sozialplan).	Bestimmte Arbeitnehmergruppen genießen besonderen Kündigungsschutz: ● Schwangere und Mütter nach der Entbindung ● Wehr- und Zivildienstleistende ● Betriebsratsmitglieder und Jugend- und Auszubildendenvertreter ● Schwerbehinderte (mindestens 50 % Behinderung) ● langjährige Mitarbeiter

1.3 Arbeitszeugnis

Der Arbeitgeber ist verpflichtet, dem ausscheidenden Arbeitnehmer ein Zeugnis auszustellen. Ein Anspruch darauf besteht, wenn ein dauerndes Beschäftigungsverhältnis bestanden hat. Für Bewerbungszwecke besteht evtl. schon vorher Anspruch auf ein Zwischenzeugnis.

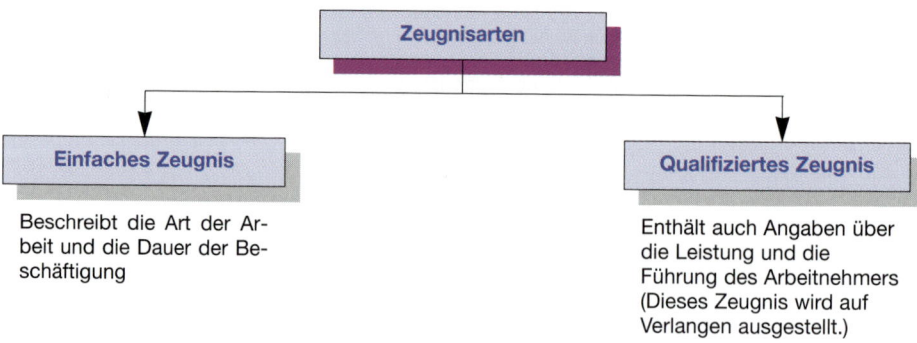

Das Zeugnis muß der Wahrheit entsprechen. Es darf den Arbeitnehmer weder ungerechtfertigterweise loben, noch stark negativ beschreiben. In der betrieblichen Praxis hat sich im Laufe der Zeit eine Beurteilungssprache herausgebildet, die von jeder Personalstelle verstanden wird.

1.2.2/1

Personen-gruppen	Ordentliche Kündigung	Fristlose Kündigung	Besonderheiten
Betriebs-ratsmit-glieder und Jugend-vertreter	generell unzulässig	nur mit Zustimmung des Betriebsrates; bei Ablehnung durch den Betriebsrat nur durch das Arbeitsgericht	Nach Beendigung der Amtszeit besteht der Kündigungsschutz noch 1 weiteres Jahr
Werdende und stillende Mütter	generell unzulässig während der Schwanger-schaft und 2 Monate nach Ablauf der Schutz-frist und während des Er-ziehungsurlaubes	generell unzulässig (bei groben Verstößen darf der Arbeitgeber nur Annahme des Arbeitsan-gebots verweigern mit der Folge des Lohnent-zuges)	Erziehungsurlaub für ab 1. Jan. 92 geborene Kinder bis zum 36. Le-bensmonat. Mutter und Vater können wahlweise antreten.
Schwer-behinderte (mind. 50% Be-hinderung)	nur mit Zustimmung der zuständigen Hauptfürsorge-stelle: die Kündigung muß vom Arbeitgeber schriftlich beantragt werden. Mindestfrist: 4 Wochen nach Antrag	Mindestfrist: 2 Wochen nach Antrag	Bei Probearbeitsverhält-nissen besteht 6 Monate lang kein Kündigungs-schutz.
Wehr- und Zivildienst-leistende	grundsätzlich nicht möglich: *Ausnahme:* dringende betriebliche Erfordernisse	möglich nur mit wichti-gem Grund	Kleinbetriebe mit 5 und weniger Arbeitnehmern dürfen unverheiratete Ar-beitnehmer entlassen, wenn eine Ersatzkraft eingestellt werden mußte (nur bei Kündigung 2 Monate vor der Rückkehr aus der Bundeswehr oder dem Zivildienst).
Auszu-bildende	generell während der Ausbildungszeit (außer-halb der Probezeit) un-möglich	möglich nur mit wichtigem Grund	

1. *Warum gibt es für o.a. Personengruppen einen besonderen Kündigungsschutz?*
2. *Halten Sie diesen besonderen Kündigungsschutz für gerechtfertigt? Begründen Sie Ihre Antwort.*
3. *Beschreiben Sie kurz die Möglichkeiten, diesen Personengruppen zu kündigen.*

2 Tarifvertrag

Ein Tarifvertrag regelt einheitlich arbeitsrechtliche Beziehungen und **ist** deshalb ein **kollektives Arbeitsrecht.** Er beinhaltet Gesamtvereinbarungen zwischen den Arbeitgebern und den Arbeitnehmern eines Wirtschaftszweiges in einer Region, oft für ein Bundesland und nur in Ausnahmefällen auch für eine Unternehmung. Voraussetzung für den Abschluß eines kollektiven Arbeitsvertrages ist die Möglichkeit, daß sich Arbeitgeber und Arbeitnehmer zu entsprechenden Organisationen zusammenschließen. Dies garantiert das Grundgesetz, Art. 9:

Artikel 9
(1) Alle Deutschen haben das Recht, Vereine und Gesellschaften zu bilden.
(3) Das Recht, zur Wahrung und Förderung der Arbeits– und Wirtschaftsbedingungen Vereinigungen zu bilden, ist für jedermann und für alle Berufe gewährleistet. Abreden, die dieses Recht einschränken oder zu behindern suchen, sind nichtig, hierauf gerichtete Maßnahmen sind rechtswidrig.

2.1 Tarifvertragsparteien

Die Verbände der **Arbeitnehmer (Gewerkschaften)** und **Arbeitgeber (Arbeitgeberverbände)** werden in unserem Wirtschaftssystem als Sozialpartner bezeichnet. Diese Interessenvertretungen haben auf der einen Seite gemeinsame Ziele (z.B. Erhaltung der Unternehmung bzw. der Arbeitsplätze), auf der anderen Seite widersprechen sich deren Interessen (höherer Gewinn <–> höhere Löhne).

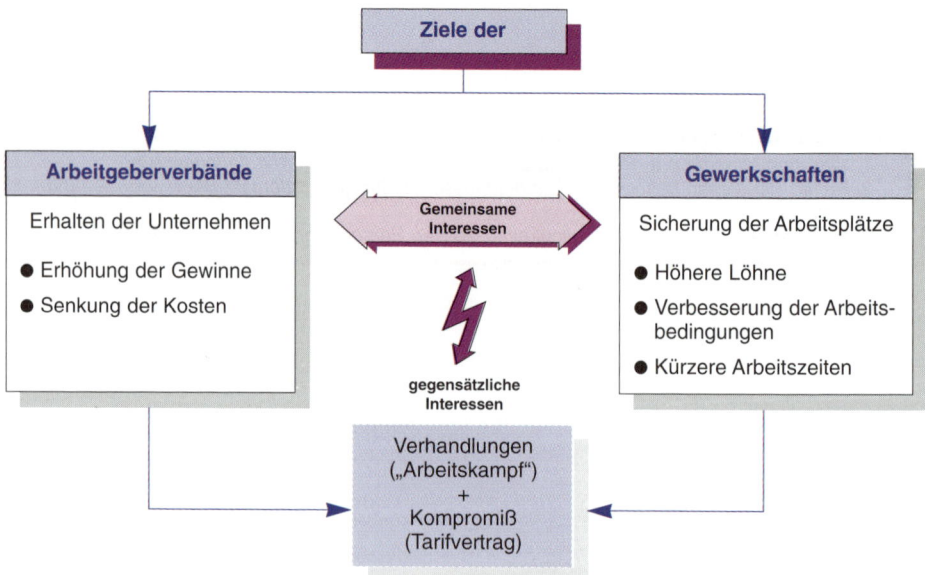

Zeichnung: Leger

1. Was soll durch die Karikatur ausgesagt werden?
2. Erläutern Sie die Aussage der Karikatur anhand eines konkreten Beispiels.

„Bündnis für Arbeit": VW setzt Signal

BONN (rtr/dpa) – Als erstes deutsches Großunternehmen hat der Volkswagen-Konzern ein Signal für das angestrebte „Bündnis für Arbeit" mit Gewerkschaften und Politik gesetzt. VW kündigte am Wochenende die Schaffung von 1000 neuen Stellen in diesem Jahr an. Gesamtmetall-Hauptgeschäftsführer Werner Stumpfe und DGB-Chef Dieter Schulte begrüßten den Schritt. Stumpfe erklärte sich allerdings erneut außerstande, neue Arbeitsplätze im Gegenzug für Lohnverzicht zu garantieren.

VW-Sprecher Otto-Ferdinand Wachs sagte, das Unternehmen wolle die neuen Stellen in besonders zukunftsorientierten Bereichen wie etwa bei der Diesel-Technik schaffen. Der VW-Vorstand wolle mit den Neueinstellungen einen Anstoß zur Umsetzung des „Bündnisses für Arbeit" geben, das IG-Metall-Chef Klaus Zwickel vorgeschlagen hatte. Führende Gewerkschafter kündigten harte Tarifkonflikte für den Fall an, daß das „Bündnis für Arbeit" scheitern sollte. ÖTV-Chef Herbert Mai schloß auch Streiks nicht aus. Die HBV-Vorsitzende Margret Mönig-Raane sagte, bei einem Scheitern stünden bundesweit harte Tarifauseinandersetzungen bevor.

Az vom 15. Januar 1996

1. Was versteht man unter dem „Bündnis für Arbeit"?
2. Welche gegensätzlichen Interessen müssen auf beiden Seiten ausgeglichen werden?

In der Bundesrepublik Deutschland gibt es z.Zt. 46 Fachverbände der Arbeitgeber, die bei Tarifverhandlungen auftreten. Diese Verbände sind in der Bundesvereinigung der deutschen Arbeitgeberverbände (BdA) zusammengeschlossen.

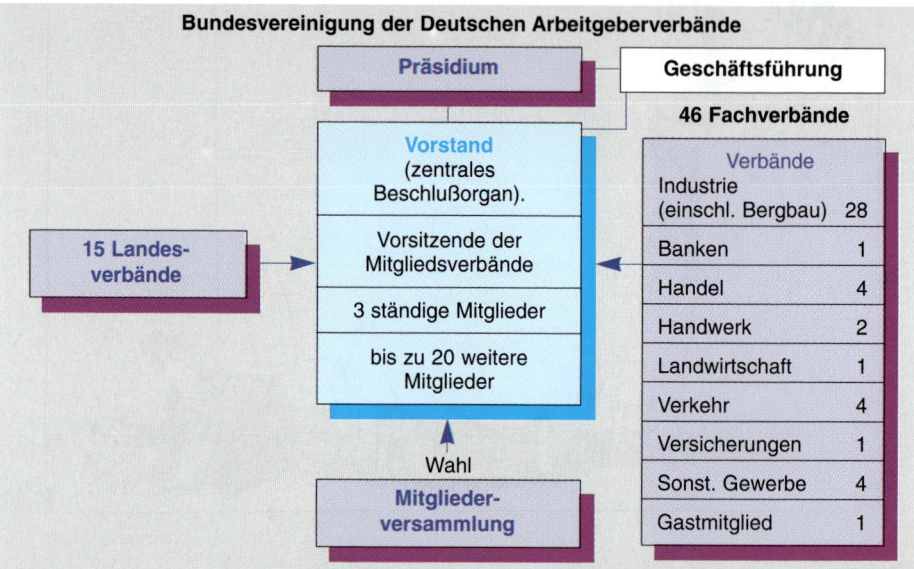

Bundesvereinigung der Deutschen Arbeitgeberverbände

Verbände	
Industrie (einschl. Bergbau)	28
Banken	1
Handel	4
Handwerk	2
Landwirtschaft	1
Verkehr	4
Versicherungen	1
Sonst. Gewerbe	4
Gastmitglied	1

Die größte Organisation der Arbeitnehmer ist der Deutsche Gewerkschaftsbund (DGB), der sich aus 17 Einzelgewerkschaften zusammensetzt. Weitere Gewerkschaften sind die Deutsche Angestellten–Gewerkschaft (DAG), der Christliche Gewerkschaftsbund (CGB) und der Deutsche Beamtenbund (DBB).

DGB-Mitglieder '95	Jahresende 1995	Veränderung gegenüber Vorjahr
IG Metall	2.869.469	−126.269
ÖTV	1.770.789	−106.862
IG Chemie	723.240	− 19.127
IG Bau-Steine-Erden	640.861	− 12.103
Postgewerkschaft	529.233	− 17.673
HBV [1]	522.696	− 22.574
Eisenbahner Deutschlands	423.163	keine Angaben
IG Bergbau und Energie	378.000	− 12.000
Nahrung-Genuss-Gaststätten	322.019	− 14.220
GEW [2]	306.448	− 9.748
Textil-Bekleidung	216.288	− 17.952
IG Medien	206.323	− 8.832
GdP [3]	198.897	+ 1.415
Holz und Kunststoff	170.806	− 8.872
Gartenbau, Land- und Forstwirtschaft	83.968	− 6.313
Leder	23.293	− 1.750
DGB	9.385.493	−382.880

	Mitglieder
DAG	520.709
CGB	306.481
DBB	1.089.213

Quelle: Focus 18/95

Ursprungsdaten: DGB
IG Bau-Steine-Erden sowie Gartenbau, Land- und Forstwirtschaft: Stand 30.11.1995, Eisenbahner Deutschlands: Stand 31.12.1994

© 4/1996 Deutscher Instituts-Verlag

[1] Handel, Banken und Versicherungen
[2] Gewerkschaft Erziehung und Wissenschaften
[3] Gewerkschaft der Polizei

2.1/3

Quelle: Focus 18/1995

?
1. Stimmen Sie den o.a. Aussagen zu? Begründen Sie Ihre Antwort.
2. Welche Probleme müßten die Gewerkschaften verstärkt anpacken?

2.1/4

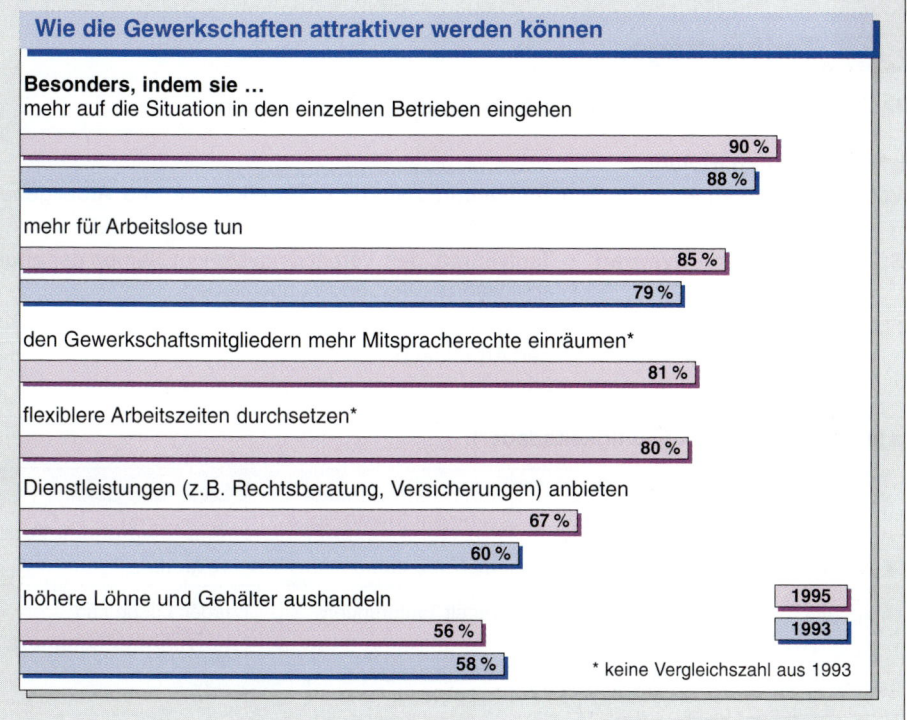

Quelle: Focus 18/1995

?
1. Was sind von den o.a. Aspekten für Sie die wichtigsten? Begründen Sie Ihre Antwort.
2. Würden Sie einer Gewerkschaft beitreten? Begründen Sie Ihre Antwort.

Die Arbeit der **Gewerkschaften** wird u.a. durch folgende **Ziele** geprägt:

● sichere Arbeitsplätze,
● mehr Mitbestimmung,
● größere soziale Sicherheit,
● gleiche Bildungschancen,
● bessere Vermögensverteilung,
● bessere Arbeitsbedingungen.

Diese Forderungen sollen verwirklicht werden durch:

a) **gesetzliche Regelungen;** d.h. daß die Gewerkschaften versuchen, die gesetzlichen Organe und die Regierung für ihre Vorstellungen zu gewinnen, indem sie Gesetzesvorschläge machen und für ihre Ziele in der Öffentlichkeit werben;

b) **eigene Beiträge;** d.h. Gewerkschaften unterhalten eigene Bildungseinrichtungen und Freizeit- und Erholungsheime, vertreten ihre Mitglieder bei arbeits- und sozialrechtlichen Streitigkeiten, gewähren finanzielle Hilfe in Notfällen usw.

c) **Tarifverträge;** d.h. Gewerkschaften verhandeln mit Arbeitgeber und Arbeitgeberverbänden.

2.2 Tarifverträge

Tarifverträge unterscheidet man nach den verschiedenen Kriterien:

● **Tarifvertragsparteien:**

Verbandstarifvertrag = Tarifvertrag zwischen Gewerkschaft und Arbeitgeberverband

Spitzenverbandstarifvertrag = Tarifvertrag, den Verbandsspitzen im Namen der angeschlossenen Verbände abschließen

Firmenvertrag = Tarifvertrag zwischen Gewerkschaft und einem einzelnen Arbeitgeber

● **Inhalt und Laufzeit (Gültigkeitsdauer):**

Art	Manteltarifvertrag	Lohn- und Gehaltsrahmentarifvertrag	Lohn- und Gehaltstarifvertrag
Laufzeit	mehrere Jahre	mehrere Jahre	12 Monate
Laufzeit	regelt Arbeitsbedingungen ● Arbeitszeit ● Mehrarbeit ● Urlaub ● Schutzbestimmungen für bestimmte Gruppen	regelt Tarifgruppen ● Grundsätze der Leistungs- und Arbeitsbewertung ● Bezeichnung der Tarifgruppen ● Zuordnung der Tätigkeit zu den Tarifgruppen	regelt Löhne und Gehälter in den einzelnen Tarifgruppen

Gründe für einen Tarifvertrag

1. Sicherung von Mindestarbeitsbedingungen, die nicht unterschritten werden dürfen.

2. Gleichstellung mit anderen Arbeitnehmern.

3. Schutz vor einseitigen Forderungen des wirtschaftlich stärkeren Arbeitgebers.

4. Vereinheitlichung und Überschaubarkeit, durch die die Kosten besser kalkuliert werden können.

5. Durch die Friedenspflicht sind Produktionsunterbrechungen nahezu ausgeschlossen.

6. Chancengleichheit zwischen Arbeitnehmer- und Arbeitgeberseite.

Ordnungsfunktion   **Schutzfunktion**   **Friedensfunktion**

1. Ordnen Sie die einzelnen Gründe den entsprechenden Funktionen zu.
2. Erläutern Sie die einzelnen Gründe durch konkrete Beispiele.
3. Überlegen Sie, ob die angeführten Gründe eher für die Arbeitnehmer- oder die Arbeitge-berseite von Vorteil sind. Ordnen Sie entsprechend zu.

Der Tarifvertrag hat einen schuldrechtlichen und einen normativen Teil:

Zum schuldrechtlichen Teil gehören die Rechte und Pflichten der Parteien des Tarifvertrages. Um die Ordnungs- und Friedensfunktion erfüllen zu können, gilt für beide Tarifparteien eine Einwirkungspflicht, d.h. sie sind verpflichtet, mit allen ihnen zur Verfügung stehenden Organisationsmitteln auf ihre Mitglieder einzuwirken, daß der Tarifvertrag tatsächlich erfüllt und Arbeitskampfmaßnahmen zur Durchsetzung neuer Forderungen unterbleiben, die Friedenspflicht also eingehalten wird.

Der normative Teil ist der eigentliche Gegenstand der Tarifautonomie: Regelung der Arbeitsverhältnisse. Er soll im folgenden entsprechend der Aufzählung in § 1 TVG behandelt werden:
– Inhaltsformen:
    Sie betreffen den Inhalt des Arbeitsverhältnisses einschließlich seiner Beendigung. Das sind

vor allen die Vorschriften über Lohn, Gehalt und Ausbildungsvergütung. Daneben gibt es noch eine Vielzahl von Regelungstatbeständen, die hier am Beispiel des Manteltarifvertrages für die Arbeitnehmer in der Eisen-, Metall-, Elektro- und Zentralheizungsindustrie Nordrhein-Westfalens vom 30.4.1980 aufgezeigt werden: Arbeitszeit und ihre Verteilung; Mehr-, Spät-, Sonntags- und Feiertagsarbeit und die hierfür zu zahlenden Zuschläge; Rufbereitschaft; Reisezeit; Kurzarbeit; Arbeitsausfall; Grundsätze der Urlaubsgewährung; allgemeine Urlaubsbestimmungen; Urlaubsdauer; Urlaubsvergütung; Verdienstsicherung und Kündigungsschutz für ältere Arbeitnehmer; Zahlung im Sterbefall an Hinterbliebene; Berechnung des Arbeitsverdienstes (z.B. für die Lohnfortzahlung im Krankheitsfall); Geltendmachung und Ausschluß von Ansprüchen aus dem Arbeitsverhältnis; Verfahren bei Streitfällen.

Quelle: Tarifautonomie – Element unseres freiheitlichen Gesellschaftssystems, Köln 1982, S. 39

1. Erläutern Sie den Begriff "schuldrechtlicher und normativer Teil" eines Tarifvertrages.
2. Ordnen Sie die aufgezählten Inhaltsnormen den verschiedenen Tarifvertragsarten zu.

Der Geltungsbereich des Tarifvertrages kann in vielerlei Hinsicht eingeengt werden:

räumlich ▶ Der Tarifvertrag grenzt die Gültigkeit auf Ort-, Kreis-, Landes- oder Bundesebene ein.

fachlich ▶ Der Tarifvertrag gilt nur für bestimmte Branchen bzw. Arten von Betrieben.

persönlich ▶ Der Tarifvertrag schließt bestimmte Arbeitnehmer aus (z.B. Auszubildende).

zeitlich ▶ Der Tarifvertrag gilt für einen bestimmten Zeitraum.

Grundsätzlich gelten aber für alle Tarifverträge folgende Regeln:

a) Tarifautonomie: Die Tarifvertragsparteien haben das Recht, innerhalb des gesetzlichen Rahmens ohne staatliche Einmischung Tarifverträge auszuhandeln (vgl. GG Art. 9).

b) Unabdingbarkeit: Tarifverträge enthalten Mindestbedingungen, Abweichungen vom Tarifvertrag (z.B. in einem Einzelarbeitsvertrag) sind nur dann zulässig, wenn der Arbeitnehmer besser gestellt wird.

c) Tarifbindung: Während der Laufzeit des Tarifvertrages sind die Vertragsparteien an die Abmachungen gebunden.

d) Friedenspflicht: Während der Laufzeit des Tarifvertrages dürfen keine Arbeitskampfmaßnahmen wie Streik und Aussperrung ergriffen werden. Kurze Warnstreiks sind jedoch zulässig.

Generell gelten Tarifverträge nur für die Mitglieder der Vertragsparteien. Ein Arbeitgeber könnte also mit einem Arbeitnehmer, der nicht Mitglied einer Gewerkschaft ist, Lohnvereinbarungen unter Tarif treffen. In der Regel arbeiten aber alle Arbeitnehmer, ob sie Gewerkschaftsmitglieder sind oder nicht, unter den Bedingungen, die der Tarifvertrag setzt (= Grundsatz der Gleichbehandlung).

Der Bundesminister für Arbeit und Sozialordnung kann unter bestimmten Voraussetzungen einen Tarifvertrag für allgemeinverbindlich erklären. Dies bedeutet, daß er auch für nicht tarifgebundene Arbeitgeber und Arbeitnehmer Gültigkeit besitzt. In diesem Fall müssen Arbeitnehmer, die keiner Gewerkschaft angehören, zu den gleichen Bedingungen beschäftigt werden wie Gewerkschaftsmitglieder.

2.3 Tarifverhandlungen

Ziel von Tarifverhandlungen ist es, einen neuen Tarifvertrag abzuschließen. Dabei werden solche Verhandlungen branchenbezogen geführt (z.B. für die Metallindustrie). Arbeitgeberverbände und Gewerkschaften bilden Verhandlungskommissionen. Liegen die Vorstellungen der beiden Sozialpartner sehr weit auseinander und bringen die Verhandlungen keine Annäherung der Standpunkte, so wird eine der beiden Seiten das Scheitern der Verhandlungen erklären. Im einzelnen laufen die Tarifverhandlungen wie folgt ab (s. Arbeitstext auf folgender Seite):

Verlauf von Tarifverhandlungena

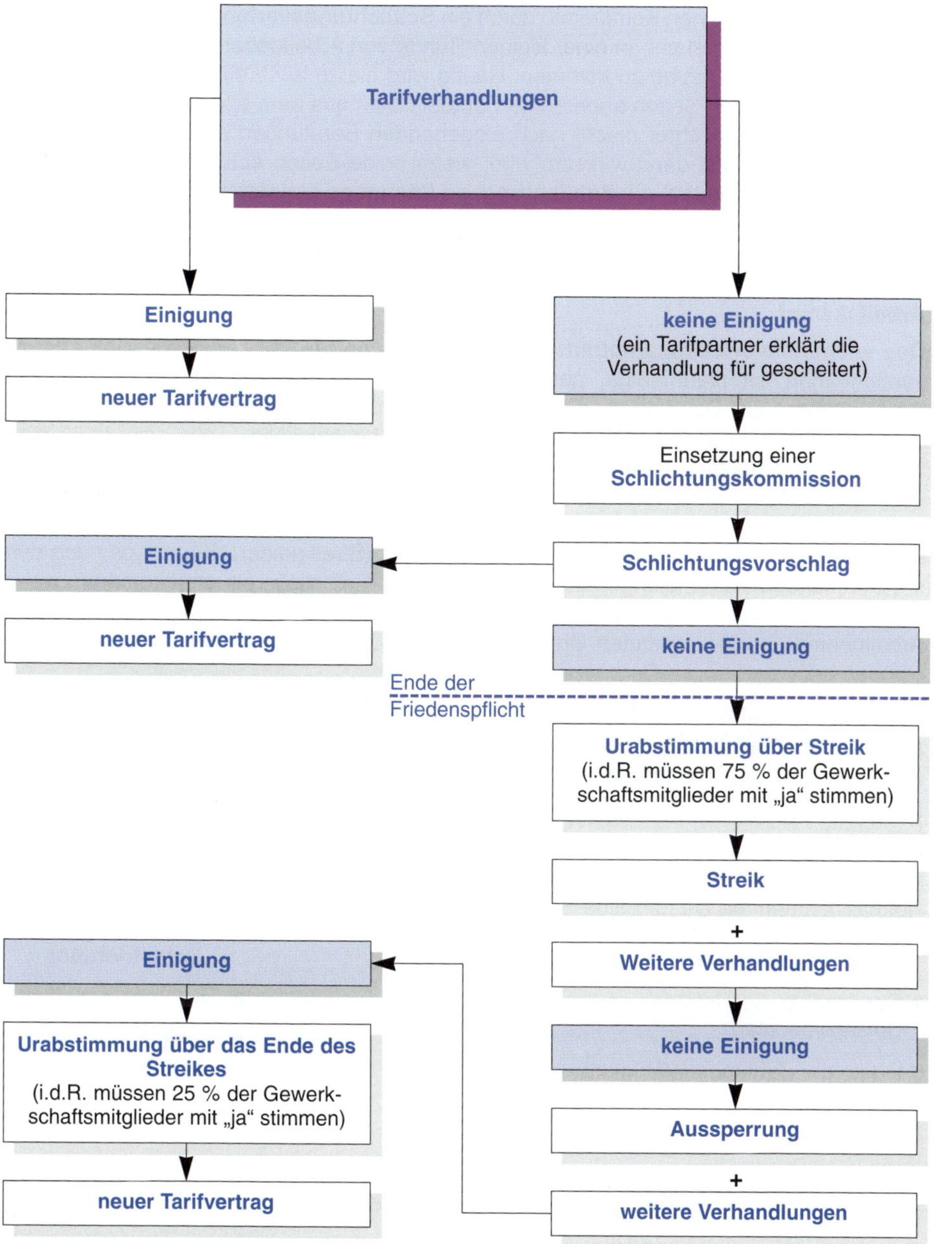

Tarifverhandlungen

Einigung

neuer Tarifvertrag

keine Einigung
(ein Tarifpartner erklärt die
Verhandlung für gescheitert)

Einsetzung einer
Schlichtungskommission

Einigung

neuer Tarifvertrag

Schlichtungsvorschlag

keine Einigung

Ende der
Friedenspflicht

Urabstimmung über Streik
(i.d.R. müssen 75 % der Gewerkschaftsmitglieder mit „ja" stimmen)

Streik

+

Einigung

**Urabstimmung über das Ende des
Streikes**
(i.d.R. müssen 25 % der Gewerkschaftsmitglieder mit „ja" stimmen)

neuer Tarifvertrag

Weitere Verhandlungen

keine Einigung

Aussperrung

+

weitere Verhandlungen

*Sicherlich haben Sie in der Vergangenheit Tarifverhandlungen und Formen ihrer Ausein-
andersetzung verfolgt. Entwickeln Sie an einem von Ihnen gewählten Beispiel den Verlauf
einer tariflichen Auseinandersetzung. Die Abb. zeigt die Stufen der Tarifverhandlung auf.*

Schlichtung

Kommen die Tarifkommissionen der Arbeitgeber und Arbeitnehmer nicht zu einer Einigung, versucht man einen Kompromiß durch ein **Schlichtungsverfahren** zu erreichen. Dabei wird zunächst versucht, in einer kleinen Runde von Arbeitgeber und Gewerkschaftsvertretern zu einer Lösung zu kommen. Häufig wird hierzu auch ein neutraler Schlichter (z.B. eine von beiden Seiten anerkannte Persönlichkeit aus dem öffentlichen Leben) hinzugezogen. Der Schlichter macht nach eingehenden Beratungen einen **Einigungsvorschlag**, der aber erst dann wirksam wird, wenn beide Seiten **schriftlich ihre Zustimmung** erklären. **Scheitert die Schlichtung, so kommt es meistens zum Arbeitskampf.**

Arbeitskampf

Das wichtigste Arbeitskampfmittel der Gewerkschaften ist der Steik. Unter Streik versteht man die planmäßige, gemeinsame Arbeitsniederlegung einer Mehrzahl von Arbeitnehmern zur Durchsetzung ihrer Forderungen. Der **organisierte Streik** wird von dem Hauptvorstand der zuständigen Gewerkschaft beschlossen, wenn sich zuvor eine bestimmte Prozentzahl (i.d.R. 75 %) der gewerkschaftlich organisierten Arbeitnehmer in einer geheimen Urabstimmung für den Streik entschieden haben. Während des Streiks entfällt die Entlohnungspflicht des Arbeitgebers. Aus dem Streikfonds erhalten die streikenden Gewerkschaftsmitglieder eine Unterstützung (Streikgelder). Kommt es nach den entsprechenden Verhandlungen zu einer Einigung, so gilt diese als angenommen, wenn wiederum eine bestimmte Prozentzahl (i.d.R. 25 %) der gewerkschaftlich organisierten Arbeitnehmer in einer erneuten Urabstimmung sich mit dem Ende des Streikes einverstanden erklären.

Das Gegenmittel der Arbeitgeber im Arbeitskampf ist die Aussperrung. Sie ist nur zulässig zur Abwehr eines Streikes und bedeutet, daß eine Gruppe von Arbeitnehmern (Betrieb, Abteilung) planmäßig von der Arbeit unter Ausschluß der Lohnzahlung ausgeschlossen wird.

Gewerkschaften und Arbeitgeberverbände müssen ihre Kampfmaßnahmen abhängig machen von dem **Prinzip der Verhältnismäßigkeit.** Streik und Aussperrung sind nur Notmaßnahmen, da sie für beide Seiten wirtschaftliche Folgen haben:

Arbeitgeber

● Gewinneinbußen infolge von Umsatzverlusten

● Risiko der Zahlungsunfähigkeit

Arbeitnehmer

● Einkommensverluste

● Arbeitsplatzrisiko

Volkswirtschaft

● Verschlechterung der Güterversorgung

● Verminderung der internationalen Wettbewerbsfähigkeit

● Rückgang der Steuereinnahmen

● Verschlechterung der Finanzlage der Sozialversicherungen

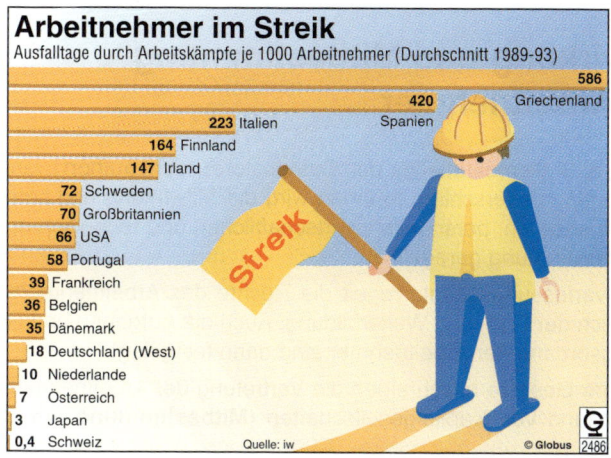

Arbeitnehmer im Streik
Ausfalltage durch Arbeitskämpfe je 1000 Arbeitnehmer (Durchschnitt 1989-93)

586	Griechenland
420	Spanien
223	Italien
164	Finnland
147	Irland
72	Schweden
70	Großbritannien
66	USA
58	Portugal
39	Frankreich
36	Belgien
35	Dänemark
18	Deutschland (West)
10	Niederlande
7	Österreich
3	Japan
0,4	Schweiz

Quelle: iw   © Globus 2486

1. Bewerten Sie die internationale Statistik der Streiktage (z.B. welche Länder haben die meisten Streiktage ...).
2. Worin sehen Sie die Ursachen, daß in der Bundesrepublik Deutschland vergleichsweise wenig gestreikt wird?

Streik

2.3/3

Der Streik kommt in drei Arten vor:
Seine eigentliche Form ist die Arbeitseinstellung, sie geschieht dadurch, daß die Arbeitnehmer ihre Arbeit niederlegen oder gar nicht erst an ihrem Arbeitsplatz erscheinen. Streik ist aber auch, wenn die Arbeitnehmer zu langsam oder schlecht arbeiten (Bummelstreik) oder wenn sie durch übergenaue Beachtung von Ordnungs- und Sicherheitsvorschriften ihre Arbeitspflicht nur zum Teil erfüllen. Anschauliche Beispiele für die letzten beiden Arten von Streik haben in früheren Jahren die sogenannte Aktion „Igel" bei der Bundespost und die Kampfmaßnahmen der Fluglotsen geboten.

Nach der Organisation unterscheidet man zwischen
- gewerklichem Streik, der von einer Gewerkschaft organisiert wird und
- wildem Streik, der nicht von einer Gewerkschaft geleitet wird.

Nach der von der Gewerkschaft gewählten Taktik unterscheidet man zwischen
- totalem oder Vollstreik (auch Flächenstreik), bei dem alle (zumindest alle organisierten) Arbeitnehmer eines Kampfgebietes die Arbeit niederlegen, und

- Teil- oder Schwerpunktstreik, bei dem nur ein Teil der Arbeitnehmer die Arbeit niederlegt oder bei dem nur ausgewählte einzelne Arbeitgeber bestreikt werden oder bei dem die Arbeitnehmer nach einem bestimmten Plan zunächst nur gruppenweise bei einem einzelnen Betrieb oder nur bei bestimmten Betrieben streiken.

Nach dem Ziel unterscheidet man zwischen
- Erzwingungsstreik (auch Kampfstreik), der grundsätzlich bis zur Erreichung des Ziels fortgesetzt wird, ferner dem
- Warnsteik (auch Demonstrationsstreik), wenn durch nur kurzfristige Arbeitsniederlegung die Entschlossenheit zum Arbeitskampf ausgedrückt werden soll, und
- Sympathiestreik, wenn andere im Arbeitskampf stehende Arbeitnehmer eines anderen Tarifgebietes oder eines anderen Wirtschaftszweiges unterstützt werden sollen.

Nach dem Beginn des Arbeitskampfes unterscheidet man zwischen
- Angriffsstreik, mit dem der Arbeitskampf eröffnet wird und dem keine Aussperrung vorausgeht, und
- Abwehrstreik, der eine Reaktion auf eine Angriffsaussperrung darstellt.

Quelle: Tarifautonomie – Element unseres freiheitlichen Gesellschaftssystems, Köln 1982, S. 38

1. Was versteht man unter einem Streik?
2. Welche Arten von Streik gibt es?
3. Beurteilen Sie die einzelnen Streikarten hinsichtlich ihrer Tauglichkeit in einem Arbeitskampf.

3 Mitwirkung und Mitbestimmung der Arbeitnehmer

Die Vorstellung, daß „Demokratie vor den Betriebstoren nicht aufhört", fand in einer Reihe von Gesetzen ihren Niederschlag. In ihnen wird die Mitwirkung und Mitbestimmung der Arbeitnehmer im sozialen, personellen, wirtschaftlichen und technisch-organisatorischen Bereich der Unternehmung geregelt:

a) Das Betriebsverfassungsgesetz regelt die Rechte des Arbeitnehmers im Betrieb sowie den Bereich der Fort- und Weiterbildung. Auch die Aufgaben und Rechte bestimmter Vertretungsorgane der Arbeitnehmer sind darin festgelegt.

b) Drei besondere Gesetze beschreiben die Vertretung der Arbeitnehmer im Aufsichtsrat und/oder Vorstand von Kapitalgesellschaften **(Mitbestimmung auf Unternehmensebene).**

c) Das Arbeitsgerichtsgesetz ordnet die gesamte Rechtsprechung für den Bereich des Betriebsverfassungsgesetzes den Arbeitsgerichten zu.

Wenn bestimmte Voraussetzungen erfüllt sind (z.B. Anzahl der Beschäftigten, Unternehmensform), können aufgrund dieser Gesetze folgende Vertretungsorgane der Arbeitnehmer bestellt werden:

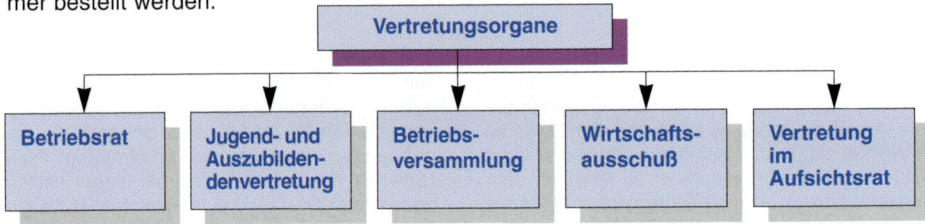

3.1 Betriebsrat

Die Interessen der Arbeitnehmer im Betrieb werden im Betriebsrat vertreten. Dieser kann nur auf Initiative der Arbeitnehmer (Gewerkschaften) eingerichtet werden; ein Zwang zur Einrichtung besteht nicht.

Allgemeine Aufgaben
- Überwachung der Einhaltung von Gesetzen, Tarifverträgen und Betriebsvereinbarungen,
- Beantragung von Maßnahmen bei der Betriebsleitung im Interesse von Betrieb und Belegschaft,
- Interessenvertretung besonders schutzbedürftiger Personen (z.B. Jugendliche, ausländische Mitarbeiter, Behinderte usw.).

Wahlen
- Betriebsratswahlen finden alle 4 Jahre zwischen dem 01. März und dem 21. Mai statt.
- Wahlberechtigt sind alle Arbeitnehmer, die das 18. Lebensjahr vollendet haben.
- Wählbar sind alle Wahlberechtigten, die dem Betrieb seit 6 Monaten angehören.
- Die Anzahl der Betriebsratsmitglieder hängt von der Zahl der wahlberechtigten Arbeitnehmer ab.

1. Beschreiben Sie den Inhalt der Karikatur.
2. Schlagen Sie Möglichkeiten der Demokratisierung im Betrieb vor.

3.1/1

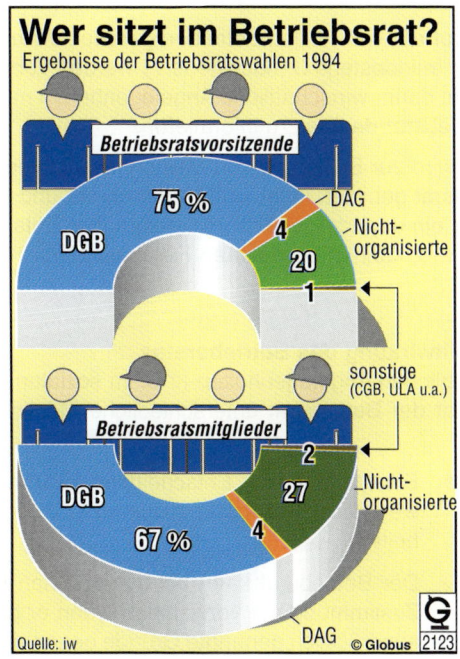

1. Welche Gruppen sind in den Betriebsräten vertreten?
2. Beschreiben Sie die Kräfteverteilung in den Betriebsräten.
3. Warum sind die organisierten Arbeitnehmer in den Betriebsräten stärker vertreten als die nichtorganisierten?

Arbeitnehmer	Betriebsrat
5 – 20 Arbeitnehmer	1 Betriebsobmann
21 – 50 Arbeitnehmer	3 Betriebsräte
51 – 150 Arbeitnehmer	5 Betriebsräte
151 – 300 Arbeitnehmer	7 Betriebsräte
301 – 600 Arbeitnehmer	9 Betriebsräte
601 – 1000 Arbeitnehmer	11 Betriebsräte
1001 – 2000 Arbeitnehmer	15 Betriebsräte
2001 – 3000 Arbeitnehmer	19 Betriebsräte
3001 – 4000 Arbeitnehmer	23 Betriebsräte
4001 – 5000 Arbeitnehmer	27 Betriebsräte
5001 – 7000 Arbeitnehmer	29 Betriebsräte
7001 – 9000 Arbeitnehmer	31 Betriebsräte

Für jeweils weitere 3000 Mitarbeiter sind 2 weitere Betriebsräte vorgesehen.

Organe

● Die **Betriebsversammlung** besteht aus allen Mitarbeitern des Betriebes und wird vom Betriebsratsvorsitzenden geleitet. Sie muß einmal im Vierteljahr einberufen werden und kann dem Betriebsrat Anträge unterbreiten und Empfehlungen aussprechen.

● Der **Betriebsausschuß** muß gebildet werden, wenn ein Betriebsrat aus 9 oder mehr Mitgliedern besteht. Er führt die laufenden Geschäfte des Betriebsrates (z.B. Vorbereitung von Sitzungen).

● Der **Wirtschaftsausschuß** wird in allen Betrieben gebildet, die mehr als 100 Mitarbeiter haben. Die Mitglieder (mindestens 3, höchstens 7) werden vom Betriebsrat bestimmt. Seine Aufgabe besteht darin, wirtschaftliche Angelegenheiten mit dem Unternehmer zu beraten und den Betriebsrat darüber zu informieren.

● Die **Einigungsstelle** wird zur Beilegung von Meinungsverschiedenheiten zwischen Arbeitgeber und Betriebsrat gebildet. In ihr sind Unternehmer und Betriebsrat zu gleichen Teilen vertreten sowie ein unparteiischer Vorsitzender. Ihre Entscheidung, die mit Stimmenmehrheit gefaßt wird, kann in bestimmten Fällen verbindlich sein.

Mitbestimmung und Mitwirkung des Betriebsrates

In verschiedenen betrieblichen Angelegenheiten (z.B. im sozialen, personellen oder wirtschaftlichen Bereich) hat der Betriebsrat unterschiedliche Möglichkeiten der Mitbestimmung bzw. Mitwirkung:

Mitbestimmungsrechte: Eine betriebliche Entscheidung kann nur zustande kommen, wenn der Betriebsrat zustimmt (z.B. bei sozialen Angelegenheiten).

Mitwirkungsrechte: Der Betriebsrat kann bei betrieblichen Entscheidungen seine Zustimmung nur verweigern, wenn er gravierende, im Gesetz ausdrücklich genannte Gründe gegen diese Entscheidung vorbringen kann (z.B. bei personellen Angelegenheiten).

Beratungsrechte: Der Betriebsrat hat kein Widerspruchsrecht gegen betriebliche Entscheidungen. Er muß lediglich rechtzeitig informiert und zu den anstehenden Entscheidungen gehört werden (z.B. bei wirtschaftlichen Angelegenheiten).

Betriebsvereinbarung

Zwischen der Firma _____Maschinenbau GmbH_____

vertreten durch _____den Geschäftsführer, Herrn Riedl_____

einerseits

und

dem Betriebsrat der Firma _____Maschinenbau GmbH_____

vertreten durch den Vorsitzenden _____Herrn Meixner_____

andererseits,

wird gemäß § 56 BetrVG folgende
Betriebsvereinbarung
abgeschlossen.

1. Mit Wirkung vom _1. Okt. 19.._ wird für die Arbeiter und Angestellten die Gleitende Arbeitszeit eingeführt. Im Rahmen der folgenden Betriebsvereinbarung können die Arbeiter und Angestellten ihren Arbeitsbeginn und das Arbeitsende frei wählen.
2. Die **Gesamtarbeitszeit** umfaßt den Zeitraum von 7.00 bis 19.00 Uhr. Die **Stammarbeitszeit** umfaßt den Zeitraum von 9.00 bis 15.30 Uhr. Während der Stammarbeitszeit müssen die Arbeitnehmer an ihrem Arbeitsplatz sein. Während der Gleitzeit (von 7.00 bis 9.00 und 15.30 bis 19.00 Uhr) können die Arbeitnehmer ihre Arbeitszeit nach eigenen Bedürfnissen einrichten. Als Normalarbeitszeit wird der Zeitraum von 8.00 bis 16.30 Ihr angesehen.
   Eine Arbeitsleistung von mehr als 10 Stunden pro Tag ist nicht zulässig.
3. Im Monat ist die im Tarifvertrag vereinbarte Arbeitszeit zu leisten. Überschreitungen oder Unterschreitungen der tariflichen Arbeitszeit bis zu 10 Stunden pro Monat sind möglich.
   Sie werden im folgenden Monat ausgeglichen.
4. Jeder Arbeitnehmer führt eine Zeiterfassung durch.
5. Abwesenheit von der Arbeit wird bei der Zeitsummenrechnung wie folgt behandelt:
   (1) Überschreitungen der Soll-Arbeitszeit im vorhergehenden Abrechnungszeitraum sind als Zeitvortrag auf der Zeiterfassungskarte vermerkt. Sie vermindern die Soll-Arbeitszeit im gleichen Umfang.
   (2) Dienstliche Abwesenheit, Urlaub, Kuraufenthalte, Arbeitsunfähigkeit und Schonzeiten im Sinne der §§ 2 und 6 des MuSchG vermindern die Soll-Arbeitszeit.
   (3) Dienstverhinderungen infolge eines unverschuldeten Unglücks vermindern die Soll-Arbeitszeit und werden in der Zeiterfassungskarte nachträglich vermerkt.
   (4) Beurlaubung aus besonderen Anlässen („Sonderurlaub") nach Maßgabe des bestehenden Tarifvertrages vermindern die Soll-Arbeitszeit und werden in der Zeiterfassungskarte nachträglich vermerkt.
   (5) Unbezahlte Abwesenheit („unbezahlter Urlaub") muß im Einzelfall vereinbart werden.
8. Arbeitsgruppen, bei denen die gemeinsame Anwesenheit der Arbeitnehmer wegen der Natur der Arbeit notwendig ist, stimmen über die gemeinsame Arbeitszeit ab.
   Die Mehrheitsentscheidung der Arbeitsgruppe ist für alle Arbeitnehmer dieser Gruppe verbindlich.

1. Wer schließt Betriebsvereinbarungen ab?
2. Welcher Kompromiß zur Arbeitszeit wurde in dieser Betriebsvereinbarung gefunden?
3. Wozu könnten ebenfalls Vereinbarungen getroffen werden?

Mitwirkung und Mitbestimmung der Arbeitnehmer nach dem Betriebsverfassungsgesetz

Mitbestimmungsrechte	Mitwirkungsrechte	Beratungsrechte
Soziale Angelegenheiten (§ 87)	Personelle Einzelmaßnahmen (§ 99)	Wirtschaftliche Angelegenheiten (§ 106)
– Betriebsordnung – Lage der Arbeitszeit und Pausen – Urlaubsplan – Unfallverhütung – betriebliche Berufsbildung – betriebliche Sozialeinrichtungen Personalfragebogen Beurteilungsgrundsätze (§ 94)	– Einstellungen – Ein- und Umgruppierungen – Versetzungen Durchführung betrieblicher Bildungsmaßnahmen (§ 98) Kündigung (§ 102)	z.B. wirtschaftliche und finanzielle Lage, Produktion, Absatz, Investitionen, Rationalisierungen durch den vom Betriebsrat bestimmten Wirtschaftsausschuß Gestaltung des Arbeitsplatzes (§ 90) – Neu-, Um-, Erweiterungsanbauten – technische Anlagen – Arbeitsverfahren

Betriebsvereinbarungen

Eine Möglichkeit der praktischen Umsetzung der Mitbestimmungsrechte ist der Abschluß einer **Betriebsvereinbarung** zwischen Betriebsrat und Unternehmensleitung. Diese Vereinbarungen sind schriftlich abzufassen und im Betrieb auszuhängen. Sie dürfen geltenden Gesetzen und Tarifverträgen nicht widersprechen. Es gilt folgende „Abhängigkeit":

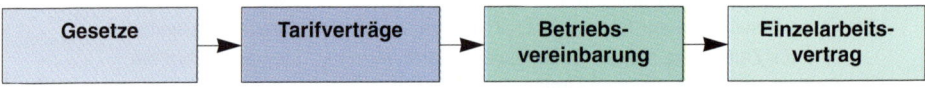

| Gesetze | ➤ | Tarifverträge | ➤ | Betriebs-vereinbarung | ➤ | Einzelarbeits-vertrag |

Dabei dürfen Abweichungen keine Verschlechterungen, sondern nur Verbesserungen für den einzelnen Arbeitnehmer mit sich bringen.

Betriebsvereinbarungen regeln üblicherweise:

die notwendige Ordnung im Betrieb, wie z.B.	das Verhalten des Arbeitnehmers, wie z.B.	die Aufgaben des Betriebsrates, wie z.B.
● Arbeitszeit ● Pausen ● Überstunden ● Akkord- und Richtlohnsätze ● neue Entlohnungsmethoden	● Tragen von Schutzkleidung ● Rauch- und Alkoholverbot ● Behandlung von Maschinen, Werkzeugen, Material ● Benutzen sozialer Einrichtungen	● Sprechstunden während der Arbeitszeit ● Freistellung der Betriebsratsmitglieder von der beruflichen Tätigkeit ● Errichtung und Verwaltung sozialer Einrichtungen

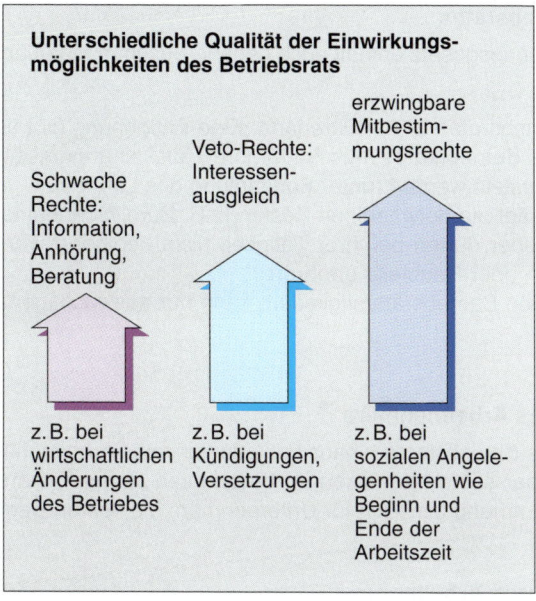

Quelle: A. Ostertag u.a.: Mitbestimmung und Interessenvertretung. Köln 1981, S. 158

1. Welche verschiedenen Einwirkungsmöglichkeiten hat der Betriebsrat?
2. Bilden Sie zu jeder Einwirkungsmöglichkeit des Betriebsrates ein praktisches Beispiel.
3. Warum hat der Gesetzgeber Ihrer Meinung nach dem Betriebsrat bei wirtschaftlichen Angelegenheiten des Betriebes nur eine schwache Einwirkungsmöglichkeit gegeben?

Betriebsverfassungsgesetz

§ 88

Freiwillige Betriebsvereinbarungen

Durch Betriebsvereinbarung können insbesondere geregelt werden

1. zusätzliche Maßnahmen zur Verhütung von Arbeitsunfällen und Gesundheitsschädigungen;

2. die Errichtung von Sozialeinrichtungen, deren Wirkungsbereich auf den Betrieb, das Unternehmen oder den Konzern beschränkt ist;

3. Maßnahmen zur Förderung der Vermögensbildung.

1. Welche Aspekte werden durch Betriebsvereinbarungen geregelt?
2. Nennen Sie konkrete Beispiele für solche Vereinbarungen.
3. Erkundigen Sie sich, ob in Ihrem Betrieb Betriebsvereinbarungen existieren (z.B. Betriebsordnung).

Stellung des Betriebsrates

Das Betriebsverfassungsgesetz enthält auch genaue Bestimmungen über die Stellung des Betriebsrates:

- Das Amt des Betriebsrates ist ein Ehrenamt. Eine Entlohnung gibt es dafür nicht.
- Die Mitglieder des Betriebsrates müssen für ihre Tätigkeit angemessen von ihrer beruflichen Arbeit freigestellt werden (unter Fortzahlung des Lohnes).
- Der Arbeitgeber trägt die notwendigen Kosten (z.B. Büro, Schreibmaterial usw.).
- Betriebsratsmitglieder dürfen bei ihrer Tätigkeit nicht behindert werden oder aufgrund ihrer Tätigkeit Vor- oder Nachteile erfahren.
- Eine Kündigung von Betriebsratsmitgliedern kann nur aus wichtigem Grund erfolgen.

Mitbestimmung des Arbeitnehmers

Über die Rechte des Betriebsrates hinaus hat jeder einzelne Arbeitnehmer die Möglichkeit, direkt und unmittelbar seine Interessen im bestimmten Rahmen wahrzunehmen. Diese individuelle Mitbestimmung gilt auch für Unternehmen, die keinen Betriebsrat haben.

Mitbestimmung durch Arbeitnehmer

Informationsrechte		Äußerungsrechte		
aktives Informationsrecht	passives Informationsrecht	Anhörung	Beschwerden	Beratung
auf Verlangen muß Auskunft gegeben werden z.B. – Zusammensetzung des Lohnes – Beurteilung der Leistung – Aufstiegschancen – Einsicht in die Personalakte	unaufgeforderte Informationen über bestimmte Sachlagen, z.B. – Arbeitsablauf – Unfall- und Gesundheitsgefahren	Abgabe von Anregungen, Anträgen, Einwendungen, Stellungnahmen	über ungerechte Behandlungen und sonstige Benachteiligungen	mit dem Arbeitgeber soziale, wirtschaftliche und personelle Fragen diskutieren

3.2 Jugend- und Auszubildendenvertretung

Die Jugend- und Auszubildendenvertretung, deren Errichtung, Wahl und Aufgaben ebenfalls im Betriebsverfassungsgesetz geregelt sind, kann nicht direkt gegenüber dem Arbeitgeber tätig werden. Ansprechpartner ist der Betriebsrat. Die Jugend- und Auszubildendenvertretung ist an den Sitzungen des Betriebsrates zu beteiligen. An gemeinsamen Besprechungen des Betriebsrates mit dem Arbeitgeber, bei denen besondere Belange der Jugendlichen zur Sprache kommen, hat die gesamte Jugend- und Auszubildendenvertretung ein Teilnahmerecht.

Betriebsverfassung

Neufassung des Betriebsverfassungsgesetzes
vom 23. Dezember 1988

Geschäfts-leitung

Sprecher-ausschüsse

Zusammen-arbeit

Wirtschaftliche
Angelegenheiten

Wahl auf
4 Jahre

Mitwirkung und
Mitbestimmung

bestellt ab 100
Arbeitnehmern

unterrichtet

Wirtschaftsaus-schuß
3–7 Mitglieder
Informations- u.
Beratungsgremium

Interessen-vertretung

Betriebsrat

5–20 Arbeitn. → 1 Betriebsobmann
21–9000 Arbeitn. → 3–31 Mitgl.
über 9000 Arbeitnehmer → 31 Mitgl.
+2 für je angefangene 3000 Arbeitnehmer

ab 9
Mit-gliedern

Betriebsausschuß
führt die laufenden
Geschäfte des
Betriebsrats

**Jugend- und
Auszubilden-denvertretung
1–13 Mitgl.**

Wahl auf
2 Jahre

Wahl auf
4 Jahre

Leitende
Angestellte
ab 10 im
Betrieb

Wahlberechtigt sind ju-gendliche Arbeitn. unter
18 J. und Auszubilden-de unter 25 J.
Wählbar: alle Arbeitn.
unter 25 J.

Mind. 5 Arbeitn., von denen 3
wählb. sind. Wahlberechtigt: alle
Arbeitn. über 18 J.
Wählbar: alle Wahlberechtigte, die
mind. 6 Monate dem Be-trieb angehören

1. Wie beurteilen Sie die Mitbestimmung des Betriebsrates, geregelt durch das Betriebsver-fassungsgesetz?
2. Durch Gesetzesänderungen sind die bisherigen Jugendvertretungen zur Jugend- und Auszubildendenvertretung ausgebaut worden. Halten Sie diese Änderungen für sinnvoll? Begründen Sie Ihre Meinung.
3. Halten Sie es für gerechtfertigt, daß leitende Angestellte eigene Sprecherausschüsse wählen? Begründen Sie Ihre Meinung.

Wahl

- Die Wahl zur Jugend- und Auszubildendenvertretung findet alle 2 Jahre in der Zeit vom 01.10.–30.11. statt.
- Wahlberechtigt sind alle Auszubildenden bis 25 Jahre sowie jugendliche Arbeitnehmer bis 18 Jahre.
- Gewählt werden können Auszubildende und Arbeitnehmer bis 25 Jahre.
- Die Anzahl der Jugendvertreter ist abhängig von der Anzahl der Beschäftigten unter 18 Jahren.

---

5 – 20 jugendliche Arbeitnehmer und Auszubildende: 1 Jugendvertreter
21 – 50 jugendliche Arbeitnehmer und Auszubildende: 3 Jugendvertreter
51 – 200 jugendliche Arbeitnehmer und Auszubildende: 5 Jugendvertreter
201 – 300 jugendliche Arbeitnehmer und Auszubildende: 7 Jugendvertreter
mehr als 300 jugendliche Arbeitnehmer und Auszubildende: 9 Jugendvertreter

---

Aufgaben

§ 70 des Betriebsverfassungsgesetzes regelt, daß die Jugend- und Auszubildendenvertretung folgende **allgemeine Aufgaben** hat:

- Sie soll Maßnahmen, die den jugendlichen Arbeitnehmern dienen, beim Betriebsrat beantragen.
- Sie muß darüber wachen, daß die zugunsten der jugendlichen Arbeitnehmer geltenden Gesetze, Verordnungen, Tarifverträge, Unfallverhütungsvorschriften und Betriebsvereinbarungen eingehalten werden.
- Sie soll Anregungen von jugendlichen Arbeitnehmern, insbesondere in Fragen der Berufsbildung, entgegenehmen und, falls sie berechtigt erscheinen, beim Betriebsrat auf eine Erledigung hinwirken.

Zur Durchführung aller dieser Aufgaben ist die Jugendvertretung durch den Betriebsrat rechtzeitig und umfassend zu informieren.

Mitbestimmung auf Unternehmensebene

In größeren Unternehmen, die in Form von Kapitalgesellschaften betrieben werden, besteht neben dem Betriebsrat eine **Mitbestimmung der Arbeitnehmer auf Unternehmensebene.** Sie erfaßt unmittelbar die Grundentscheidungen der Unternehmenspolitik, wie z.B. die Auswahl der Unternehmensleitung und dieEntscheidung über größere Investitionen. Diese Mitbestimmung findet im Aufsichtsrat eines Unternehmens statt. Die schrittweise Entwicklung der Unternehmensmitbestimmung hat dazu geführt, daß heute 3 Systeme einer Vertretung der Arbeitnehmer in Unternehmensorganen bestehen:

a) die Mitbestimmung nach dem Montan-Mitbestimmungsgesetz als die älteste und weitestgehende Form;

b) die Mitbestimmung in Großunternehmen anderer Wirtschaftszweige nach dem Mitbestimmungsgesetz 1976;

c) die Mitbestimmung in mittleren Kapitalgesellschaften nach dem Betriebsverfassungsgesetz.

Betriebsverfassungsgesetz, 3. Teil: Jugend- und Auszubildendenvertretung

§ 60
Errichtung und Aufgabe

(1) In Betrieben mit in der Regel mindestens fünf Arbeitnehmern, die das 18. Lebensjahr noch nicht vollendet haben (jugendliche Arbeitnehmer) oder die zu ihrer Berufsausbildung beschäftigt sind und das 25. Lebensjahr noch nicht vollendet haben, werden Jugend- und Auszubildendenvertretungen gewählt.

(2) Die Jugend- und Auszubildendenvertretung nimmt nach Maßgabe der folgenden Vorschriften die besonderen Belange der in Absatz 1 genannten Arbeitnehmer wahr.

§ 66
Aussetzung von Beschlüssen des Betriebsrats

(1) Erachtet die Mehrheit der Jugend- und Auszubildendenvertreter einen Beschluß des Betriebsrats als eine erhebliche Beeinträchtigung wichtiger Interessen der in § 60 Abs. 1 genannten Arbeitnehmer, so ist auf ihren Antrag der Beschluß auf die Dauer von einer Woche auszusetzen, damit in dieser Frist eine Verständigung, gegebenenfalls mit Hilfe der im Betrieb vertretenen Gewerkschaften, verursacht werden kann.

(2) Wird der erste Beschluß bestätigt, so kann der Antrag auf Aussetzung nicht wiederholt werden; dies gilt auch, wenn der erste Beschluß nur unerheblich geändert wird.

§ 67
Teilnahme an Betriebsratssitzungen

(1) Die Jugend- und Auszubildendenvertretung kann zu allen Betriebsratssitzungen einen Vertreter entsenden. Werden Angelegenheiten behandelt, die besonders die in § 60 Abs. 1 genannten Arbeitnehmer betreffen, so hat zu diesen Tagesordnungspunkten die gesamte Jugend- und Auszubildendenvertretung ein Teilnahmerecht.

(2) Die Jugend- und Auszubildendenvertreter haben Stimmrecht, soweit die zu fassenden Beschlüsse des Betriebsrats überwiegend die in § 60 Abs. 1 genannten Arbeitnehmer betreffen.

(3) Die Jugend- und Auszubildendenvertretung kann beim Betriebsrat beantragen, Angelegenheiten, die besonders die in § 60 Abs. 1 genannten Arbeitnehmer betreffen und über die sie beraten hat, auf die nächste Tagesordnung zu setzen. Der Betriebsrat soll Angelegenheiten, die besonders die in § 60 Abs. 1 genannten Arbeitnehmer betreffen, der Jugend- und Auszubildendenvertretung zur Beratung zuleiten.

1. Welche besonderen Rechte hat die Jugend- und Auszubildendenvertretung gegenüber dem Betriebsrat?

2. Warum hat der Gesetzgeber der Jugend- und Auszubildendenvertretung diese besonderen Rechte eingeräumt?

3.3.1 Montan-Mitbestimmungsgesetz von 1952

Gültigkeitsbereich
- Zum Montanbereich gehören Unternehmen des Bergbaus und der Eisen- und Stahl-erzeugenden Industrie.
- Dieses Mitbestimmungsmodell gilt für Kapitalgesellschaften aus diesem Bereich mit mehr als 1000 Beschäftigten.

Aufsichtsrat
- Im Aufsichtsrat sitzen gleich viele Vertreter von Kapitaleigner und Arbeitnehmervertreter (= paritätische Mitbestimmung).
- Die gewählten Aufsichtsratsmitglieder wählen, damit es bei Entscheidungen nicht zu einer Pattsituation kommt, ein neutrales Mitglied.
- Besonderheit: Die Belange der Arbeitnehmer werden im Vorstand durch einen Arbeits-direktor wahrgenommen, in dessen Zuständigkeit Personal- und Sozialangelegenheiten fallen. Er kann nicht gegen die Stimmen der Arbeitnehmervertreter im Aufsichtsrat berufen oder entlassen werden.

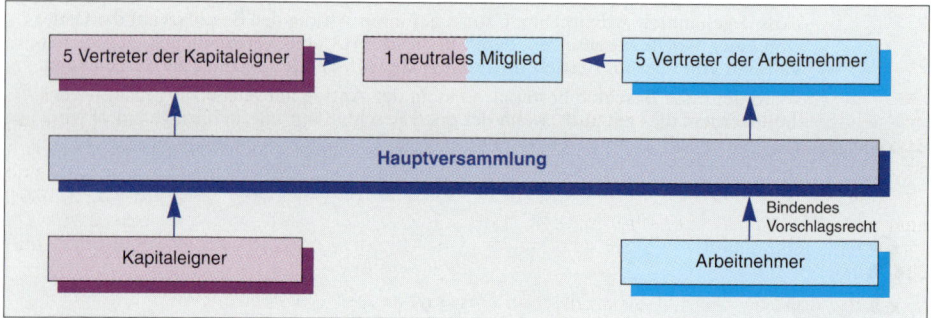

3.3.2 Mitbestimmungsgesetz von 1976

Gültigkeitsbereich
- **Dieses Mitbestimmungsmodell gilt für Unternehmen aller Wirtschaftszweige, die mehr als 2000 Beschäftigte haben.**

Aufsichtsrat
- Kapitaleigner und Arbeitnehmer stellen die gleiche Anzahl von Vertretern im Aufsichts-rat.
- Die Anzahl der Aufsichtsratsmitglieder ist abhängig von der Größe des Unternehmens.

bis 10000 Arbeitnehmer:	12 Aufsichtsratsmitglieder
bis 20000 Arbeitnehmer:	16 Aufsichtsratsmitglieder
über 20000 Arbeitnehmer:	20 Aufsichtsratsmitglieder

Montan-Mitbestimmung

Zusammensetzung des Aufsichtsrats

Die Zusammensetzung der Aufsichtsräte in der Montanindustrie soll am Beispiel eines 11köpfigen Aufsichtsrats erläutert werden.

Die Anteilseignerseite entsendet fünf Mitglieder, die Arbeitnehmerseite ebenfalls.

Für die Zusammensetzung der Arbeitnehmerseite ist vorgeschrieben, daß mindestens zwei Mitglieder aus der Belegschaft kommen müssen, und zwar je ein Arbeiter und ein Angestellter. Damit sollen sowohl die Belegschaftsinteressen in ihrer Gesamtheit als auch die Gruppeninteressen der Arbeiter und Angestellten zur Geltung kommen.

Drei Mitglieder der Arbeitnehmerseite müssen nicht im Unternehmen beschäftigt sein („außerbetriebliche Arbeitnehmervertreter"). Sie werden von den Spitzenorganisationen der im Unternehmen vertretenen Gewerkschaften den Betriebsräten des Unternehmens vorgeschlagen.

Der Arbeitsdirektor

Das Montan-Mitbestimmungsgesetz hat den „Arbeitsdirektor" als gleichberechtigtes Vorstandsmitglied eingeführt. Er kann nicht gegen die Stimmen der Mehrheit der Arbeitnehmervertreter im Aufsichtsrat bestellt werden.

Bei einem 11köpfigen Aufsichtsrat müssen also mindestens drei Arbeitnehmervertreter seiner Einsetzung zustimmen.

Zum Ressort des Arbeitsdirektors gehören z.B. Personalabteilung, menschengerechte Arbeitsgestaltung, Leistung und Lohn, Tariffragen, Aus- und Weiterbildung, Arbeits- und Sozialrecht, Arbeitssicherheit, Wohnungswesen.

Im Rahmen dieser Aufgaben muß der Arbeitsdirektor mit den Betriebsräten eng zusammenarbeiten. Auch hier wird wieder die Verzahnung von betrieblicher und außerbetrieblicher Unternehmensmitbestimmung deutlich.

Die Bestellung der Arbeitnehmervertreter

Alle Arbeitnehmervertreter werden von den Betriebsräten des Unternehmens ausgewählt. Sie sind durch die Anteilseignerversammlung formell zu bestätigen. Die Anteilseignerversammlung ist an die Vorschläge gebunden.

Der im Gesetz vorgesehene neutrale Mann soll als 11. Mitglied (oder bei größeren Aufsichtsräten als 15. bzw. 21 Mitglied) Patt-Situationen verhindern. Er soll sicherstellen, daß im paritätisch besetzten Aufsichtsrat eine Mehrheit bei Abstimmungen zustande kommt.

Diese Funktion setzt voraus, daß er das Vertrauen der Beteiligten besitzt und als Persönlichkeit geeignet ist, bei Meinungsverschiedenheiten auszugleichen. In der Praxis der Montanindustrie ist es nach den bisherigen Erfahrungen allerdings außerordentlich selten, daß durch die Funktion des 11. Mannes Patt-Situationen aufgelöst werden müssen.

Quelle: Mitbestimmung, Hrsg. Bundesminister für Arbeit und Sozialordnung, Bonn 1983, S. 49 ff.

1. *Beschreiben Sie die Zusammensetzung des Aufsichtsrates nach der Montan-Mitbestimmung.*
2. *Welche Aufgabe hat der Arbeitsdirektor?*
3. *Beurteilen Sie die Möglichkeit der Mitbestimmung für die Arbeitnehmer nach dem Montan-Mitbestimmungsmodell.*

● Der Aufsichtsratsvorsitzende muß vom Aufsichtsrat mit 2/3 Mehrheit gewählt werden. Kommt diese Mehrheit nicht zustande, wählen die Kapitaleigner in einem 2. Wahlgang aus ihrer Mitte den Aufsichtsratsvorsitzenden. Damit Pattsituationen verhindert werden, hat der Aufsichtsratsvorsitzende bei Stimmengleichheit in einer erneuten Abstimmung zwei Stimmen.

● **Besonderheit:** Die Arbeitnehmervertreter im Aufsichtsrat werden nochmals unterteilt:

– **leitende Angestellte:** werden von den leitenden Angestellten vorgeschlagen und von allen Angestellten gewählt.

– **Arbeiter und Angestellte:** werden von den Angestellten und Arbeitern des Unternehmens vorgeschlagen und gewählt.

– **Gewerkschafter:** werden von den Gewerkschaften vorgeschlagen und von der Belegschaft gewählt.

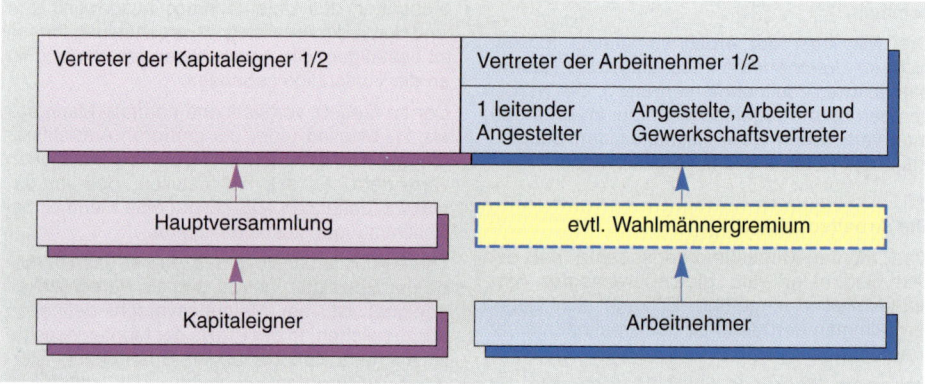

3.3.3 Mitbestimmung nach dem Betriebsverfassungsgesetz

Gültigkeitsbereich

● **In Kapitalgesellschaften aller Wirtschaftszweige, die zwischen 500 und 2000 Beschäftigte haben, gilt das Mitbestimmungsmodell nach dem Betriebsverfassungsgesetz.**

Aufsichtsrat

● Die Kapitaleigner stellen 2/3 und die Arbeitnehmer 1/3 der Aufsichtsratsmitglieder.

● Der Aufsichtsrat besteht aus mindestens 3 Personen oder einer durch 3 teilbaren Mitgliederzahl. Die Höchstzahl beträgt 21 Mitglieder.

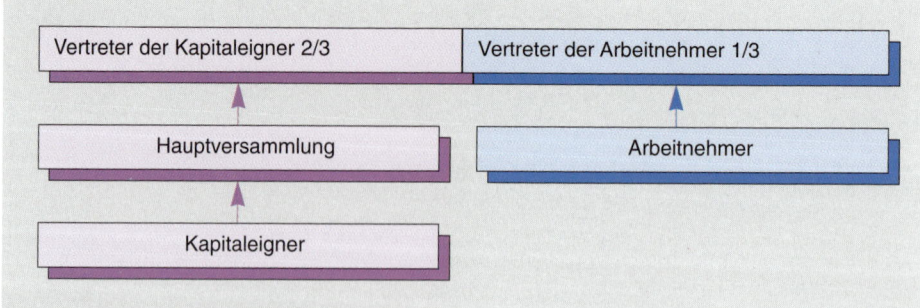

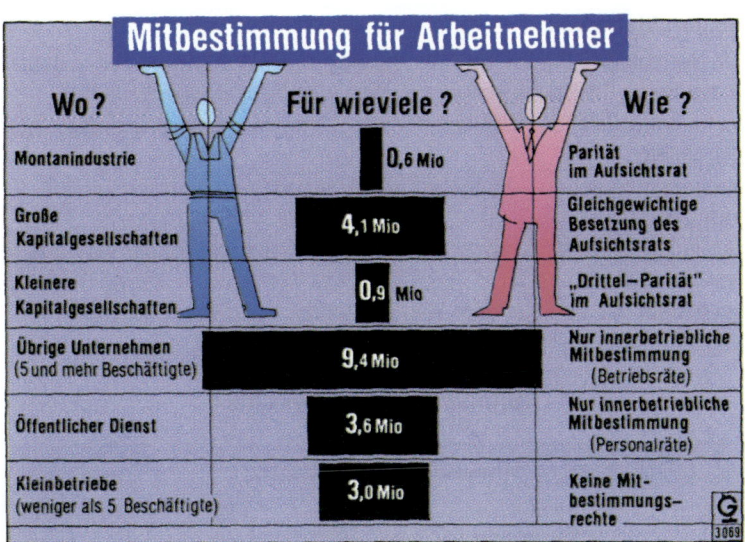

1. *Zu welcher der oben dargestellten Gruppen gehört Ihr Betrieb?*
2. *Welche Probleme kann es Ihrer Meinung nach in Kleinbetrieben geben, in denen Arbeitnehmer keine Mitbestimmungsrechte haben?*

3.3.1-3/2

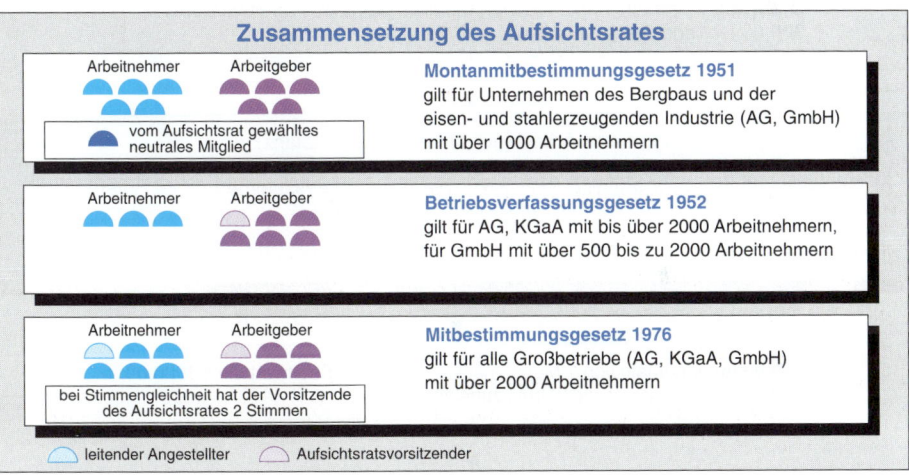

1. *Beschreiben Sie die Unternehmensmitbestimmung nach dem Montan-Mitbestimmungsgesetz.*
2. *Warum spricht man bei diesem Modell von paritätischer Mitbestimmung?*
3. *Halten Sie das Vorschlagsrecht der Gewerkschaften für gerechtfertigt? Begründen Sie Ihre Meinung.*
4. *Beschreiben Sie die Unternehmensmitbestimmung*
   a) nach dem Betriebsverfassungsgesetz 1952 und
   b) nach dem Mitbestimmungsgesetz 1976.
5. *Wodurch unterscheiden sich die beiden Gesetze im wesentlichen?*
6. *Halten Sie die Mitbestimmungsmöglichkeiten der Arbeitnehmer für ausreichend? Begründen Sie Ihre Meinung.*

Die Arbeitsgerichtsbarkeit

Das Arbeitsgericht (AGG) regelt Gliederung und Verfahren der Arbeitsgerichte. Diese sind zuständig für Streitigkeiten aus dem Arbeitsrecht, und zwar für

- Angelegenheiten zwischen Ausbildendem und Auszubildendem aus dem Ausbildungs- und Arbeitsrecht;
- Angelegenheiten zwischen Arbeitgeber und Arbeitnehmer, die sich aus dem Arbeitsverhältnis ergeben;
- Angelegenheiten zwischen Gewerkschaften und Arbeitgebern, die sich aus dem Tarifvertragsrecht ergeben;
- Angelegenheiten, die sich aus dem Betriebsverfassungsgesetz ergeben.

Aufbau der Arbeitsgerichte

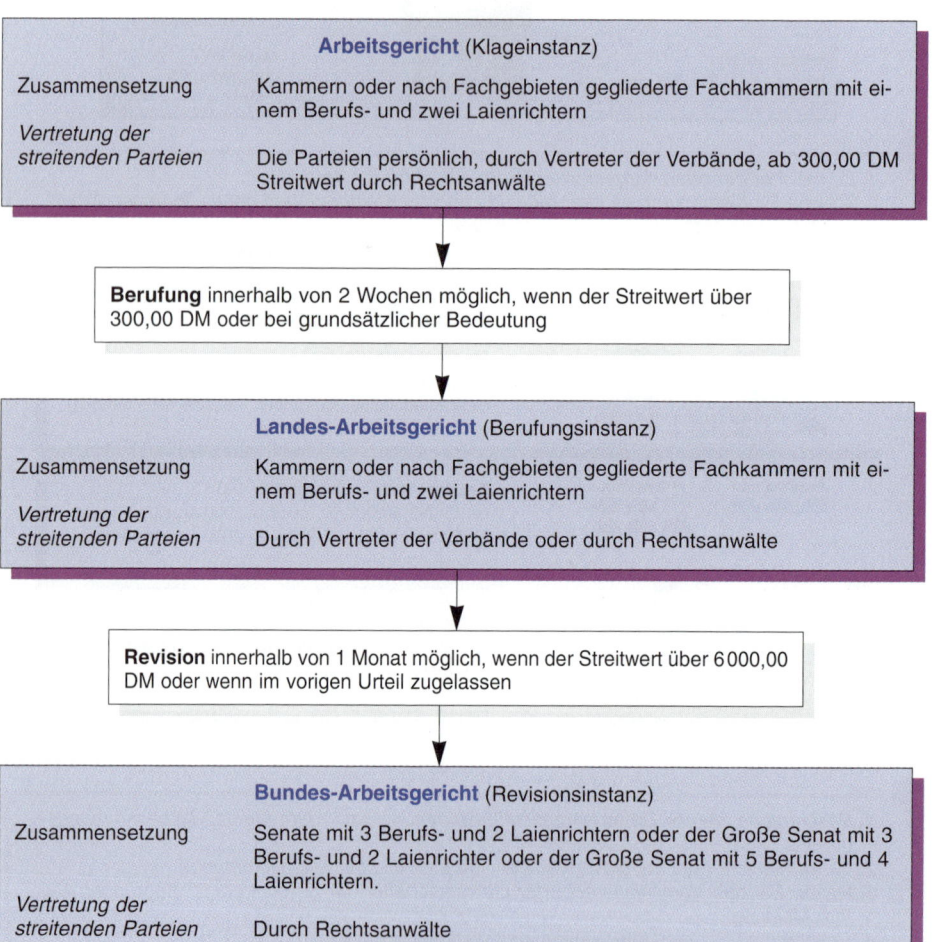

Arbeitsgericht (Klageinstanz)

| Zusammensetzung | Kammern oder nach Fachgebieten gegliederte Fachkammern mit einem Berufs- und zwei Laienrichtern |
| *Vertretung der streitenden Parteien* | Die Parteien persönlich, durch Vertreter der Verbände, ab 300,00 DM Streitwert durch Rechtsanwälte |

Berufung innerhalb von 2 Wochen möglich, wenn der Streitwert über 300,00 DM oder bei grundsätzlicher Bedeutung

Landes-Arbeitsgericht (Berufungsinstanz)

| Zusammensetzung | Kammern oder nach Fachgebieten gegliederte Fachkammern mit einem Berufs- und zwei Laienrichtern |
| *Vertretung der streitenden Parteien* | Durch Vertreter der Verbände oder durch Rechtsanwälte |

Revision innerhalb von 1 Monat möglich, wenn der Streitwert über 6 000,00 DM oder wenn im vorigen Urteil zugelassen

Bundes-Arbeitsgericht (Revisionsinstanz)

| Zusammensetzung | Senate mit 3 Berufs- und 2 Laienrichtern oder der Große Senat mit 3 Berufs- und 2 Laienrichter oder der Große Senat mit 5 Berufs- und 4 Laienrichtern. |
| *Vertretung der streitenden Parteien* | Durch Rechtsanwälte |

Die Kosten tragen die Parteien, ohne Rücksicht auf das Urteil. Vor den streitigen Verhandlungen findet immer der Versuch einer gütlichen Einigung (Güteverhandlung) statt.

Sonderausgaben

Sonderausgaben sind vom Staat steuerbegünstigte Ausgaben, die im Kalenderjahr bezahlt wurden und weder Betriebsausgaben noch Werbungskosten sind.

Zu den Sonderausgaben zählen im einzelnen:

● gezahlte Kirchensteuer,

● Steuerberatungskosten, Spenden und Beiträge zu politischen Parteien bis zu einem festgelegten Höchstbetrag,

● Spenden und Beiträge zur Förderung mildtätiger, kirchlicher, religiöser, wissenschaftlicher und staatspolitischer Zwecke bis zu bestimmten Höchstbeträgen,

● Vorsorgeaufwendungen (Arbeitnehmeranteil an der gesetzlichen Sozialversicherung, Beiträge zu Lebensversicherungen, privaten Unfallversicherungen, Bausparkassen). Auch hier sind schon bestimmte Pauschbeträge in die Monatslohnsteuertabellen eingearbeitet und nur Vorsorgeaufwendungen, die darüber hinausgehen, können beim Lohnsteuer-Jahresausglich gesondert geltend gemachtwerden.

Außergewöhnliche Belastungen

Außergewöhnliche Belastungen sind gegeben, wenn ein Steuerpflichtiger zwangsläufig größere Aufwendungen hat, als die überwiegende Mehrzahl der Steuerpflichtigen gleicher Einkommens- und Vermögensverhältnisse.

Zu den außergewöhnlichen Belastungen zählen beispielhaft:

● Kosten durch Krankheit oder Tod eines Familienangehörigen,

● Ausgaben zur Unterstützung bedürftiger Angehöriger,

● Kosten einer Ehescheidung,

● evtl. Kosten für die Wiederbeschaffung von Kleidern und Hausrat im Falle eines Brandes oder einer Überschwemmung.

Freibeträge

Freibeträge werden vom Einkommen abgezogen. Sie stellen Steuerentlastungen dar, die der Gesetzgeber aus politischen oder sozialen Gründen festgelegt hat. Sie sind, wie der Grundfreibetrag oder der Arbeitnehmerfreibetrag bereits in den Steuertabellen berücksichtigt.

Arbeitnehmer, die nur Einkünfte aus nichtselbständiger Arbeit haben, können mit Hilfe einer Einkommensteuererklärung zuviel bezahlte Lohnsteuer zurückerstattet bekommen. Mit einer Rückerstattung kann gerechnet werden bei:

● zeitweiliger Arbeitslosigkeit,

● schwankendem Arbeitslohn (Überstunden, Beförderung),

● Änderung im Familienstand (Eheschließung oder Geburt eines Kindes),

● erhöhte Werbungskosten (höher als der Pauschbetrag),

● erhöhte Sonderausgaben (höher als der Pauschbetrag),

● außergewöhnliche Belastungen.

Muster einer Klage eines Arbeitgebers

```
An das
Amtsgericht…                                        …, den …

Hiermit erhebe ich (namens meines Mandanten)
…
wegen Vertragsbruchs Klage gegen
…
mit dem Antrag, den Beklagten zu verurteilen, an die Klägerin
200,00 DM zu zahlen.

Gründe:
Der Beklagte war bei der Klägerin, die eine Bauunternehmung be-
treibt und etwa… Arbeiter beschäftigt, als Maurer tätig. Am … hat
der Beklagte die Arbeit verlassen und ist nicht mehr zurückgekehrt.
Er hat auf Anmahnung erklärt, er habe eine besser bezahlte Stelle
gefunden.
In dem schriftlich geschlossenen Arbeitsvertrag mit dem Beklagten
ist für den Fall eines Vertragsbruches des Beklagten eine Vertrags-
strafe in Höhe von 200,00 DM vereinbart.
Diese wird mit der vorliegenden Klage verlangt.
Beweis: Anliegender Arbeitsvertrag.
                                             gez. Unterschrift
```

Muster einer Klage eines Arbeitnehmers

```
An das
Amtsgericht…                                        …, den …

Hiermit erhebe ich (namens meines Mandanten)
…
Klage gegen
…
mit dem Antrag, den Beklagten zu verurteilen, dem Kläger ein Zeug-
nis zu erteilen, das sich auf Art und Dauer sowie Führung und Lei-
stung in dem Arbeitsverhältnis erstreckt.

Gründe:
Der Kläger war beim Beklagten vom … bis … beschäftigt. Beim Aus-
scheiden des Klägers nach seiner fristgerechten Kündigung verwei-
gerte der Beklagte die Ausstellung eines Zeugnisses. Dies wird mit
der vorliegenden Klage verlangt.
                                             gez. Unterschrift
```

Nach: Günther Schaub: Meine Rechte und Pflichten im Arbeitsgerichtsverfahren, München 1979, S. 277 f. a

1. Beschreiben Sie den jeweiligen Gegenstand der oben dargestellten Klageschriften.
2. Gegen welche Pflichten haben die Beklagten in den oben dargestellten Fällen jeweils verstoßen?
3. Woraus ergeben sich die Rechte der Kläger in den oben dargestellten Fällen?

!

Einzelarbeitsvertrag

Form:	Keine Formvorschrift, i.d.R. schriftlich
Inhalt:	Art der Arbeit, Höhe des Lohnes, Urlaubstage, Sozialleistungen, Probezeit, Dauer des Arbeitsverhältnisses, Arbeitszeit, Kündigungsfristen

Beendigung des Arbeitsverhältnisses

Ordentliche Kündigung:	Betriebliche Erfordernisse und persönlicher Wunsch bei Einhaltung der gesetzlichen oder vertraglichen Kündigungsfristen.
Fristlose Kündigung:	Schwere Vertragsverletzungen bei sofortiger Kündigung
Kündigungsschutz:	– allgemein sozial gerechtfertigt und Anhörung des Betriebsrates – besonderer Schutz für bestimmte Arbeitnehmergruppen

Tarifvertragsparteien

Gewerkschaften:	DGB (17 Einzelgewerkschaften), DAG, CGB, DBB
Arbeitgeberverbände:	46 Fachverbände

Tarifverträge

Manteltarifvertrag regelt die Arbeitsbedingungen
Lohn- und Gehaltsrahmentarifvertrag regelt die Tarifgruppen
Lohn- und Gehaltstarifvertrag regelt die Löhne und Gehälter

Tarifverhandlungen

Arbeitskampf:	Falls keine Einigung erzielt wird (auch nach der Schlichtung): **Streik** = planmäßige, gemeinsame Arbeitsniederlegung einer Mehrzahl von Arbeitnehmern **Aussperrung** = planmäßiger Ausschluß einer Gruppe von Arbeitnehmern (Betrieb, Abteilung)

Mitbestimmung und Mitwirkung im Betrieb

Betriebsrat:	Betriebsverfassungsgesetz regelt die betrieblichen Mitwirkungs- und Mitbestimmungsrechte der Arbeitnehmer im Betriebsrat und in der Jugend- und Auszubildendenvertretung Mitbestimmungsrechte bei sozialen Angelegenheiten Mitwirkungsrechte bei personellen Angelegenheiten Beratungsrechte bei wirtschaftlichen Angelegenheiten Unternehmensmitbestimmung erfaßt die Mitbestimmung der Arbeitnehmer an Grundsatzentscheidungen der Unternehmenspolitik: Mitbestimmung nach dem Montan-Mitbestimmungsgesetz Mitbestimmung nach dem Betriebsverfassungsgesetz Mitbestimmung nach dem Mitbestimmungsgesetz von 1976
Arbeitsgerichtsbarkeit:	Arbeitsgerichte sind zuständig für Streitigkeiten aus dem Arbeitsrecht

Fragen · Aufgaben · Fragen · **?** **Fragen · Aufgaben · Fragen**

Wissen

1 Nennen Sie verschiedene Gesetze, die arbeitsrechtliche Vorschriften enthalten.
2 Was versteht man unter Vertragsfreiheit?
3 Zählen Sie die verschiedenen inhaltlichen Aspekte auf, die in einem Einzelarbeitsvertrag geregelt werden.
4 Erläutern Sie die einzelnen Rechte und Pflichten, die sich aus einem Arbeitsvertrag für Arbeitnehmer und Arbeitgeber ergeben.
5 Nennen Sie vier Möglichkeiten, einen Arbeitsvertrag aufzulösen.
6 Nennen Sie die Gründe für eine ordentliche und eine fristlose Kündigung.
7 Nennen Sie fünf Arbeitnehmergruppen, die einen besonderen Kündigungsschutz genießen, und erläutern Sie, warum diese Gruppen einem besonderen Schutz unterliegen.
8 Was beinhaltet ein einfaches Zeugnis, was ein qualifiziertes?
9 Nennen Sie die Organisationen der Arbeitnehmer.
10 Welche Ziele verfolgen die Gewerkschaften?
11 Erläutern Sie die Begriffe Manteltarifvertrag, Lohn- und Gehaltsrahmentarifvertrag und Lohn- und Gehaltstarifvertrag.
12 Was versteht man unter folgenden Begriffen: Tarifautonomie, Tarifbindung und Friedenspflicht?
13 Beschreiben Sie den Verlauf von Tarifverhandlungen. Gehen Sie dabei davon aus, daß eine schnelle Einigung nicht erzielt wird.
14 Zählen Sie mögliche Folgen von Streiks und Aussperrung auf.
15 Beschreiben Sie das Zustandekommen und die Aufgaben eines Betriebsrates.
16 Welche Aufgabe hat die Einigungsstelle?
17 Beschreiben Sie die drei Rechte im Rahmen der Mitbestimmung durch den Betriebsrat, und geben Sie jeweils ein konkretes Beispiel.
18 Was wird üblicherweise in Betriebsvereinbarungen geregelt?
19 Welche Möglichkeiten der Mitbestimmung hat der einzelne Arbeitnehmer?
20 Beschreiben Sie drei Aufgaben der Jugend- und Auszubildendenvertretung.
21 Nennen Sie die drei Mitbestimmungsmodelle der Arbeitnehmer auf Unternehmensebene.
22 Beschreiben Sie die wesentlichen Unterschiede zwischen diesen Modellen.
23 Welche Aufgaben hat das Arbeitsgericht?
24 Beschreiben Sie den Aufbau der Arbeitsgerichtsbarkeit.

Erkennen und Werten

1 Halten Sie es für gerechtfertigt, daß bestimmte Arbeitnehmergruppen einen besonderen Kündigungsschutz genießen? Begründen Sie Ihre Antwort.
2 Glauben Sie, daß die Gewerkschaften die Arbeitnehmerinteressen richtig vertreten?
3 Befragen Sie Arbeitskollegen in Ihrem Betrieb, warum Sie Mitglied bzw. Nichtmitglied einer Gewerkschaft sind. Stellen Sie das Ergebnis in Ihrer Klasse vor, und diskutieren Sie über die angegebenen Gründe.
4 Wären Sie bereit, für bestimmte Forderungen zu streiken? Begründen Sie Ihre Antwort.
5 Informieren Sie sich über den in Ihrer Branche gültigen Manteltarifvertrag.
6 Würden Sie sich in die Jugend- und Auszubildendenvertretung wählen lassen? Erläutern Sie Ihre Antwort.

XI. Entlohnung der Arbeit

1 Unterschiedliche Lohnformen

Für die meisten Arbeitnehmer stellt der Lohn die einzige Einkommensquelle dar. Dieser bestimmt somit weitestgehend den Lebensstandard und die Lebensumstände. **Die Höhe des Lohnes ist von vielerlei Faktoren abhängig: von der Qualifikation, vom Arbeitsplatz, vom Alter und letztlich von der Leistung des Arbeitnehmers.** Diese Leistung läßt sich entweder durch die benötigte Arbeitszeit oder durch die erbrachte Arbeitsleistung messen. Deshalb unterscheidet man bei den Lohnformen auch den Zeitlohn und den Leistungslohn. Daneben gibt es noch den Beteiligungslohn, was bedeutet, daß der Arbeitnehmer am Gewinn des Unternehmens beteiligt wird.

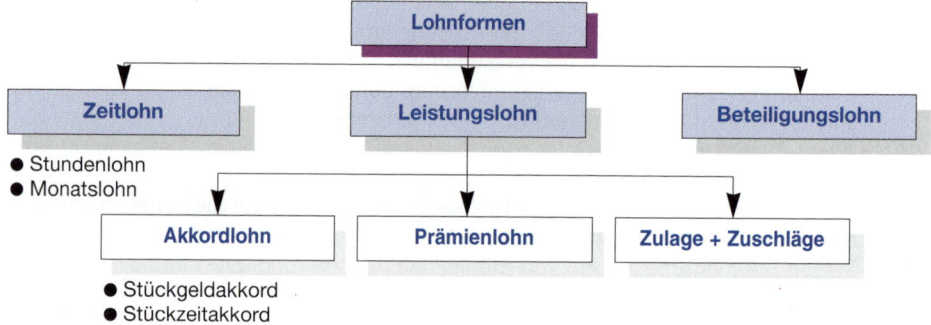

1.1 Zeitlohn

Grundlage für die Entlohnung ist die Arbeitszeit. Dabei wird die erbrachte Leistung nicht berücksichtigt. Man unterscheidet in der Regel:

- den Stundenlohn bei Arbeitern,
- den Monatslohn bei Arbeitern und Angestellten (Gehalt).

Vereinzelt findet man auch noch den Tages- und Wochenlohn.

Anwendung

Diese Lohnform wird angewendet, wenn

- die Leistung des Arbeitnehmers nicht oder nur schwer meßbar ist (z.B. Bürotätigkeit, Reparaturen usw.);
- die Qualität der Arbeit von größerer Bedeutung ist als die erbrachte Menge (z.B. Präzisionsarbeiten);
- der Arbeitnehmer auf die Arbeitsmenge keinen Einfluß hat (z.B. Verkäuferin, Lagerarbeiter usw.).

Vorteile	Nachteile
● Einfache Lohnabrechnung ● Kalkulierbarer (fester) Verdienst ● Weniger Hetze und Streß, damit weniger Arbeitsunfälle ● in der Regel bessere Qualität	● Kaum Leistungsanreiz ● Leistungsunterschiede werden nicht berücksichtigt ● Keine Beeinflussung der Lohnhöhe durch den Arbeitnehmer

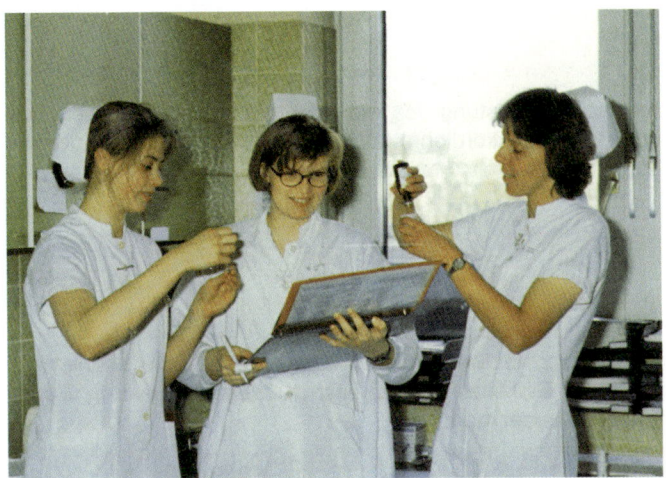

A.

Quelle: Bundesministerium für Gesundheit

B.

*Quelle: Bundesministerium
für Gesundheit*

C.

Quelle: Audi AG

1. *Begründen Sie, warum für die in den Bildern A, B und C dargestellten Berufe als Entloh-
nungsform der Zeitlohn gewählt wird.*
2. *Zeigen Sie anhand der in den Bildern dargestellten Berufe die Vor- und Nachteile des
Zeitlohnes auf.*

1.2 Leistungslohn

Grundlage für die Entlohnung ist die Leistung des Arbeitnehmers. Dies kann sich ausschließlich auf die Leistung beziehen (Akkordlohn) oder als Aufschlag zum Grundlohn in Form von Prämien bzw. Zulagen und Zuschlägen bezahlt werden.

1.2.1 Akkordlohn

Beim Akkordlohn bestimmt die erbrachte Menge die Höhe des Lohnes. Sie wird je nach Produkt in den unterschiedlichsten Einheiten ausgedrückt (z.B. Stück, Gewicht, Fläche usw.). Bei dieser Lohnform unterscheidet man:

Stückgeldakkord	Stückzeitakkord
Für eine bestimmte Menge wird ein bestimmter Geldbetrag gezahlt	Für die Herstellung eines Produktes wird eine bestimmte Zeit vorgegeben.
Bsp. Für das Verlegen von 1 m^2 Fliesen bekommt man 20,00 DM.	**Bsp.** Für das Verlegen von 1 m^2 Fliesen benötigt man 30 Minuten. Wird die vorgegebene Zeit unterschritten,
Die benötigte Zeit spielt dabei keine Rolle	erhöht sich der Stundenverdienst

Anwendung
Diese Lohnform wird angewendet, wenn
● Arbeitsvorgänge immer wieder wiederholt werden und die Arbeit über längere Zeit gleichbleibt;
● die Leistung relativ leicht meßbar ist;
● die Arbeitsleistung des Arbeitnehmers beeinflußt werden soll;
● der Arbeitnehmer seine Arbeitsleistung und die Höhe seines Lohnes selbst beeinflussen will.

Vorteile	Nachteile
● leistungsgerechte Entlohnung ● Arbeitnehmer beeinflussen selbst Leistung und Lohnhöhe ● Leistungskontrollen sind überflüssig ● Produktionssteigerung	● Menge geht vor Qualität ● Qualitätskontrollen sind häufig notwendig ● großer Streß und hohe Belastung für den Arbeitnehmer ● erhöhte Unfallgefahr

1.2.2 Prämienlohn

Grundlage für die Entlohnung ist entweder der Zeit- oder Akkordlohn. Darüber hinaus bekommt der Arbeitnehmer eine Prämie für eine feststellbare Mehrleistung, die er ohne diese Prämie wahrscheinlich nicht erbracht hätte. Die besonderen Leistungen (feststellbare Mehrleistung), für die Zusatzvergütungen gezahlt werden, sind sehr vielfältig. Grundsätzlich unterscheidet man:

Quelle: Bosch AG

1. Der in dem o.a. Bild dargestellte Beruf wird häufig nach Akkordlohn bezahlt. Begründen Sie, warum dies so ist.
2. Berechnen Sie den Verdienst eines Montagearbeiters nach folgenden Formeln:

Stückgeldakkord	**Stückzeitakkord**
Stückgeld x Menge = Arbeits- entgelt	Menge x Vorgabezeit x Minutenfaktor= Arbeits- entgelt

Der Arbeiter hat einen 8 Std. Tag   Normalleistung 48 Stück
Geldsatz pro Stück = 1,60 DMl   stleistung von 30 Stück
Vorgabezeit pro Stück = 10 minl   stleistung von 60 Stück
Minutenfaktor = 0,16

3. Erläutern Sie an diesem Beispiel die Vor- und Nachteile des Akkordlohnes.

Qualitätsprämie	Quantitätsprämie	Terminprämie
Güte einer Ware wird belohnt.	Mehrleistung wird belohnt.	Einhalten bzw. Unterschreiten von Terminen wird belohnt.

Aber auch die besondere Sorgfalt im Umgang mit Maschinen, der sparsame Verbrauch von Materialien bis hin zu Verbesserungsvorschlägen z.B. im Produktionsablauf können Gegenstand von Prämien sein.

Vorteile	Nachteile
● zusätzlicher Leistungsanreiz ● Kosten des Arbeitgebers können gesenkt werden ● Garantie eines tariflichen Lohnes und die Möglichkeit, mehr zu verdienen ● Verbesserung des Betriebsklimas	● Problem der richtigen Prämienhöhe ● Erhöhung der Lohnkosten für den Arbeitgeber

1.2.3 Zulagen und Zuschläge

Im Gegensatz zu den bisher behandelten Lohnformen sind die Zulagen und Zuschläge gesetzlich bzw. tarifvertraglich geregelt und richten sich nicht nach der „Arbeitsleistung" des Arbeitnehmers. Grundlage sind in der Regel bestimmte besondere Arbeitssituationen, die sich wesentlich von einer „normalen" Arbeitssituation unterscheiden.

Zulagen	Zuschläge
Bestandteil des Vereinbarten Erbeitsentgeltes, u.a. ● Schmutzzulage ● Gefahrenzulage ● Erschwerniszulage ● Sparzulage ● Zulage für langjährige Betriebszugehörigkeit	Prozentualer Aufschlag auf den Grundlohn, u.a. ● Sonntagsarbeit ● Arbeit an Feiertragen ● Nachtarbeit

1.3 Beteiligungslohn

Der Gewinn einer Unternehmung steht rechtlich den Kapitalgebern zu. Demgegenüber steht jedoch der Einwand, daß der Erfolg der Unternehmung nicht nur durch die Bereitstellung von Kapital, sondern auch durch die Leistung aller Mitarbeiter entstanden ist. Außerdem trägt der Arbeitnehmer auch das Risiko, daß er bei Verlusten des Unternehmens seinen Arbeitsplatz verlieren kann. Es geht beim Beteiligungslohn also um das gesellschaftspolitische Problem der Gleichberechtigung von Kapital und Arbeit.

1.2.2/1

Beispiel für die Berechnung einer Prämie (nach Rowan):

Der Maschinenbauer Peter F. erhält als Vorgabezeit für die Fertigstellung einer Maschine 10 Stunden. Sein Stundenlohn beträgt 10,00 DM.

Erledigt er die Arbeit in der vorgesehenen Zeit, so erhält er also dafür 100,00 DM Lohn.

Erledigt er die Arbeit in 9 Stunden, so beträgt die Zeitersparnis eine Stunde, also 10 % der vorgesehenen Zeit. Da er 9 Stunden gearbeitet hat, erhält er einen Lohn von 90,00 DM.

Nun wird bei diesem Prämienlohnsystem zu seinem Grundlohn von 90,00 DM eine Prämie gezahlt. Diese bezieht sich auf die prozentuale Zeitersparnis, in diesem Fall auf 10 %. Peter F. erhält 10 % Prämie auf seinen Grundlohn von 90,00 DM, das sind 9,00 DM.

Seine Lohnabrechnung sieht also folgendermaßen aus:

Grundlohn (9 Stunden zu 10,00 DM)	90,00 DM
Prämie (10 % von 90,00 DM)	9,00 DM
Gesamtlohn	99,00 DM

Peter F. hat für die 9 Stunden Arbeit also 99,00 DM erhalten, dies entspricht einem Stundenlohn von 11,00 DM.

Führt man dieses Beispiel fort, so ergibt sich folgende Tabelle:

Benötigte Stunden	Zeitersparnis in %	Grundlohn	Prämie	Gesamtlohn	Stundenlohn
10	0	100,00 DM	0	100,00 DM	10,00 DM
9	10 %	90,00 DM	9,00 DM	99,00 DM	11,00 DM
8	20 %	80,00 DM	16,00 DM	96,00 DM	12,00 DM
7	30 %	70,00 DM	21,00 DM	91,00 DM	13,00 DM
6	40 %	60,00 DM	24,00 DM	84,00 DM	14,00 DM

1. *Warum profitieren Arbeitnehmer und Arbeitgeber von diesem Prämienlohnsystem?*
2. *Warum besteht bei diesem Prämienlohnsystem die Gefahr, daß sich der Arbeitnehmer überarbeitet?*
3. *Berechnen Sie die Prämie und den Gesamtlohn, wenn die Vorgabezeit 15 Stunden und der Stundenlohn 12,00 DM beträgt und die Arbeit nach 12 Stunden beendet ist.*

Fortschrittliche Unternehmer und Unternehmen haben dies erkannt und Modelle für die Erfolgsbeteiligung der Mitarbeiter geschaffen. Neben dem sozialethischen Grund der Gleichberechtigung von Kapital und Arbeit und dem volkswirtschaftlich begründeten Wunsch des Staates nach Vermögensbildung breiter Schichten seiner Bürger gibt es aus betrieblicher Sicht weitere **Gründe für den Beteiligungslohn:**

● Verbesserung des Betriebsklimas,
● Stärkung des Verantwortungsgefühls der Mitarbeiter für ihren Betrieb und somit mehr Leistung und bessere Qualität,
● Bindung der Arbeitnehmer an den Betrieb und somit weniger Fluktuation (Wechsel der Arbeitnehmer),
● Schaffung von Leistungsanreizen,
● Steuerersparnis.

Die Beteiligung der Arbeitnehmer am Erfolg der Unternehmung wird neben dem regulären Lohn gezahlt. Grundlagen für die Berechnung ergeben sich aus der **Art der Beteiligung:**

● **Leistungsbeteiligung** – Die Mitarbeiter erhalten vom Gewinn eine Beteiligung, die sich auf die Menge der erzeugten Produkte (Produktivitätsbeteiligung) oder die Qualität (Kostenersparnisbeteiligung) bezieht.
● **Umsatzbeteiligung** – Den Mitarbeitern wird eine Prämie, abhängig von der Umsatzhöhe, gezahlt.
● **Gewinnbeteiligung** – Ein bestimmter Prozentsatz vom Gewinn wird jährlich an die Mitarbeiter ausgeschüttet. Hierbei kann entweder der Bilanzgewinn oder der Gewinn, der an die Anteilseigner ausgeschüttet wird, zugrunde gelegt werden.
● **Kapitalbeteiligung** – Die Arbeitnehmer sind am Kapital der Unternehmung beteiligt, z.B. durch Belegschaftsaktien und erhalten Dividende wie die Aktionäre.

Die **Aufschlüsselung** der zu erteilenden Summe kann nach verschiedenen Kriterien geschehen:

● nach Köpfen,
● nach der Lohnsumme des einzelnen,
● nach dem Dienstalter,
● nach sozialen Gesichtspunkten (Familienstand, Kinderzahl).

Meistens wird eine Kombination aus den dargestellten Kriterien gewählt.

Für die **Auszahlung der Erfolgsbeteiligung** bieten sich verschiedene Formen an:

● Barauszahlung, auf einmal oder in Raten über das Jahr verteilt,
● Ausgabe von Belegschaftsaktien, evtl. mit einer Veräußerungssperrfrist,
● Ausgabe von Schuldscheinen mit fester Verzinsung,
● Anlage auf ein Sparkonto mit beschränkter Verfügungsmöglichkeit,
● Betrag wird in einen Fonds eingezahlt, der das Geld verwaltet. Die Mitarbeiter können nach Ablauf einer Sperrfrist darüber verfügen.

Beispiel für die Möglichkeit der Berechnung der Gewinnbeteiligung

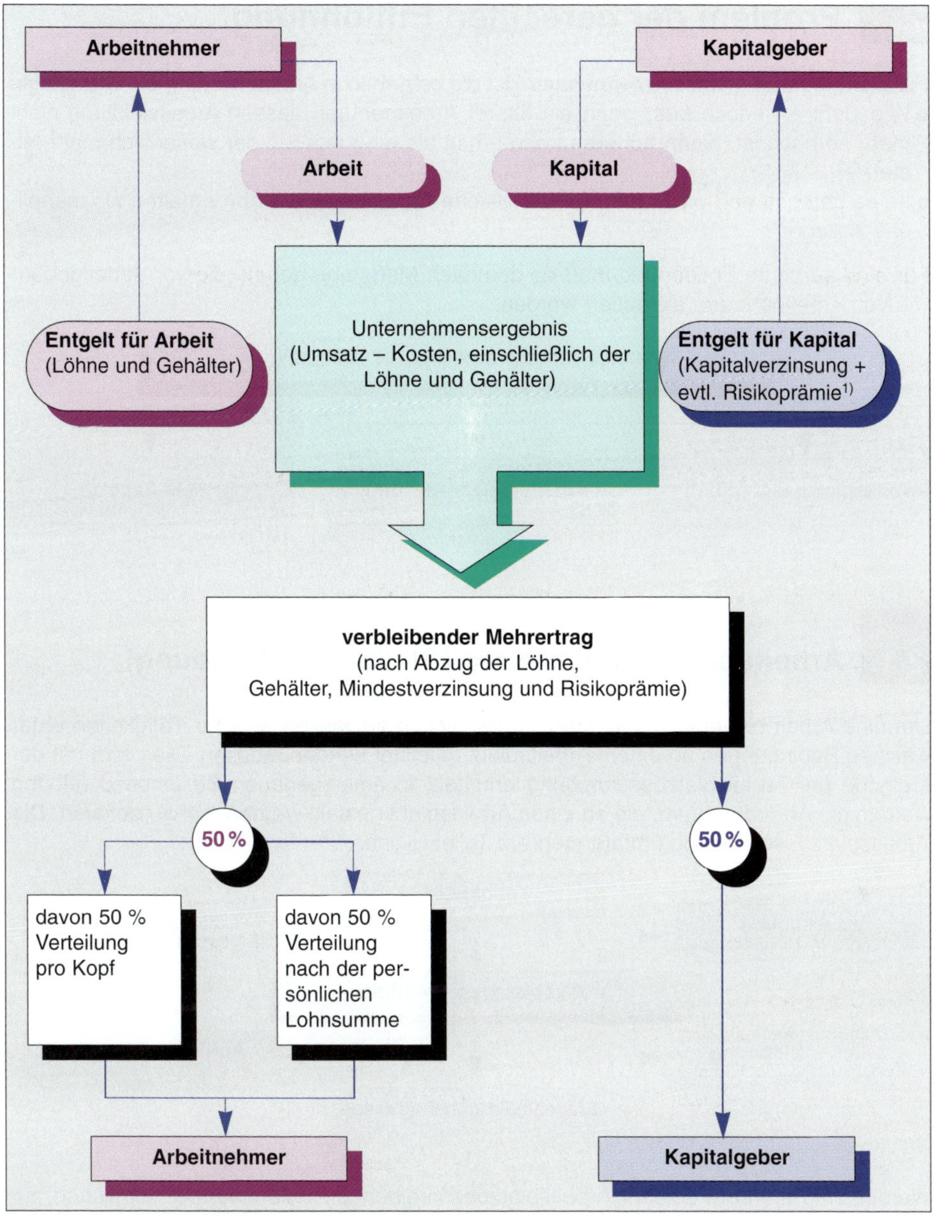

```
      Arbeitnehmer                              Kapitalgeber


              Arbeit           Kapital


  Entgelt für Arbeit    Unternehmensergebnis      Entgelt für Kapital
  (Löhne und Gehälter)  (Umsatz – Kosten,          (Kapitalverzinsung +
                         einschließlich der         evtl. Risikoprämie¹⁾)
                         Löhne und Gehälter)
```

verbleibender Mehrertrag
(nach Abzug der Löhne,
Gehälter, Mindestverzinsung und Risikoprämie)

50 %   **50 %**

davon 50 %   davon 50 %
Verteilung   Verteilung
pro Kopf   nach der per-
                    sönlichen
                    Lohnsumme

Arbeitnehmer   **Kapitalgeber**

1. Beschreiben Sie das dargestellte Modell mit Ihren Worten.
2. Um welche Art der Beteiligung handelt es sich im dargestellten Modell?
3. Wie beurteilen Sie es, daß Mitarbeiter, die einen höheren Lohn erhalten, im dargestellten
   Modell auch eine höhere Erfolgsbeteiligung bekommen?
4. Nach welchen Kriterien würden Sie den Gewinnanteil der Mitarbeiter verteilen?

---

¹⁾ Risikoprämie: Entgelt für die Kapitalanleger, die das Risiko des Kapitalverlustes tragen.

2 Problem der gerechten Entlohnung

Für die Entlohnung eines Arbeitnehmers ist die betriebliche Arbeitsleistung die Grundlage.

- Wie sieht es jedoch aus, wenn ein älterer Arbeitnehmer, dessen Arbeitsleistung nicht mehr so hoch ist, einen höheren Lohn erhält als ein jüngerer, der wesentlich mehr leistet.
- Ist es gerecht, daß oft Frauen für die gleiche Arbeit weniger Lohn erhalten als männliche Kollegen?

Für eine gerechte Entlohnung muß es demnach Maßstäbe geben, die von Arbeitgebern wie von Arbeitnehmern akzeptiert werden.

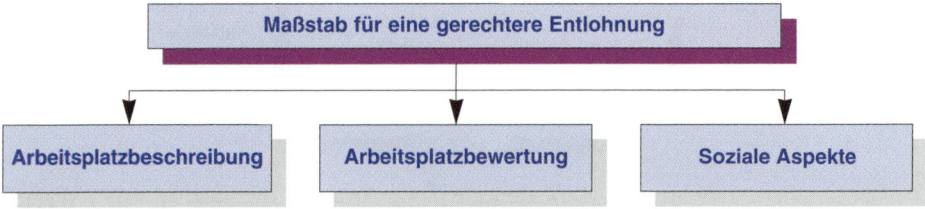

2.1 Arbeitsplatzbeschreibung (Stellenbeschreibung)

Um eine Arbeit bewerten zu können, ist es wichtig zu wissen, welche Tätigkeiten unter welchen Bedingungen an einem Arbeitsplatz geleistet werden müssen. Dies wird mit der Methode der Arbeitsplatzbeschreibung ermittelt. In einer genauen Stellenbeschreibung werden die Anforderungen, die an einen Arbeitsplatz gestellt werden, genau definiert. Die Arbeitsplatzbeschreibung umfaßt mehrere Teilbereiche:

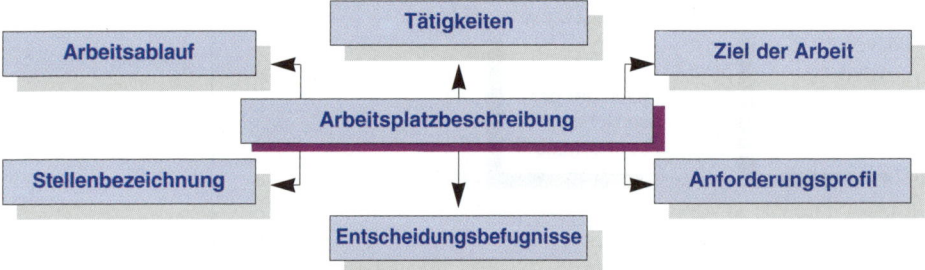

Werden nun mehrere solcher Arbeitsplatzbeschreibungen untereinander verglichen, so kann man feststellen, welche Arbeitsplatzanforderungen mehr entlohnt werden müssen, weil mehr Ansprüche an die Stelle gestellt werden. Den Arbeitenden muß das Gefühl vermittelt werden, daß ihr Lohn in einem angemessenen Verhältnis zu der verrichteten Arbeit steht und daß es deswegen gerecht ist, wenn eine anspruchsvollere oder schwierigere Arbeit höher entlohnt wird. Schwierig ist es aber, wenn die Arbeit nach der Zeitlohn-Form vergütet wird, denn hier wird ja pauschal die Arbeitsleistung für eine bestimmte Zeit (Stundenlohn, Monatsgehalt) bezahlt. Die Arbeit eines qualifizierten und leistungsfähigen Mitarbeiters kann von einem Arbeitgeber dann nur im Rahmen einer betrieblichen Lohnvereinbarung durch eine größere Lohnerhöhung anerkannt werden.

Problem: Gerechter Lohn

1. Stimmt es, daß Frauen weniger Lohn erhalten als Männer (Problem der Frauenleichtlohngruppen)? Wenn ja, worin liegt die Ursache?
2. Worauf kommt es bei der Entlohnung mehr an: auf den Ausbildungsgrad oder die tatsächliche Leistung?

   Soll einer mit Abitur und Studium mehr verdienen als einer, der nur Hauptschulabschluß hat, wenn beide die gleiche Position haben, zum Beispiel Abteilungsleiter im Kaufhaus?
3. Soll einer, der längere Berufserfahrung hat, besser bezahlt werden, als jener, der eine Arbeit neu übernimmt, sich dabei sehr anstrengt und gute Leistungen erbringt?
4. Ist es gerecht, wenn jemand, der wesentlich älter ist und dessen Arbeitsleistung nicht höher ist, mehr Gehalt bekommt?

   Ist ein älterer Arbeitnehmer weniger leistungsfähig als ein jüngerer?

   Wodurch ist ein älterer Arbeitnehmer einem jüngeren überlegen?

   (Problematisieren an verschiedenen Berufen: Facharbeiter, Autoreparaturschlosser, Arzt, Architekt, Arbeiter im Walzwerk)
5. Ist es gerecht, wenn ein Arbeitnehmer den gleichen Lohn erhält wie ein anderer Arbeitnehmer, der die gleiche Tätigkeit verrichtet, aber unter schwereren Arbeitsbedingungen?
6. Ist es gerecht, wenn ein Arbeitnehmer den gleichen Lohn erhält wie ein anderer, der aufgrund seiner körperlichen Kraft und Energie die Arbeit mit weitaus geringerer Anstrengung verrichtet als der andere?
7. Ist es gerecht, wenn ein lediger Arbeitnehmer bei ähnlicher Arbeit genausoviel verdient wie ein Familienvater mit 5 Kindern (sozialbedingter Lohn)?

Aus: Der Betrieb – Wirkungsstruktur und Entscheidungsbereich, Verlag J. P. Bachem, Köln 1990.

1. Beantworten Sie diese Fragen, indem Sie auch Ihre Erfahrungen im Betrieb mit einbeziehen.
2. Formulieren Sie weitere Fragen, die das Problem „Gerechter Lohn" thematisieren.

Anforderungsdaten nach REFA [1]

2.1/1

1	**Kenntnisse**	Ausbildung, Erfahrung, Denkfähigkeit
2	**Geschicklichkeit**	Handfertigkeit, Körpergewandheit
3	**Verantwortung**	für die eigene Arbeit, für die Arbeit anderer, für die Sicherheit anderer
4	**geistige Belastung**	Aufmerksamkeit, Denktätigkeit
5	**muskelmäßige Belastung**	dynamische Muskelarbeit, statische Muskelarbeit, einseitige Muskelarbeit
6	**Umgebungseinflüsse**	Klima, Nässe, Öl, Fett, Schmutz, Staub, Gase, Dämpfe, Lärm, Erschütterung, Blendung oder Lichtmangel, Erkältungsgefahr, Schutzkleidung, Unfallgefährdung

Quelle: Lexikon der modernen Wirtschaftspraxis, Bd. 1, Weinheim 1984, S. 244

Beschreiben Sie die Anforderungsarten Ihres Arbeitsplatzes auf der Grundlage dieser Arbeitsplatzbeschreibung.
Hinweis: Ergänzen oder streichen Sie dabei Merkmale, die Ihrer Meinung nach wichtig oder unwichtig sind für eine genaue Stellenbeschreibung Ihres Ausbildungsplatzes.

---

[1] REFA: Abkürzung für einen Verband für Arbeitsstudien und Betriebsorganisation

2.2 Arbeitsplatzbewertung

Die Arbeitsplatzbeschreibung ist ein wichtiges Instrument **der Arbeitsplatzbewertung**. Gegenstand der Betrachtung bei der Arbeitsbwertung sind die Anforderungen, die ein Arbeitssystem an den arbeitenden Menschen stellt. Durch Arbeitswertstudien kann der Schwierigkeitsgrad der Arbeit ermittelt werden.

Die Arbeitsschwierigkeit kann man nach 2 Vorgehensweisen ermitteln.

1. Man beurteilt die Anforderungen global, das heißt nach der Ausbildung, welche die zu verrichtende Arbeit erfordert
   → **summarische Arbeitsplatzbewertung.**
2. Man beurteilt die Anforderungen getrennt mit mehreren Anforderungsarten (z.B. Kenntnisse, Verantwortung, Belastung)
   → analytische Arbeitsplatzbewertung.

Mit verschiedenen Arbeitswertstudien kann dann eine Arbeitsplatzbewertung vorgenommen werden. Dabei haben sich verschiedene Methoden durchgesetzt:

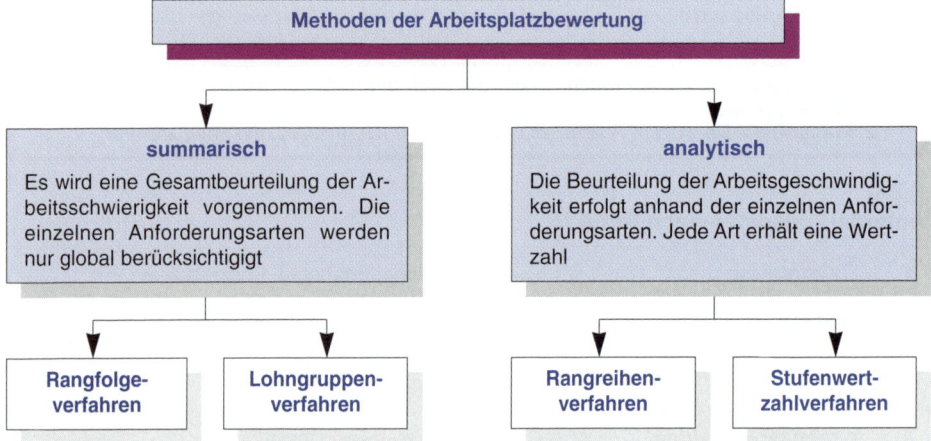

Das **Rangfolgeverfahren** vergleicht alle Stellen nach ihren Aofrderungen miteinander (z.B. Sekretärin mit Bote) und ermittelt so eine Rangfolge.

Beim **Lohngruppenverfahren** wird eine Lohngruppe nach Anforderungen abgestuft. Jeder Stufe ist eine Lohngruppe zugeordnet, die durch eine Definition beschrieben ist. Dieses Verfahren wird bei den meisten Tarifverträgen zugrunde gelegt. Dabei geht man von einem festgesetzten Lohn eines 21jährigen Facharbeiters aus, dem sogenannten **Ecklohn**, an dem sich andere Lohngruppen durch einen tariflich festgelegten Schlüssel durch Zu- oder Abschläge ausrichten.

Beim **Rangreihenverfahren** werden für jede Anforderungsart Rangreihen aufgestellt in denen Beispieltätigkeiten mit den entsprechenden Wertzahlen aufgeführt sind.

Beim **Stufenwertzahlverfahren** werden die Wertzahlen des Anforderungskatalogs je nach Dauer der Belastung mit einem Stundenfaktor multipliziert. Man addiert die erhaltenen Punkte. Die Summe ist das Kriterium für die Einordnung in eine Lohngruppe.

2.2/1

	Beispiel für Lohngruppenbeschreibung	
Gruppe	Lohngruppen-Definition	Lohnschlüssel
1	Arbeiten einfacher Art, die ohne vorherige Arbeitskenntnisse nach kurzer Anweisung ausgeführt werden können und mit geringen körperlichen Belastungen verbunden sind.	75 %
2	Arbeiten, die ein Anlernen von 4 Wochen erfordern und mit geringen körperlichen Belastungen verbunden sind.	80 %
3	Arbeiten einfacher Art, die ohne vorherige Arbeitskenntnisse nach kurzer Anweisung ausgeführt werden können.	85 %
4	Arbeiten, die ein Anlernen von 4 Wochen erfordern.	90 %
5	Arbeiten, die ein Anlernen von 5 Monaten erfordern.	95 %
6	Arbeiten, die eine abgeschlossene Anlernausbildung in einem anerkannten Anlernberuf oder eine gleichzubewertende Ausbildung erfordern.	100 %
7	Arbeiten, deren Ausführung ein Können voraussetzt, das erreicht wird durch eine entsprechende ordnungsgemäße Berufslehre (Facharbeiten). Arbeiten, deren Ausführung Fertigkeiten und Kenntnisse erfordert, die Facharbeiten gleichzusetzen sind.	108 %
8	Arbeiten schwieriger Art, deren Ausführung Fertigkeiten und Kenntnisse erfordert, die über jene der Gruppe 7 wegen der notwendigen mehrjährigen Erfahrungen hinausgehen.	118 %
9	Arbeiten hochwertiger Art, deren ausführung an das Können, die Selbständigkeit und die Verantwortung im Rahmen des gegebenen Arbeitsauftrages hohe Anforderungen stellt, die über die der gruppe 8 hinausgehen.	125 %
10	Arbeiten höchstwertiger Art, die hervorragendes Können mit zusätzlichen theoretischen Kenntnissen, selbständige Arbeitsausführung und dispositionsbefugnis im Rahmen des gegebenen Arbeitsauftrages bei besonders hoher Verantwortung erfordern.	Sondereinstufung

Quelle: Offert/Steinbuch: Personalwirtschaft, 1984, S. 218.

1. Erklären Sie mit Hilfe dieser Lohngruppenbeschreibung das Lohngruppenverfahren zur Arbeitsplatzbewertung.
2. Welche Vorteile und welche Nachteile sehen Sie in diesem Verfahren?

Stufenwertzahlverfahren

2.2/2

Bewertung der geistigen Beanspruchung

Anforderungsstufen	Stufen-wertzahl	Stundenfaktor					
		1,0	1,1	1,2	1,3	1,4	1,5
ohne Besondere Denkfertigkeit	1	1,0	1,1	1,2	1,3	1,4	1,5
einfache Denkfertigkeit	2	2,0	2,2	2,4	2,6	2,8	3,0
gesteigerte Denkfertigkeit	3	3,0	3,3	3,6	3,9	4,2	4,5
besondere Denkfertigkeit, Arbeit nach Zeichnungen	4	4,0	4,4	4,8	5,2	5,6	6,0
hohe Denkfertigkeit, Arbeit nach schwierigen Zeichnungen	5	5,0	5,5	6,0	6,5	7,0	7,5

Anwendung auf „Brennschneiden":

Tätigkeiten	Stufenwertzahl	Stundenfaktor	Punkte
Zeichnungen lesen	4	1,0	4,0
Arbeit vorbereiten	2	1,1	2,2
Brennschneiden	3	1,4	4,2
			10,4

Erklären Sie mit Hilfe dieses Beispiels das Stufenwertzahlverfahren.

2.3 Soziale Aspekte

Die Auseinandersetzung um einen gerechten Lohn kann gemildert werden durch soziale Elemente, wenn diese bei der Lohngestaltung durch Betriebsvereinbarungen berücksichtigt werden.
Dabei können folgende soziale Aspekte eine Rolle spielen:

Das **Alter**
Ältere Arbeitnehmer erhalten gegebenenfalls einen höheren Grundlohn aufgrund ihrer langjährigen Erfahrungen am Arbeitsplatz im Betrieb.

Der **Familienstand**
Verheiratete Arbeitnehmer und solche mit Kindern erhalten gegebenenfalls (Familien-) Zuschläge.

Die **Dauer der Betriebszugehörigkeit**
Langjährige Arbeitnehmer erhalten gegebenenfalls – gestaffelt nach Dienstjahren im Betrieb – mehr Urlaubstage, höhere Erfolgsprämien oder Jubiläumszuschläge.
Es ist allerdings bei diesen sozialen Aspekten zu berücksichtigen, daß der Staat beim Alter und Familienstand das Bruttoeinkommen schon unterschiedlich besteuert und damit honoriert.

3 Grundsätze der Lohnberechnung

Vom arbeitsvertraglich vereinbarten **Bruttolohn** werden die gesetzlichen Abzüge einbehalten, die der Arbeitgeber an die zuständigen Stellen abführen muß. Die sich daraus ergebende Differenz ist der **Nettolohn**.

	Grundlohn (für normale Arbeitszeit)
+	Zulagen (Vermögenswirksame Leistungen, Schmutzzulagen, Urlaubsgeld, Weihnachtsgeld)
+	Zuschläge (für Nachtarbeit, Überstunden, Sonn- und Feiertagsarbeit)
=	Bruttolohn
–	Lohnsteuer (gesetzlicher Abzug laut Steuerklasse und Einkommen)
–	Kirchensteuer (gesetzlicher Abzug, in Sachsen 9 % von der Lohnsteuer)
–	Sozialversicherungsbeiträge (gesetzliche Abzüge) Krankenversicherung Rentenversicherung Arbeitslosenversicherung Beiträge und Bemessungsgrenzen werden jährlich neu festgelegt (zur Zeit insgesamt 20 %)
–	Pflegeversicherung
=	Nettolohn
–	sonstige Abzüge (z.B. Vorschuß, eigener Beitrag bei vermögenswirksamen Leistungen)
=	**Auszubezahlender Lohn**

Lothar Liste ist bei der XY AG in Dresden beschäftigt. Er ist ledig und hat keine Kinder. Von den vermögenswirksamen Leistungen in Höhe von 78,00 DM monatlich übernimmt der Arbeitgeber aufgrund freiwilliger Vereinbarung die Hälfte, also 39,00 DM.

Lohn- und Gehaltsabrechnung

Lohnsteuerpflichtige Bezüge

Grundlohn (Normalarbeit)	2120,00 DM
Zulagen	
– Vermögenswirksame Leistungen	39,00 DM
– Schmutzzulage	36,40 DM
– Urlaubsgeld	– DM

Lohnsteuerfreie Bezüge

Zuschläge	
– Nachtarbeit	84,60 DM

Bruttolohn   2282,00 DM

Gesetzliche Abzüge

Lohnsteuer	186,91 DM
Kirchensteuer	14,95 DM
Krankenkasse AOK	157,46 DM
Rentenversicherung	219,07 DM
Arbeitslosenversicherung	74,17 DM
Pflegeversicherung (Sachsen: 1 %)	22,82 DM

Nettolohn   1606,62 DM

Sonstige Abzüge

Vorschuß	– DM
Vermögens.w. L.-Vertrag	78,00 DM

Auszuzahlender Betrag   1528,62 DM

1. *Wodurch unterscheiden sich Brutto- und Nettolohn?*
2. *Wieviel Prozent bekommt Lothar Liste von seinem Bruttolohn abgezogen?*
3. *Warum sind die Beiträge für Krankenkasse, Rentenversicherung und Arbeitslosenversicherung in den letzten Jahren gestiegen?*

4 Politische und wirtschaftliche Bedeutung des Lohns

4.1 Nominal- und Reallohn

In den vergangenen zwei Jahrzehnten sind die Löhne (= Nominallohn) immer kräftig gestiegen. Doch die wahre Rechnung ergibt für die Arbeitnehmer ein anderes Bild. Denn für sie zählt nur, was real, also nach Abzug von Steuern und Sozialabgaben sowie nach Abzug des Preisanstiegs, an Lohnkaufkraft **(= Reallohn)** bleibt. Es nützt dem Arbeitnehmer nichts, wenn er zwar eine Lohnerhöhung erhält, der **Preisindex** aber (Vergleichszahl der Lebenshaltungskosten gegenüber Vorjahren) um einen größeren Prozentsatz steigt.

Außerdem werden die gestiegenen Löhne durch die Unternehmer wieder auf die Preise abgewälzt, der Preisindex steigt. Die Arbeitnehmer benötigen nun, um ihren Lebensstandard zu halten, wiederum Lohnerhöhungen. Diese **Lohn-Preis-Spirale** bewirkte, neben anderen Faktoren, wie zum Beispiel die Rohstoffpreise auf den Weltmärkten, daß sich die Lebenshaltungskosten in Westdeutschland 1993 um 4,2 % in Ostdeutschland um 8,8 % verteuerten.

4.2 Wirtschaftliches Problem der Lohnkosten

Hohe Löhne, wie sie in der Bundesrepublik gezahlt werden, sichern den Arbeitnehmern einen guten Lebensstandard. Doch neben diesen Löhnen, müssen die Arbeitgeber noch weitere arbeitsbedingte Kosten verkraften, die **Lohnnebenkosten**. Diese setzen sich zusammen aus:

- bezahlten Feiertagen,
- bezahltem Urlaub und Urlaubsgeld,
- Lohnfortzahlung im Krankheitsfall,
- Mutterschutz,
- Arbeitgeberanteil an der Sozialversicherung,
- Vermögensbildung,
- freiwillige soziale Leistungen der Betriebe.

Ihr Anteil am Lohn beträgt zur Zeit ca. 85 %, d.h., daß auf je 100,00 DM Direktentgelt für geleistete Arbeit in der Industrie 85,00 DM zusätzliche Personalkosten kommen.

Der hohe Lebensstandard und die große soziale Sicherheit der deutschen Arbeitnehmer führt jedoch auch zu Problemen. Die Konkurrenzfähigkeit des Wirtschaftsstandorts Deutschland wird durch Billiglohnländer bedroht. Besonders seit der Öffnung der östlichen Reformländer planen viele Unternehmen, Neuinvestitionen dort vorzunehmen. Zwar ist die Produktivität in diesen Ländern noch geringer als bei uns, jedoch machen dort die Löhne und die Lohnnebenkosten nur einen Bruchteil der deutschen Arbeitskosten aus. Um die wirtschaftliche Konkurrenzfähigkeit Deutschlands zu erhalten und um Arbeitsplätze bei uns zu sichern, dürfen die Arbeitskosten nicht noch weiter steigen und die Produktivität muß erhöht werden. Mögliche Ansätze sind:

- Verzicht auf weitere Steigerung der Reallöhne,
- Stärkung der Eigenverantwortung im sozialen Bereich,
- Flexibilisierung der Arbeitszeit.

Die wahre Lohnentwicklung

Veränderung der Löhne nach Abzug von Steuern, Sozialabgaben und Preisanstieg jeweils gegenüber dem Vorjahreszeitraum in %

1991 +11,2 %

1992 +14,5

1993 +4,7

1994 +0,1

1995 (1. Hj.) +3,7

Ostdeutschland

Westdeutschland

+0,3

- 0,9

- 0,7

- 2,8

- 1,9

© Globus   Quelle: WSI   3082

? *Wodurch ergeben sich die unterschiedlichen Veränderung bei der Lohnkaufkraft?*

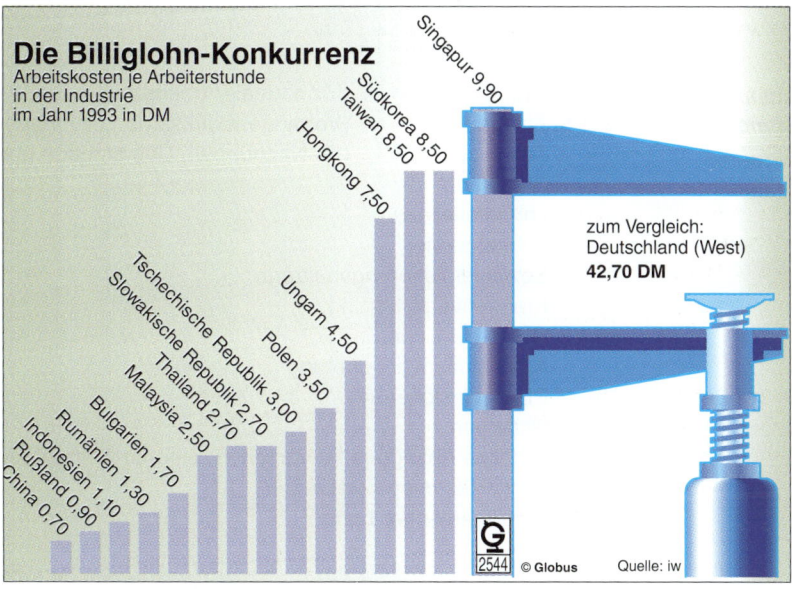

Die Billiglohn-Konkurrenz
Arbeitskosten je Arbeiterstunde in der Industrie im Jahr 1993 in DM

Singapur 9,90
Südkorea 8,50
Taiwan 8,50
Hongkong 7,50
Ungarn 4,50
Tschechische Republik 3,00
Polen 3,50
Slowakische Republik 2,70
Thailand 2,70
Malaysia 2,50
Bulgarien 1,70
Rumänien 1,30
Indonesien 1,10
Rußland 0,90
China 0,70

zum Vergleich: Deutschland (West) **42,70 DM**

2544   © Globus   Quelle: iw

4.2/1

? *1. Berechnen Sie, wieviel Prozent die Arbeitskosten je Arbeitsstunde in den dargestellten Ländern gegenüber denen in der Bundesrepublik ausmachen.*
2. Welche Folgen kann es haben, wenn der Unterschied in den Arbeitskosten für längere Zeit bestehen bleibt?

Lohnformen

Lohnformen	Zeitlohn (Stundenlohn, Monatlohn)

Leistungslohn
- ● Akkordlohn — Stückzeitakkord
  — Stückgeldakkord
- ● Prämienlohn — Qualitätsprämie
  — Quantitätsprämie
  — Terminprämie
- ● Zulagen — Schmutzzulage
  — Gefahrenzulage
  — Erschwerniszulage u.a.
- ● Zuschläge — für Sonn- und Feiertagsarbeit, Nachtarbeit

Beteiligungslohn
— Leistungsbeteiligung
— Umsatzbeteiligung
— Gewinnbeteiligung
— Kapitalbeteiligung

Maßstäbe für eine gerechte Entlohnung

Arbeitsplatzbeschreibung
Arbeitsplatzbewertung
→ summarisch (Rangfolgeverfahren, Lohngruppenverfahren)
→ analytisch (Rangreihenverfahren, Stufenwertzahlverfahren)
Soziale Aspekte (Alter, Familienstand, Dauer der Betriebszugehörigkeit)

Grundsätze der Lohnberechnung

	Grundlohn	(für normale Arbeitszeit
+	Zulagen	(Vermögenswirksame Leistungen u.a.)
+	Zuschläge	(für Nachtarbeit, Überstunden u.a.)
=	Bruttolohn	
−	Lohnsteuer	
−	Kirchensteuer	
−	Sozialversicherungsbeiträge	
	Krankenversicherung	
	Rentenversicherung	
	Arbeitslosenversicherung	
−	Pflegeversicherung	
=	Nettolohn	
−	sonstige Abzüge (z.B. Vorschuß, eigener Beitrag bei vermögenswirksamen Leistungen	
=	Auszuzahlender Lohn	

Politische und wirtschaftliche Bedeutung des Lohns

Nominallohn = tatsächlich gezahlter Lohn
Reallohn = Lohnkaufkraft
Probleme des Lohnniveaus in der Bundesrepublik:
Löhne und Lohnnebenkosten sind hoch → Gefahr für den Industriestandort Deutschland

Fragen · Aufgaben · Fragen · ? Fragen · Aufgaben · Fragen

Wissen

1 Wie wird der Zeitlohn berechnet?
2 Wodurch unterscheiden sich Zeit- und Leistungslohn?
3 Stellen Sie Vor- und Nachteile von Zeit- und Akkordlohn gegenüber.
4 Vergleichen Sie Stückzeitakkord und Stückgeldakkord mit Hilfe eines Beispiels.
5 Wodurch unterscheiden sich Akkordlohn und Prämienlon?
6 Nennen Sie drei Beispiele für Prämienlohn.
7 Stellen Sie Vor- und Nachteile des Prämienlohns gegenüber.
8 Nennen Sie je zwei Zulagen und Zuschläge.
9 Welchen Arten des Beteiligungslohns kennen Sie?
10 In welcher Form kann die Erfolgsbeteiligung ausgezahlt werden?
11 Was soll eine Arbeitsplatzbeschreibung beinhalten?
12 Wodurch unterscheiden sich summarische und analytische Arbeitsplatzbewertungen?
13 Erklären Sie den Begriff „Ecklohn".
14 Welche sozialen Aspekte sind bei der Ermittlung eines gerechten Lohns zu beachten?
15 Erklären Sie, wie man vom Grundlohn zum auszubezahlenden Lohn kommt.
16 Erklären Sie die Begriffe:
a) Reallohn,
b) Lohnnebenkosten,
c) Lohn-Preis-Spirale.

Erkennen und Werten

1 Nennen Sie je drei Arbeitsplätze, für die Zeitlohn oder Akkordlohn geeignet sind. Begründen Sie Ihre Wahl.
2 Machen Sie Vorschläge, welche Prämien man in Ihrem Ausbildungsbetrieb einführen könnte.
3 Nennen Sie je eine Arbeit, für die Schmutzzulage, Gefahrenzulage und Erschwerniszulage gezahlt werden kann. Begründen Sie Ihre Wahl.
4 Begründen Sie, warum Beteiligungslohn volkswirtschaftlich und betriebswirtschaftlich sinnvoll ist.
5 Welche Beteiligungsart ist für den Arbeitnehmer am vorteilhaftesten? Begründen Sie Ihre Entscheidung.
6 Warum ist eine gerechte Entlohnung wichtig?
7 Erstellen Sie für Ihren Ausbildungsplatz eine Arbeitsplatzbeschreibung.
8 Ist in Ihrem Ausbildungsbetrieb eine Arbeitsplatzbewertung mit Hilfe des Lohngruppenverfahrens möglich? Begründen Sie Ihre Entscheidung.
9 Welche Abzüge bei der Lohnberechnung ändern sich, wenn ein bisher lediger Arbeitnehmer heiratet?
10 Machen Sie Vorschläge, wie die Lohn-Preis-Spirale gestoppt werden könnte.
11 Schreiben Sie einen Aufsatz zu dem Thema „Der Industriestandort Deutschland ist in Gefahr".
12 Welche Anstrengungen unternimmt die Bundesregierung, um den Industriestandort Deutschland attraktiver zu machen?

XII. Öffentliche Abgaben

1 Staatseinnahmen

1.1 Notwendigkeit von Staatseinnahmen

In einem Staat haben die Bürger wichtige Aufgaben, die der einzelne nicht alleine zu lösen vermag, dem Staat übertragen. Wichtige Aufgaben sind zum Beispiel:

- äußere Sicherheit (Bundeswehr)
- innere Sicherheit (Polizei)
- Bildung (Schulen, Hochschulen)
- öffentliche Infrastruktur (Bau und Unterhaltung von Straßen, öffentliche Verkehrsmittel, Kanalisation)
- soziale Sicherheit (Kindergeld, Wohngeld, Sozialhilfe, BAFÖG)
- Rechtspflege (Gerichte, Gefängnisse)
- Gesundheitswesen, Wohnungsbauförderung, Wirtschaftsförderung
- internationale Verpflichtungen (UNO)
- Entwicklungshilfe und anderes

Um diese Aufgaben bewältigen zu können, benötigt der Staat Geld (Einnahmen). Gerade nach der Wiedervereinigung ist der Finanzbedarf besonders hoch. Das benötigte Geld beschafft sich der Staat durch Einnahmen oder durch die Aufnahme von Krediten. Die Möglichkeit der Kreditaufnahme ist für den Staat jedoch begrenzt.

Wird die Schuldenlast zu hoch, muß viel Geld der öffentlichen Haushalte für Zinsen und Rückzahlungen aufgewendet werden. Dadurch werden die Möglichkeiten, andere, wichtige Aufgaben in Angriff zu nehmen, eingeschränkt.

Durch eine hohe staatliche Kreditaufnahme wird der Kapitalmarkt überfordert. Je mehr Kredite der Staat aufnimmt, desto weniger Geld steht für private Kredite und Investitionskredite der Unternehmen zur Verfügung. Dies hemmt die Entwicklung der Wirtschaft und treibt die Zinsen in die Höhe.

Quelle: Bundesministerium für Finanzen

Quelle: Bundesministerium für Gesundheit

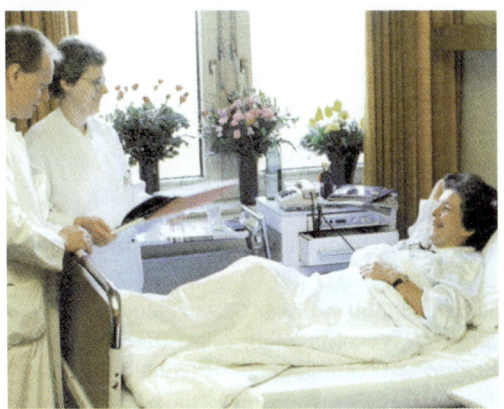

Quelle: Bundesministerium für Gesundheit

1. Welche Aufgaben des Staates sind in den Bildern dargestellt?
2. Welche Ausgaben fallen für den Staat bei Durchführung dieser Aufgaben an?

1.2 Arten von Staatseinnahmen

So vielfältig die staatlichen Aufgaben (Ausgaben) sind, so vielseitig sind auch die Einnahmequellen des Staates:

Steuern	sind Geldeinnahmen von natürlichen Personen und Unternehmen des Staates, ohne daß der einzelne dafür eine direkte Gegenleistung erhält.
Zölle	stellen eine besondere Art von Steuern dar und werden hauptsächlich bei der Einfuhr von Waren aus dem Ausland erhoben. Innerhalb der EU werden keine Zölle erhoben.
Gebühren	sind Zahlungen für die Inanspruchnahme der Verwaltung. Der Bürger erhält für die Gebühr eine Gegenleistung der Gemeinde oder des Staates. Man unterscheidet **Benutzungsgebühren** (z.B.: Kanalgebühr, Müllabfuhrgebühr) **Verwaltungsgebühren** (z.B. Gerichtsgebühren, Gebühr für die Ausstellung eines Reisepasses)
Beiträge	sind Abgaben für die Inanspruchnahme besonderer Vorteile (z.B.: Grundstückserschließungsbeitrag, Kurtaxe)

Weitere Einnahmen:
- Einnahmen aus Wirtschaftstätigkeit des Staates (z.B. Erträge aus Staatsforsten, Gewinne aus Betrieben in Staatsbesitz)
- Einnahmen durch die Überweisung des Bundesbankgewinns an die Staatskasse
- steuerähnliche Sonderabgaben von Unternehmen (z.B. Ölpfennig, Zuckerabgabe)

2 Steuern

Abgabenordnung (AO) § 3:
Steuern sind Geldleistungen, die nicht eine Gegenleistung für eine besondere Leistung darstellen und von einem öffentlich-rechtlichen Gemeinwesen zur Erzielung von Einnahmen allen auferlegt werden, bei denen der Tatbestand zutrifft, an den das Gesetz die Leistungspflicht knüpft; ...

2.1 Einteilung der Steuern

Die ungefähr 50 verschiedenen Steuern in der Bundesrepublik können wie folgt eingeteilt werden:

- nach dem **Steuergegenstand** entscheidend ist, ob ein Besitz (Besitzsteuer), ein Verkehrsvorgang (Verkehrsteuer) oder der Verbrauch (Verbrauchsteuer) Grundlage der Besteuerung ist.

- nach der **Erhebungsart** hierbei ist entscheidend, ob der Steuerpflichtige die Steuer selbst an das Finanzamt abführt (direkt) oder die Steuer durch einen Preisaufschlag abgewälzt wird (indirekt).

- nach der **Finanzhoheit** hierbei entscheidet, wer die Steuer erhält (Bund, Länder, Gemeinden, Kirche).

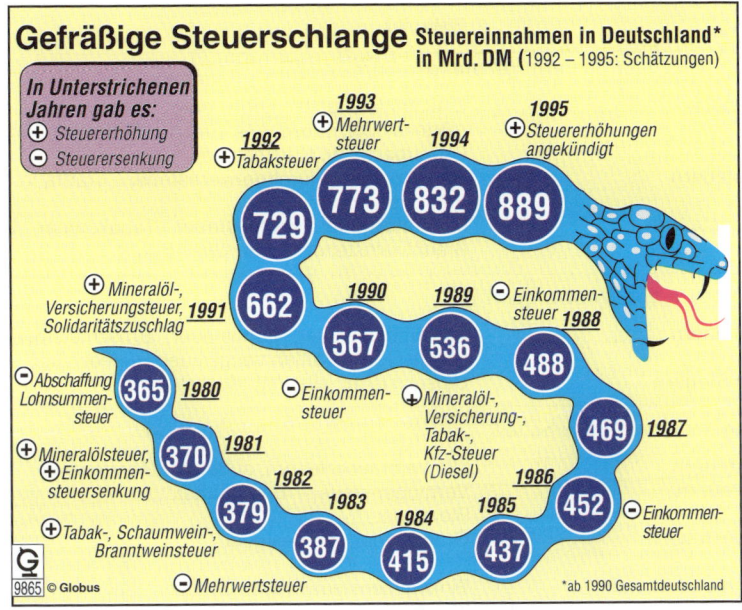

Gefräßige Steuerschlange Steuereinnahmen in Deutschland*
in Mrd. DM (1992 – 1995: Schätzungen)

In Unterstrichenen
Jahren gab es:
⊕ Steuererhöhung
⊖ Steuersenkung

1992
⊕ Tabaksteuer

1993
⊕ Mehrwert-
steuer

1994

1995
⊕ Steuererhöhungen
angekündigt

729 · 773 · 832 · 889

⊕ Mineralöl-,
Versicherungsteuer,
Solidaritätszuschlag 1991

662

1990

567

1989

536

⊖ Einkommen-
steuer 1988

488

⊖ Abschaffung
Lohnsummen-
steuer

365 1980

370 1981

⊖ Einkommen-
steuer

⊕ Mineralöl-,
Versicherung-,
Tabak-,
Kfz-Steuer
(Diesel)

469 1987

⊕ Mineralölsteuer,
⊕ Einkommen-
steuersenkung

1982

379

1983

387

1984

415

1985

437

1986

452

⊖ Einkommen-
steuer

⊕ Tabak-, Schaumwein-,
Branntweinsteuer

⊖ Mehrwertsteuer

9865 © Globus

*ab 1990 Gesamtdeutschland

?

1. Beschreiben Sie die Entwicklung der Steuereinnahmen in den dargestellten 15 Jahren.
2. Warum sind Ihrer Meinung nach die Steuereinnahmen in der dargestellten Größenordnung gestiegen?

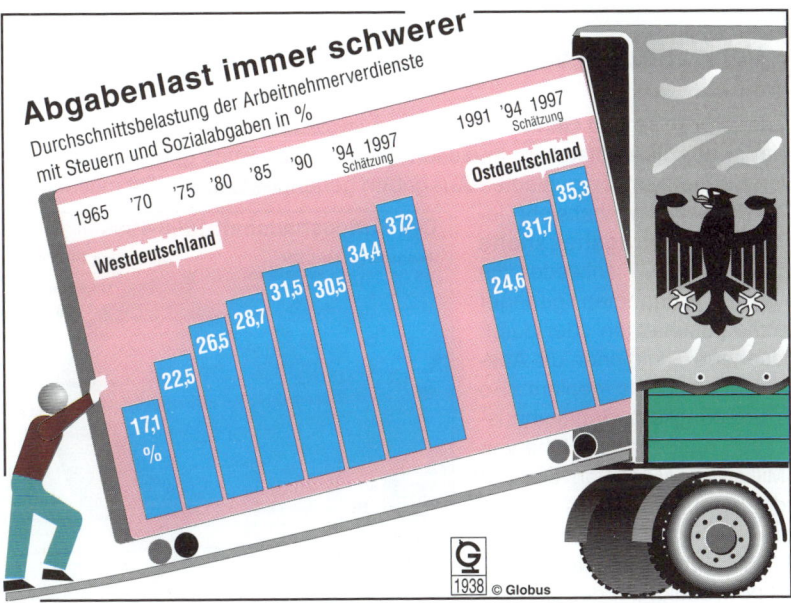

Abgabenlast immer schwerer
Durchschnittsbelastung der Arbeitnehmerverdienste
mit Steuern und Sozialabgaben in %

1965 '70 '75 '80 '85 '90 '94 1997
Schätzung

1991 '94 1997
Schätzung

Westdeutschland

Ostdeutschland

17,1
%

22,5

26,5

28,7

31,5

30,5

34,4

37,2

24,6

31,7

35,3

1938 © Globus

?

1. Beschreiben Sie die Entwicklung der Durchschnittsbelastung von 1965 bis 1994.
2. Warum ist Ihrer Meinung nach die Belastung in der Form gestiegen?

Einteilung	Beispiel
Einteilung nach dem Steuergegenstand	
Besitzsteuern	Einkommensteuer, Lohnsteuer, Körperschaftsteuer, Vermögensteuer, Erbschaftsteuer, Kirchensteuer, Grundsteuer, Gewerbesteuer, Hundesteuer
Verkehrsteuern	Umsatzsteuer, Grunderwerbsteuer, Kraftfahrzeugsteuer, Versicherungssteuer
Verbrauchsteuern	Mineralölsteuer, Kaffeesteuer, Tabaksteuer, Biersteuer, Branntweinsteuer, Schaumweinsteuer
Einteilung nach der Erhebungsart	
direkte Steuern	Einkommensteuer, Lohnsteuer, Erbschaftsteuer, Körperschaftsteuer, Kraftfahrzeugsteuer, Hundesteuer
indirekte Steuern	Umsatzsteuer, alle Verbrauchsteuern
Einteilung nach der Finanzhoheit	
Bundessteuern	alle Verbrauchsteuern, außer der Biersteuer
Landessteuern	Vermögensteuer, Erbschaftsteuer, Kraftfahrzeugsteuer, Biersteuer
Gemeindesteuern	Grundsteuer, Hundesteuer
Steuern, die zwischen Bund (B), Ländern (L) und Gemeinden (G) verteilt werden	Einkommensteuer, (B, L, G), Lohnsteuer (B, L, G), Körperschaftsteuer (B, L), Gewerbesteuer (B, L, G), Umsatzsteuer (B, L), Grunderwerbsteuer (L, G)

2.2 Verwendung von Steuern

Bund, Länder, Kreise und Gemeinden müssen jeweils im voraus für das kommende Jahr einen **Haushaltsplan** aufstellen. In diesen Plänen, auch Etats genannt, werden den geschätzten **Einnahmen** die geplanten **Ausgaben** gegenübergestellt. Oft müssen diese Pläne im laufenden Haushaltsjahr jedoch durch **Nachtragshaushalte** ergänzt werden, weil entweder die tatsächlichen Einnahmen geringer sind als die geschätzten oder durch unvorgesehene Situationen die Ausgaben höher sind als geplant. So sah der ursprüngliche Bundeshaushalt für 1993 Ausgaben in Höhe von 435,6 Milliarden Mark vor. Die anstehenden Ausgaben, insbesondere die Verwirklichung der deutschen Einheit, machten einen Nachtragshaushalt notwendig, der den Etat um

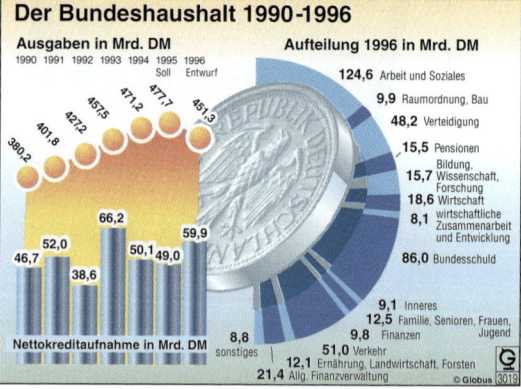

21,9 auf 457,5 Milliarden Mark erhöhte. Eine Besonderheit unseres förderalen (bundesstaatlichen) Aufbaus ist der **Länderfinanzausgleich**. Hierbei müssen einnahmestarke an finanzschwache Bundesländer Geld abgeben, um eine Chancengleichheit für alle zu gewährleisten.

Der Auszubildende Peter K. aus Bautzen startet um 16.30 Uhr mit seinemMotorrad für seine Mutter zum Einkaufen. Unterwegs muß er erst einmal tanken. Das Motorrad ist neu, erst gestern hat er es angemeldet und er darf nicht vergessen, möglichst bald den Versicherungsbetrag zu bezahlen.

Im Supermarkt angekommen, schaut er auf seinen Einkaufszettel: Kaffee, Bier, Sekt, eine Glühbirne und eine Schachtel Zigaretten muß er mitbringen. Als er das alles zusammen hat, fährt er schnell nach Hause, da er noch etwas mit seinem Hund spazierengehen will.

1. Nennen Sie alle Steuern, die einen Bezug zum dargestellten Fall haben.
2. Ordnen Sie alle Steuern den unterschiedlichen Einteilungen zu.

Der Haushaltskreislauf

2.2/1

Der Ablauf eines Haushaltsplans von seiner Aufstellung bis zur Entlastung heißt „Haushaltskreislauf".
Wir können dabei verschiedene Phasen unterscheiden:

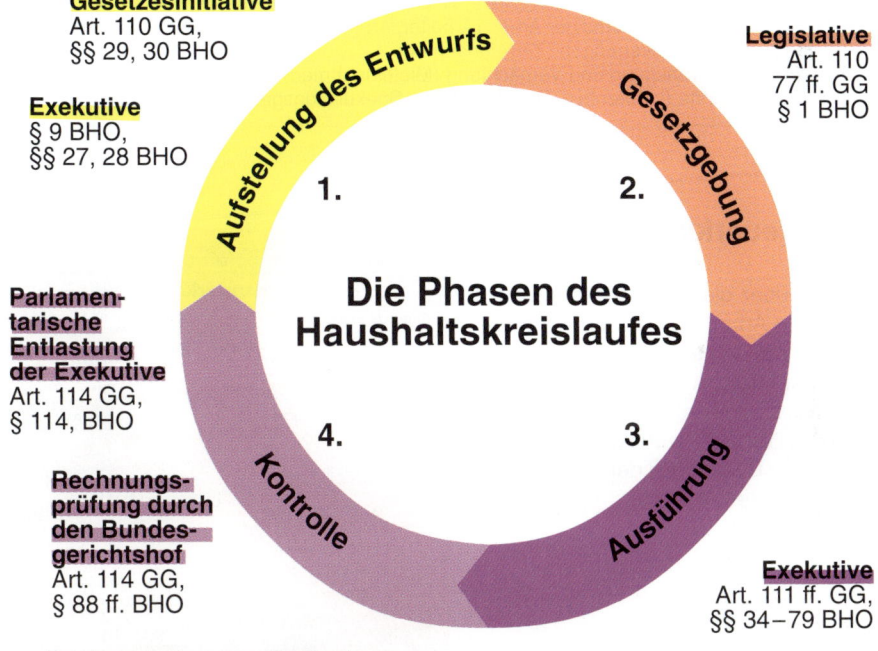

Gesetzesinitiative
Art. 110 GG,
§§ 29, 30 BHO

Exekutive
§ 9 BHO,
§§ 27, 28 BHO

Legislative
Art. 110
77 ff. GG
§ 1 BHO

Aufstellung des Entwurfs

Gesetzgebung

1.

2.

Die Phasen des Haushaltskreislaufes

Parlamentarische Entlastung der Exekutive
Art. 114 GG,
§ 114, BHO

Rechnungsprüfung durch den Bundesgerichtshof
Art. 114 GG,
§ 88 ff. BHO

Kontrolle

4.

3.

Ausführung

Exekutive
Art. 111 ff. GG,
§§ 34 – 79 BHO

Rechnungslegung (Exekutive)
Art. 114 GG, §§ 80 ff. BHO

Abkürzungen: GG – Grundgesetz, BHO – Bundeshaushaltsordnung

Beschreiben Sie die 4 Phasen des Haushaltskreislaufs.

3 Einkommen- und Lohnsteuer

Die Einkommen- und Lohnsteuer ist für unseren Staat der größte Einnahmeposten.

3.1 Einkommensarten

Einkommensteuergesetz (EStG) § 1: Natürliche Personen, die im Inland einen Wohnsitz oder ihren gewöhnlichen Aufenthalt haben, sind unbeschränkt einkommensteuerpflichtig. ...

Der Einkommensteuer unterliegen:

1. Einkünfte aus Land- und Forstwirtschaft (Land- und Forstwirte)
2. Einkünfte aus Gewerbebetrieb (Handwerksmeister, Unternehmer)
3. Einkünfte aus selbständiger Arbeit (Ärzte, Rechtsanwälte, Steuerberater)
4. Einkünfte aus nichtselbständiger Arbeit (Arbeiter, Angestellte, Beamte, Auszubildende)
5. Einkünfte aus Kapitalvermögen (Zinseinnahmen)
6. Einkünfte aus Vermietung und Verpachtung (Mieteinnahmen)
7. sonstige Einkünfte (Leibrenten, Einnahmen aus Spekulationsgeschäften)

3.2 Steuerklassen

Als Beleg über die gezahlte Lohnsteuer erhalten die Arbeitnehmer von ihrer Gemeindeverwaltung eine Lohnsteuerkarte, die sie bei ihrem Arbeitgeber abgeben. Dieser gibt sie ausgefüllt am Jahresende an seine Mitarbeiter zurück.
Ein wichtiger Bestandteil der Lohnsteuerkarte ist die Steuerklasse.

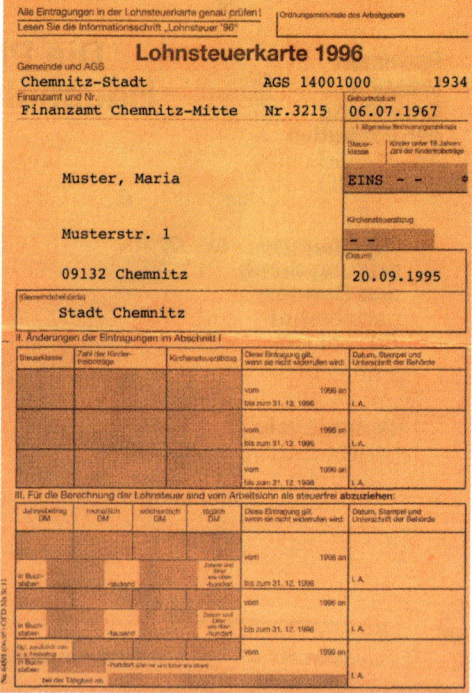

Freistaat Sachsen

Haushaltsplan 1996

Einzelplan 05

Veranschlagt sind die Mittel für

1. Einrichtungen auf kommunaler Ebene/Volkshochschulen (Personal- und Sachkosten)

2. Sächsischer Volkshochschulverband e.V. (Personal- und Sachkosten)

3. Einrichtungen, Landesorganisationen in freier Trägerschaft (Personal- und Sachkosten)

3.1. Einrichtungen im kirchlichen Bereich (z.B. Evangel. Erwachsenenbildung Sachsens, Bildungswerke des Bistums Dresden-Meißen)

3.2. Einrichtungen und Landesorganisationen der ländlichen Erwachsenenbildung

3.3. Einrichtungen der kulturellen Weiterbildung

3.4. Einrichtungen unter Mitwirkung von Arbeitnehmervertretungen

3.5. Weitere Einrichtungen in freier Trägerschaft

4. Projektförderung und intensive Maßnahmen für Träger der Weiterbildung

1. Warum werden die Mittel so genau veranschlagt?
2. Erläutern Sie auszugsweise verschiedene Bereiche.

Klasse	Personenkreis
I	Arbeitnehmer, 1. die ledig sind, 2. verheiratet, verwitwet oder geschieden sind und bei denen die Voraussetzungen für die Steuerklasse III oder IV nicht erfüllt sind.
II	Arbeitnehmer wie in Steuerklasse I, wenn sie mindestens ein Kind haben.
III	Arbeitnehmer, die verheiratet sind, nicht dauernd getrennt leben und 1. der Ehegatte keinen Arbeitslohn bezieht oder 2. der Ehegatte auf Antrag in Klasse V eingereiht wird
IV	Arbeitnehmer, die verheiratet sind, nicht dauernd getrennt leben und beide Ehegatten Arbeitslohn beziehen.
V	Arbeitnehmer wie in Steuerklasse IV, wenn ein Ehegatte auf Antrag beider Ehegatten in Steuerklasse III eingereiht wird.
VI	Arbeitnehmer, die nebeneinander von mehreren Arbeitgebern Lohn beziehen, für die Einbehaltung der Lohnsteuer aus dem zweiten und weiteren Dienstverhältnissen

Die zu zahlende Lohnsteuer hängt von der Lohnsteuerklasse ab. Mit diesen Angaben kann der Arbeitgeber den Lohnsteuerbetrag, den er für den Arbeitnehmer ans Finanzamt abführen muß, aus einer allgemeinen Lohnsteuertabelle ablesen.

Auszug aus der allgemeinen Lohnsteuertabelle:

Monat von 2974,65 bis 3037,65 — Die Abzüge an Lohnsteuer, Solidaritätszuschlag und Kirchensteuer betragen

Lohn/Gehalt bis	Steuerklasse	Lohnsteuer	ohne Kinderfreibetrag SolZ	ohne 8%	ohne 9%	mit 0,5 SolZ	0,5 8%	0,5 9%	mit 1,0 SolZ	1,0 8%	1,0 9%	mit 1,5 SolZ	1,5 8%	1,5 9%	mit 2,0 SolZ	2,0 8%	2,0 9%	mit 2,5 SolZ	2,5 8%	2,5 9%	mit 3,0 SolZ	3,0 8%	3,0 9%
2974,65	I	395,75	29,68	31,66	35,61	24,08	25,68	28,89	18,58	19,82	22,29	12,96	14,06	15,82		8,42	9,47		2,90	3,26			
	II	262,75	19,70	21,02	23,64	14,29	15,24	17,15	1,76	9,58	10,78		4,04	4,54									
	III	46,66		3,73	4,19																		
	IV	395,75	29,68	31,66	35,61	26,86	28,88	32,24	24,08	25,68	28,89	21,31	22,74	25,58	18,58	19,82	22,29	15,86	16,92	19,04	12,96	14,06	15,82
	V	831,00	62,32	66,48	74,79																		
	VI	890,66	66,80	71,25	80,15																		
2979,15	I	397,08	29,78	31,76	35,73	24,17	25,78	29,00	18,67	19,92	22,41	13,21	14,16	15,93		8,52	9,59		3,00	3,37			
	II	264,00	19,80	21,12	23,76	14,38	15,34	17,26	2,00	9,68	10,89		4,13	4,64									
	III	49,00		3,92	4,41																		
	IV	397,08	29,78	31,76	35,73	26,96	28,76	32,35	24,17	25,78	29,00	21,41	22,84	25,69	18,67	19,92	22,41	15,96	17,02	19,15	13,21	14,16	15,93
	V	832,50	62,43	66,60	74,92																		
	VI	892,33	66,92	71,38	80,30																		
2983,65	I	398,41	29,88	31,87	35,85	24,26	25,88	29,12	18,78	20,02	22,52	13,36	14,26	16,04		8,62	9,69		3,09	3,47			
	II	265,33	19,90	21,22	23,87	14,48	15,44	17,37	2,25	9,78	11,00		4,22	4,75									
	III	49,00		3,92	4,41																		
	IV	398,41	29,88	31,87	35,85	27,06	28,86	32,47	24,26	25,88	29,12	21,50	22,94	25,80	18,76	20,02	22,52	16,05	17,12	19,26	13,36	14,26	16,04
	V	834,16	62,56	66,73	75,07																		
	VI	893,83	67,03	71,50	80,44																		

3.3 Steuertarife

Es gibt mehrere Möglichkeiten, den Tarif für die Einkommensteuer zu gestalten:

1. Alle Steuerpflichtigen zahlen den gleichen Steuerbetrag („Kopfsteuer").
2. Jedes Einkommen wird mit dem gleichen Steuersatz (z. B.: 25 %) belegt.
3. Der Steuersatz steigt mit der Höhe des Einkommens.

Da die ersten beiden Möglichkeiten sozial Schwache benachteiligen, hat sich die Bundesrepublik für die 3. Form entschieden. Bei diesem progressiven (progressiv = sich steigernd) Steuersystem muß derjenige, der viel verdient auch prozentual mehr Steuern zahlen als ein Kleinverdiener (siehe Schaubild im Arbeitstext).

1989: Anstellung bei der Elektronik GmbH als Sachbearbeiter

1990: Heirat mit Susanne P. Susanne arbeitet ebenfalls und verdient ungefähr das gleiche Gehalt wie Peter

1991: Tochter Marita wird geboren, Susanne geht nicht mehr arbeiten

1995: Peter unterrichtet neben seiner Berufstätigkeit an einer Privatschule das Fach Wirtschaftslehre.

3.2/1

1. Welche Lohnsteuerklassen hat Peter jeweils?
2. Wie wären die Lohnsteuerklassen von Peter und Susanne 1990, wenn sie erheblich weniger verdienen würde?

Das Jahressteuergesetz 1996

Die wichtigsten Neuregelungen
für den Steuerzahler

3.3/1

● **Das Existenzminimum bleibt steuerfrei**

Grund-freibetrag	*Allein-stehend/Verheiratet*
1996	12 095 DM / 24 191 DM
1997 und 1998	12 365 DM / 24 731 DM
1999	13 067 DM / 26 135 DM

● **Neuer Tarifverlauf 1996**

Für diese Einkommen bleibt der Tarif unverändert

Für diese Einkommen werden weniger Steuern gezahlt

● **Familienleistungsausgleich**

Wahlrecht zwischen Kindergeld

1996: 1. und 2. Kind 200 DM/Monat
3. Kind 300 DM, für jedes weitere 350 DM/Monat

oder Kinderfreibetrag

1996: 6 300 DM/Kind und Jahr

Freibetrag ab 1996 — **12 095**

Freibetrag bis 1995 — **5 616**

zu versteuerndes Jahreseinkommen (Ledige)

| 120 000 DM |
| 110 000 |
| 100 000 |
| 90 000 |
| 80 000 |
| 70 000 |
| 60 000 |
| **55 272** |
| 50 000 |
| 40 000 |
| 30 000 |
| 20 000 |
| **12 095** |
| **5 616** |
| 0 DM |

G
3115 © Globus

1. Beschreiben Sie die Neuregelung der Steuertarife.
2. Warum hat der Gesetzgeber für verschiedene Einkommensbereiche unterschiedliche Steuertarife vorgesehen?
3. Wieviel darf man etwa im Monat verdienen, bevor man überhaupt Steuern zahlen muß?

4 Einkommensteuererklärung und Einkommensteuerausgleich

Nach Ablauf eines Kalenderjahres setzt das Finanzamt aufgrund der **Einkommensteuer-erklärung** die Steuer fest. Termin für die Abgabe der Einkommensteuererklärung ist der 31.05., auf Antrag ist eine Fristverlängerung bis zum 30.09. möglich. Ehegatten, die beide unbeschränkt steuerpflichtig sind und nicht dauernd getrennt leben, können zwischen ge-trennter oder gemeinsamer Veranlagung wählen. Wird keine Wahl vorgenommen, so geht das Finanzamt von einer Zusammenveranlagung aus. Hierbei wird das meist günstigere Splittingverfahren angewendet. Das gesamte Einkommen wird halbiert, daraus die Steu-er berechnet und diese dann verdoppelt.

Aufgrund der Einkommensteuererklärung (oder **Lohnsteuer-Jahresausgleich** bei Arbeit-nehmern, die nur Einkünfte aus nichtselbständiger Arbeit haben) berechnet das Finanzamt das zu versteuernde Einkommen wie folgt:

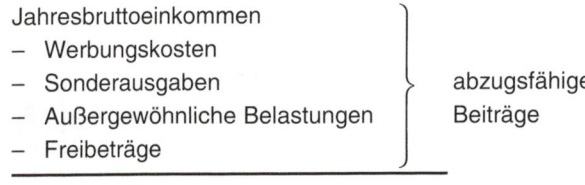

```
Jahresbruttoeinkommen
 − Werbungskosten
 − Sonderausgaben                        abzugsfähige
 − Außergewöhnliche Belastungen          Beiträge
 − Freibeträge
 _____
 = zu versteuerndes Einkommen
```

Ein Teil der abzugsfähigen Beiträge ist als Pauschalbeträge in die Monatslohnsteuertabel-le eingearbeitet. Tatsächliche Aufwendungen, die über den festgelegten Pauschalbeträ-gen liegen, müssen dem Finanzamt nachgewiesen werden.

Die Erklärung der abzugsfähigen Beträge im einzelnen:

Werbungskosten

Werbungskosten sind berufsbedingte Aufwendungen zum Erwerb, zur Sicherung und Erhaltung des Arbeitslohns. Die Werbungskosten sind seit 1990 im Arbeitnehmer-pauschbetrag von 2000,00 DM enthalten und in die Monatssteuertabelle eingear-beitet. Nur höhere Aufwendungen können gesondert geltend gemacht werden.

Zu den Werbungskosten zählen im einzelnen:

- Beiträge zu Berufsverbänden (Gewerkschaftsbeitrag)
- Aufwendungen für Fahrten zwischen Wohnung und Arbeitsstätte (mit Auto, Motor-rad, Fahrrad oder in Fahrgemeinschaften)
- Aufwendungen für Arbeitsmittel (typische Berufskleidung, Werkzeuge, Fachliteratur)
- Aufwendungen für eine berufliche Fortbildung (Kosten für den Besuch von Lehrgän-gen, Fachschulen, Kursen)
- Mehraufwendungen wegen einer beruflich begründeten doppelten Haushaltsführung

Grüne Felder nur vom Finanzamt auszufüllen

1995

| 71 | 10 | 02 | 95 |

☒ **Einkommensteuererklärung**
☐ **Antrag auf Festsetzung der Arbeitnehmer-Sparzulage**
☐ **Erklärung zur Feststellung des verbleibenden Verlustabzugs**

An das Finanzamt *Dresden*

Steuernummer *123421 – 00351*

bei Wohnsitzwechsel: bisheriges Finanzamt

Ich rechne mit einer Einkommensteuererstattung

Allgemeine Angaben

Steuerpflichtige Person (Stpfl.), bei Ehegatten: **Ehemann**   Telefonische Rückfragen tagsüber unter Nr. *0351/467321*

Name *K L E I N*

Vorname *U W E*

Geburtsdatum *15 10 61* Religion *ev.* Ausgeübter Beruf *Elektriker*

Straße und Hausnummer *G R U N D S T R A S S E 10*

Postleitzahl, derzeitiger Wohnort *0 1 0 6 9 D R E S D E N*

Verheiratet seit dem *1. 6. 85*

Ehefrau: Vorname *V E R A*

ggf. von Zeile 2 abweichender Name

Geburtsdatum *05 10 64* Religion *ev.* Ausgeübter Beruf *Verkäuferin*

Nur von Ehegatten auszufüllen:
☒ Zusammenveranlagung ☐ Getrennte Veranlagung ☐ Besonders Veranlagung für das Jahr der Eheschließung

Bankverbindung   Bitte stets angeben!

Nummer des Bankkontos, Postgirokontos, Sparbuchs, Postsparbuchs *2 5 4 3 1 1 2*   Bankleitzahl *8 5 0 2 0 0 8 6*

Geldinstitut (Zweigstelle) und Ort *B A Y E R I S C H E V E R E I N S B A N K*

Unterschrift

17. 4. 96 Datum, Unterschrift(en)

ESt 1 A – Einkommensteuererklärung für u...

Name und Vorname *Klein, Uwe*
Steuernummer *123421 – 00351*

Anlage N   Bitte Lohnsteuerkarte(n) im Original beifügen!

1995

Jeder Ehegatte mit Einkünften aus nichtselbständiger Arbeit hat eine eigene Anlage N abzugeben

Einkünfte aus nichtselbständiger Arbeit

Angaben zum Arbeitslohn

Zeile		Erste Lohnsteuerkarte DM	Pf	Weitere Lohnsteuerkarte(n) DM	Pf
2	Bruttoarbeitslohn	*31412*	*–*		
3	Lohnsteuer	*4218*	*30*		
4	Solidaritätszuschlag	*312*	*–*		
5	Kirchensteuer des Arbeitnehmers	*372*	*–*		
6	Nur bei konfessionsverschiedener Ehe: Kirchensteuer für den Ehegatten				
8	Versorgungsbezüge (in Zeile 2 enthalten)				
9	Versorgungsbezüge für mehrere Jahre				

Beschreiben Sie die private und steuerliche Situation von Uwe Klein, wie sie sich aus der Einkommensteuererklärung ergibt.

Zeile	Werbungskosten								40		Tage
31									41		km

32	**Fahrten zwischen Wohnung und Arbeitsstätte**						43		Tage

Aufwendungen für Fahrten mit eigenem oder zur Nutzung überlassenem

33	☒ privatem Pkw	☐ Firmenwagen	☐ Motorrad/ Motorroller	Letztes amtl. Kennzeichen	DD-DX 473	☐ Moped/ Mofa	☐ Fahr-rad	44		km

34	Arbeitstage je Woche	5	Urlaubs- und Krankheitstage	32	**Erhöhter Kilometersatz wegen Behinderung**			46		Tage

Behinderungsgrad mindestens 70 / Behinderungsgrad mindestens 50 und erhebliche Gehbehinderung

47 | km

35	Arbeitsstätte in (Ort und Straße) – ggf. nach besonderer Aufstellung –	Einsatzwechseltätigkeit vom – bis	40 benutzt an	41 einfache Entfernung	61	Schlüsselz. zu Kz 41

Dresden, — 2 1 8 Tagen — 1 2 km

36	**Bergstraße 4**		43		44		62	Schlüsselz. zu Kz 44

Tagen km

37		46		47		63	Schlüsselz. zu Kz 47

Tagen km

38	Aufwendungen für Fahrten mit öffentlichen Verkehrsmitteln	DM	steuerfrei ersetzt DM	49	DM	49

– ▸

39	Fahrtkostenersatz, der vom Arbeitgeber pauschal besteuert oder bei Einsatzwechseltätigkeit steuerfrei gezahlt wurde	50	50

40	**Beiträge zu Berufsverbänden** (Bezeichnung der Verbände)	51	264	51

41	**Aufwendungen für Arbeitsmittel** – soweit nicht steuerfrei ersetzt – (Art der Arbeitsmittel bitte einzeln angeben)	DM

– 3 –

Zeile	Sonderausgaben			99 13

62	**Arbeitnehmeranteil am Gesamtsozialversicherungsbeitrag** und/oder befreiende Lebensversicherung sowie andere gleichgestellte Aufwendungen (ohne steuerfreie Zuschüsse des Arbeitgebers) – In der Regel auf der Lohnsteuerkarte beschein igt –	DM	DM	30

63		30 Stpfl./Ehemann	31 Ehefrau	31

64	**Nur bei steuerpflichtigen Personen, die nach dem 31. 12. 1957 geboren sind:** Zusätzliche freiwillige Pflegeversicherung (nicht in Zeilen 63 und 66 enthalten)	82	87	41

65	**Freiwillige** Angestellten-, Arbeiterrenten-, Höher**versicherung** (abzüglich steuerfreier Arbeitgeberzuschuß) sowie Beiträge von Nichtarbeitnehmern zur gesetzlichen Altersversorgung		41 Stpfl./Ehegatten	40

66	**Kranken- und Pflegeversicherung** (freiwillige Beiträge sowie Beiträge von Nichtarbeitnehmern zur gesetzl. Krankenversicherung – abzüglich steuerfreier Zuschüsse, z. B. des Arbeitgebers –)	in 1995 gezahlte Beiträge	in 1995 erstattete Beiträge	42

| | | 40 | – ▸ | 44 |

67	**Unfallversicherung**	142	– ▸	43

| | | 42 | | |

68	**Lebensversicherung** ohne vermögenswirksame Leistungen (einschl. Sterbekasse u. Zusatzversorgung; ohne Beiträge in Zeile 63)	1 433	– ▸	44

| | | 44 | | 35 |

69	**Haftpflichtversicherung** (ohne Kasko-, Hausrat- und Rechtsschutzversicherung)	456	– ▸	43

70	**Bausparbeiträge,** die als Sonderausgaben geltend gemacht werden – ohne vermögenswirksame Leistungen – Institut, Vertrags-Nr. und Vertragsbeginn	Für 1995 habe(n) ich/wir und die nach dem 1. 1. 1978 geborenen Kinder eine **Wohnungsbauprämie beantragt:** Nein Ja	38 / 11

71		Bescheinigte Beiträge ▸	35	12

| | Rechtsgrund, Datum des Vertrags | 11 tatsächlich gezahlt | abziehbar v. H. | 10 |

72	**Renten**	12		39

| | Rechtsgrund, Datum des Vertrags | 10 | | 14 |

73	**Dauernde Lasten**	39		14

74	**Unterhaltsleistungen** an den geschiedenen/dauernd getrennt lebenden Ehegatten lt. **Anlage U**	13		78

75	**Kirchensteuer**	13 in 1995 gezahlt	14 in 1995 erstattet	22

| | | 580 | | 16 |

76	**Zinsen** für Nachforderung und Stundung von Steuern, Aussetzung der Vollziehung	78		17

77	Rentenversicherungspflichtig **Beschäftigte in der Hauswirtschaft**	vom – bis	wegen Kinder unter 10 Jahren / hilfloser Person im Haushalt	22 / 16

78	**Steuerberatungskosten**	16		71

79	Aufwendungen für die eigene **Berufsausbildung** oder die Weiterbildung in einem nicht ausgeübten Beruf	Art der Aus-/Weiterbildung	17	19

80	**Schulgeld** an Ersatz- oder Ergänzungsschulen für das Kind lt. Zeile	Bezeichnung der Schule	71	20

81	**Spenden** und Beiträge für wissenschaftliche, mildtätige und kulturelle Zwecke	lt. beigef. Bestätigungen +	lt. Nachweis Betriebsfinanzamt ▸	18 / 70

82	für kirchliche, religiöse und gemeinnützige Zwecke	50 +	50 ▸	19 / 21

83	**Mitgliedsbeiträge und Spenden** an politische Parteien (§§ 34 g, 10 b EStG)	20 +	20 ▸	20 / 72

84	an unabhängige Wählervereinigungen (§ 34 g EStG)	+	▸	70 / 73

85	**Verlustabzug** nach § 10 d EStG lt. Feststellungsbescheid zum 31. 12. 1994 (Bitte weder in Rot noch mit Minuszeichen eintragen)	72 Stpfl./Ehemann	73 Ehefrau

86	**Antrag auf Beschränkung des Verlustrücktrags** für nicht ausgeglichene Verluste 1995	rücktragbar nach 1993	nach 1994

Außergewöhnliche Belastungen

87	**Behinderte und Hinterbliebene**	Nachweis ist beigefügt. / hat bereits vorgelegen.	56 1. Person *)

88	Name	Ausweis/Rentenbescheid/Bescheinigung ausgestellt am	gültig bis	Hinter-blieben / behindert / blind/ständig hilflos / geh- und steh-behindert	Grad der Behinderung	56 / 57 2. Person *)

89					57

90		Heimunterbringung		

?

1. Welche Werbungskosten und Sonderausgaben sind erfaßt?
2. Welche Werbungskosten und Sonderausgaben können Sie geltend machen?

5 Unternehmensbesteuerung

Auch Unternehmen müssen Steuern zahlen. Neben den Steuern, die auch Privatpersonen zahlen müssen, wie zum Beispiel

Vermögensteuer: Besteuerungsgrundlage ist das vorhandene Vermögen, abzüglich der Schulden und Freibeträge,

Grundsteuer: wird durch die Gemeinden von dem in ihrem Gebiet gelegenen Grundbesitz erhoben,

gibt es für Betriebe auch besondere Steuern. Zu denen, die sie selbst tragen müssen zählen:

Körperschaftsteuer: Versteuerung des Gewinns bei Kapitalgesellschaften, Genossenschaften und Vereinen

Gewerbesteuer: Besteuerungsgrundlagen sind der Gewinn (Gewerbeertrag) und der Einheitswert (Gewerbekapital) des Gewerbebetriebs. Die Berechnung kann vereinfacht wie folgt dargestellt werden:

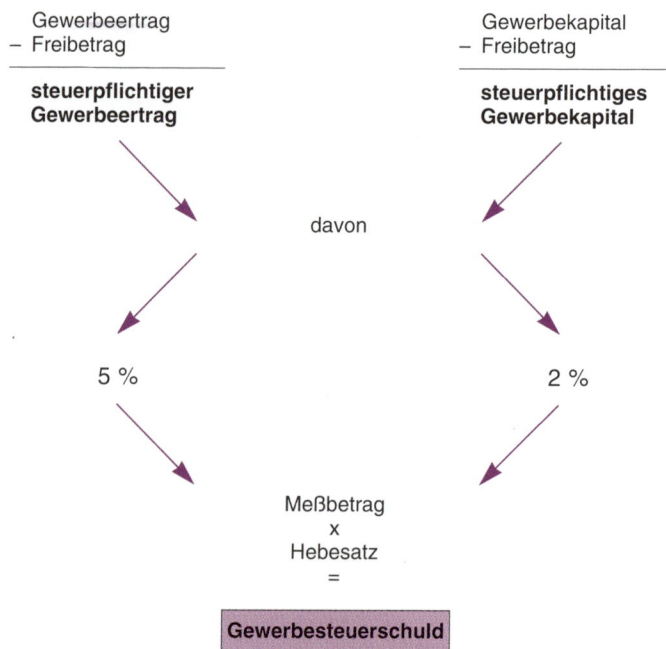

Der Hebesatz wird von den Gemeinden festgelegt.

Eine Steuer, die die Unternehmen nicht selbst tragen, sondern nur einnehmen und dann an das Finanzamt abführen, ist die Umsatzsteuer, die in der Bundesrepublik in Form einer **Mehrwertsteuer** erhoben wird. Der volle Mehrwertsteuersatz für Lieferungen und Leistungen, die ein Unternehmer im Inland gegen Entgelt im Rahmen seines Unternehmens ausführt, beträgt zur Zeit 15 %, der ermäßigte 7 %. Letzterer gilt für Lebensmittel, Bücher, Zeitschriften, Theateraufführungen und ähnliches.

Steuerbelastung der Unternehmung

Vereinfachtes Beispiel für die Besteuerung eines Einzelunternehmens mit einem Einkommensteuerpflichtigen Gewinn von 750.000,00 DM

1. Einkommensteuer des Unternehmers

    351.790,00 DM = 46,9 %

2. Gewerbesteuer bei einem Gewerbekapital von 1 Mio DM und einem Hebesatz von 400 %

    137.840,00 DM = 18,38 %

3. Betriebsvermögensteuer bei einem Betriebsvermögen von 1 Mio DM

    1.875,00 DM = 0,25 %

Steuerbelastung insgesamt

    491.505,00 DM = 65,53 %

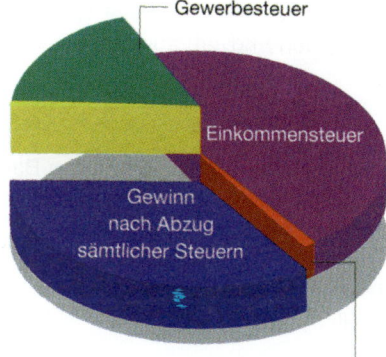

1. Welche Steuern müssen in dem dargestellten Beispiel gezahlt werden? Welche davon entfallen auf
   a) den Inhaber (Personensteuer),
   b) den Betrieb (Betriebssteuer)?
2. Wieviel DM Gewinn verbleiben für den Unternehmer?
3. Diskutieren Sie in der Klasse die Standpunkte:
   a) Die Besteuerung von Unternehmen in der dargestellten Form ist sinnvoll.
   b) Die Unternehmen müßten, um das Steueraufkommen des Staates zu verbessern, höher besteuert werden.
   c) Um Anreize für Unternehmensgründungen zu bieten, müßte die betriebliche Steuerbelastung gesenkt werden (z.B. Wegfall der Gewerbesteuer).

Das Prinzip der Mehrwertsteuer beruht darauf, daß auf jeder Stufe der Verarbeitung oder des Handels nur der Betrag versteuert wird, den das Produkt an Wert gewonnen hat. Der Unternehmer verlangt von seinem Kunden den vollen Mehrwertsteuerbetrag, zieht davon den Steueranteil (Vorsteuer), den er an seinen Lieferanten gezahlt hat ab und überweist die Differenz (Zahllast) an das Finanzamt:

Es gilt also

> Eingenommene Mehrwertsteuer
> − Vorsteuer
> ----
> = Zahllast

Die gesamte Mehrwertsteuer wird in den Unternehmen an das Finanzamt überwiesen und von den Endverbrauchern bezahlt

Ein **Beispiel:** soll das System der Mehrwertsteuer verdeutlichen:

Der Waldbesitzer Müller fällt einen Baum und verkauft ihn an das Sägewerk Schmitt für 100,00 DM. Das Sägewerk verkauft die daraus hergestellten Bretter für 250,00 DM an den Schreiner Maier. Dieser stellt daraus eine Truhe her, die er für 500,00 DM an das Möbelhaus Huber liefert. Dort wird die Truhe von der Familie Schnell für 700,00 DM gekauft. Alle genannten Preise sind Nettopreise, das heißt, die Mehrwertsteuer ist noch nicht berücksichtigt.

	Verkaufs-preis	Einkaufs-preis	Mehrwert	MwSt	Vorsteuer	Zahllast	Rechnungs-betrag
Waldbe-sitzer Müller (Urprodu-zent)	100,00	–	100,00	15,00	–	15,00	Netto 100,00 + MwSt 15,00 Brutto 115,00
Sägewerk Schmitt (1. Verarbeiter)	250,00	100,00	150,00	37,50	15,00	22,50	Netto 250,00 + MwSt 37,50 Brutto 287,50
Schreiner Maier (2. Verarbeiter)	500,00	250,00	250,00	75,00	37,50	37,50	Netto 500,00 + MwSt 75,00 Brutto 575,00
Möbelhaus Huber (Händler)	700,00	500,00	200,00	105,00	75,00	30,00	Netto 700,00 + MwSt 105,00 Brutto 805,00

Die Familie Schnell muß für die Truhe 805,00 DM bezahlen. In diesem Rechnungsbetrag sind 105,00 DM Mehrwertsteuer enthalten, die die Familie tragen muß. Abgeführt wurden die Steuern von den Betrieben, die an der Produktion beteiligt waren.

5/2

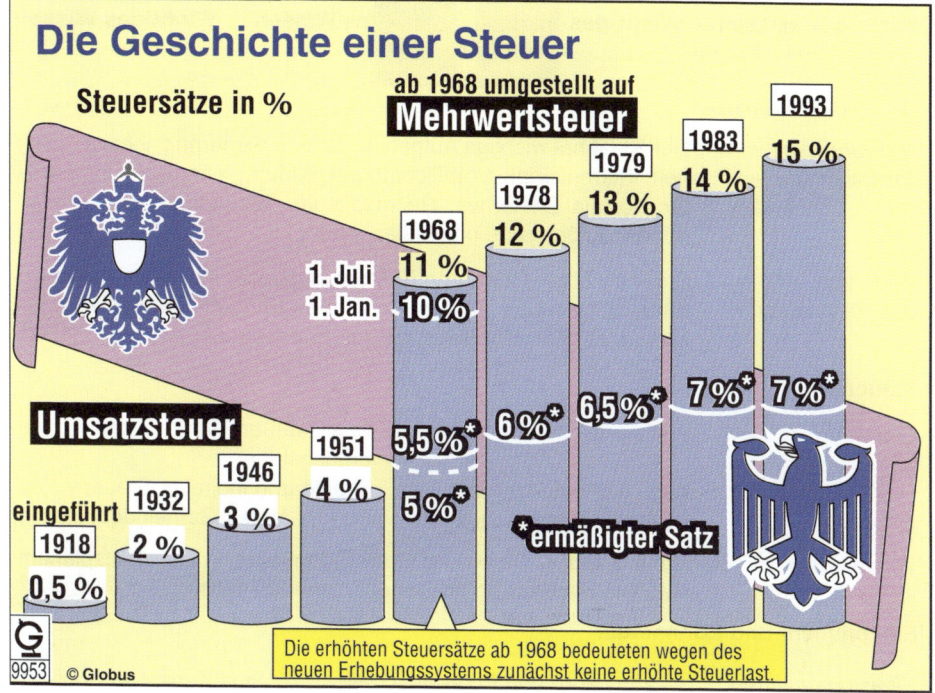

Die Geschichte einer Steuer

Steuersätze in %

ab 1968 umgestellt auf Mehrwertsteuer

Umsatzsteuer

1918	0,5 %
eingeführt 1932	2 %
1946	3 %
1951	4 %
1968 1. Jan.	10 %
1968 1. Juli	11 %
1978	12 %
1979	13 %
1983	14 %
1993	15 %

5,5 %* 5 %* 6 %* 6,5 %* 7 %* 7 %*

*ermäßigter Satz

9953 © Globus

Die erhöhten Steuersätze ab 1968 bedeuteten wegen des neuen Erhebungssystems zunächst keine erhöhte Steuerlast.

1. Beschreiben Sie die Entwicklung der Umsatzsteuer/Mehrwertsteuer von 1918 bis heute.
2. Warum hat der Staat den Mehrwertsteuersatz von 1968 bis heute immer wieder erhöht?
3. Nehmen Sie Stellung zu der Aussage: „Die Erhöhung des Mehrwertsteuersatzes erhöht die Inflationsrate".

5/3

Fall:

Schmiedemeister Bello stellt in seiner Werkstatt Eisenzäune für den Verkauf in seinem Laden her. Er weiß, daß er am Markt bis zu einem Verkaufspreis von höchstens 850,00 DM gehen darf.

1. Welchen Nettopreis darf er höchstens veranschlagen, wenn die Mehrwertsteuer/Umsatzsteuer 15 % beträgt?
2. Wieviel billiger müßte er produzieren, wenn die Mehrwertsteuer/Umsatzsteuer 16 % betragen würde und er dennoch den Verkaufspreis bei 850,00 DM belassen möchte?

Staatseinnahmen

Notwendigkeit von Staatseinnahmen	Der Staat hat wichtige Aufgaben: äußere Sicherheit, innere Sicherheit, internationale Verpflichtungen, Bildung, öffentliche Infrastruktur, soziale Sicherheit, Rechtspflege, Gesundheitswesen, Wohnungsbauförderung und vieles mehr
Arten von Staatseinnahmen	Steuern, Zölle, Gebühren (Benutzungsgebühren, Verwaltungsgebühren), Beiträge, weitere Einnahmen (Einnahmen aus Wirtschaftstätigkeit, Überweisung des Bundesbankgewinns)

Steuern

Einteilung	nach dem Steuergegenstand: Besitzsteuer, Verkehrsteuer, Verbrauchsteuer nach der Erhebungsart: direkte und indirekte Steuern nach der Finanzhoheit: Bund, Länder, Gemeinden, Kirche
Verwendung	Bund, Länder, Kreise und Gemeinden legen in Haushaltsplänen fest, wie die Steuern ausgegeben werden sollen.

Einkommen- und Lohnsteuer

Einkommensarten	1. aus Land- und Forstwirtschaft 5. aus Kapitalvermögen 2. aus Gewerbebetrieb 6. aus Vermietung und Verpachtung 3. aus selbständiger Arbeit 4. aus nichtselbständiger Arbeit 7. sonstige Einkünfte
Steuerklassen	I Arbeitnehmer, die ledig sind. II Arbeitnehmer wie in Steuerklasse I, wenn sie mindestens ein Kind haben. III Arbeitnehmer, die verheiratet sind und 1. der Ehegatte keinen Arbeitslohn bezieht oder 2. der Ehegatte auf Antrag in Klasse V eingereiht wird. IV Arbeitnehmer, die verheiratet sind und beide Ehegatten Arbeitslohn beziehen. V Arbeitnehmer wie in Steuerklasse IV, wenn ein Ehegatte auf Antrag in Steuerklasse III eingereiht wird. VI Arbeitnehmer, die nebeneinander von mehreren Arbeitgebern Lohn beziehen.
Einkommensteuer-ausgleich	Am Jahresende wird das zu versteuernde Einkommen wie folgt berechnet: Jahresbruttoeinkommen – Werbungskosten – Sonderausgaben abzugsfähige – Außergewöhnliche Belastungen Beträge – Freibeträge ──────────────────── = zu versteuerndes Einkommen
Unternehmensbe-steuerung	– Vermögensteuer – Körperschaftsteuer – Grundsteuer – Gewerbesteuer – Mehrwertsteuer/Umsatzsteuer (muß vom Unternehmen nicht getragen, sondern nur abgeführt werden)

Fragen · Aufgaben · Fragen · **?** Fragen · Aufgaben · Fragen

Wissen

1 Warum muß der Staat Einnahmen erzielen?
2 Nennen Sie wichtige Aufgaben, die der Staat finanzieren muß.
3 Welche Arten von Staatseinnahmen kennen Sie?
4 Wie können Steuern eingeteilt werden?
5 Bilden Sie zur Einteilung der Steuern ein Beispiel.
6 Erklären Sie den Begriff „Etat".
7 Welche Einkommensarten kennen Sie?
8 Nennen Sie die Steuerklassen und für welchen Personenkreis sie gelten.
9 Wie ist in der Bundesrepublik Deutschland der Steuertarif gestaltet?
10 Was beinhaltet eine Lohnsteuertabelle?
11 Wie wird das zu versteuernde Einkommen ermittelt?
12 Was versteht man unter einem Pauschalbetrag?
13 Erklären Sie die Begriffe „Werbungskosten", „Sonderausgaben", „außergewöhnliche Belastungen" und „Freibeträge".
14 Wann kann man bei der Einkommen-Steuererklärung mit einer Erstattung rechnen?
15 Welche Steuern müssen Unternehmen bezahlen?
16 Erklären Sie den Begriff „Körperschaftsteuer".
17 Welche Grundlagen dienen zur Berechnung der Gewerbesteuer?
18 Warum bezeichnet man in der Bundesrepublik Deutschland die Umsatzsteuer als Mehrwertsteuer?
19 Wie wird die Zahllast berechnet?

Erkennen und Werten

1 Erkunden Sie, welche konkreten Aufgaben Ihr Landkreis, Ihre Stadt, Ihre Gemeinde haben, die sie finanzieren müssen.
2 Stellen Sie zusammen, welche Steuern gezahlt werden
a) von einem Autofahrer,
b) von einer Hausfrau beim Einkauf,
c) von einem Hausbesitzer.
Ordnen Sie diese Steuern den verschiedenen Einteilungskriterien zu.
3 Besorgen Sie sich den Haushaltsplan Ihrer Gemeinde und werten Sie ihn aus. Wofür wird das Geld ausgegeben und wo kommt es her?
4 Bilden Sie zu jeder Einkommensart ein praktisches Beispiel.
5 Schreiben Sie den kurzen Lebensbericht eines Arbeitnehmers, der im Verlauf seines Lebens alle Lohnsteuerklassen durchmacht.
6 Bilden Sie praktische Beispiele für Werbungskosten und Sonderausgaben.
7 Warum hat der Gesetzgeber bei der Ermittlung des zu versteuernden Einkommens den Abzug der außergewöhnlichen Belastungen erlaubt?
8 Erkunden Sie, welche Steuern Ihr Betrieb zahlt.
9 Warum sagt man, daß die Mehrwertsteuer für die Betriebe einen durchlaufenden Posten darstellt?
10 Bilden Sie, ähnlich wie im Lehrbuch, ein Beispiel, mit dessen Hilfe die Entstehung des Mehrwerts von der Urerzeugung bis zum Verbrauch verdeutlicht wird.

XIII. Sparen und Kredit

1 Sparen als Konsumverzicht für die Vermögensbildung

1.1 Voraussetzungen und Notwendigkeit des Sparens

Um überhaupt sparen zu können, muß man über ein entsprechendes Einkommen verfügen. Dieses Einkommen besteht überwiegend aus Lohn, Gehalt oder im Alter aus der Rente. Mit diesem Geld werden zunächst Ausgaben für Ernährung, Kleidung und Wohnung (= Existenzbedürfnisse) getätigt.

Der Rest reicht nicht, meist nicht für ein Radio, ein Fernsehgerät, eine Waschmaschine, ein Auto oder den Urlaub und andere erwünschte Güter zusammen. Sie werden nacheinander oder sofort über Kredit gekauft, was den Kauf entsprechend verteuert. Irgendwann bleibt Geld übrig, das man entweder sparen könnte, oder mit dem man sich weitere Wünsche erfüllen kann. Je höher das Einkommen ist, um so eher kann ans Sparen gedacht werden. Damit ist die **Sparfähigkeit** die wichtigste Voraussetzung fürs Sparen. Diese wiederum ist abhängig von der **Einkommenshöhe**.

Nötig zum Sparen ist jedoch auch der **Sparwille**. Statt Radio, Plattenspieler und Fernsehgerät nacheinander zu kaufen, spart man zunächst und kauft sie dann günstiger und passender zusammen. An den Sommerurlaub kann man auch schon im Winter denken und sich etwas Geld dafür zurücklegen. Dieses Geld hat man dann in der Zwischenzeit nicht für andere Wünsche zur Verfügung. In dieser Zeit **verzichtet** man auf einen möglichen **Konsum**, um sich später größere Wünsche erfüllen zu können, oder um einen Notgroschen für Unvorhergesehenes zu haben.

Einkommensverwendung

Einkommenshöhe →	
	Wochenend-/Ferienhaus Privatjacht/-flugzeug Sonstiger Luxus
	Eigenheim oder Eigentumswohnung
	Größerer Pkw, Zweitwagen Längere Urlaubsreise Zweite Urlaubsreise im Jahr Stereoanlage
	Kleiner/Mittlerer Pkw Kleine Urlaubsreise Größere Wohnung
	Radio Plattenspieler Waschmaschine Fernsehgerät Tonbandgerät
	Ernährung Kleidung Wohnung

Wofür sie sparen
Von je 100 Befragten gaben als Motiv an (Mehrfachnennungen)

„Notgroschen" 41 · 42 Reise, Urlaub
Altersrücklage
kein bestimmter Zweck 34 Haus, Wohnung, Grundstück
Wohnungseinrichtung 27 · Auto
Ausbildung, Aussteuer der Kinder 23 · 24 Kleidung · 21 Sportausrüstung, Hobby
Zinsertrag
eigene Bildung, Weiterbildung 16 · 15 Fernseher, Stereoanlage
Mofa, Moped, Fahrrad 7 · 8 · 7 · 6 Geschäftsgründung · 2
2

Stand Sommer 1994 © Globus 2340

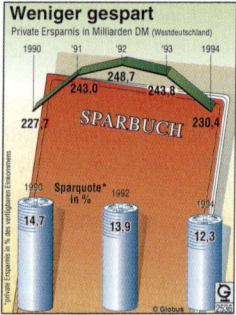

Weniger gespart
Private Ersparnis in Milliarden DM (Westdeutschland)

1990 '91 '92 '93 1994
248,7
243,0 243,8
227,7 SPARBUCH 230,4

1990 Sparquote* in % 1992 1994
14,7 13,9 12,3

© Globus

Finanzplan eines privaten Haushaltes	DM
Monatliches Bruttoeinkommen (Jahresdurchschnitt)	-?-
– Steuern und Sozialabgaben	-?-
Monatliches Nettoeinkommen (Jahresdurchschnitt)	-?-
– Laufende Monatsausgaben:	-?-
Miete (incl. Heizung)	-?-
Haushalt (Lebensunterhalt, Strom, Gas, Wasser etc.)	-?-
Kleidung	-?-
Wohnungsanschaffungen	-?-
Ausbildungskosten für Kinder	-?-
Fahrtkosten	-?-
Autokosten (Unterhalt, Steuer, Versicherung, Raparaturen)	-?-
Verpflichtungen aus Verträgen (Ratensparvertrag, Bausparverträge, Vereinsbeiträge)	-?-
Rückzahlungsverpflichtungen aus Krediten und Darlehen (Tilgung und Zinsen)	-?-
Laufende kleinere Ausgaben (Zeitung, Theater etc.)	-?-
= Nachhaltig verfügbare Mittel	-?-
– Laufende Konsumausgaben wie Taschengeld	-?-
= Grundbetrag für monatliche Geldanlage	-?-

1.1/1

?

1. Interpretieren Sie den Satz: „Reich wird man nicht von dem Geld, das man verdient, sondern von dem Geld, das man nicht ausgibt".
2. Was für eine Bedeutung hat ein Finanzplan (wie abgebildet)?
3. Stellen Sie mit Hilfe obigen Finanzplanes einen eigenen Finanzplan auf.

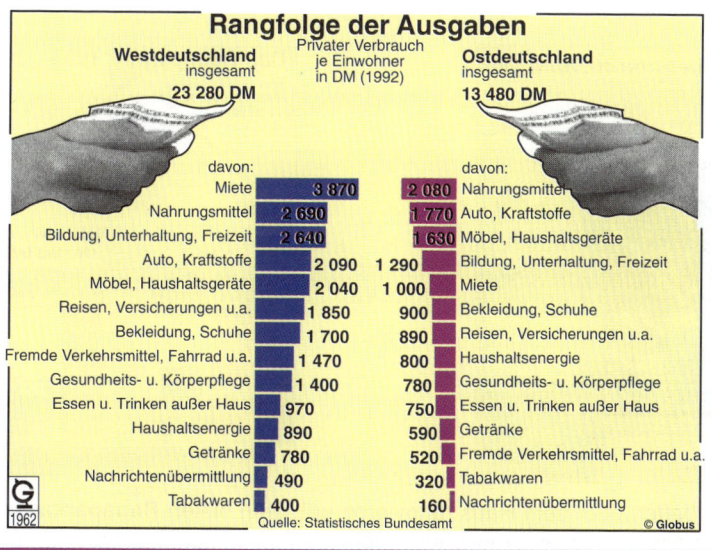

1.1/2

?

1. Nennen Sie 3 Beispiele für unterschiedliches Verhalten in Ost- und Westdeutschland. Woran liegt das?
2. Wie werden sich Ausgaben für Miete, Heizung, Strom, Gas sowie ihr Anteil an den Gesamtausgaben in Ostdeutschland in wenigen Jahren entwickeln?
3. Wo bleibt in diesem Schaubild das Sparen? Kann man es ermitteln?
4. Setzen Sie die Zahlen (Ostdeutschland) in obigen Finanzplan ein.

Trotz etwas unterschiedlicher **Spargründe** in Ost und West halten die meisten Deutschen (94 %) Sparen für vernünftig. Den Anteil des Einkommens, den man spart, nennt man die **Sparquote**. Sie beträgt in der Bundesrepublik etwa 12 % (11 bis 14 %). Inzwischen hat sich damit ein beträchtliches Vermögen gebildet.

1.2 Möglichkeiten sinnvollen Sparens – Sparformen

Wenn Sparmöglichkeiten und Sparwille vorhanden sind, geht es darum, möglichst sinnvoll zu sparen, das heißt, die Sparformen zu wählen, die für die jeweiligen Ziele des Sparers am geeignetsten sind. Es gelten drei **Merkmale** für die **Sparentscheidung:**

- **Verfügbarkeit:** Wann kann/muß ich über mein Geld wieder verfügen?
- **Ertragshöhe** (Rendite): Wo bekomme ich die meisten Zinsen?
- **Sicherheit**/Risiko: Ist mein Geld sicher angelegt?
- **Ertragssicherheit:** Kann ich bei geringem Risiko mit sicherem Ertrag rechnen?

Leider gilt: jederzeitige Verfügbarkeit bei hoher Rendite und ohne Risiko gibt es nicht! Geld zu Hause zu horten ist gefährlich und **unsicher**, da es verbrennen oder gestohlen werden kann. Wer großen Wert darauf legt, sein Erspartes jederzeit **verfügbar** zu halten, sammelt es auf dem **laufenden Konto** seiner Bank an. Dafür erhält er jedoch keinen oder kaum **Zinsertrag**. Grundsätzlich gibt es umso mehr Zinsen, je langfristiger man spart. Für das **Sparbuch**, das nach wie vor Grundstock jeder Kapitalanlage ist und besonders als Rücklage für unerwartete Ausgaben sinnvoll ist, erhält man 2–4 % Zinsen. Man kann jeden Monat maximal 3000,00 DM abheben. Für höhere entnommene Beträge erhebt die Bank einen Vorschußzins. Mit dem Sparbuch kann man aber auch längerfristig sparen (12, 24, 48 Monate Festlegung) und erhält entsprechend höhere Zinsen, wenn dies vorher vereinbart ist; auch hier sind Vorschußzinsen möglich.

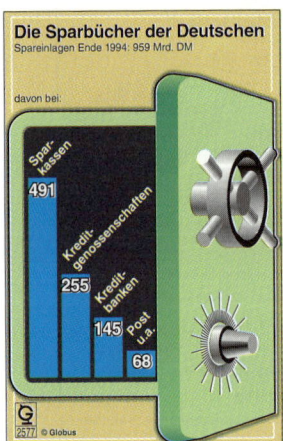

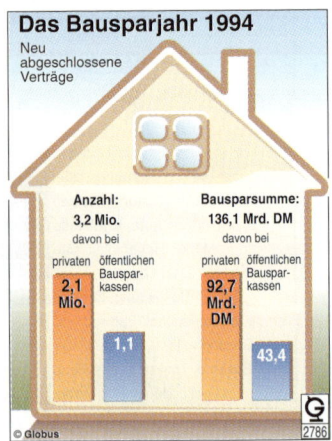

Wer später bauen oder sein Haus renovieren will, dem bieten **Bausparkassen** entsprechende Verträge an. Neben Wohnungsbauprämien durch den Staat (bei bestimmten Einkommensgrenzen) erhält man zwar nicht viele Zinsen (3–5 %). Jedoch später ein zinsgünstiges Baudarlehen (4,5–5 %). **Ratensparverträge** bieten neben höheren Zinsen zusätzlich noch einen Bonus (= Zusatzvergütung), da man sich für ca. 6–7 Jahre bindet, monatlich eine bestimmte Summe zu zahlen und erst später das Geld abzuheben. Größere Beträge (ab 5000,00 DM) kann man als **Termingeld** für ein oder mehrere Monate anlegen und entsprechend hohe Zinsen vereinbaren.

"Safety first" fürs eigene Geld

1.2/1

Sicherheit sollte bei jeder Geldanlage obenan stehen. Vom Standpunkt der Sicherheit aus gesehen, ist es besonders in der Phase des Vermögensaufbaus ratsam, auf höhere, jedoch mit großem Risiko behaftete Renditeobjekte zu verzichten und die Sicherheitsaspekte in den Vordergrund zu stellen. Der teilweise oder sogar völlige Verluste des angelegten Geldes kann für den Sparer einen ernsten Eingriff in seine Lebenssphäre bedeuten.

Die Sicherheit einer Geldanlage, d.h. die ungeminderte Erhaltung der Geldsumme, kann bedroht werden durch

- nominelle Kapitalverluste (Substanzverlust eines Vermögenswertes),
- reale Kaufkraftverluste durch eine allgemeine Geldentwertung,
- Währungsauf- oder -abwertung bei internationalen Anlagen.

Quelle: Sparen und Anlegen, Bank–Verlag, Köln 1984, S. 12

Das Risiko des Kapitalverlustes ist in aller Regel am niedrigsten bei Geldanlagen, die Forderungsrechte in Höhe eines bestimmten (nominalen) Geldbetrages verbriefen (Geldwertanlagen). Hierzu zählen z.B. Spareinlagen, Sparbriefe, festverzinsliche Wertpapiere, Ansprüche aus Bausparguthaben und Lebensversicherungen. Bei diesen Anlageformen erhält der Sparer bei Fälligkeit der Forderung die gezahlte oder vereinbarte Geldsumme ausgezahlt. Bei Anlagen in Beteiligungstiteln (Aktien, Investmentpapiere) und Sachwerten (Haus- und Grundbesitz, Gold, Kunstgegenstände) besteht das Risiko, daß der Erlös beim Verkauf hinter dem gezahlten Kaufpreis zurückbleibt, z.B. bei Rückgang des Kurses einer Aktie ...

1. Warum sollte die Sicherheit bei der Geldanlage obenan stehen?
2. Welche Anlagen sind sehr sicher, welche weniger sicher? Begründen Sie Ihre Antwort aus obigem Text.
3. Wann kann man beginnen, risikoreicher – dafür aber mit höherer Rendite zu sparen?

1.2/2

Vorgesorgt fürs Alter

Ausgezahlte Leistungen der Lebensversicherungen
(1994 Gesamtdeutschland)

in Mrd. DM

1994
54,1 Mrd. DM

1987
25,9

1980
11,3

gemessen an den Rentenausgaben* in %

10,3 %   **16,9 %**   **19,9 %**

*der Arbeiterrenten- und Angestelltenversicherung   © Globus 2701

1. Wie ist die Entwicklung des „Sparens in Lebensversicherungen"?
2. Nennen Sie Gründe für diese Sparform.
3. Welche Probleme kann es geben, wenn man eine zu hohe Lebensversicherung wählt?

Neben den Möglichkeiten des Kontensparens wird heute das **Wertpapiersparen** immer beliebter. Mit **Sparbriefen** bei Banken und Sparkassen erhält man je nach Laufzeit (meist ab 4 Jahre) einen hohen nach der Laufzeit gestaffelten Zinssatz. Bei **Bundesschatzbriefen** steigt der Zins über 6 und 7 Jahre an; eine Rückgabe nach 1 Jahr ist jedoch möglich. Beide Sparformen haben kein Kursrisiko, das heißt, man bekommt in jedem Fall den eingezahlten Betrag zuzüglich Zinsen zurückgezahlt. Wertpapiersparen mit geringer oder großer Kursgefahr aber auch der Chance eines höheren Verkaufskurses am Verkaufstag sind **Investmentzertifikate, festverzinsliche Wertpapiere und Aktien**. Gerade in diesen Papieren wird oft mit der Spekulation auf Wertsteigerung gespart, wobei man jedoch auch das mögliche Risiko eines Teil- oder Totalverlustes einkalkulieren muß. Es gibt noch viele andere Geldanlagemöglichkeiten, um Vermögen zu bilden wie

- Sparen über Lebensversicherungen,
- Immobilienanlage (Gebäude, Grundstücke),
- Edelmetalle (Gold, Silber),
- Schmuck,
- Möbel,
- Briefmarken.

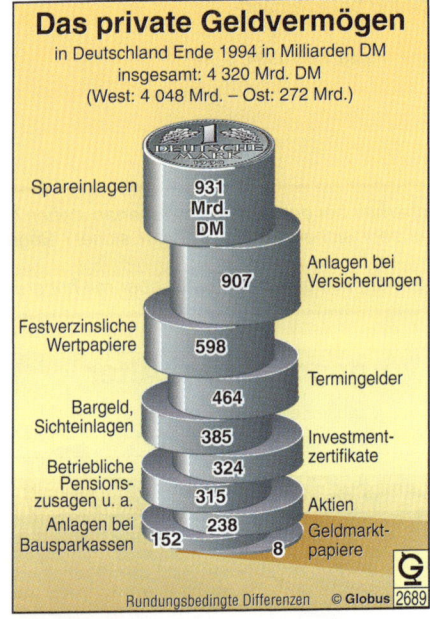

Das private Geldvermögen
in Deutschland Ende 1994 in Milliarden DM
insgesamt: 4 320 Mrd. DM
(West: 4 048 Mrd. – Ost: 272 Mrd.)

Spareinlagen	931 Mrd. DM
	Anlagen bei Versicherungen 907
Festverzinsliche Wertpapiere	598
	Termingelder 464
Bargeld, Sichteinlagen	385
Betriebliche Pensionszusagen u. a.	324
	Investmentzertifikate 315
Anlagen bei Bausparkassen 152	238 Aktien
	8 Geldmarktpapiere

Rundungsbedingte Differenzen © Globus 2689

1.3 Zinsabschlagsteuer und Sparförderung

Wer sinnvoll spart, erhält als Preis Zinserträge, die jedoch grundsätzlich zu versteuern sind wie andere Einkünfte. Seit 1993 gibt es jedoch für Kapitalerträge Sparerfreibeträge (steuerfrei) von insgesamt 6.100,00 DM für Ledige und 12.200,00 DM für Verheiratete. Bis zu diesem Zinsbetrag entfällt der direkte Zinsabschlag von 30 % durch die Banken, sofern man vorher **Freistellungsaufträge** an seine Banken erteilt. Werden die Freibeträge überschritten oder stellt man keine Freistellungsaufträge, ziehen die Banken direkt 30 % Zinsabschlagsteuer ab. Erst durch eine spätere Steuererklärung kann dieses mögliche Versäumnis bereinigt und das Geld zurückgeholt werden. Der Staat fördert heute nur noch das Sparen mit dem Ziel der Vermögensbildung bei Bürgern unter einer bestimmten Einkommensgrenze (Ledige 50.000,00 DM, Verheiratete 100.000,00 DM zu versteuerndes Einkommen).

?

1. Welche Sparformen sind abgebildet? Erklären Sie diese mit je 1 Satz.
2. Welche wichtigen Sparformen wurden auf der Abbildung vergessen?
3. Welchen Nachteil hat es, "in Gold" zu sparen? Hat es auch Vorteile?

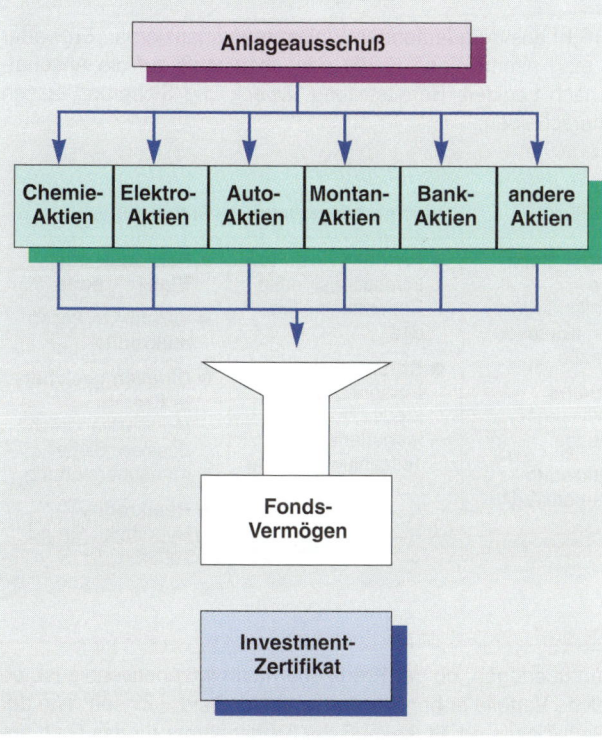

1.2/4

Rund 40 deutsche Aktiengesellschaften verzeichnen
mehr als 20.000, 15 sogar
mehr als 200.000 **Aktionäre**.

Veba	**700.000**
Volkaswagen	**590.000**
Siemens	**402.000**
BASF	**355.000**
Bayer	**350.000**
Hoechst	**325.000**
Deutsche Bank	**240.000**
Thyssen	**220.000**
RWE	**200.000**
Mannesmann	**180.000**
Dresdner Bank	**150.000**
Commerzbank	**130.000**
Hoesch	**110.000**
Horten	**105.000**
Preußag	**100.000**

?

1. Fast jeder 3. Haushalt besitzt in Deutschland Wertpapiere, jeder 11. Aktien. Welche Wertpapiere besitzen die Haushalte meist?
2. Immer mehr Bürger sparen in Investment-Zertifikaten. Erklären Sie am Schaubild, wie dieses Sparen funktioniert.
3. Ordnen Sie den Branchen beim Investmentsparen die einzelnen Aktiengesellschaften
rechts zu.
4. Suchen Sie in der Tageszeitung die Kurse von 5 der genannten AGs.
5. Wieviel Aktionäre sind mindestens für die 15 bzw. für 40 AGs vorhanden?

Der Arbeitnehmer kann jährlich maximal 936,00 DM an Beteiligungspapieren (z.B. Aktien, Aktienfonds) kaufen und erhält dann – zuzüglich zu den Zinserträgen – vom Staat im Lohnsteuerjahresausgleich eine 20 %ige **Arbeitnehmersparzulage.** Im Rahmen des Bausparens erhält der Sparer auf Antrag für jährliche Sparleistungen bis 1000,00 DM bei Ledigen und bis 2000,00 DM bei Verheirateten eine 10 %ige **Bausparprämie,** oder er kann diese steuermindernd als Sonderausgaben anmelden.

Statt eines Kaufes von Wertpapieren kann er zusätzlich obige 936,00 DM vom Arbeitgeber auf seinen Bausparvertrag überweisen lassen, und er erhält dann außerdem 10 % Arbeitnehmersparzulage.

2 Inanspruchnahme von Krediten

2.1 Arten, Notwendigkeit und Kosten des Kredits

Größere Anschaffungen sind oft nicht aus dem laufenden Einkommen finanzierbar. Entweder werden Ersparnisse verwendet, man nimmt einen Kredit oder man muß auf die Anschaffung im Moment verzichten. Je nach Laufzeit, Bereitstellung, Zweck und Sicherung lassen sich verschiedene Kreditarten unterscheiden:

Die Kreditarten nach

Laufzeit	Bereitstellung	Verwendungszweck	Sicherung
• **Kurzfristige Kredite** (3–6 Monate) Kontokorrentkredite, Diskontkredite	• **Bar- oder Buchkredite** Persönliche Kleinkredite, Kontokorrentkredite	• **Produktivkredite** Investitionskredite Betriebsmittelkredite	• **Personal- oder Blankokredite**
• **Mittelfristige Kredite** (bis zu 4 Jahren) Persönliche Kleinkredite, Teilzahlungskredite	• **Kreditleihe** Akzeptkredite, Avalkredite	• **Konsumkredite** Persönliche Kleinkredite, Anschaffungsdarlehen, Teilzahlungskredite	• **Verstärkte Personalkredite** • **Dinglich gesicherte Kredite** Mobiliarpfandrecht, Zession, Sicherungsübereignung
• **Langfristige Kredite** (länger als 4 Jahre) Hypothekarkredite	• **Warenkredite** Lieferantenkredite		• **Realkredite** Hypothek · Grundschuld

Vor der Kreditaufnahme sollte man überlegen, ob der Kredit überhaupt jetzt notwendig ist, ob man ihn sich leisten kann und welche Vorteile er bringt, denn er kostet Geld = Zinsen. Wie der Sparer für die Überlassung von Geld Zinsen erhält, so muß der Kreditnehmer für das Geld anderer Leute Zinsen zahlen. Diese Zinsen können sehr hoch sein, je nachdem, wo man den Kredit nimmt, wie lange man ihn nimmt, welche Sicherheiten man hat und wie hoch die Zinsen sind oder sich entwickeln. Schließlich muß der Kredit zurückgezahlt werden. Unvorhergesehene Krankheiten oder Arbeitslosigkeit können die Kreditrückzahlung sehr erschweren oder unmöglich machen. Es sind also immer eine Reihe von Vorüberlegungen sinnvoll, ehe man sich zum Kredit entschließt. Dabei sind die wichtigsten Überlegungen:

Wie hoch ist das monatliche (relativ sichere) Einkommen? Wieviel läßt sich davon ohne größere Einschränkungen für die Raten abzweigen? Überwiegen die Vorteile oder die Nachteile des Kredits?

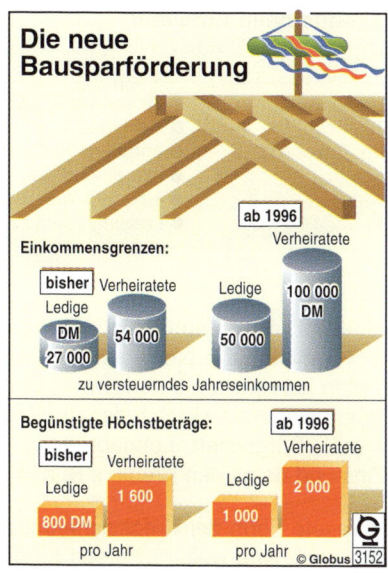

Die neue Bausparförderung

Einkommensgrenzen:

bisher | Verheiratete — Ledige 27 000 DM | 54 000 | Ledige 50 000 | **ab 1996** Verheiratete 100 000 DM

zu versteuerndes Jahreseinkommen

Begünstigte Höchstbeträge:

bisher | Verheiratete — Ledige 800 DM | 1 600 | Ledige 1 000 | **ab 1996** Verheiratete 2 000

pro Jahr — pro Jahr

© Globus 3152

1. Warum fördert der Staat nicht die Vermögensbildung *aller* Bürger?
2. Liegt das Einkommen über oder unter dem sog. zu versteuernden Einkommen? Wieviel darf man (led. oder verh.) etwa verdienen, um noch gefördert zu werden?

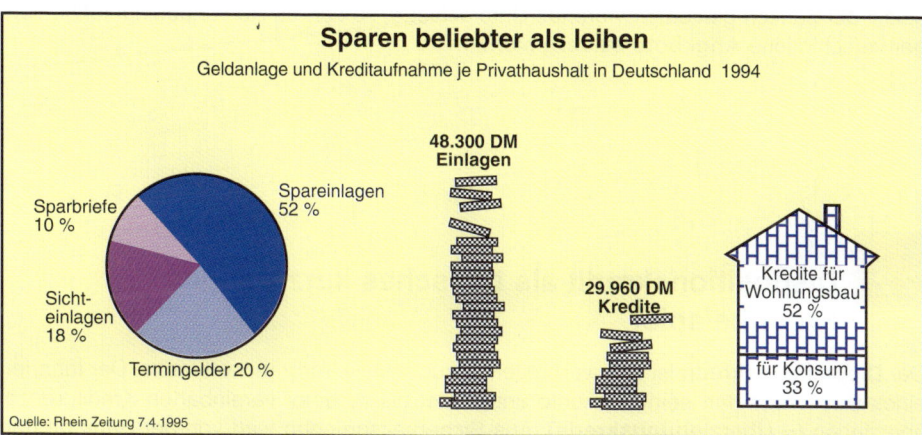

Sparen beliebter als leihen

Geldanlage und Kreditaufnahme je Privathaushalt in Deutschland 1994

Sparbriefe 10 %
Spareinlagen 52 %
Sicht- einlagen 18 %
Termingelder 20 %

48.300 DM Einlagen

29.960 DM Kredite

Kredite für Wohnungsbau 52 %

für Konsum 33 %

Quelle: Rhein Zeitung 7.4.1995

Die Deutschen sparen lieber, als daß sie in der Kreide stehen. Nach Berechnungen der Postbank haben die privaten Haushalte in Deutschland 60 Prozent mehr Geld auf die hohe Kante gelegt, als sie an Krediten aufgenommen haben. Die Privathaushalte verfügten über ein durchschnittliches Vermögen von 48.300 DM, geliehen hatten sie sich im Schnitt 30.000 DM.

1. Um wieviel DM übertraf 1994 das Sparen durchschnittlich den Kredit?
2. Welches war die wichtigste Sparform? Wofür wurde am meisten Kredit aufgenommen? Ist dies in Ihrer Familie ähnlich?
3. Halten Sie das Verhältnis Sparen – Kredit für gut oder weniger gut? Begründen Sie Ihre Antwort!

Vor- und Nachteile eines Kredits beim Autokauf

Vorteile	Nachteile
● man kann den neuen Wagen sofort fahren ● das Auto ist in einem Jahr teurer ● das alte Auto kann günstig in Zahlung genommen werden ● keine Reparatur des alten Autos ● Anerkennung bei Freunden	● Zinsen für Kredit ● Schulden werden erhöht ● entgangene Guthabenzinsen ● moralische Bedenken, Schulden zu haben ● Einschränkungen anderer Art ● Leasing könnte billiger sein

Die Kreditkosten sind entscheidend davon abhängig, ob und wie **kreditwürdig** man ist. Dies prüft der Kreditgeber vor Kreditvergabe. Nur wenn die Bank davon überzeugt ist, daß der Kredit zurückgezahlt werden kann, gibt sie den Kredit. Erkundigungen werden meist bei darauf spezialisierten Firmen eingeholt wie Schufa oder Kreditreform. Oft werden weitere **Sicherheiten** verlangt (z.B. Bürgschaft, Lohnabtretung, Grundschuld). Solche Sicherheiten verbilligen den Zins und damit den Kredit, z.B. auch bei obigem Autokauf.

Die **Bürgschaft** ist eine verbreitete Form der Kreditsicherung. Häufig verlangt die Bank, daß außer dem Kreditnehmer noch eine weitere Person für die pünktliche Rückzahlung des Kredits und der Zinsen haftet. Dies kann – besonders bei der Form der selbstschuldnerischen Bürgschaft – sehr gefährlich sein, denn der Bürge haftet, als ob er selbst Schuldner wäre. Allerdings ist ein solcher Kredit meist billiger als der gleiche Kredit ohne Bürgschaft.

Die Kosten sind auch nicht bei jedem Kreditgeber gleich hoch. „Kredithaie" verlangen überhöhte Zinsen und sofortige Kreditrückzahlung, wenn Zinsrückstände auftreten. Aber selbst bei Banken gibt es gravierende Unterschiede, so daß es sich unbedingt lohnt, vorher verschiedene **Angebote zu vergleichen**.

2.2 Dispositionskredit als typisches kurzfristiges Kreditbeispiel

Der **Dispositionskredit** ist sehr verbreitet für kurzfristige Verbraucherkredite. Der Inhaber eines Girokontos darf sein Girokonto unbefristet bis zu einer vereinbarten Kreditgrenze überziehen **(= Überziehungskredit)**. Aus Sicherheitsgründen wird von der Bank oft nur höchstens das Zweifache des Monatslohns genehmigt. Durch Eingang des Lohnes wird der Kredit getilgt. Es entstehen keine Bearbeitungsgeühren. Bei Überziehung muß die Bank keine neue Genehmigung einholen. Nur wenn der Kredit in Anspruch genommen wird, fallen Zinsen an. Diese sind jedoch im Vergleich zu anderen Krediten sehr hoch (10 % und mehr). Der Kredit ist jederzeit kündbar. Obwohl der Kredit nicht billig ist, kann man mit ihm leicht den noch viel teureren **Lieferkredit** vermeiden. Wenn Waren auf Ziel geliefert werden, darf man oft bei Zahlung innerhalb 8–10 Tagen 2–3 Prozent als **Skonto** abziehen, anstatt den vollen Betrag innerhalb 30 Tagen zu zahlen. Diesen Skontoabzug sollte man unbedingt ausnutzen, denn er entspricht einem Zinssatz von oft 30–40 % Jahreszins.

2.2

Beispiel:

Wir erhalten eine Warenlieferung unter folgender Zahlungsbedingung: „Zahlbar innerhalb von 28 Tagen netto Kasse oder 2 % Skonto bei Zahlung innerhalb von 8 Tagen".

Zahlen wir erst am achten Tag, erhalten wir für die übrigen 20 Tage, die wir zu früh bezahlt haben (28 Tage – 8 Tage), 2 % Skonto. Dies entspricht einem Jahreszinssatz von?

20 Tagen = 2%
360 Tagen = x%

$$x\% = \frac{2 \cdot 360}{20} = ?$$

Rechnungseingang

vorzeitige Zahlung

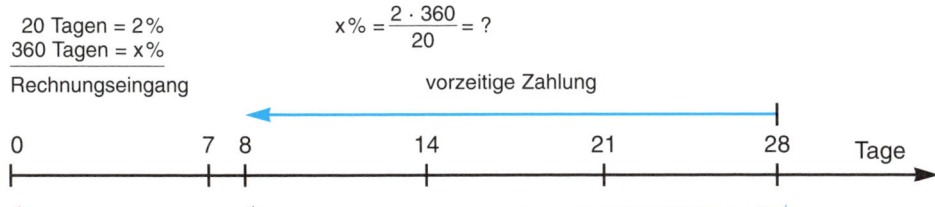

„kostenloser" Warenkredit   zu verzinsender Warenkredit (36%)

Es empfiehlt sich daher, **unbedingt die Skontierungsfrist auszunutzen** und zur Zahlung einen billigeren Bankkredit **(z.B. Kontokorrentkredit) in Anspruch zu nehmen,** falls nicht genügend Mittel zur schnellen Zahlung zur Verfügung stehen. Eine Überschreitung der Skontierungsfrist ist allerdings dann unumgehbar, wenn dem Schuldner keine anderen Finanzierungsmöglichkeiten mehr offen stehen.

1. Ermitteln Sie für das Beispiel den Jahreszins.
2. Wenn ein Dispositionskredit 12 % kostet, wie werden Sie sich in zukünftigen ähnlichen Fällen verhalten?
3. Wem „schenken" Sie Geld, wenn Sie den Skonto nicht ausnutzen?

2.3

Darlehnsvertrag
für Kleinkredite und Anschaffungsdarlehn
mit Sicherungsübereignung. Abtretung der Arbeitseinkünfte
und Bürgschaft (Zinsen pro Monat – Festzins)

Nr. _____123/86_____

Zwischen _____Klaus Hartmann_____
                                                    Darlehnsnehmer
und der _____XY-Bank in 04277 Leipzig_____
                                                    Bank
wird folgender Vertrag geschlossen:

1. Darlehn

Die Bank gewährt dem Darlehnsnehmer folgendes Darlehn:

Darlehnsbetrag	DM _10 000,–_	Rückzahlung zu Lasten Konto-Nr. _34568_			
+ _0,5_ % Zinsen pro Monat für _48_ Monate vom Darlehnsbetrag	DM _2.400,–_	Beginn _30.03_ 19 _94_, letzte Rate _28.02_ 19 _98_			
+ _2_ % einmalige Bearbeitungsgebühr vom Darlehnsbetrag	DM _200,–_	_47_ Raten zu DM _260,–_ DM _12 220,–_			
+ Barauslagen und sonstige Kosten	DM _100,–_	jeweils fällig am _30._ jeden Monats			
+ _____%_____	DM _____%_____	erste/letzte Rate am _30.03_ 19 _94_ DM _480,–_			
Gesamtbetrag DM _12 700,–_		Gesamtbetrag DM _12 700,–_			
Effektiver Jahreszins _12,08_ % jährlich					

Verwendungszweck: _____Anschaffung eines PKW_____

1. Wofür braucht er den Kredit?
2. Wie hoch war der Kreditbetrag und wie hoch der insgesamt zu zahlende Betrag?
3. Wie wird der Kredit zurückgezahlt?

2.3 Anschaffungsdarlehen als typisches mittelfristiges Kreditbeispiel

Das **Anschaffungsdarlehen** dient der Finanzierung von größeren Anschaffungen aller Art. Sie haben meist eine Laufzeit zwischen 1 und 5 Jahren. Da feste monatliche Raten nach einem Tilgungsplan anfallen, spricht man auch vom **Ratenkredit.**

Nach dem Kreditgesuch des Kreditnehmers mit Angaben zu Person, Einkommen und Sicherheiten wird nach Prüfung ein **Darlehensvertrag** abgeschlossen. Er enthält Angaben über

- Höhe und Auszahlung des Kredits,
- Verwendungszweck,
- Zinssatz/Effektivzins,
- Kreditdauer und Tilgungsraten,
- Sicherheiten,
- Bearbeitungsgebühr/Nebenkosten.

Nach der Preisangabenverordnung muß bei Ratenkrediten und nach dem Verbraucherschutzgesetz bei allen sonstigen Krediten über 40,00 DM der **Effektivzins** angegeben werden. Er erlaubt dem Kreditnehmer Vergleichsmöglichkeiten mit anderen Angeboten, weil der Effektivzins die Zinsen einschließlich aller Gebühren und Nebenkosten beinhaltet. Gerade „Kredithaie" versuchen mit niedrig scheinenden Monatszinsnennungen, wie z.B. „Nominalzins nur 0,7 % im Monat" den Kreditnehmer zu täuschen. Dies entspricht jedoch bei 2 % Bearbeitungsgebühr (oft sind sie noch höher) einem Effektivzins von etwa 21 % bei einem 12-Monatskredit; bei einem 3-Jahreskredit immerhin noch 18 %. Wichtig ist, daß der Kreditvertrag innerhalb einer Woche schriftlich widerrufen werden kann. Man kann sich den Vertrag noch einmal in aller Ruhe ansehen, seine zukünftigen Verpflichtungen nachrechnen und möglicherweise auch noch mit anderen Angeboten vergleichen und gegebenenfalls seine Entscheidung revidieren. Ähnliches gilt auch für langfristige Kredite z.B. für die Baufinanzierung. Im Finanzierungsplan werden Eigenmittel (Sparen/Bausparen), evtl. Ei-

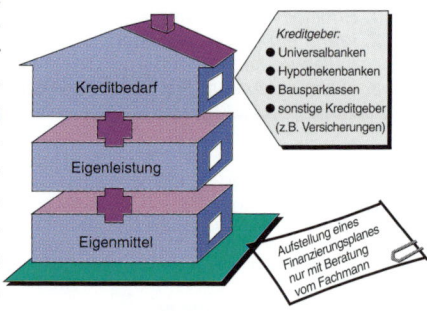

genleistung und Kreditbedarf gegenübergestellt. Es ist äußerst problematisch, nur mit Fremdgeldern zu bauen, da man sich sehr lange festlegt. Die Kreditkosten übersteigen oft insgesamt die Kredithöhe; kleine Zinsunterschiede machen sich auf Dauer sehr positiv oder negativ bemerkbar. Die Kredite werden über Grundschulden oder Hypotheken gesichert, d.h. das Haus wird belastet und kann bei Rückzahlungsproblemen zwangsversteigert werden.

2.4 Kredit: Chancen und Gefahren

Durch den Kredit kann der Verbraucher heute schon über etwas verfügen, was er erst morgen bezahlen muß. Er lebt insofern über seine Verhältnisse. Aber erst Kredite ermöglichen vielen Menschen den Bau von Eigenheimen, Eigentumswohnungen und Autos und tragen damit zur Vermögensbildung bei. Die Industrie ist ohne Kredite kaum denkbar. Das Fremdkapital der Betriebe liegt bei 70–85 %. Die Leichtigkeit, mit der man heute oft an Kredite kommt, verleitet viele Menschen dazu, ihre Kreditmöglichkeiten voll auszuschöpfen und Schulden zu machen. Dies ist eine große Gefahr. Man sollte immer daran denken, daß der Kredit zurückgezahlt werden muß und daß durch den Kredit finanzielle Möglichkeiten der Zukunft eingeschränkt werden. Die „schwarzen Schafe" unter den Kreditvermittlern sind eine weitere große Gefahr. Sie versprechen und verschweigen. Meist sind ihre Kredite durch die hohen Provisionen sehr, sehr teuer.

Träume auf Kredit?
Sie wurden für viele schon zu „Angstträumen"

Den Kredithaien hat einmal der Reporter Klaus Imbeck von der Illustrierten STERN nachgespürt. Er tat so, als brauche er 4000 DM für drei Jahre, und sprach bei drei Kreditbüros vor. Sie alle hatten in der Zeitung günstiges Geld angepriesen. Mit dem üblichen Schmus, der in solchen Anzeigen steht. Nur der Zins stand nicht drin. Und so sah's dann aus:

- Bei der Firma K. hätte der Kredit ihm Kosten von 1727,55 DM verursacht.
- Bei einer Firma G. GmbH wollte man ihm den Kredit für insgesamt 1612,00 DM geben.

- Eine Firma St. schließlich rechnete eine ganze Latte von Gebühren, Kosten und Abzüge zusammen: 3993,25 DM sollte der Kredit bei ihr kosten.

Bei einer Bank oder Sparkasse hätte der gleiche Kredit weit unter tausend Mark gekostet.

Ein „Experte" schrieb dem STERN später: Es sei ganz richtig, daß die Leute so ausgenommen würden. Denn sie müßten „für ihre Dummheiten bestraft werden".

Quelle: frag mal – Tips für junge Leute

1. Erklären Sie, warum Vergleiche von Kreditangeboten wichtig sind.
2. Interpretieren Sie den letzten Abschnitt. Hat der Verfasser recht?

2.4/2

Bankkunde gewinnt Prozeß wegen Wucherzinsen

Ein Kunde einer Kreditbank muß 7000 DM Schulden nicht zurückzahlen, weil ihm Wucherzinsen berechnet worden sind. Das entschied das Oberlandesgericht Frankfurt. Die Bank hatte für einen Kredit von 30 000 DM Wucherzinsen berechnet, die um mehr als 100 Prozent über dem Marktzins lagen. Ein rechtmäßiger Ratenkreditvertrag sei damit nicht zustande gekommen. Zugleich verurteilte das Gericht die Bank zu Schadenersatz, weil sie der Schufa (Schutzgemeinschaft fürallgemeine Kreditsicherung) völlig falsche Angaben über die Kreditwürdigkeit des Kunden mitgeteilt hatte. Der Mann hatte aus Protest die weitere Ratenzahlung eingestellt. (Aktenzeichen: 17 U 35/87 und 17 U 203/87.)

1. Warum gewann der Bankkunde den Prozeß?
2. Was sind Wucherzinsen?
3. Welche Folgen hatte der Prozeß für beide Parteien?

Sparen	= Konsumverzicht für die Vermögensbildung
	Sparfähigkeit
Sparen	Sparwille, das heißt freiwilliger Konsumverzicht.
erfordert	viele z.B. Notgroschen, Altersvorsorge, Sicherheit, höherer Lebensstandard später, Reisen, Auto, Zinsen, Eigenheim
Spargründe	
Merkmale der	Verfügbarkeit: Wann kann ich über mein Geld verfügen?
Sparentscheidung	Ertrag (Rendite): Wo bekomme ich die meisten Zinsen?
	Sicherheit: Ist mein Geld sicher angelegt?
Sparformen	Kontensparen
	– Sparbuch als Grundstock – geringe Zinsen
	– Bausparen für Hausbau und Renovierung – billiges Baudarlehen
	– Ratensparvertrag – höhere Zinsen aber 6–7 J. Bindung
	– Termingeld – ab etwa 5000 DM – Zins nach Vereinbarung
	Wertpapiersparen
	– Sparbriefe bei der Bank – gestaffelter Zins über 4 Jahre
	– Bundesschatzbrief – steigender Zins über 6–7 Jahre
	– Investmentpapiere – festverzinsliche Wertpapiere oder Aktien
Zinsabschlagsteuer	Zinserträge muß man versteuern
	Steuerfreiheit der Zinserträge mit Freistellungsauftrag
	– Ledige bis 6.100 DM, Verheiratete bis 12.200 DM
	– wer Freistellungsauftrag vergißt, zahlt zunächst 30 % Steuer
	er erhält das Geld erst zurück über die Steuererklärung
Sparförderung	nur unter best. Einkommensgrenzen (led. 50.000,00, verh. 100.000,00 DM)
als	Arbeitnehmersparzulage bis 936,00 DM jährlich
als	Bausparprämie 10 % von 1.000,00 DM (ledig); 2.000,00 DM (verh.)
Kreditarten	nach Laufzeit (kurz-, mittel-, langfristig)
	nach Verwendungszweck (Produktiv-Konsumkredit)
	nach Sicherung (Personal-, verstärkter Personal-, Realkredit)
wichtigste	Wie hoch ist mein Einkommen? Wieviel kann ich abzweigen?
Überlegung	Überwiegen Vorteile oder Nachteile des Kredits?
Kreditwürdigkeit	Wenn der Kredit zurückbezahlt werden kann
Sicherheiten	Lohn, Vermögen, Bürgschaft, Grundschuld u.a.
Kosten	Je nach Kredit – Angebotsvergleich lohnt sich!
Dispositionskredit	= kurzfristiger Überziehungskredit auf lfd. Konto
	wird meist durch Lohnüberweisung getilgt
	rel. teuer, aber billiger als Zahlung ohne Skonto
Anschaffungs-	= mittelfristiger Ratenkredit; Darlehensvertrag enthält: Höhe,
darlehen	Zweck, Zinssatz, Nebenkosten, Dauer, Raten, Sicherheiten
Effektivzins	erlaubt Vergleiche, da er alle Nebenkosten enthält
Kredit als	Chance, sich heute etwas zu leisten, was man später bezahlt
	Gefahr der Verschuldung und Gefahr vor „Kredithaien"

Wissen

1. Was heißt sparen und wovon hängt sparen ab?
2. Nennen Sie 3 Gründe, weswegen Sie sparen würden. – Begründen Sie das.
3. Wie erklären Sie die unterschiedliche Sparquote in verschiedenen Jahren?
4. Wie unterscheidet sich Kontensparen vom Wertpapiersparen?
5. Was ist das Besondere beim Bausparen? Wieviel Prämie gibt es?
6. Wer muß Zinsabschlagsteuer bezahlen und wer nicht?
7. Für wen wird das Sparen gefördert und für wen nicht? Finden Sie eine Begründung dafür.
8. Nennen Sie 3 Kreditarten.
9. Nennen Sie je ein Beispiel für einen kurzfristigen und einen mittel- oder langfristigen Kredit.
10. Was ist Kreditwürdigkeit und welchen Einfluß hat sie auf das Kreditangebot der Bank?
11. Nennen Sie 3 Beispiele für Kreditsicherung.
12. Wovon hängen die Kosten des Kredits ab?
13. Welche Kreditkosten außer den Zinsen kennen Sie?
14. Was ist das Besondere beim Dispositionskredit?
15. Nennen Sie Besonderheiten beim Anschaffungskredit.
16. Was heißt Effektivzins? Warum ist er für die Kreditentscheidung wichtig?
17. Worin liegen Chancen und Gefahren des Kredits?

Erkennen und Werten

1. Stellen Sie fest, wieviel Habenzinsen in % Sie derzeit für ein Sparguthaben mit gesetzlicher Kündigung und bei 4 Jahren Kündigung bekommen.
2. Warum ist es sinnvoll, seine Ersparnisse auf verschiedene Sparformen zu verteilen?
3. Beim Bausparen gibt es meist nur 3 % Zinsen; wann ist es sinnvoll?
4. Wann ist eine hohe Lebensversicherung sinnvoll, wann nicht?
5. Erkundigen Sie sich über derzeitige Anlagemöglichkeiten zum Investmentsparen. Vergleichen Sie die Angebote.
6. Verfolgen Sie die Aktienkursentwicklung von VW und BASF über mehrere Tage. Wenn Sie Aktionär von je 10 Aktien wären, was hätten Sie verloren oder gewonnen?
7. Welche Anlageformen empfehlen Sie bei höherem Sparguthaben? Begründen Sie Ihre Entscheidung.
8. Wenn der Staat das Sparen fördert, wer zahlt eigentlich die Förderung?
9. Stellen Sie Vorteile und Nachteile eines Kredits für eine Stereoanlage gegenüber. Was überwiegt?
10. Sie sollen für jemanden bürgen. Würden Sie das tun? Begründung.
11. Was haben Sie in Ihrem Bekanntenkreis schon über "Kredithaie" gehört?
12. Kann man ein Haus voll auf Kreditbasis kaufen oder bauen? Rechnen Sie hierzu die Zinsen für 250.000,00 DM aus.
13. Wie kann man sich am besten vor Kredithaien schützen?